EUROPA-FACHBUCHREIHE
für wirtschaftliche Bildung

Zukunft im Einzelhandel

2. Ausbildungsjahr

5. Auflage

Verlag Europa-Lehrmittel
Nourney, Vollmer GmbH & Co. KG
Düsselberger Straße 23
42781 Haan-Gruiten

Europa-Nr.: 99761

Verfasser:

Joachim Beck †
Steffen Berner

5. Auflage 2018

Druck 5 4 3 2 1

Alle Drucke derselben Auflage sind parallel einsetzbar, da sie bis auf die Behebung von Druckfehlern untereinander unverändert sind.

ISBN 978-3-8085-4148-7

Illustrationen: Wolfgang Herzig
Umschlag, Layout, Grafik, Satz: Punkt für Punkt GmbH · Mediendesign, 40549 Düsseldorf
Umschlagkonzept: tiff.any GmbH, 10999 Berlin
Umschlagfoto: © Baevskiy Dmitry – Shutterstock.com
Druck: Dardedze Holografija, LV-1063 Riga (Lettland)

Vorwort

Zukunft im Einzelhandel ist ein umfassendes Lehr- und Lernbuch, das nunmehr in der 5. Auflage vorliegt. Es richtet sich an Auszubildende, Lehrer/-innen und Ausbilder/-innen in den Berufen

- **Verkäufer/Verkäuferin**
- **Kaufmann im Einzelhandel/Kauffrau im Einzelhandel**

sowie an alle in der **beruflichen Weiterbildung Tätigen im Einzelhandel.** Zugleich kann es **Fachleuten in der Einzelhandelspraxis** als wertvolles Nachschlagewerk und zur Vertiefung bekannter Inhalte dienen.

Die 5. Auflage wurde überarbeitet und aktualisiert.

Sie haben sich mit der Wahl des Ausbildungsberufes Verkäuferin/Verkäufer bzw. Kaufmann/Kauffrau im Einzelhandel für einen Beruf entschieden, der gute Zukunftsperspektiven bietet. Der Gebrauch des Lehr- und Lernbuchs **Zukunft im Einzelhandel** kann Sie bei Ihrem Weg ins Berufsleben dabei unterstützen.

Der Ihnen vorliegende **zweite Band** umfasst die **5 Lernfelder**, die im **Rahmenlehrplan** für das **zweite Ausbildungsjahr** vorgesehen sind. Die Konzeption und die inhaltliche Gestaltung dieses Buches entsprechen dem ersten Band (Situation – Information – Aktion).

Im zweiten Ausbildungsjahr kommt der **Erfassung** und **Kontrolle** von **Geschäftsprozessen** (Buchführung) sowie der **Kalkulation** der **Verkaufspreise** (Prozentrechnen) eine besondere Bedeutung bei.

Damit Sie für die Lösung entsprechender Aufgabenstellungen in den Ihnen bevorstehenden Prüfungen gut vorbereitet sind, finden Sie im Aktionsteil dieses Bandes besonders viele Übungsaufgaben.

Bitte beachten Sie: Aufgaben, die mit einem Computersymbol (💻) gekennzeichnet sind, können von Ihnen auch mit einem Tabellenkalkulationsprogramm *(Excel®)* gelöst werden. Die Erstellung von Diagrammen ist bei einer Reihe von Aufgaben ebenfalls vorgesehen.

Auch dieser Band wird durch ein auf seine Inhalte abgestimmtes **Arbeitsheft** ergänzt.

Wir freuen uns auf eine positive Aufnahme dieses Buches, aber auch auf Hinweise, die zu einer Verbesserung des Buches führen. Ihre Anregungen und Stellungnahmen sind uns sehr willkommen.

Frühjahr 2018

Für die Autoren
Steffen Berner

Inhaltsverzeichnis

Lernfeld 6

Lernfeld 7

Waren annehmen, lagern und pflegen 77

Lernfeld 10

Waren beschaffen

6. Lernfeld

© Beck

© Beck

© MEV Verlag GmbH

© Beck

▶ Inhalt

1 Beschaffungsprozesse

1.1 Grundfragen der Warenbeschaffung

Waren beschaffen? – Waren beschaffen!

Situation

© J. Beck

In einem Vorbereitungskurs der IHK für die Abschlussprüfung im Einzelhandel ist das Thema heute: Wie werden Waren beschafft?

Auf die Frage des Dozenten, wie denn in den einzelnen Betrieben die Waren eingekauft werden, kommen sehr unterschiedliche Antworten:

Laura: „Zu uns kommt einmal in der Woche ein Vertreter vom Großhändler. Bei dem wird fast alles bestellt."

Markus: „Für uns sind die Kataloge der Lieferanten ganz wichtig. Ohne die könnten wir nichts bestellen."

David: „Mein Abteilungsleiter ist gerade mal wieder in Asien auf Einkaufsreise unterwegs. Dieses Mal geht es in den Iran, nach Indien und China."

Marie: „Ich bestelle immer mit unserem MDE-Gerät. Der Chef lässt sich vom Warenwirtschaftssystem Bestellvorschläge machen und an die halten wir uns meistens."

Lucca: „Wir haben gar keinen Einkauf – das machen die alles in der Zentrale."

Arbeitsaufträge

1. *Erläutern Sie anhand der Aussagen der Auszubildenden die grundlegenden Unterschiede der Warenbeschaffung in den betreffenden Betrieben.*
2. *Schließen Sie aus den Antworten der Auszubildenden auf die Betriebsform und die Branche der jeweiligen Ausbildungsbetriebe.*

Information

Die **Warenbeschaffung** ist einer der wichtigsten **Geschäftsprozesse** im Einzelhandel.

Infobox

Ein Geschäftsprozess beschreibt eine Folge von Einzeltätigkeiten, die schrittweise ausgeführt werden, um ein betriebliches Ziel zu erreichen. Geschäftsprozesse gehören zur Ablauforganisation eines Betriebs (Vgl. LF 1, Kap. 3.10.3). Beim Beschaffungsprozess sind meist mehrere Mitarbeiter aus unterschiedlichen betrieblichen Abteilungen beteiligt. Dies ist dann besonders der Fall, wenn bisher nicht im Sortiment geführte Waren bestellt werden sollen *(Geschäftsleitung, Einkauf, Verkauf, Logistik, Marketing)*. Geschäftsprozesse tragen zur Wertschöpfung im Unternehmen bei, wenn hohe Umsätze durch den Einkauf von Waren erzielt werden, die in hohem Maß den Kundenwünschen entsprechen (vgl. LF 1, Kap. 3.4.1).

Der **Beschaffungsprozess** erfolgt in **vier** Schritten.

Vier Schritte der Warenbeschaffung

1. Schritt	2. Schritt	3. Schritt	4. Schritt
Beschaffungs-marktforschung	**Beschaffungs-vorbereitung**	**Beschaffungs-durchführung**	**Beschaffungs-abwicklung**
↓	↓	↓	↓
Bedarfsermittlung und erkunden, wer die Waren liefern kann	Angebote anfordern, vergleichen, bewerten und entscheiden	Bestellung durch Abschluss des Kaufvertrags	Annahme, Kontrolle und Bezahlung der Lieferung

1.1.1 Art und Weise der Warenbeschaffung

Welche Waren beschafft werden und **wie** dabei vorzugehen ist, ergibt sich durch die Branche, das Sortiment und die Betriebsgröße. Es müssen zudem die Verhältnisse auf dem Beschaffungs- und Absatzmarkt für das jeweilige Unternehmen beachtet werden. Außerdem spielen branchenübliche und betriebseigene Bestellverfahren eine Rolle beim Beschaffungsprozess.

Möglichkeiten Waren zu beschaffen

Zentraleinkauf in einem Großunternehmen

Bestellung mit MDE in der Filiale

Einkauf im SB-Großhandel

Einkauf beim Vertreter

1.1.2 Entscheidungen über Waren

Bei der **Entscheidung** darüber, **welche** Waren beschafft werden sollen, sind vom Einzelhändler zahlreiche Überlegungen anzustellen:

Waren werden **beschafft**,

- die hohen **Grund-** mit interessantem **Zusatznutzen** verbinden,
- den vermuteten **Qualitätsansprüchen** der Kunden genügen,
- unter dem Gesichtspunkt der **Nachhaltigkeit** die Anforderungen an Umwelt-, Gesundheits- und Sozialverträglichkeit erfüllen.

Die **Sortimentsbildung** kann erfolgen

- mit Herstellermarken *(Knorr, Maggi, Puma, Wrangler)*,
- mit Handelsmarken *(Balea, Clockhouse)*,
- mit No-Name-Artikeln *(ja, Tip, die Sparsamen)*.

Abb. Sortimentsbildung im Lebensmitteleinzelhandel

Bei der Beschaffung müssen **verkaufsorientierte**, **warenwirtschaftliche und logistische** Gesichtspunkte berücksichtigt werden. Dazu zählen u. a.:

Bedeutung der Ware für das Sortiment	→	Welchen Grund- und welchen Zusatznutzen bietet die Ware?
Eignung für den Verkauf	→	Ist die Ware SB-fähig oder ist eine Beratung erforderlich?
Beschaffungshäufigkeit	→	Wird die Ware täglich oder zu bestimmten Zeitpunkten benötigt?
Preislage	→	Gehört die Ware zum Niedrigpreisbereich oder zu den preislich hoch angesiedelten Artikeln?
Bestellverfahren	→	Soll regelmäßig oder bei Erreichen eines bestimmten Lagerbestandes bestellt werden?
Lagerung	→	Stellt die Ware bestimmte Anforderungen an die Lagerhaltung?
Warenpflege	→	Ist bei der Lagerung und im Verkauf eine besondere Pflege notwendig?

Beispiel

Die im Betrieb vorherrschende Verkaufsform beeinflusst die Beschaffung. Wenn man verpacktes Brot in Selbstbedienung anbietet, dann ist besonders auf das Mindesthaltbarkeitsdatum zu achten. Wegen der begrenzten Lagerfähigkeit sind zu große Bestellmengen nicht empfehlenswert. Eine besonders sorgfältige Beobachtung über den Abverkauf ist hier unerlässlich und man sollte nur das nachbestellen, was z. B. täglich verkauft wird.

Anders bei Artikeln, die lange lagerfähig sind, wie z. B. bei Baustoffen. Hier können große Mengen beschafft werden. Dies sichert nicht nur die Verkaufsbereitschaft, sondern es können auch Preisnachlässe *(Mengenrabatt)* in Anspruch genommen werden.

1.1.3 Der Einzelhandel als „Gate-Keeper"

Die **Stellung** des **Einzelhandels** gegenüber den **Herstellern** und **Lieferanten** kann sehr **stark** sein. Dies ist besonders bei **großen** Einzelhandelsunternehmen der Fall. Sie üben als Einkäufer eine beträchtliche **wirtschaftliche Macht** aus. So kann der Handel als **Gate-Keeper** (Torwächter) einen großen **Einfluss** ausüben, welche Qualität die im Sortiment geführten Waren haben sollen oder welche umweltbelastenden Artikel und Verpackungen durch weniger umweltbelastende ersetzt werden können. Es ist der Handel, der die Entscheidung darüber trifft, welche Artikel gelistet werden und welchen der Zugang zu den Kunden verwehrt wird.

Je **stärker** die **Marktmacht** des beschaffenden Einzelhandelsunternehmens ist, desto **stärker** ist auch seine **Position** gegenüber den **Lieferanten** *(Discounter, Filialunternehmen)*. Dies wirkt sich z. B. stark auf die Festsetzung der Einkaufspreise und die Gestaltung der Liefer- und Zahlungsbedingungen in den Einkaufsverhandlungen aus.

Aktion

1. Beschreiben Sie kurz die verschiedenen Phasen der Warenbeschaffung.

2. Zeigen Sie an drei Beispielen, wie in Ihrem Ausbildungsbetrieb verkaufsorientierte Gesichtspunkte bei der Warenbeschaffung berücksichtigt werden.

3. Unter dem Motto „Respekt für Mensch und Umwelt" will Ihr Ausbildungsunternehmen künftig ökologisch unbedenkliche, sozialverträglich hergestellte und fair gehandelte Waren anbieten. Recherchieren Sie im Internet (Suchbegriffe z. B.: Fairer Handel, Corporate Social Responsibility CSR) und nennen Sie Möglichkeiten.

4. Zeigen Sie am Beispiel Ihres Ausbildungsbetriebes, wie sich die Beschaffung der Waren durch Einflussnahme auf die Bereiche
   - Warenauswahl,
   - Transport,
   - Lagerung und
   - Abfallentsorgung

   möglichst umweltschonend gestalten lässt.

5. Lebensmittel-Händler Franz Kleinert behauptet: „Am Speisesalz verdiene ich nichts, eigentlich lege ich sogar Geld drauf. Aber das Salz aus dem Sortiment herausnehmen – das geht auch nicht!"
   a) Tragen Sie Argumente zusammen, die für oder gegen Herrn Kleinerts Auffassung sprechen.
   b) Wie stellt Kleinert eigentlich fest, dass er an Speisesalz „nichts" verdient oder sogar „Geld drauflegt"?
   c) Nennen Sie für Ihren Ausbildungsbetrieb Waren, die dem Salz im Lebensmittel-Einzelhandel entsprechen.

6. Diskutieren Sie in Pro- und Contra-Diskussionen folgende Themen:
   - „Als Verkaufskraft muss ich mehr über die Waren wissen als meine Kunden!"
   - „Als Verkäufer muss ich dem Kunden alles sagen, was ich über eine Ware weiß!"
   - „Im Geschäft bin ich Verkäufer und nicht Vertreter des Verbraucherschutzes!"

7. Diskutieren Sie die Rolle des Einzelhandels als Gate-Keeper aus der Sicht der Hersteller, des Einzelhandels und der Verbraucher.

8. Bei einer Befragung von Herstellern und Lieferanten zum Thema Preisverhandlungen machten diese folgende Aussagen (Prozentangaben in Klammern = Zustimmung zur Aussage): Der Handel setzt massiven Druck ein, um seine Vorschläge durchzusetzen (71 %). Der Handel gibt vor und lässt kaum argumentieren (65 %). Preise und Konditionen werden vom Handel angeordnet (54 %). Beide machen einen Vorschlag und es wird verhandelt (10 %). Wir schlagen vor, und der Handel stimmt unserer Argumentation zu (2 %). Nehmen Sie zu diesem Ergebnis Stellung.

1.2 Kooperationsformen im Einkauf

Gemeinsam sind wir stark! Welche Vorteile und Leistungen bieten Einkaufskooperationen im Einzelhandel?

Situation

Jeden Mittwochabend treffen sich Neuburger Einzelhändler im „Goldenen Hirsch". Heinz Bessler, Inhaber eines Optikergeschäfts, beklagt sich bitter über die gerade begonnene Aktion des Optikerfilialisten Bielmann „Sonnenbrillen geschliffen für nur 29,00 €".

Herr Bessler: „Da kann ich einfach nicht mithalten. Unter 50 € geht da nichts."

Frau van Laak: „Mir geht es ähnlich, Heinz, wenn unser Warenhaus mit Preisreduktionen beginnt, muss ich nachziehen. Wir Kleinen haben einfach keine Chancen mehr."

Frau Hesser: „Das glaub ich nicht, warum schließt ihr euch nicht einem Einkaufsverband an? Seit ich bei der Intertex bin, profitiere ich von günstigen Einkaufspreisen. Außerdem bietet der Verband noch viele zusätzliche Dienstleistungen, die mir meine tägliche Arbeit erleichtern."

Herr Bessler: „Hab ich mir auch schon überlegt, aber dann verliere ich einen großen Teil meiner Unabhängigkeit und muss nach der Pfeife des Verbandes tanzen!"

Arbeitsaufträge

1. *Welche der im Informationsteil genannten Ziele und Aufgaben können für Herrn Bessler den Ausschlag geben, sich einer Kooperation anzuschließen?*
2. *Herr Bessler fürchtet einen Teil seiner Unabhängigkeit zu verlieren. Wie müsste die Zusammenarbeit zwischen Verband und Herrn Bessler gestaltet werden, damit er möglichst viel von seiner Unabhängigkeit behält?*

Information

Kooperation ist die freiwillige Zusammenarbeit von rechtlich und wirtschaftlich selbstständigen Unternehmungen mit dem Ziel, betriebliche Aufgaben – z. B. die Beschaffung – gemeinsam zu erfüllen.

Beabsichtigt wird, die Unternehmungen abzusichern und ihre Lage zu verbessern, etwa **Kostensenkung** durch günstige Einkaufspreise und vorteilhafte Konditionen, gemeinsame Nutzung eines zentralen Warenwirtschaftssystems und gemeinsame Beschaffungsmarktforschung.

Der Anteil nicht gebundener kleinerer und mittlerer Einzelhändler, die alleine über die Zusammensetzung ihres Sortiments entscheiden oder in welchem Ausmaß sie Werbung betreiben, wird immer geringer. Ihr Marktanteil beträgt etwa 12 %, während in **Verbundgruppen** organisierte Unternehmen sich einen Marktanteil von 45 % sichern konnten.

Beispiel für Verbundgruppen im Einzelhandel

Das Ausmaß der Zusammenarbeit reicht von „Nachbarschaftshilfe" *(Händler A kann einen vereinbarten Liefertermin nicht einhalten und bittet Händler B um Unterstützung)* über die Ausgliederung einer oder mehrerer Unternehmensfunktionen *(Einkauf, Logistik, Werbung, Teile des Rechnungswesens)* bis zur vollständigen Integration in ein anderes Unternehmen *(Zusammenschluss mit Verlust der eigenen Selbstständigkeit)*.

Im **Beschaffungsbereich** kooperieren die Einzelhandelsunternehmen sowohl mit Großhandel als auch Herstellern oder sie schaffen sich eigene Organe, die in ihrem Auftrag die gemeinsam vereinbarten Aufgaben übernehmen und die damit Großhandelsfunktionen ausüben. Im **Absatzbereich** reichen die Kooperationen von lockeren Zusammenschlüssen *(Interessen-, Werbegemeinschaft)* bis zur Bildung spezieller Absatzorgane, die für die Mitglieder Marktforschung, Werbung und Verkaufsförderung betreiben.

Infobox

E-Commerce: Kooperationen als Vorreiter

Die Einkaufsverbände versuchen, ihre Mitglieder fit zu machen für das elektronische Zeitalter. Sie bieten eine meist sehr kostengünstige Internet-Plattform. So informiert einmal die Industrie den Einzelhändler über Artikel, Lieferverfügbarkeit, aktuelle Angebote und laufende Aktionen, während der Endkunde sich über „seinen" Händler und dessen Angebot informieren kann. Über eine gemeinsame Startseite des Verbandes (Portal) kann der interessierte Kunde auf unterschiedliche sortimentsbezogene Homepages gelangen, unter denen sich wiederum einzelne Mitgliedsunternehmen mit ihren eigenen Internet-Auftritten präsentieren. Dort ist dann eine Online-Bestellung möglich.

(Quelle: Handelsberater)

1.2.1 Leistungen der Verbundgruppen für ihre Mitglieder

Ursprünglicher Zweck der Kooperationen war durch gemeinsamen Warenbezug Vorteile zu erzielen *(günstige Einkaufspreise, Liefer- und Zahlungsbedingungen)*. Die heutige Entwicklung ist dadurch gekennzeichnet, dass sich eine Vielzahl der Verbundgruppen zu so genannten **„Full-Service-Kooperationen"** weiterentwickelt haben. Die ursprüngliche Einkaufsfunktion wurde um zahlreiche zusätzliche Dienstleistungen ergänzt.

Verbundgruppen mit „Full-Service-Konzept" bieten:	
Markt- und Trendforschung →	Die Mitglieder haben Zugriff auf Marktforschungsdaten, um eine optimale Sortiments- und Beschaffungspolitik zu ermöglichen.
Bündelung der Marktmacht →	Die Waren werden in großen Mengen weltweit für die Mitglieder durch einen Zentraleinkauf zu günstigen Preisen beschafft.
Bildung von Eigenmarken →	Eigenmarken (Handelsmarken) verbessern die Ertragssituation des Händlers und stärken sein Unternehmen gegenüber Mitbewerbern.
Sortimentsplanung und Sortimentsanalysen →	Speziell geschulte Berater helfen bei der Sortimentsgestaltung unter Berücksichtigung der örtlichen Gegebenheiten.
Marketing →	Die Verbundgruppe entwickelt einheitliche Werbekonzepte und Verkaufsstrategien, die von den Mitgliedsunternehmen übernommen werden können. Sie sparen so die hohen Kosten für eine eigene Werbeabteilung bzw. für eine Werbeagentur.
Erleichterung des Zahlungsverkehrs durch Zentralregulierung →	Die Kooperationszentrale übernimmt die Zahlungsregulierung der Mitglieder mit den Lieferanten.
Ladengestaltung →	Die Verbundgruppe unterstützt die Mitglieder bei der Gestaltung der Verkaufsräume. Oft wird ein für alle Mitglieder einheitliches Shop-Layout (= Erscheinungsbild des Ladens) angestrebt.
Logistik-Konzepte →	Bundesweit gewährleisten die meisten Verbundgruppen durch dezentrale Lagerstandorte eine schnelle und reibungslose Warenversorgung, die durch eigene Fahrzeuge erfolgt.
Betriebsberatung →	Hilfestellung für die Mitgliedsunternehmen durch: • Betriebswirtschaftliche Beratung *(Umsatz-, Kosten-, Limitplanung)*, • Personalwesen *(Beschaffung, Einsatz, Schulung)*, • Organisation *(Ablauforganisation, EDV-Anwendungen)*, • Betriebsvergleiche *(KER, Deckungsbeitragsrechnung, Umsatz)*.
Erfahrungsaustausch →	Durchführung von Versammlungen der Mitglieder, Bildung von Sortiments- und Fachausschüssen.

1.2.2 Voraussetzungen für die Mitgliedschaft

Je nach Verbundgruppe unterscheiden sich die Voraussetzungen für eine Mitgliedschaft. Ein bestimmter Mindestumsatz, z. B. 250.000 € pro Jahr, wird häufig vorausgesetzt. Die Mitgliedschaft in einem anderen Einkaufsverband ist normalerweise nicht gestattet. Häufig wird eine Gesellschaftereinlage geleistet, die verzinst wird. Nur Betriebe in wirtschaftlich geordneten Verhältnissen werden aufgenommen; Zahlungsunfähigkeit kann zum sofortigen Ausschluss führen. Viele Kooperationen bieten ihren Mitgliedern einen Gebietsschutz (bei Städten bis 30.000 Einwohnern nur ein Mitglied).

1.2.3 Kooperationsformen

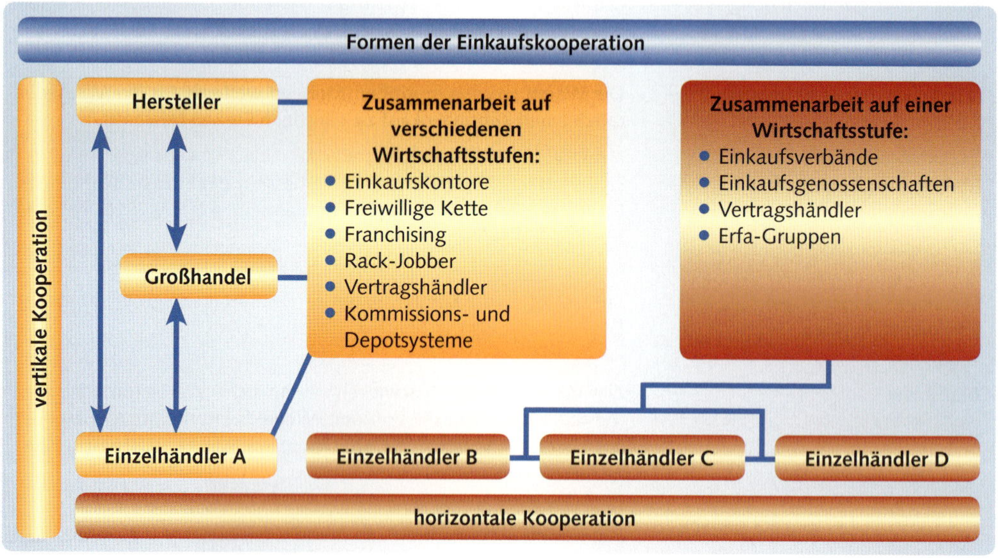

Vertikale Kooperation

Bei der vertikalen Kooperation findet eine Zusammenarbeit zwischen Einzelhandel und Großhandel bzw. Einzelhandel und Hersteller statt.

Einkaufskontore

Kontore wickeln den Wareneinkauf zwischen ihren Mitgliedern und den Lieferanten ab. Das **Kontor** dient dabei als **Bindeglied** zwischen Handel und Industrie. Rechnungsstellung und Bezahlung erfolgen für Mitglieder und Lieferanten über das Kontor (Zentralregulierung). Die Mitgliedsunternehmen erhalten die bestellten Waren meist direkt von der herstellenden Industrie **(Streckengeschäft)**. Die Mitglieder der Kontore sind nicht nur Einzel- oder Mehrbetriebsunternehmen, sondern auch größere Filialunternehmen. Selbst Einkaufsgenossenschaften und Ketten sind Mitglieder in Einkaufskontoren. In Deutschland gibt es zwei bedeutende Einkaufskontore. Die Markant AG mit ca. 100 Mitgliedern – darunter Handelsriesen wie Lidl & Schwarz, Globus und dm-Drogerien – repräsentiert einen Marktanteil am Gesamtumsatz des deutschen Lebensmittelhandels von 17,0 %. Große Bedeutung hat auch die Gedelfi (Gemeinschaft Deutscher Lebensmittelfilialbetriebe), die zur EDEKA-Gruppe gehört.

Freiwillige Ketten (Handelsketten)

Freiwillige Ketten sind ein Zusammenschluss zwischen Großhändlern und Einzelhändlern. Die Einzelhändler verpflichten sich bei ihrem regionalen Großhändler Waren zu beziehen. Nur was dort nicht gelistet ist, kann über andere Lieferanten bezogen werden. Juristisch sind die Einzelhändler zwar selbstständig, jedoch ist durch die starke wirtschaftliche Bindung an den Großhändler die Entscheidungsfreiheit des Einzelhändlers stark eingeschränkt. Für die gesamte Kette ergeben sich Vorteile durch die große Nachfragemacht gegenüber den Herstellern, wodurch günstige Preise ausgehandelt werden können.

Der weltweit größte Zusammenschluss von Händlern zu einer Handelskette, die unter gleichem Namen und mit einheitlichem Logo auftreten, rechtlich jedoch eigenständige Gesellschaften sind, ist die SPAR-Gruppe. Weltweit beträgt der Umsatz über 25 Milliarden €. Die SPAR-Gruppe ist mit über 13.000 Verkaufsstellen in 33 Ländern präsent (In Deutschland existiert sie allerdings nicht mehr. Die ehemals ca. 2.000 SPAR-Einzelhändler gehören jetzt zur EDEKA).

Franchising

Franchising ist eine vertikal-kooperative Vertriebsform, die dadurch gekennzeichnet ist, dass ein **Franchise-Geber** selbstständige Unternehmer als **Franchise-Nehmer** sucht, die mit eigenem Kapitaleinsatz Waren oder Dienstleistungen anbieten, die vom Franchisegeber bereitgestellt werden; z. B. der Vertrieb von Weinen, Spirituosen, Likören, Essig und Ölen direkt vom Fass. Dabei wird ein einheitliches Marketingkonzept zu Grunde gelegt und die jeweiligen Rechte und Pflichten der Partner werden im **Franchisevertrag** geregelt.

Abb. Franchiseunternehmen „Alles vom Fass"

Rack-Jobber

Das Rack-Jobber-Vertriebssystem ist meist im **Selbstbedienungs-Einzelhandel** anzutreffen. Hersteller oder Großhändler bestücken dabei im Verkaufsraum des Einzelhändlers Regalflächen mit einem eigenständigen Sortiment und betreuen es. Sie bestimmen die Sortimentszusammensetzung und Platzierung der Artikel. **Rack-Jobbing** kommt aus der Sicht des Einzelhandels in **zwei Formen** vor:

(Quelle: Wenco, Mettmann)

1. **Verkauf der Waren auf fremde Rechnung:** Der Einzelhändler erhält für die „Vermietung" der Fläche und für das Inkasso entweder einen festen Betrag oder eine Umsatzprovision. Meist handelt es sich um sinnvolle Ergänzungen zum Kernsortiment des Händlers *(Haushaltswaren, Kleintextilien, Kurzwaren, Spielwaren).*

2. **Verkauf der Waren auf eigene Rechnung:** Der Einzelhändler erwirbt durch Kauf an den Waren das Eigentum. Es erfolgt keine besondere Abrechnung mit den Lieferanten. Neben Randsortimenten werden die entsprechenden Regalflächen auch mit Artikeln des Kernsortiments bestückt *(Trockenprodukte, Gewürze, Kaffee)*.

Vorteile für den Händler: Bei den Randsortimenten bringen die Lieferanten ihr spezielles Know-how ein. Viele Händler würden aufgrund mangelnder Sortiments- und Warenkenntnis bei diesen Artikeln eine Aufnahme ins Sortiment scheuen. Der Einzelhändler trägt nur ein geringes Absatzrisiko, da schwer verkäufliche oder verdorbene Ware zurückgenommen wird. Die Regalpflege durch den Rack-Jobber bindet kein Personal. Es gibt allerdings Bestrebungen auf Lieferantenseite die kostenintensive Regalpflege den Einzelhändlern zu überlassen. Dafür werden dann günstigere Einkaufspreise und -konditionen angeboten.

Vertragshändler

Vertragshändler sind selbstständige Gewerbetreibende, die sich vertraglich verpflichtet haben im eigenen Namen und auf eigene Rechnung Waren nach der Konzeption eines Hersteller zu verkaufen. Der Einzelhändler erhält häufig einen Gebietsschutz (Exklusivvertrieb) und profitiert vom bekannten Namen des Herstellers. Das Vertragshändlersystem ähnelt dem Franchising, jedoch ist die Bindung an den Warengeber nicht so eng. Außerdem müssen keine Gebühren an ihn geleistet werden. Im Einzelhandel findet sich diese Kooperation vor allem als sogenanntes **„Depotgeschäft"** im Kosmetikbereich und im Kaffeevertrieb *(Tchibo-Depot)*.

(Quelle: Tchibo, Hamburg)

Kommissionsvertrieb

Bei diesem Vertriebsweg, der besonders in Großbetriebsformen des Einzelhandels an Bedeutung gewinnt *(kein Absatzrisiko, keine Kapitalbindung)*, verkauft der Einzelhändler **(Kommissionär)** in eigenem Namen, aber auf fremde Rechnung. Der Lieferant **(Kommittent)** stellt Ware zur Verfügung, die sein Eigentum bleibt. Abgerechnet wird nur, was tatsächlich verkauft wurde. Der Einzelhändler erhält für den Verkauf eine Provision.

Horizontale Kooperation

Horizontale Kooperation zeigt sich im Einzelhandel auf verschiedene Weise:

- Zusammenschluss von selbstständigen Einzelhandelsbetrieben, um durch gemeinsamen Wareneinkauf Preis- und Konditionenvorteile zu erzielen.

- Schaffung eines am Markt sichtbaren einheitlichen Sortimentsbildes, das in Breite und Tiefe gegenüber den meist filialisierten Großbetriebsformen bestehen kann *(Eigenmarken, einheitliches Ladenlayout, zentral organisierte Werbung)*.
- Zusammenarbeit auf lokaler Ebene *(Werbe- und Parkgemeinschaften)*.

Einkaufsgemeinschaften

Zu den Einkaufsgemeinschaften zählen **Einkaufsgenossenschaften** und **Einkaufsverbände**. Der Genossenschaftsgedanke (Ein Mann – eine Stimme, Selbsthilfe, Solidarität) spielt heute nicht mehr die Rolle, wie zur Zeit der Gründung der Genossenschaften zu Beginn des 20. Jahrhunderts. Viele Genossenschaften wurden in eine GmbH oder AG umgewandelt. Auch Einkaufsgemeinschaften bieten im Allgemeinen ihren Mitgliedern alle Leistungen, wie sie von Verbundgruppen im Rahmen einer **Full-Servive-Kooperation** erwartet werden. Einkaufsgemeinschaften übernehmen durch Schaffung einer Zentrale für ihre Mitglieder typische Großhandelsfunktionen. Beim **Eigengeschäft** kaufen die Zentralen auf eigene Rechnung bei den Lieferanten und verkaufen an die Mitglieder. Beim **Fremdgeschäft** tritt die Zentrale nur als Vermittler auf. Dazu zählen **Empfehlungsgeschäfte** *(Zentrale empfiehlt den Mitgliedern bestimmte Lieferanten)*, **Abschlussgeschäfte** *(Abschluss von Rahmenverträgen mit Lieferanten)*, **Delkrederegeschäfte** *(Zentrale übernimmt Haftung für die Bezahlung der Waren durch die Mitglieder)*. Zwar firmieren juristisch die Mitglieder unter dem Namen des selbstständigen Inhabers, nach außen präsentieren sie sich aber unter dem Logo der Gemeinschaft.

Beispiele für Einkaufsgemeinschaften		
Name	**Branche**	**Mitgliederzahl**
EDEKA	Lebensmittel	12.000
REWE	Lebensmittel	10.800
KATAG	Textilien	370
Intersport	Sportartikel/Textilien	1.050
Euronics	Unterhaltungselektronik	2.000
Büro Actuell	Papier – Schreibwaren – Bürobedarf	600
ANWR	Schuhe	635
VEDES	Spielwaren	1.200
EK-Großeinkauf	Haushaltswaren	2.140

Erfa-Gruppen

In einer Erfa-Gruppe **(Erfahrungsaustausch-Gruppe)** treffen sich von der Branche und Sortiment vergleichbare Einzelhändler, die in der Regel keine unmittelbare konkurrierenden Unternehmen sind, um geschäftliche Erfahrungen auszutauschen. Dabei spielt der Austausch von betriebswirtschaftlichen Kennzahlen eine wichtige Rolle.

Infobox

Was bedeutet eigentlich …?

EDEKA → ursprünglich EdK = Einkaufsgenossenschaft deutscher Kolonialwarenhändler

REWE → leitet sich ab von Revisionsverband der Westkauf-Genossenschaften.

Aktion

1. Welche Kooperationsform wird durch die folgenden Aussagen beschrieben?
   a) Die Brot-Paradies GmbH bestückt jeden Montag im Manz Supermarkt das Brotregal und nimmt verfallene Artikel zurück.
   b) Die Reinbach GmbH bezieht wie 200 andere Papier- und Schreibwarenhändler ihren gesamten Bürobedarf über „Euro-Office".
   c) Herrenstrümpfe der Marke „Milan" werden im Mode-Treff nur bei Verkauf abgerechnet. Sabrina Hesser erhält von jedem Verkauf 15 % Provision.
   d) Einmal im Monat treffen sich 15 Einzelhändler der Uhren- und Schmuckbranche aus einem Umkreis von 50 km.
   e) Im Warenhaus Merkur präsentiert sich in der Kosmetikabteilung das weltberühmte Kosmetikunternehmen „Avalon" mit einem eigenen Verkaufsstand. Auf die Sortimentsgestaltung hat das Warenhaus keinen Einfluss.

2. Erläutern Sie die wesentlichen Unterschiede zwischen vertikaler und horizontaler Kooperation.

3. Zeigen Sie in einer Übersicht, ob bzw. seit wann die in Ihrer Klasse/Lerngruppe vertretenen Ausbildungsbetriebe an einer Kooperation teilnehmen. Fragen Sie nach den wichtigsten Gründen für die Beteiligung an einer Kooperation.

4. Die größte europäische Verbundgruppe des selbstständigen Schuh- und Lederwarenfachhandels ist die GARANT SCHUH + MODE AG. Sie stellt ihren Fachhändlern ein umfangreiches, auf deren Erfordernisse und Besonderheiten zugeschnittenes Serviceangebot zur Verfügung. Klicken Sie die Internetseite der Verbundgruppe unter der Adresse **www.garantschuh.de** an und informieren Sie sich unter dem Menüpunkt „Dienstleistungsangebote" über das Serviceangebot. Fassen Sie das Wesentliche unter der Überschrift „Leistungen einer Verbundgruppe" als Hefteintrag zusammen.

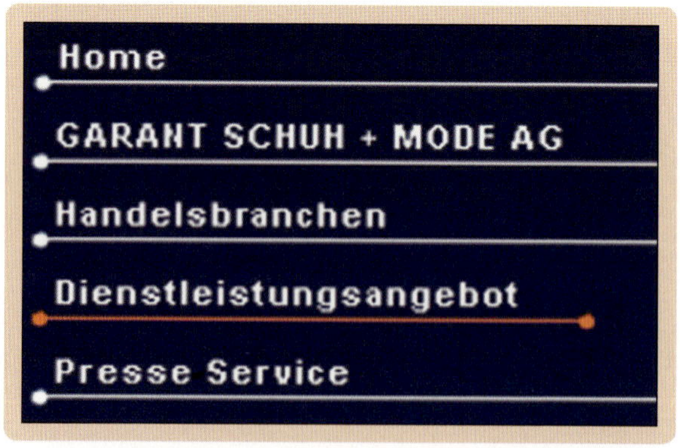

5. Nutzen Sie Expertenwissen zum Thema „Horizontale Kooperation"! Dazu laden Sie Vertreter von Werbegemeinschaften aus dem Ort Ihrer Berufsschule in den Unterricht zu einem Informationsgespräch und einer Fragerunde ein.

6. Rufen Sie die Website des Deutschen Franchiseverbands auf (http://www.dfv-franchise.de).
   a) Informieren Sie sich über die wesentlichen Kennzeichen des Franchisings. Fassen Sie die gewonnen Erkenntnisse in wenigen Sätzen als Ergänzung zum Inhalt des Buches als Hefteintrag zusammen.
   b) Sie beabsichtigen sich nach Ihrer Ausbildung selbstständig zu machen und finden, dass Franchising für Sie geeignet ist. Wählen Sie unter den Mitgliedsfirmen des Verbandes einen Franchisegeber aus, dessen Angebot Sie überzeugt. Begründen Sie Ihre Wahl in einem kurzen Statement vor der Klasse.

2 Kaufverträge mit Lieferanten

Kaufverträge sind die im Einzelhandel am häufigsten abgeschlossenen Verträge. So wie der Einzelhändler auf der Absatzseite mit seinen Kunden Kaufverträge schließt, so kommt es auf der Beschaffungsseite zu Kaufverträgen zwischen ihm und seinen Lieferanten.

In diesem und dem folgenden Kapitel werden besonders die rechtlichen Aspekte des Wareneinkaufs eines Einzelhändlers bei einem Lieferanten ausführlich dargestellt.

2.1 Anfrage

Neue Stühle braucht die Schule! Wer macht das beste Angebot?

Situation

Die Neuburger Berufsschule möchte für den Konferenzraum eine neue Bestuhlung anschaffen. Schulleiter Burk bittet die Reinbach GmbH um ein entsprechendes Angebot für 90 Stühle, die leicht und stapelbar sein sollen. Sitzfläche und Rückenlehne sollten gepolstert und mit einem strapazierfähigen Stoff überzogen sein. Bei der Reinbach GmbH beschließt man insgesamt drei Angebote einzuholen. Markus Braun, zurzeit in der Abteilung Büroeinrichtung tätig, erhält den Auftrag bei der Büro-Komplett GmbH, Landstr. 8, 03046 Cottbus, Tel. 0355 22255, Fax 0355 22266 nach solchen Stühlen nachzufragen.

© MEV Verlag GmbH

Arbeitsauftrag

Entwerfen Sie eine Anfrage als Fax an die Büro-Komplett-GmbH und bitten Sie diese um ein ausführliches Angebot.

Information

Da für die Beschaffung der Ware häufig mehrere Bezugsquellen zur Auswahl stehen, ist es zweckmäßig, durch gezielte **Anfragen** alle die Informationen zu erfragen, die für eine begründete Kaufentscheidung erforderlich sind.

Anfrage	
Zweck →	Einholung von **Informationen** über das **Warenangebot** der Lieferanten *(Artikel, Preise, Mengen, Lieferbedingungen).*
Inhalt →	• **Allgemeine Anfrage** – Anforderung von Prospekten, Katalogen, Preislisten u. a. – Bitte um persönliches Beratungsgespräch durch Außendienstmitarbeiter. • **Bestimmte Anfrage** – Informationsbedarf richtet sich auf eine konkrete Ware bzw. Warengruppe.
Rechtliche Wirkung →	**Anfragen** sind rechtlich immer **unverbindlich!**

Muster für eine bestimmte Anfrage

Aufbau und inhaltliche Gestaltung	Aufbau und inhaltliche Gestaltung
Absender	**Action & Fun GmbH** Am Markt 1 · 55555 Neuburg
Empfänger	Alpina Sportbekleidung Industriestraße 4 47807 Krefeld Neuburg, ..- ..- ..
Betreff	Anfrage
	Sehr geehrte Damen und Herren,
Grund der Anfrage	wir möchten verstärkt sportliche Textilien für den Wintersport anbieten. Bitte unterbreiten Sie uns daher ein Angebot über
Beschreibung der gewünschten Ware	Daunenjacken für Damen und Herren Größen S, M, L und XL Farben: Schwarz, Blau und Weiß
Frage nach Liefer- und Zahlungsbedingungen und Hinweise auf einen Liefertermin	Fügen Sie bitte auch Ihre Lieferungs- und Zahlungsbedingungen bei. Wir sind an einem sehr frühen Liefertermin (ab Mitte August) interessiert.
Hinweis auf voraussichtliche Bestellmenge	Sollte uns Ihr Angebot zusagen, können Sie mit einer Bestellung von ca. 30 Jacken rechnen.
Grußformel	Mit freundlichen Grüßen Action & Fun GmbH *Bernd Heller* Bernd Heller, Geschäftsführer

Aktion

1. Entwerfen und schreiben Sie unter Berücksichtigung der folgenden Angaben einen unterschriftsreifen Brief.

Absender:	Haushaltwaren Offermann e. K., Römerstraße 19, 56543 Bergdorf
Empfänger:	Ritter & Stark Campingbedarf GmbH, Elbwiesen 122, 22145 Hamburg
Vorgang:	Herr Offermann möchte seine Haushaltwarenabteilung um Campinggeschirr erweitern. Fordern Sie von Ritter & Stark einen Katalog mit Preisliste und den aktuellen Lieferungs- und Zahlungsbedingungen an.

2. Üben Sie in einem Rollenspiel die Durchführung telefonischer Anfragen bei einem Großhändler bzw. Hersteller. Entwickeln und gestalten Sie nach folgenden Vorgaben ein Rollenspiel mit zwei Szenarien:
   a) Der mögliche Lieferant ist lieferfähig und kann ein Angebot abgeben.
   b) Der mögliche Lieferant kann nicht liefern (Grund angeben!), hilft dem Anrufer jedoch weiter.

Rolle 1 (Händler)	Rolle 2 (Lieferant)	Vorgaben
David Walz, Auszubildender beim Herrenkonfektionsgeschäft Mann-o-Mann.	Bea Block, deutsche Verkaufsniederlassung der Fa. Bruno Bannini, Turin, in Augsburg.	Mann-o-Mann benötigt wegen großer Nachfrage dringend Boxershorts und Tangas in Schwarz und in den Größen 4 und 5 aus elastischer Microfaser. Anfragen, ob sofortige Lieferung von jeweils zehn Fünfer-Packs möglich ist.
Tim Frank, Auszubildender im Sportgeschäft Action & Fun.	Lukas Scheck, Verkäufer bei Fa. Zeitgeist in Pforzheim.	Bei Action & Fun möchte man Sport-Uhren für Tauchen und Surfen ins Sortiment aufnehmen. Bitte um ein ausführliches Angebot.
Andrea Zundel, Auszubildende bei der Wohnwelt GmbH.	Kurt Kübler, Verkäufer für Großkunden in der Textilgroßhandlung Ackermann in Hannover.	Die Abteilung Heimtextilien möchte künftig Bettwäsche in Übergrößen (155 x 220 cm) anbieten. Außerdem Kinderbettwäsche mit Figuren und Motiven aus Comic-Serien des Fernsehens. Es besteht bisher keine Geschäftsbeziehung zur Ackermann KG.

2.2 Angebot

Situation

Auf die Anfrage der Reinbach GmbH hat Büro-Komplett in Cottbus schnell reagiert und sofort ein entsprechendes Angebot übersandt. Markus Braun ist für die Bearbeitung zuständig und überprüft zuerst, ob alle für eine mögliche Bestellung notwendigen Informationen im Angebot enthalten sind. Dazu informiert er sich im Warenwirtschaftssystem. Der Bildschirm zeigt folgende Maske:

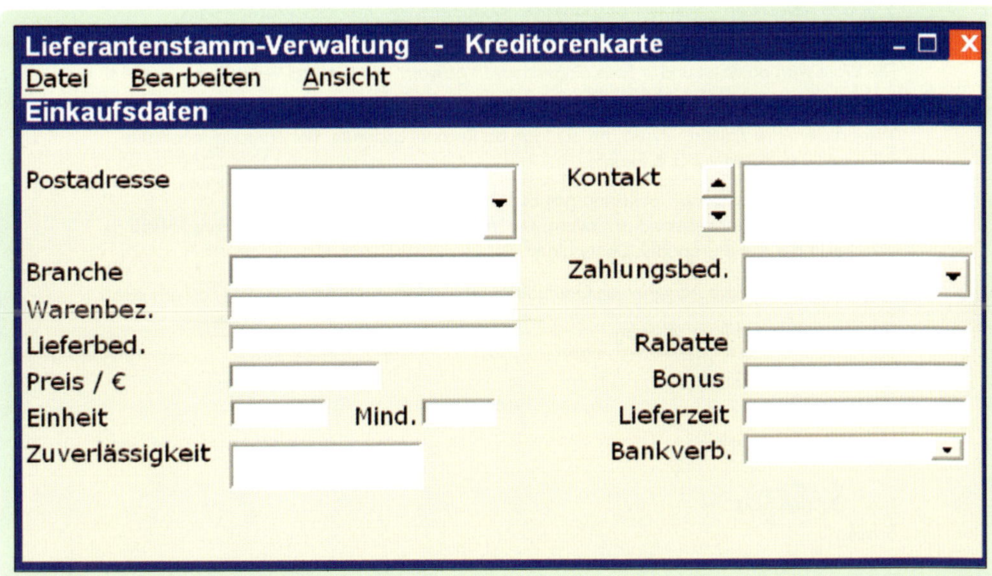

Arbeitsauftrag

Können Sie alle für die Lieferantenstammverwaltung notwendigen Informationen aus dem folgenden Angebot entnehmen?

Angebot der Büro-Komplett GmbH aus Cottbus:

Büro-Komplett GmbH
Landstraße 8
03046 Cotbus
Tel.: 0355 22255 Fax: 0355 22266

BüroKomplett

Reinbach GmbH
Berliner Straße 15
55555 Neuburg

Cottbus, .., .., ..

Angebot

Sehr geehrte Damen und Herren,

vielen Dank für Ihre Anfrage. Aus unserem Programm, „Collection Basic-Linie" bieten wir Ihnen an:

> Stapelstuhl, „Ergotop", 30 mm starke Polsterung von Lehne und Sitz, hochglanzverchromtes Untergestell, Integralarmlehnen, Bezug 100 % Polyacryl, 360 g/m^2.
> Die Bezüge sind nach dem Öko-Tex-Standard 100 Gütezeichen schadstoffgeprüft.

Der Preis pro Stuhl beträgt mit Armlehne 105 €, ohne Armlehne 84 €.
Die Preise verstehen sich ohne Mehrwertsteuer.
Ab einem Warenwert von 5.000 € gewähren wir 10 % Rabatt, ab 10.000 € 20 % Rabatt.

Die Lieferzeit beträgt 14 Tage nach Bestellungseingang.

Die Lieferung erfolgt mit eigenem Lkw frei Haus. Bis zu einem Warenwert von 2.500 € berechnen wir eine Transportkostenpauschale von 2 % des Warenwertes.
Die Ware wird von uns versichert.

Die Ware wird palettiert und in Folie eingeschweißt geliefert. Paletten und Verpackungsmaterial werden von uns auf Wunsch kostenlos zurückgenommen.

Wir erbitten Ihre Zahlung innerhalb 30 Tage ab Rechnungsdatum. Bei Zahlung innerhalb 10 Tagen gewähren wir 3 % Skonto.

Alle Waren bleiben bis zur vollständigen Bezahlung unser Eigentum.
Erfüllungsort und Gerichtsstand ist Cottbus. Die Vertragsbeziehungen unterliegen ausschließlich dem Recht der Bundesrepublik Deutschland.

Es gelten ferner unsere Allgemeinen Geschäftsbedingungen, die Sie mit gleicher Post erhalten.

Wir freuen uns auf Ihren Auftrag.

Mit freundlichen Grüßen

BÜRO-Komplett GmbH

i. A. Schäfer
Schäfer

Arbeitsaufträge

Klären Sie die folgenden Fragen anhand des Informationsteils:

1. *Warum handelt es sich um ein Angebot und keine Anpreisung?*
2. *Ist das Angebot für die Büro-Komplett GmbH rechtlich bindend?*
3. *Bringen Sie den rechnerischen Nachweis dafür, dass es für die Neuburger Berufsschule sinnvoll ist, mehr als die geplanten 90 Stühle zu bestellen. Gehen Sie bei Ihren Berechnungen von einem Stuhl mit Armlehne aus.*
4. *Entspricht die Regelung der Transport- und Verpackungskosten den gesetzlichen Bestimmungen?*

Information

Lieferanten (Verkäufer) erklären in einem **Angebot**, unter welchen **Bedingungen** sie bereit sind, mit Einzelhändlern (Käufer) einen **Kaufvertrag** abzuschließen und ihnen Waren zu liefern.

Angebot	
Merkmale →	• Einseitige empfangsbedürftige Willenserklärung. • An eine bestimmte Person/Personengruppe gerichtet. • Inhaltlich genau bestimmt (Annahme durch einfaches „Ja“).
Rechtliche Wirkung →	**Grundsatz:** Ein **Angebot** ist **verbindlich** (§ 145 BGB).
Ausnahmen von der Bindung →	• **Vereinbarung** von **Freizeichnungsklauseln** (§145 BGB) Der Verkäufer schränkt durch Zusätze die Bindung an sein Angebot ein: „solange Vorrat reicht“ → Menge unverbindlich „Preise freibleibend“ → Preise unverbindlich Durch Zusätze wie „freibleibend“ oder „unverbindlich“ kann auch die Rechtsverbindlichkeit des gesamten Angebots ausgeschlossen werden.
	• **Rechtzeitiger Widerruf des Angebots** (§ 130 BGB) Der Widerruf muss vorher oder spätestens gleichzeitig mit dem Angebot dem Empfänger zugehen. **Beispiel** Ein durch Standardbrief versandtes Angebot kann telefonisch, durch Fax oder mit einer E-Mail widerrufen werden.
	• **Fristsetzung** (148 BGB) Ein zeitlich befristetes Angebot muss vom Käufer innerhalb der vorgegebenen Frist angenommen werden, sonst erlischt die Bindung des Verkäufers an sein Angebot. **Beispiel** „Unser Angebot gilt bis zum 31. März.“

Angebot	
Weitere Ausnahmen von der Bindung	• **Verspätete Annahme des Angebots** (§§ 146, 147, 150 BGB) Unter Anwesenden (auch Telefongespräch!) muss das Angebot sofort, d. h. bis zum Ende des Gesprächs, angenommen werden. Unter Abwesenden gilt ein zeitlich unbefristetes Angebot nur so lange, wie unter regelmäßigen Umständen eine Antwort erwartet werden kann. **Beispiel** bei einem Brief: Postlaufzeit + Überlegungsfrist + Postlaufzeit = ca. 1 Woche
	• **Abänderung des Angebots** (§ 150 BGB) Der Käufer ändert bei seiner Bestellung Angebotsbedingungen ab. **Beispiel** Ein Kunde ist mit dem Angebotspreis nicht einverstanden und bestellt zu einem niedrigeren Preis. Folge: Das ursprüngliche Angebot erlischt. Die Bestellung entspricht einem neuen Antrag, den der Verkäufer erst annehmen muss, damit ein Kaufvertrag zu Stande kommt.

Problem der unbestellt zugesandten Ware

Zusendung von Waren ohne vorangegangene Bestellung = Antrag

Rechtliche Wirkung bei:

Verbraucher oder Kaufmann ohne ständige Geschäftsbeziehung zum Absender (§ 241a BGB, § 362 Abs. 1 HGB)		Kaufmann mit ständiger Geschäftsbeziehung zum Absender (§ 362 HGB)	
Verhaltensweise		**Verhaltensweise**	
nichts unternehmen (schweigen = Ablehnung des Antrags) **Folge:** → kein Kaufvertrag **Pflichten:** Verbraucher: keine Aufbewahrungspflicht. Kaufmann: Aufbewahrung mit der beim Empfänger üblichen Sorgfalt.	Zahlung des Kaufpreises oder Benutzung der Sache. **Folge:** Annahme des Antrags, → Kaufvertrag	nichts unternehmen (schweigen) **Folge:** Annahme des Antrags, → Kaufvertrag	Ablehnung **Folge:** → kein Kaufvertrag **Pflichten:** Aufbewahrung auf Kosten des Absenders

Keine Angebote im rechtlichen Sinne sind:

Zeitungsanzeigen, Kataloge und Preislisten, Schaufensterauslagen, Plakate, Warenpräsentation im Internet. Hierbei handelt es sich um eine Aufforderung an die Allgemeinheit zur Abgabe eines Antrags **(Anpreisung)**.

Anmerkung: Die Warenpräsentation in Selbstbedienungsgeschäften stellt rechtlich ebenfalls nur die Aufforderung zur Abgabe eines Antrags dar. Folglich macht erst der Kunde, indem er die Ware an der Kasse auf das Band legt, einen Antrag.

Inhalt eines aussagefähigen Angebots

Damit es zwischen Verkäufer und Käufer möglichst zu keinen Unklarheiten oder gar späteren Streitigkeiten kommt, ist es von Vorteil zu allen wesentlichen Punkten im Angebot Vereinbarungen zu formulieren. Wird darauf verzichtet, gilt die jeweilige gesetzliche Regelung **(§)**. Viele Lieferanten verweisen bei der Angebotserstellung auf ihre Allgemeinen Geschäftsbedingungen, die aber nur dann wirksam werden, wenn sie dem Käufer bekannt sind. In bestimmten Branchen, z. B. in der Textilbranche, wird nach Einheitsbedingungen ge- und verkauft (Einheitsbedingungen der Textilwirtschaft).

Informationen zur Ware	
Art	• handelsüblicher Name → Kräuteressig, Notebook, Herrenslip
Qualität und Beschaffenheit	Nähere Bestimmung durch: • Abbildungen und Beschreibungen → Prospekte, Kataloge • Muster und Proben → Textilien, Tapeten, Wein, Tee • Handelsklassen → Obst, Gemüse • Typen → Mehl *(405)*, Elektrogeräte • Herkunft → Anbaugebiet *(Champagne)* • Gütezeichen → Wollsiegel, Umweltengel • Marken → zur Unterscheidung von Waren anderer Hersteller *(Namen, Bildzeichen)* • Zusammensetzung → Fettanteil in Käsetrockenmassen § Wird nichts festgelegt, ist Ware mittlerer Art und Güte zu liefern.
Menge	Sie wird angegeben in: • gesetzlichen Maßeinheiten → Meter, Kilogramm, Liter • handelsüblichen Bezeichnungen → Stück, Steige, Sack, Kiste § Fehlt eine Mengenangabe, dann gilt das Angebot für jede handelsübliche Menge.
Preis	Er bezieht sich auf die handelsübliche Mengeneinheit oder eine im Angebot angegebene Gesamtmenge. Die Angabe erfolgt in Geldeinheiten (€).
Preisnachlässe	**Lieferanten gewähren häufig Preisnachlässe:** **Rabatt:** Ein meist prozentualer Abzug vom Rechnungsbetrag aus unterschiedlichen Gründen: • Mengenrabatt → bei Abnahme größerer Mengen • Treuerabatt → für langjährige Kunden • Sonderrabatt → bei Aktionen, Jubiläen, Produkteinführungen • Personalrabatt → für Mitarbeiter und deren Angehörige • Wiederverkäuferrabatt → bei Markenartikeln, die vom Hersteller zum von ihm empfohlenen Verkaufspreis berechnet werden. Der Einzelhändler darf davon den Rabatt abziehen und erhält so seinen Einstandspreis. • Naturalrabatt → in Form von Ware gewährter Nachlass *(Draufgabe: 10 St. bestellt und bezahlt, 11 Stück erhalten; Dreingabe: 10 St. bestellt und erhalten, aber nur 9 St. bezahlt)*.

Informationen zur Ware	
Preisnachlässe	Einige Rabatte, z. B. der **Wiederverkäuferrabatt**, sind so genannte **Funktionsrabatte**. Durch sie wird dem Einzelhändler eine Leistung vergütet, die darin besteht, dass er bestimmte Handelsfunktionen übernimmt und so dem Hersteller Aufwand erspart (Lagerung). Andere Rabatte werden aufgrund der **Marktmacht** des Handels als Nachfrager auf einem Käufermarkt gewährt. Zu diesen Rabatten zählt der **Listungsrabatt**. Er wird eingeräumt, wenn ein Handelsunternehmen bereit ist Artikel dieses Herstellers in das Sortiment aufzunehmen („listen"). Dieser Rabatt muss immer wieder neu eingeräumt werden, will der Lieferant verhindern entlistet zu werden. Weit verbreitet sind auch die so genannten **Zeitrabatte**. Zu ihnen zählen u. a. **Einführungsrabatte**, die den Handel motivieren sollen, ein neues Produkt frühzeitig in das Sortiment aufzunehmen. **Saisonrabatte** bezwecken, dass der Handel bei Produkten mit saisonalem Absatzverlauf *(Ski, Snowboard)* früher bestellt bzw. der Kunde außerhalb der Saison kauft *(Nachsaison- oder Vorsaison-Rabatte)*. **Ausverkaufsrabatte** sollen den Abverkauf veralteter Produkte fördern.
	Bonus: Meist zum Jahresende gewährter prozentualer Nachlass, wenn eine mit dem Lieferanten vereinbarte Umsatzhöhe überschritten wurde.
	Skonto: Prozentualer Rechnungsabzug für Bezahlung innerhalb einer vereinbarten Frist vor Ablauf eines Zahlungsziels (s. auch Zahlungsbedingungen).

Informationen zu den Zahlungsbedingungen			
vertraglich geregelte Zahlungsbedingungen	**Zahlung vor Lieferung**	→	„gegen Vorkasse", „Anzahlung von 20 %" (meist bei Erstkunden oder schlechter Zahlungsmoral)
	Zahlung bei Lieferung	→	„netto Kasse", „gegen bar", „sofort", „Nachnahme"
	Zahlung nach Lieferung	→	„30 Tage Ziel", „innerhalb 10 Tage 4 % Skonto" (meist Lieferung unter Eigentumsvorbehalt)

§ Die Ware ist sofort bei Lieferung zu bezahlen; die dabei anfallenden Kosten (Gebühr für Überweisung bzw. Scheck) hat der Käufer zu tragen, denn Geldschulden sind Bringschulden. Für die **rechtzeitige Bezahlung** einer **Geldforderung** kommt es nicht auf die Rechtzeitigkeit der Zahlung, sondern auf die **Rechtzeitigkeit des Geldeingangs** beim Gläubiger an. Dies ergibt sich, wie der Europäische Gerichtshof zu entscheiden hatte, aus der **EU-Zahlungsverzugsrichtlinie.** Allerdings haftet ein Schuldner, der die Überweisung rechtzeitig veranlasst hat, nicht für mögliche Verzögerungen im Bankenverkehr.

Informationen zu den Lieferbedingungen			
Verpackungskosten	**Verkaufsverpackung**	→	Die Kosten sind im Angebotspreis enthalten kosten *(Parfümflakon, Bierdose, Suppentüte)*.
	Versandverpackung	→	Die Kosten können vertraglich vom Verkäufer, dem Käufer oder beiden übernommen werden. Bei Ware, die nach Gewicht bestellt wird *(Obst, Gemüse)*, ist üblicherweise der Preis der Verpackung im Warenpreis enthalten.
	§ Die Kosten der Versandverpackung trägt der Käufer.		

Informationen zu den Lieferbedingungen

Versandkosten

Nach dem Grundsatz **„Warenschulden sind Holschulden“** müsste der Händler bestellte Artikel beim Lieferanten selbst abholen. In den meisten Fällen wird sie ihm jedoch zugestellt *(firmeneigenes Fahrzeug des Lieferanten, Spediteur, Post, private Zustelldienste, Bahn)*.

Die Kosten können entweder ganz vom Lieferanten übernommen werden *(„Lieferung frei Haus“)* oder vollständig vom Käufer *(„Lieferung erfolgt ab Fabrik“)*. Eine Aufteilung zwischen den Vertragspartnern ist ebenfalls möglich. Häufig ist die Berechnung von Versandkosten vom Auftragswert abhängig *(„Wir liefern ab einem Auftragswert von 1.500,00 € porto- und frachtfrei.“)*

Übersicht zu den Beförderungsbedingungen:

Bedingung:	Käufer trägt:	Verkäufer trägt:
ab Fabrik, ab Werk, ab Lager	sämtliche Kosten	keine Kosten
frei Haus, frei Lager	keine Kosten	sämtliche Kosten

§ Die Kosten des Warenversands trägt der Käufer.

Lieferzeit

Neben der gesetzlichen Regelung werden häufig Liefertermine vereinbart *(„Lieferung erfolgt in KW 38“)*. Durch den Zusatz „fix“ muss die Lieferung zum genau festgelegten Zeitpunkt erfolgen. Beim Kauf auf Abruf ruft der Händler die Waren in Teilmengen oder im Ganzen zu einem von ihm zu bestimmenden Termin ab.

§ Der Käufer kann eine sofortige Lieferung verlangen.

Erfüllungsort und Gerichtsstand

Bedeutung des Erfüllungsortes für		
	• **Ordnungsgemäße Vertragserfüllung**	Nur durch die rechtzeitige und mangelfreie Bereitstellung der Ware bzw. pünktliche Bezahlung des Kaufpreises am Erfüllungsort wird der Schuldner von seinen vertraglichen Verpflichtungen frei.
	• **Gerichtsstand**	• **Örtliche Zuständigkeit:** Bei Rechtsstreitigkeiten aus dem Vertrag ist grundsätzlich das Gericht am Erfüllungsort zuständig. • **Sachliche Zuständigkeit:** Amtgericht bis zu einem Streitwert von 5.000 €; liegt der Streitwert höher, dann das Landgericht.
	• **Gefahrübergang**	Das Risiko (Gefahr) und damit die Verantwortung für einen zufälligen Verlust, Verderb oder Beschädigung der Ware geht am Erfüllungsort auf den Käufer über. Dabei ist zu beachten: – Käufer holt Ware ab: Gefahr geht auf Käufer über, wenn die Ware an ihn übergeben wird. – Ware wird auf Wunsch des Käufers zugestellt: Gefahr geht auf Käufer mit Übergabe der Ware an den Spediteur über. – Verkäufer liefert mit eigenem Fahrzeug: Gefahr geht auf Käufer bei der Übergabe der Ware an ihn über. In den meisten Fällen wird ein Transportrisiko aber durch eine Versicherung abgedeckt.
	• **Kosten**	Der Käufer trägt grundsätzlich die Versandkosten ab dem Erfüllungsort **(Warenschulden = Holschulden)** sowie die Überweisungskosten **(Geldschulden = Schickschulden)**.

Beispiel **Kaufvertrag mit gesetzlichem Erfüllungsort – was ist zu beachten?**

1. Ordnungsgemäße Vertragserfüllung (Welche Pflichten haben Käufer und Verkäufer?)
Der Käufer muss entweder die Ware in Hamburg (Erfüllungsort für Warenschulden) abholen oder den Verkäufer beauftragen, die Waren durch einen Spediteur oder Frachtführer nach München zu transportieren. Zur Bezahlung des Kaufpreises muss der Käufer am Fälligkeitstag seine Hausbank in München (Erfüllungsort für Geldschulden) mit der Überweisung des vereinbarten Geldbetrages beauftragen oder einen Scheck zu diesem Zeitpunkt absenden.

2. Gerichtsstand (Welches Gericht ist im Streitfall zuständig?)
Je nach Streitwert ist für die Geldschulden des Käufers das Amts- oder Landgericht in München und für mögliche Rechtsstreitigkeiten hinsichtlich der Warenlieferung das Amts- oder Landgericht in Hamburg zuständig.

3. Gefahrübergang (Wer trägt ab wann Risiken bei der Bezahlung und Lieferung?)
Der Käufer trägt das Risiko bis zum Eingang der Zahlung auf dem Konto des Empfängers in Hamburg (§ 270 Abs. 1 BGB). Das Risiko (Gefahr) für den zufälligen Untergang bzw. die zufällige Verschlechterung der Ware geht mit Übergabe der Ware an den Käufer (§ 446 BGB) oder einen Spediteur (§ 447 BGB) auf den Käufer über, wenn die Ware auf sein Verlangen nach einem anderen Ort als den Erfüllungsort (München) gebracht werden soll.

4. Kosten (Wer muss welche Kosten übernehmen?)
Der Käufer trägt die Versandkosten von Hamburg nach München sowie unabhängig vom Erfüllungsort die Kosten des Zahlungsvorgangs (§ 270 Abs. 1 BGB).

Aktion

1. Entscheiden und begründen Sie, ob in den folgenden zwei Fällen ein Kaufvertrag zu Stande kommt:
   a) Die Großhandlung Schindler & Söhne macht dem Uhren-Fachgeschäft Bessler telefonisch ein Angebot über besonders günstige Chronografen. Herr Bessler kann sich nicht sofort entscheiden und beendet das Gespräch. Am folgenden Tag stellt er Vergleiche mit anderen Angeboten an und bestellt schließlich per Fax zwei Tage später bei Schindler & Söhne zehn Uhren.
   b) Auszug aus dem Angebot der Inter-Tex München an die Boutique La Moda:
   „... Der Preis der indischen Seidenblusen beträgt pro Stück 79,90 €. Bei einer Abnahme von mehr als 50 Stück gewähren wir einen Nachlass von 15 %. Transport- und Verpackungskosten übernehmen wir ab einem Auftragswert von über 1.000,00 €, sonst berechnen wir 2 % vom Warenwert. Wir gewähren 4 % Skonto bei Vorauskasse durch Beilage eines Verrechnungsschecks bei der Bestellung ..."

   Drei Tage später erhält der Textilimporteur eine Bestellung von Frau van Laak, der Inhaberin von „La Moda", über 10 Seidenblusen. Frau van Laak legt einen Verrechnungsscheck über 679,15 € der Bestellung bei.

2. Wählen Sie drei Waren aus Ihrem Ausbildungssortiment und bestimmen Sie deren Qualität und Beschaffenheit anhand von drei Kriterien.

3. Erläutern Sie die folgenden Preisnachlässe: Treuerabatt, Wiederverkäuferrabatt, Bonus.

4. Wie erfolgt die Kostenverteilung bei der Beförderungsbedingung „frei Haus" bzw. „ab Werk"?
   Stellen Sie die Kostenverteilung grafisch dar.

5. Wann muss gelieferte Ware bezahlt werden, wenn im Angebot keine Zahlungsvereinbarung aufgeführt wurde?

6. Welche Regelungen können Lieferanten hinsichtlich der Kosten für die Versandverpackung treffen?

7. In einem Angebot steht u. a. „... Preise vorbehalten" sowie „Lieferzeit freibleibend".
   a) Welche rechtliche Bedeutung haben diese Klauseln?
   b) Welche Gründe haben Ihrer Meinung nach den Lieferanten veranlasst diese Klauseln in das Angebot aufzunehmen?

8. Ein Einzelhändler erhält von einem ihm unbekannten Unternehmen nicht bestellte Ware zugeschickt. Erläutern Sie die rechtliche Situation für den Einzelhändler.

9. Geben Sie an, wie lange die Verbindlichkeit bei einem Angebot „unter Anwesenden" und bei einem Angebot „unter Abwesenden" besteht. Verdeutlichen Sie durch ein Beispiel.

10. Wie ist in den folgenden Fällen die Gültigkeit der Angebote zu beurteilen?

Anbieter:		Auszug aus dem Angebot:
Spaß & Spiel an Kinderwelt (bisher keine Geschäftsverbindung)	→	„es gelten unsere Allgemeinen Geschäftsbedingungen"
Westfälische Möbelwerke an Wohnwelt GmbH	→	„solange Vorrat reicht"
Anzeige des Versandhauses Pro-Arte im Magazin Frau und Haus	→	„bestellen Sie noch heute! Nur solange Vorrat reicht!"

11. Die Manz KG in Neuburg erhält vom TCN – Tennisclub Neuburg folgenden Brief:

> „Sehr geehrte Damen und Herren,
> nächsten Monat feiern wir unser 25-jähriges Vereinsjubiläum. Dazu wollen wir u. a. den Gründungsmitgliedern als Anerkennung etwas zum Essen und Trinken überreichen. Es sollen 5 Mitglieder geehrt werden. Der Preis pro Geschenk sollte 50 € nicht übersteigen. Bitte machen Sie uns einige Vorschläge und schicken Sie diese bis spätestens nächsten Mittwoch an unseren Wirtschaftsleiter, Herrn Michael Hoffmann, Bergstraße 14 in Neuburg."

Erarbeiten Sie 8 Vorschläge, was man dem Tennisclub anbieten kann, und formulieren Sie ein Angebot.

12. Erläutern Sie an einem Beispiel den Unterschied zwischen gesetzlichem und vertraglichem Erfüllungsort.

13. Begründen Sie, warum sich die meisten Lieferanten in ihren Angeboten bei der Bestimmung des Erfüllungsortes und Gerichtsstandes für ihren Geschäftssitz entscheiden.

2.3 Bestellung und Auftragsbestätigung

Situation

Die Reinbach GmbH unterbreitet Schulleiter Burk die drei eingeholten Angebote mit einem Kalkulationsaufschlag von 40 %. Herr Burk entscheidet sich für das Angebot mit den Stühlen von Büro-Komplett aus Cottbus. Er findet, dass hier das beste Preis-Leistungs-Verhältnis vorliegt. Markus Braun erhält deshalb von seinem Chef den Auftrag die Bestellung unterschriftsreif vorzubereiten.

Arbeitsauftrag

Entwerfen Sie für Herrn Reinbach diese Bestellung. Beachten Sie die Regeln der DIN 5008-Norm zur Gestaltung von Geschäftsbriefen.

Information

Bestellung

Mit der Bestellung (Auftrag, Order) verpflichtet sich ein Käufer, Ware zu festgelegten Bedingungen zu erwerben. Der Besteller ist daher an seine Bestellung rechtlich gebunden und ein Widerruf ist nur gültig, wenn er spätestens mit der Bestellung beim Lieferanten eintrifft. Bei Nachlieferungen, die zur Ergänzung dienen, wird oft ohne nochmalige Angebotseinholung bestellt. **Bestellungen** sind an **keine** bestimmte **Form** gebunden.

Viele Lieferanten und Großhändler bieten Bestellvordrucke oder Ordersätze an, um den Bestellvorgang zu beschleunigen oder zu vereinfachen. Wenn sich eine Bestellung auf ein vorhandenes Angebot bezieht, müssen nicht alle Angaben wiederholt werden. Es genügen dann der Bezug auf das Angebot, die genaue Bezeichnung der Ware sowie Angaben zur Menge und zum Preis je Einheit.

Formulierungsvorschläge:

- „Vielen Dank für Ihr Angebot vom ... Wir bitten um Lieferung von ..."
- „Bitte liefern Sie uns ... zu den Lieferungs- und Zahlungsbedingungen Ihres Angebots vom ..."
- „Gemäß Ihrem Angebot vom ... bestellen wir ..."

Auftragsbestätigung

Mit einer **Auftragsbestätigung** bestätigt der Lieferant dem Käufer, dass er die Bestellung angenommen hat.

Eine Auftragsbestätigung sollte erteilt werden, wenn:	Inhalt einer Auftragsbestätigung:
• längere Lieferzeiten zu erwarten sind, • eine telefonische Bestellung vorlag, • ohne vorheriges Angebot bestellt wurde, • das Angebot freibleibend war, • Erstbestellung eines Kunden vorlag, • Unklarheiten vorliegen.	• Dank für die Auftragserteilung, • Wiederholung der wichtigsten Bestandteile der Bestellung, • Mitteilung des voraussichtlichen Liefertermins, • Mitteilung über eventuelle Rückstände und Nichtlieferung.

Muster für den Inhalt einer Bestellung

Absender	**Action & Fun GmbH** Am Markt 1 ·55555 Neuburg
Empfänger	Alpina Sportbekleidung Industriestraße 4 47807 Krefeld Neuburg, ..- ..- ..
Betreff	Bestellung Sehr geehrte Damen und Herren,
Bezug auf Angebot	ich danke für Ihr Angebot vom ... und bestelle nach Ihren Angebotsbedingungen Daunenjacken „Arctica“, Best.Nr. 7517 in folgenden Mengen und Größen:
genaue Warenbezeichnung und Angabe der bestellten Menge	<u>Herrenjacken:</u> Zehn Stück in Schwarz, Größen M, L und XL Fünf Stück in Blau, Größen M, L und XL. <u>Damenjacken:</u> Zehn Stück in Blau, Größen S, M und L Fünf Stück in Weiß, Größen S, M und L
Preis je Einheit	Preis je Jacke: 175,00 € Bitte liefern Sie innerhalb 14 Tagen.
Grußformel	Mit freundlichen Grüßen Action & Fun GmbH *Bernd Heller* Bernd Heller, Geschäftsführer

Aktion

1. Üben Sie im Rollenspiel (Verkäufer, Kunde) die Aufnahme telefonischer Bestellungen von Kunden mithilfe einer Checkliste.

2. Schreiben Sie zu einer dieser telefonischen Bestellungen eine Auftragsbestätigung an den Kunden.

3. Ein Lieferant verspricht in seinem Angebot die Lieferung von Sportschuhen innerhalb von 48 Stunden. Sie bestellen schriftlich am 24. des Monats.
   Kurz vor Arbeitsschluss an diesem Tag erhalten Sie eine Mail Ihres Einkaufsleiters sämtliche Bestellungen des heutigen Tages zu stornieren. Darauf senden Sie sofort ein entsprechendes Fax an den Lieferanten. Beurteilen Sie die Rechtslage.

3 Kaufvertragsarten

Kaufvertrag ist nicht gleich Kaufvertrag

Situation

(Quelle: Messe Frankfurt)

Im Messecafé der internationalen Frankfurter Messe „Ambiente“ unterhalten sich drei Einzelhändlerinnen über erste Eindrücke auf ihrem Messerundgang:

Frau Mewes: „Die neuen Wohnaccessoires im Asia-Stil finde ich ganz toll. Ich möchte schon bestellen, aber was mache ich, wenn es bei meinen Kunden nicht ankommt?

Frau Jürgens: „Mir geht es ähnlich. Ich habe Sitzmöbel aus Pappe in einem irren Design entdeckt. Aber bei uns in der Kleinstadt?“

Frau Lampert: „Also ich finde, da gibt es doch eine gute Möglichkeit für euch, damit später keine Probleme entstehen!“

Arbeitsauftrag

Was wird Frau Lampert ihren Kolleginnen vorschlagen?

Information

Zwischen dem **Einzelhändler** und seinen **Lieferanten** können sehr unterschiedliche **Vereinbarungen** im Rahmen des Wareneinkaufs getroffen werden. Daraus ergeben sich **unterschiedliche** Arten von **Kaufverträgen**.

3.1 Arten des Kaufs nach Vertragspartnern und Zweck des Vertrages

Verkäufer ist / Käufer ist	Verbraucher	Unternehmer
Verbraucher	Privatkauf **Beispiel** Eine Frau verkauft wenig getragene Kinderkleidung an eine Nachbarin.	Verbrauchsgüterkauf (einseitiger Handelskauf) **Beispiel** Ein Baumarkt verkauft 200 Fliesen an einen privaten Kunden.
Unternehmer	sonstiger einseitiger Handelskauf **Beispiel** Ein Second-Hand-Laden kauft „von privat“ einen Kinderwagen.	**zweiseitiger Handelskauf** **Beispiel** Der Inhaber eines Feinkostgeschäfts kauft kalifornischen Wein bei einem Weinimporteur.

Zweiseitiger Handelskauf

Für den **zweiseitigen Handelskauf** gelten die Regelungen des **BGB** sowie ergänzende Regelungen des **HGB**. Die rechtlichen Bestimmungen für Kaufleute sind durchweg strenger und anspruchsvoller als die bei Geschäften mit Verbrauchern geltenden Bestimmungen. Dies ist deshalb der Fall, weil davon auszugehen ist, dass Kaufleute von Berufs wegen mit rechtlichen Fragen besser vertraut sind. Deshalb werden sie rechtlich auch als weniger schutzbedürftig angesehen. So gilt z. B. für Rechtsgeschäfte, die Kaufleute miteinander tätigen:

- Schweigen kann als Zustimmung gelten,
- wenn Kaufleute bei einer mangelhaften Warenlieferung ihre Rechte geltend machen wollen, müssen sie die Waren unverzüglich prüfen und beim Lieferanten reklamieren.

3.2 Weitere Arten von Kaufverträgen und ihre Besonderheiten

Kaufverträge nach Art und Güte der Ware

Art des Kaufs	Inhalt	Beispiel
Kauf auf Probe	Kauf mit Recht der Rückgabe innerhalb eines bestimmten Zeitraums.	Kauf eines Kopiergerätes; bei Nichtgefallen Rückgabe innerhalb von 4 Wochen.
Kauf zur Probe	Endgültiger Kauf einer kleinen Menge zum Ausprobieren; der Käufer gibt zu erkennen, dass er weitere Bestellungen aufgeben wird, wenn die Ware seinen Erwartungen entspricht.	Ein Weinhändler beschafft eine Auswahl von Weinen für eine Verkostung mit Kunden; es soll die Verkäuflichkeit getestet werden.
Kauf nach Probe	Endgültiger Kauf entsprechend einem Muster oder einer Probe.	Ein Baumarkt bestellt Tapeten nach Musterbüchern.
Bestimmungskauf (Spezifikationskauf)	Abschluss über eine Gesamtmenge; die genaue Bestimmung von Maßen, Form, Farbe erfolgt später.	Ein Filialbetrieb vergibt einen Blockauftrag für Herrenhemden. Die aktuellen Modefarben werden später festgelegt.

Art des Kaufs	Inhalt	Beispiel
Kauf nach Besicht	Ein Kaufgegenstand wird nach Prüfung „gekauft wie besehen“; Mängel werden noch behoben oder mindern den Kaufpreis.	Eine Einrichtungshaus kauft auf einer Messe einen antiken Tisch; die unansehnliche Platte wird vor Auslieferung noch poliert.
Stückkauf	Kaufgegenstand ist eine Sache, die einmalig ist (Unikat) und nicht auf dem Markt nachbeschafft werden kann.	Der Inhaber einer Gemäldegalerie kauft ein wertvolles Ölgemälde auf einer Auktion.
Gattungskauf	Kaufgegenstand ist eine Sache, die in mehreren gleichen Ausführungen vorhanden ist oder erneut produziert oder auf dem Markt beschafft werden kann.	Kauf von 600 Boxershorts im 3er-Pack, farbig und nach Größen sortiert.
Typenkauf	Bestellung erfolgt aufgrund einer Type, die die Güteklasse oder Durchschnittsqualität bezeichnet.	Beschaffung von Roggenmehl der Type R 1150.

Kaufverträge nach der Lieferzeit

Art des Kaufs	Inhalt	Beispiel
Sofortkauf	Ware wird unmittelbar nach Bestellung geliefert.	Normalfall
Terminkauf	Ware wird innerhalb einer vereinbarten Frist oder zu einem vereinbarten späteren Termin geliefert.	Lieferung innerhalb zwei Wochen nach Auftragsbestätigung.
Fixkauf	Ware wird zu einem kalendermäßig genau bestimmten Zeitpunkt geliefert und später nicht mehr benötigt.	Lieferung von 50 Mastgänsen bis 22. Dezember fix.
Kauf auf Abruf	Käufer kann die gesamte Ware (oder Teilmengen) bei Bedarf beim Lieferer abrufen.	Eindeckung mit Saisonware, z. B. Bademoden.
Teillieferungskauf	Die Lieferung erfolgt in Teilmengen zu vorher vom Käufer bestimmten Terminen.	Gedrittelte Auslieferung der Bademoden (März/April/Mai).

Kaufverträge nach dem Erfüllungsort

Der **Erfüllungsort** ist der Ort, an dem der **Schuldner** die **Leistung** zu bewirken hat; der Verkäufer (Warenschuldner) und der Käufer (Geldschuldner) werden am Erfüllungsort durch rechtzeitige und einwandfreie Leistung von ihren vertraglichen Pflichten frei (vgl. Kap. 2.2).

Art des Kaufs	Inhalt	Beispiel
Handkauf	Die Ware wird im Geschäft des Verkäufers gekauft und übergeben.	Ein Einzelhändler beschafft Silvesterfeuerwerk im Cash & Carry-Großhandel.
Platzkauf	Käufer und Verkäufer haben ihren Geschäfts- bzw. Wohnsitz an demselben Ort; die Ware muss zum Geschäfts- bzw. Wohnsitz des Käufers transportiert werden.	Ein Eisenwarengroßhändler in Bremen liefert Teile eines Regalsystems an einen Baumarkt in Bremen.
Fernkauf	Käufer und Verkäufer haben ihren Sitz an unterschiedlichen Orten, Erfüllungsort ist nicht der Ort des Verkäufers.	Ein Eisenwarengroßhändler in Bremen liefert Teile eines Regalsystems an einen Baumarkt in Bochum; als Erfüllungsort ist Bochum vereinbart.
Versendungskauf	Käufer und Verkäufer haben ihren Sitz an unterschiedlichen Orten, Erfüllungsort ist der Ort des Verkäufers.	Ein Eisenwarengroßhändler in Bremen liefert Teile eines Regalsystems an einen Baumarkt in Bochum; als Erfüllungsort ist Bremen vereinbart.

Aktion

1. Erläutern Sie an einem Beispiel den Unterschied zwischen Verbrauchsgüterkauf und zweiseitigem Handelskauf.

2. Um welche Art eines Kaufvertrages handelt es sich bei den folgenden Bestellungen eines Einzelhändlers?
   a) Er kauft 50 Dosen französische Zwiebelsuppe. Falls er sie gut verkaufen kann, will er mehr bestellen.
   b) Er kauft 800 Doppelzentner Salatkartoffeln. Die Lieferung soll in Teilmengen bis Ende Februar erfolgen. Der Einzelhändler bestimmt die jeweilige Lieferzeit und Teilmenge.
   c) Er bestellt Schokoladen-Nikoläuse zum 1.12. des Jahres mit dem Zusatz „fix".
   d) Er nimmt Kosmetikartikel in sein Angebot als Randsortiment auf; falls sie sich nicht verkaufen lassen, kann er sie gegen Gutschrift nach drei Monaten wieder zurückgeben.
   e) Nach Eingang seiner Bestellung beim Lieferant wird die Ware umgehend kommissioniert und versandt.
   f) Bei der Bestellung wird vereinbart, dass nähere Einzelheiten zur Ware innerhalb von vier Wochen dem Lieferanten mitgeteilt werden.
   g) Es wird vereinbart: „Die Lieferung erfolgt Anfang KW 36".
   h) Er kauft auf einer Zwangsversteigerung einen größeren Posten Wein, ohne Angaben bestimmter Qualitäten und dem Hinweis des Auktionators „gekauft wie gesehen".
   i) Er kauft bei einer Mühle 2 Paletten Mehl der Type 405.
   j) Im Angebot werden großzügige Rabatte in Aussicht gestellt, wenn entsprechend große Mengen bestellt werden. Diesen Preisvorteil nutzt der Einzelhändler. Gleichzeitig trifft er mit dem Lieferanten eine Vereinbarung, die es ihm ermöglicht Lagerkapazitäten und Lagerkosten gering zu halten.

3. Welche Problematik sehen Sie bei einem Stückkauf?

4. Der Kauf auf Abruf ist in der Praxis weit verbreitet. Erläutern Sie die mit dieser Vertragsart verbundenen Vor- und Nachteile.

5. Warum sind manche Lieferanten nicht bereit Fixkäufe abzuschließen?

6. Beschreiben Sie die Besonderheiten eines Bestimmungskaufes.

7. Formulieren Sie in Partnerarbeit drei zweiseitige Kaufverträge. Orientieren Sie sich an folgendem Raster:

Beschreibung des Vertragsinhaltes	**Unterscheidung nach:**		
	Art und Güte	Lieferzeit	Bezahlung

Lassen Sie anschließend durch andere Schüler die Verträge nach den Unterscheidungskriterien näher bestimmen.

8. Erstellen Sie eine Übersicht zu den Kaufvertragsarten mithilfe einer Mindmap.

Zentralbegriff: Kaufvertragsarten
Hauptzweige:
- Art und Beschaffenheit der Ware
- Lieferzeit
- Zahlungszeitpunkt
- rechtliche Stellung der Vertragspartner
- Erfüllungsort

9. Formulieren Sie zu den folgenden Beschreibungen von Kaufverträgen ein dazu passendes Beispiel.

a) Zweiseitiger Kaufvertrag, Kauf auf Probe, Gattungskauf, Platzkauf.

b) Verbrauchsgüterkauf, Barkauf, Handkauf.

c) Zweiseitiger Kaufvertrag, Kauf nach Probe, Kauf auf Ziel, Versendungskauf.

d) Privatkauf, Fixkauf, Teilzahlungskauf.

10. Kleine Betriebsrecherche:

Untersuchen Sie, welche der in diesem Kapitel beschrieben Kaufvertragsarten in Ihrem Ausbildungsunternehmen abgeschlossen werden.

4 Bestellung von Sortimentsware

4.1 Bestellzeitplanung

**„Tut mir leid, aber morgen bestimmt!
Wie kann sichergestellt werden, dass ausreichend Ware vorhanden ist?**

Situation

Laura Vogt ist Auszubildende bei der Textil-Markt GmbH und zur Zeit im Einkauf tätig. Heute nimmt sie an einer gemeinsamen Sitzung der Einkäufer und Verkäufer aus der Sportabteilung teil. Wie jedes Jahr werden Anfang Mai die Einkäufe für die nächsten Wochen und Monate geplant. Frau Abele aus dem Verkauf weist darauf hin, dass es wegen des schönen Frühlingswetters zu einer verstärkten Nachfrage nach sportlichen Sonnenbrillen gekommen sei. Man brauche dringend Nachschub. Laura bekommt den Auftrag so schnell wie möglich Herrn Kogel, zuständig für den Einkauf von Sportaccessoires, einen Bestellvorschlag zu unterbreiten. Aus dem Warenwirtschaftssystem hat sie sich folgende Informationen besorgt:

1. Ausdruck zur **Umsatzentwicklung** bei Sonnenbrillen im letzten Jahr:

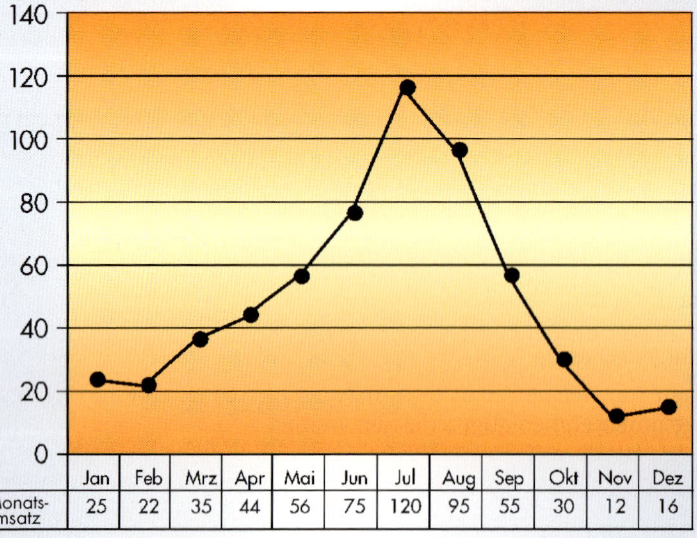

	Jan	Feb	Mrz	Apr	Mai	Jun	Jul	Aug	Sep	Okt	Nov	Dez
Monats-umsatz	25	22	35	44	56	75	120	95	55	30	12	16

2. Liste mit den **tagesaktuellen Beständen** an Sonnenbrillen:

Artikelbestand 05.05. WG:Sport-Zubehör Bestand < 20

Art.Nr.	Bezeichnung	Preis	Bestand 01-01	Bestand 05-05	Verkauf	VK-Wert	Preislage
112233	Champion	89,90	15	12	3	269,70	2
112234	Loop	49,90	35	5	30	1.497,00	1
112246	Black-Man	29,90	55	10	45	1.345,50	1
112254	Metallika	112,50	15	14	1	112,50	3
112243	Eye-Fun	55,45	35	14	21	1.164,45	1
112267	Alpin	39,90	48	16	32	1.276,80	1
112275	Ovix	139,00	15	12	3	417,00	3

Arbeitsaufträge

1. *Welche Schlussfolgerungen kann Laura aus diesen Informationen ziehen?*
2. *Reichen diese Informationen aus, um Herrn Kogel einen Bestellvorschlag zu unterbreiten?*
3. *Begründen Sie, welches Bestellverfahren bei den Sonnenbrillen gewählt werden sollte?*

Information

Bei Bestellungen von Waren, die bereits im Sortiment geführt werden, handelt es sich stets um **Nachbestellungen**. Man bezeichnet dies auch als **disponieren**. Um einerseits einen hohen Grad an Verkaufsbereitschaft zu gewährleisten und andererseits überhöhte Lagerbestände zu vermeiden, ist eine genaue Beobachtung der Umsatz- und Bestandsentwicklung unerlässlich. Dabei sind sowohl Kundenwünsche und -erwartungen sowie Angebote und eventuelle Werbeaktionen der Lieferanten zu berücksichtigen. Wichtige Informationen liefert dem Einkäufer die **Analyse** von **Verkaufsdaten** vergangener Verkaufsperioden *(Entwicklung des Absatzes, Bevorzugung bestimmter Preislagen, Lagerbestände)*. Ein Warenwirtschaftssystem stellt diese Informationen schnell und auf dem aktuellsten Stand zur Verfügung.

Bestellzeitplanung unter Berücksichtigung von Lagerbeständen

Bei der Entscheidung, wann die termingerechte Disponierung eines Artikels erfolgen soll, muss darauf geachtet werden, ob es sich um Saisonware *(modische Textilien, Schuhe, Wintersportartikel)* oder Stammartikel, d.h. Artikel, die von Kunden ständig nachgefragt werden, handelt. Saisonwaren müssen zu Saisonbeginn vollständig im Sortiment vorhanden sein, denn die Kunden erwarten gerade dann ein vollständiges Warenangebot. Außerdem sind Nachbestellungen besonders bei modeabhängigen Artikeln oft gar nicht mehr möglich. Ist dies doch der Fall, dann müssen, wie bei Stammartikeln, eventuelle Lagerbestände berücksichtigt werden.

Lagerbestandsarten

1. Sicherheitsbestand (Mindestbestand, Eiserner Bestand)

Dieser Bestand sichert auch bei Liefer- und Transportschwierigkeiten oder unerwartet hohem Absatz die Verkaufsbereitschaft. Er darf grundsätzlich nicht unterschritten und nur in Notfällen angegriffen werden. Seine Höhe richtet sich nach der Bedeutung des Artikels im Sortiment und seinen Lieferbedingungen.

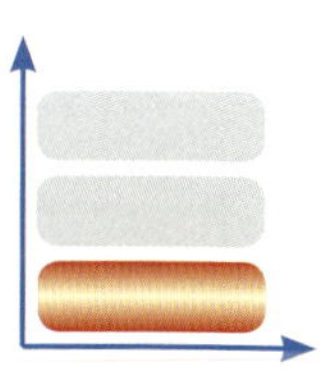

In der Praxis wird oft $^1/_3$ des Absatzes während der Beschaffungszeit eingelagert.

2. Meldebestand

Dies ist der Lagerbestand, bei dem zur Lagerergänzung nachbestellt werden sollte. Er wird so festgelegt, dass mit dem Lagervorrat die Beschaffungszeit überbrückt werden kann, ohne dass der Sicherheitsbestand angegriffen wird. Im Idealfall trifft die neue Lieferung dann ein, wenn der Sicherheitsbestand erreicht wird. Dies ist in der Praxis nur selten der Fall, ebenso wie ein konstanter Absatzverlauf. Die Formel zur Berechnung des Meldebestandes geht

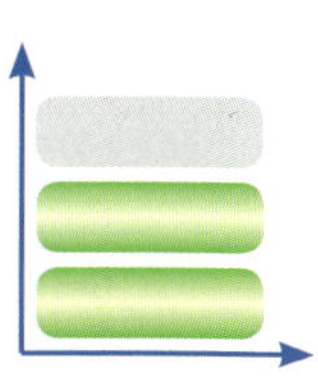

von einer Idealvorstellung aus und gilt für den Handel nur in eingeschränktem Maß. Als Durchschnittswert ist die Ermittlung eines Meldebestandes aber dennoch hilfreich, da so die Verkaufsbereitschaft durch rechtzeitige Bestellung verbessert werden kann.

Formel für die Berechnung des Meldebestandes:

Meldebestand = (Ø Tagesabsatz · Lieferzeit in Tagen) + Sicherheitsbestand

Beispiel Wie hoch ist der Meldebestand bei einem durchschnittlichen täglichen Absatz von 12 Stück und einer Lieferzeit von 10 Tagen, wenn der Sicherheitsbestand (Mindestbestand) auf 50 Stück festgelegt wurde?

Meldebestand (Stück)		Ø Tagesabsatz (Stück/Tag)		Lieferzeit (Tage)		Sicherheitsbestand (Stück)
170	=	(12	·	10)	+	50

3. Höchstbestand

Dies ist der Bestand, auf dessen Höhe jeweils aufgefüllt wird. Mit seiner Hilfe sollen überhöhte Lagervorräte vermieden werden. Er wird sowohl nach der vorhandenen Lagerkapazität (häufig das zur Verfügung stehende Regalvolumen), als auch als Ergebnis einer optimierten Einkaufspolitik **(= optimale Bestellmenge)** festgelegt.

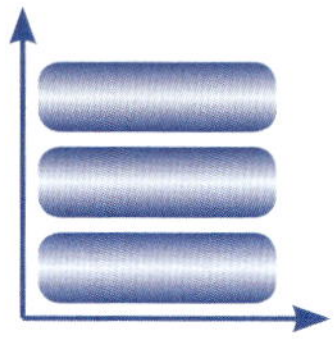

Bestellverfahren

Im Rahmen der **Bestellzeitplanung** werden zwei Verfahren angewandt:

Bestellpunktverfahren (Terminsteuerung)

Bei diesem Verfahren wird beim Erreichen des Meldebestandes **(Bestellpunkt)** bestellt. Der Zeitpunkt der Bestellung ist vom Absatzverlauf abhängig. Es ergeben sich somit **unterschiedliche Bestelltermine** aber **gleiche Bestellmengen**.

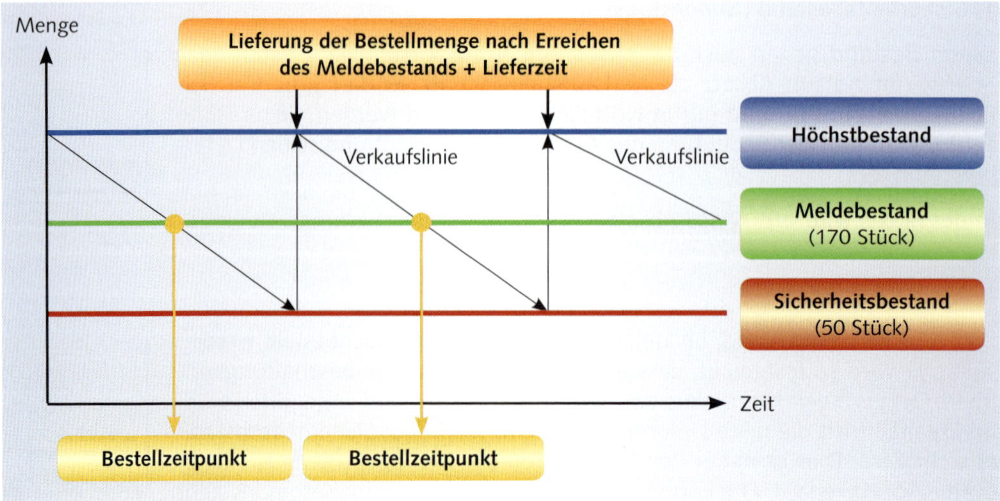

Bestellrhythmusverfahren (Mengensteuerung)

Die Bestellzeitpunkte sind bei diesem Verfahren an **feste Beschaffungsrhythmen** gebunden. Die Bestellmenge richtet sich nach der Differenz zum jeweiligen Höchstbestand, die sich durch den bisherigen Verkauf ergibt. Kennzeichnend für dieses Verfahren sind somit **feste Bestelltermine** und **variable Bestellmengen**.

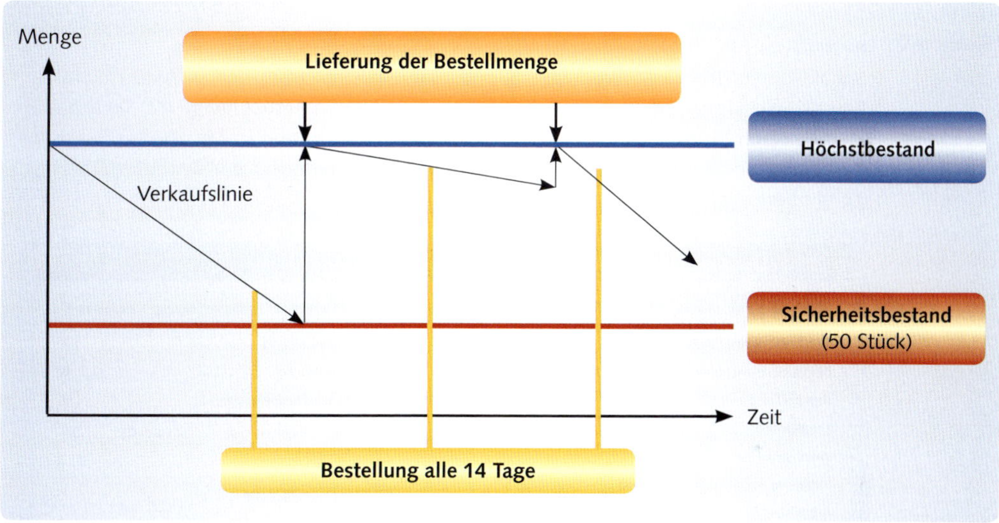

Infobox

Die Anwendung dieser Bestellverfahren eignet sich nur für Stammartikel, d. h. für Artikel, die über längere Zeit gelistet sind, die über das Jahr hinweg einigermaßen gleichmäßig nachgefragt und in ihrem Bestand immer wieder ergänzt werden und für die zum Zeitpunkt der Nachbestellung Lagerbestände mindestens in Höhe des Mindestbestandes vorhanden sind. Diese Bestellverfahren sind für Saison- und Aktionswaren wenig oder gar nicht geeignet, z. B. weil Nachbestellungen unmöglich oder sinnlos sind.

Disposition mit Bestellvorschlägen des Warenwirtschaftssystems

Für **Stammartikel**, die regelmäßig nachbestellt werden können, erstellen Warenwirtschaftssysteme **Bestellvorschläge**. Diese sind als Dispositionshilfen zu verstehen, die aber vom Disponenten jederzeit abgeändert werden können. Besteht zwischen dem Einzelhändler und seinen Lieferanten die Möglichkeit Daten elektronisch auszutauschen, kann aufgrund des Bestellvorschlages eine **automatische Bestellung** ausgelöst werden.

Grundlagen zur Ermittlung von Bestellvorschlagsmengen	
Letzte Bestellung	Es wird immer genau so viel von einem Artikel bestellt, wie seit der letzten Bestellung verkauft worden ist.
Meldebestand	Die Bestellvorschlagsmenge entspricht der zur Wiederauffüllung des Lagers auf den Höchstbestand benötigten Menge, unter Berücksichtigung der noch offenen Bestellmengen.
Durchschnittliche Verkaufsmenge	Auf der Grundlage durchschnittlicher Verkaufsmengen, die aus dem jeweils aktuellen und z. B. den zwei Vormonaten ermittelt werden, wird der Bestellvorschlag ermittelt.

Bei Anwendung dieser Verfahren muss aber geklärt werden:

- Sind für den betreffenden Artikel Bestellvorschläge überhaupt sinnvoll?
- Wie ist die jetzige und künftige Nachfragesituation zu beurteilen?
- Müssen Mindestabnahme- bzw. Umpackmengen berücksichtigt werden?
- Liegen noch offene Bestellungen vor?

Beispiel

Bestellvorschlag für Süßwaren mithilfe eines Warenwirtschaftssystems

Sobald durch den Abverkauf der Meldebestand erreicht ist *(40 Schachteln)*, wird ein Bestellvorschlag mit der im System hinterlegten optimalen Bestellmenge *(60 Schachteln)* erstellt. Nach Prüfung durch den Disponenten *(Abteilungsleiter, Marktleiter)* wird die Bestellung an den Lieferanten (SÜGRO-Baden-Württemberg) per Datenfernübertragung übermittelt.

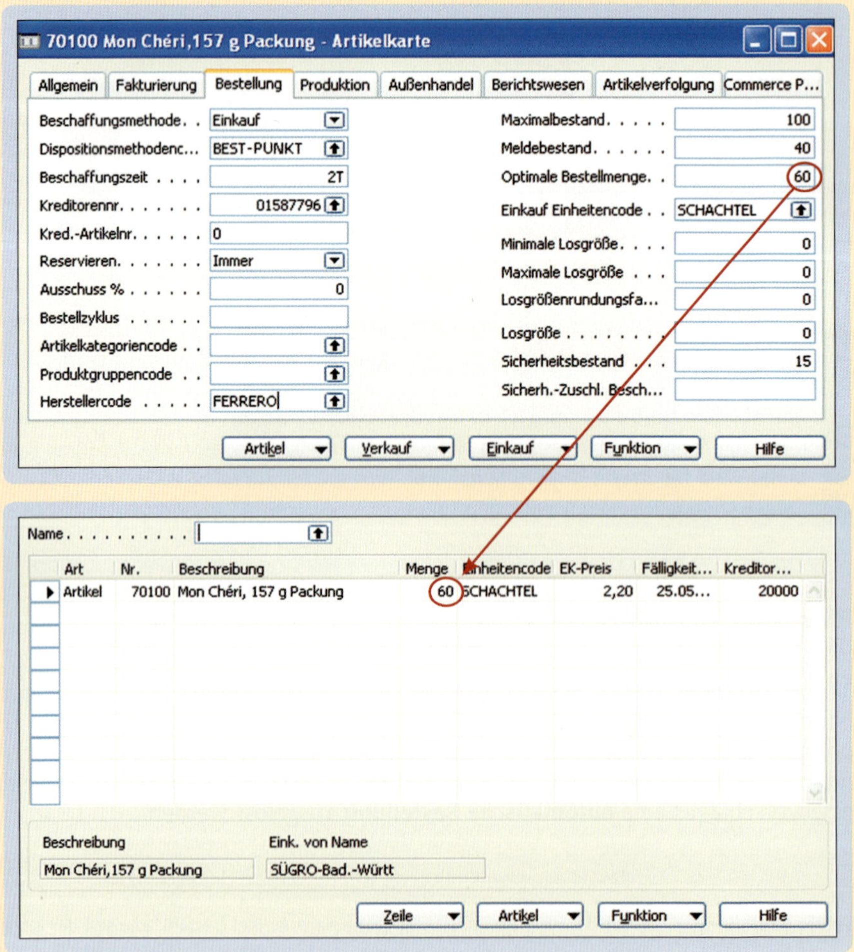

Aktion

1. Begründen Sie, welche Bestellverfahren für die folgenden Artikel aus dem Warenangebot des Merkur-Warenhauses gewählt werden sollten:

   Feinstrumpfhosen, Krawatten, Schokoküsse, Glückwunschkarten, Filtertüten, Skianzüge, Marken-Jeans, Hochzeitskleider.

2. Aufgrund der letzten Inventur entscheidet Herr Reinbach, dass in seinen Filialen die Sicherheitsbestände bei Papier- und Schreibwaren um die Hälfte gesenkt werden sollen.
   a) Welche Bedeutung haben Sicherheitsbestände?
   b) Warum möchte Herr Reinbach die Sicherheitsbestände verringern?
   c) Unter welchen Voraussetzungen ist eine Senkung wirtschaftlich vertretbar?

3. Kunden der Südtex-GmbH haben sich in letzter Zeit vermehrt darüber beschwert, dass sehr oft Ware nicht vorhanden war. Die Geschäftsleitung will nun das Bestellwesen verbessern und bei besonders wichtigen Warengruppen nach dem Bestellpunktverfahren mithilfe des Warenwirtschaftssystems disponieren.
   a) Bei der Warengruppe Herrenhemden ist der Meldebestand zu ermitteln.
      Folgendes Datenmaterial liegt vor:
      - täglicher Bedarf: 75 Stück
      - Beschaffungszeit: 7 Tage
      - Sicherheitsbestand: 500 Stück.

      Berechnen Sie den Meldebestand.
   b) Bei der Warenbeschaffung wurde bisher teilweise nach dem Bestellpunktverfahren, aber auch nach dem Bestellrhythmusverfahren geordert.
      - Für welche Fälle eignet sich das jeweilige Verfahren?
      - Was kann man über den Bestellumfang bei der Anwendung der einzelnen Verfahren sagen?

4. Für das kommende Weihnachtsgeschäft plant man in den Abteilungen Unterhaltungselektronik der Filialen des Warenhauskonzerns Merkur einen Sonderverkauf von 6.000 Spielkonsolen. Die Geräte sollen ab dem 10.12. den Kunden in den Filialen angeboten werden können. Die Verteilung vom Zentrallager aus auf die einzelnen Häuser beträgt 8 Tage.

   Sie sind in der Zentrale für die Ermittlung der benötigten Bestellmenge und des Bestellzeitpunktes verantwortlich.

   Folgende Informationen liegen Ihnen vor:
   - aktueller Lagerbestand: 2.850 Stück
   - geplanter Sicherheitsbestand: 1.200 Stück
   - Bearbeitungszeit für Bestellung: 1 Tag
   - Postweg: 2 Tage
   - Lieferzeit ab Importeur: 4 Tage
   - Kontrolle Wareneingang und Lagerung: 2 Tage
   - Auf der Cebit-Messe wurden vom Einkauf bereits 500 Konsolen bestellt, die noch nicht eingetroffen sind.

5. Bei Saison- und Aktionsartikeln gibt es üblicherweise keine Mindestbestände.
   - Nennen Sie Gründe dafür.
   - Welche Folgen hat hier eine zu geringe, welche eine zu hohe Einkaufsmenge?

4.2 Bestellmengenplanung

„Bei Abnahme von mehr als 1.000 Stück 30% Rabatt!"
Ist es immer sinnvoll, große Bestellmengen zu ordern?

Situation

Laura lässt sich für die Warengruppe Sonnenbrillen einen Bestellvorschlag ausdrucken. Bestellt werden soll über den Einkaufsverband Intertex, der innerhalb 10 Tagen liefern kann.

Bestellvorschlag Datum: 05.05. Warengruppe: Sonnenbrillen

Art.Nr.	Bezeichnung	Höchstb.	Meldeb.	Sicherhb.	Bestand heute	Bedarfsmenge
112233	Champion	25	15	5	12	13
112234	Loop	40	20	5	5	35
112246	Black-Man	60	20	5	10	50
112254	Metallika	20	8	5	14	6
112243	Eye-Fun	35	15	5	14	21
112267	Alpin	50	20	5	16	34
112275	Ovix	15	8	5	12	3

Arbeitsauftrag

Soll Laura aufgrund der ihr jetzt vorliegenden Informationen den Bestellvorschlag übernehmen oder Herrn Kogel einen abgeänderten Vorschlag unterbreiten?

Während Herr Kogel mit Laura ihren Bestellvorschlag bespricht, bringt Herrn Kogels Sekretärin ein Fax. „Ist ganz dringend, muss sofort bearbeitet werden!", sagt sie. Herr Kogel liest:

Impex GmbH/Fabrikstraße 12/89998 Bergedorf/Tel. 087777 12345 Fax: 087777 54321

Textil-Markt GmbH
Neuburg
Herrn Fred Kogel persönlich und dringend!

FAX

Zugreifpreis!
Unser Klassiker Regenjacke „Monsun" jetzt für kurze Zeit nur 98,– €!
Material: Sympatex-Polyamid mit Polyester-Fleece-Innenjacke
Für Sie und Ihn
Größen: S, M, X und XL
Mindestabnahme je Größe 5 Stück
Ab 10 Stück 15 % Rabatt, ab 25 Stück 20 % Rabatt.
Lieferung: Innerhalb 1 Woche nach Bestellungseingang
Angebot gilt nur diese Woche!

Arbeitsaufträge

„Was meinen Sie, Laura, sollen wir zugreifen? Wir haben diese Jacke ja schon seit einiger Zeit im Angebot," meint Herr Kogel und zeigt Laura das Fax. „Wenn wir alle Größen ordern, müssen wir ja mindestens 100 Jacken abnehmen, um den höchsten Rabatt zu bekommen", wendet Laura ein. „Auch wenn wir auf Rabatt verzichten müssen, wäre es nicht besser weniger zu bestellen?"

© Baillou – Fotolia.com

1. *Was spricht Ihrer Meinung nach in diesem Fall für eine große oder für mehrere kleinere Bestellungen?*
2. *Welche Auswirkungen haben u. U. kleine Bestellmengen für das Unternehmen?*

Information

Berechnung der optimalen Bestellmenge

Um eine **wirtschaftliche Bestellmenge** zu planen, muss ein Ausgleich zwischen den Kostenvorteilen einer großen Bestellmenge und den Kostennachteilen einer erhöhten Lagerhaltung gefunden werden.

Die Höhe der Bestellmenge beeinflusst:		
Einkaufspreise	**Bestellkosten**	**Lagerhaltungskosten**
Der Preis, der für die Ware und deren Bezug an den Lieferanten zu zahlen ist. Bei der Mengenplanung sind preissenkende *(Rabatte)* und auch preiserhöhende Bestandteile *(Mindermengenzuschläge, Transportkosten)* zu beachten.	Alle Kosten, die die Vorbereitung, Durchführung und Kontrolle des Einkaufs verursachen *(Ausführen der Bestellung, Prüfung bei Wareneingang, Bezahlen der Eingangsrechnung)*. Sie sind von der jeweils bestellten Menge unabhängig, aber sie nehmen mit der Bestellhäufigkeit zu, da sie bei jeder Bestellung anfallen.	Kosten, die im Zusammenhang mit der Lagerung der Ware entstehen *(Lagereinrichtung, Lagerrisiko, Lagerverwaltung, Kapitalbindungskosten)*. Der größte Teil dieser Kosten verändert sich mit der gelagerten Menge.

Wenn der Einzelhändler **große** Mengen in **größeren** Zeitabständen beschafft *(zweimal im Jahr)*, dann sind seine Bestellkosten **niedrig**, aber die Lagerhaltungskosten hoch.

© Sveta – Fotolia.com

Umgekehrt verhält es sich, wenn **kleine** Mengen in **kleineren** Zeitabständen beschafft werden *(monatlich, wöchentlich)*. Dann sind die Lagerhaltungskosten **niedrig** und die Bestellkosten **hoch**.

Somit kommt es zu einem **Zielkonflikt** zwischen Bestell- und Lagerhaltungskosten. Die nachfolgende Abbildung verdeutlicht diesen Zielkonflikt.

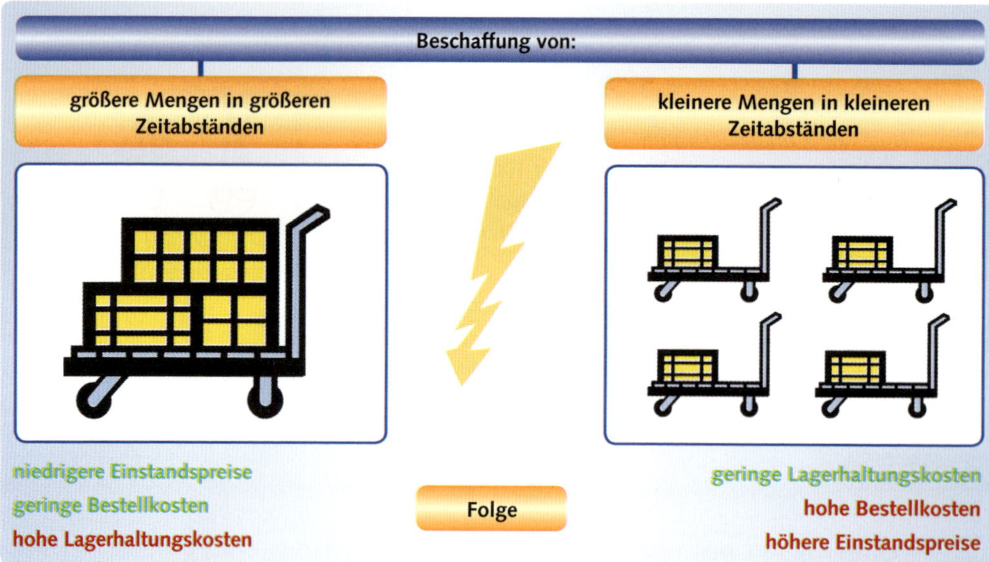

Um eine wirtschaftliche Bestellmenge zu ermitteln, kann aufgrund der **optimalen Bestellmenge** eingekauft werden. Bei dieser Menge ist die Summe aus Bestellkosten und Lagerhaltungskosten am geringsten und es ergibt sich die optimale Bestellhäufigkeit.

Beispiel Tabellarische Ermittlung der optimalen Bestellmenge für grüne Gärtnerschürzen bei der Textil-Markt GmbH.

Jahresbedarf:	12.000 Stück
Einstandspreis je Stück:	4,00 €
Bestellkosten je Bestellung:	140,00 €
Lagerhaltungskosten:	10 % vom durchschnittlichen Lagerbestand (durchschnittlicher Lagerbestand = Hälfte der Bestellmenge)

Bestellhäufigkeit	Anzahl der Bestellungen	Bestellmenge (€)	durchschnittlicher Lagerbestand (€)	Lagerhaltungskosten (€)	Bestellkosten (€)	Gesamtkosten (€)
jährlich	1	48.000,00	24.000,00	2.400,00	140,00	2.540,00
alle 6 Monate	2	24.000,00	12.000,00	1.200,00	280,00	1.480,00
alle 3 Monate	4	12.000,00	6.000,00	600,00	560,00	**1.160,00**
alle 2 Monate	6	8.000,00	4.000,00	400,00	840,00	1.240,00
monatlich	12	4.000,00	2.000,00	200,00	1.680,00	1.880,00

Ergebnis: Die **optimale Bestellmenge** liegt bei vier Bestellungen im Jahr.

Für die nebenstehende Darstellung gilt:

- die **Bestellkosten** je bestelltem Stück sinken mit zunehmender Bestellmenge;
- die **Lagerhaltungskosten** je bestelltem Stück steigen mit zunehmender Bestellmenge;
- die **optimale Bestellmenge** liegt dort, wo die **Summe** der Bestell- und Lagerkosten je bestelltem Stück ihr Minimum erreicht.

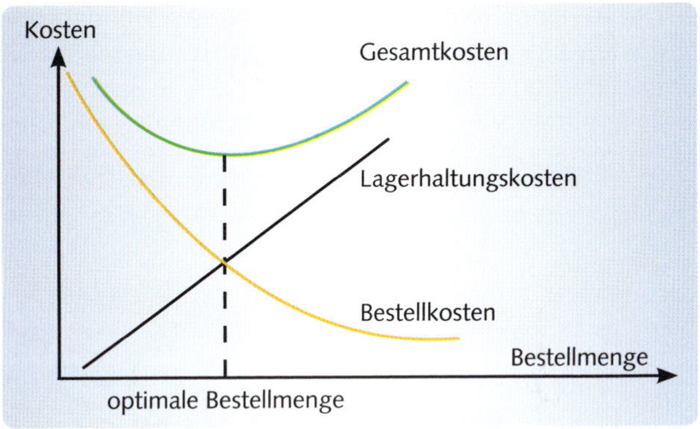

Abb. Optimale Bestellmenge

Probleme bei der Ermittlung der optimalen Bestellmenge in der Praxis

Eine Bestellung aufgrund einer optimalen Bestellmenge ist häufig nicht möglich, denn viele Lieferanten geben **Mindestbestellmengen** vor *(Holzschrauben nur ab 100 Stück)*, die Lieferung erfolgt nur in bestimmten **Verpackungseinheiten** *(Dosengemüse in 24er-Verpackungseinheit)* oder die Ware ist nur **beschränkt lagerfähig** *(Frischmilch, Backwaren)*. Auch unterliegen Waren **Preisschwankungen** *(Tagespreise bei Computer und -zubehör)* oder **Fehlmengenkosten** werden nicht einbezogen, da sie schwer zu beziffern sind *(Höhe eines evtl. entgangenen Gewinns, möglicher Kundenverlust)*.

Aktion

1. Die Verkaufsstatistik zeigt bei Schulheften für die Filiale Neuburg der Reinbach GmbH folgende Zahlen:

Jahresabsatz	5.880 Stück
Geschäftsöffnung	280 Tage
Höchstbestand	480 Stück
Lieferzeit	10 Tage
Sicherheitsbestand für	4 Tage

   a) Wie viel wurde durchschnittlich pro Tag verkauft?

   b) Wie hoch sind Sicherheits- und Meldebestand?

   c) Welcher Umsatz wurde täglich bei DIN-A3-Zeichenblöcken erzielt, wenn deren Verkaufspreis 2,25 €, der Sicherheitsbestand 10 Stück, die Lieferzeit 5 Tage und der Meldebestand 40 Stück beträgt?

   d) Bei Versandtaschen beträgt der Höchstbestand je Filiale 200 Stück. Im Durchschnitt werden in jeder Filiale 16 Stück pro Tag verkauft. Wie hoch sollte der Sicherheitsbestand gewählt werden, wenn die optimale Bestellmenge das Fünffache des Tagesabsatzes beträgt?

2. Die All-Bau GmbH & Co. hat einen Jahresbedarf von 30.000 Säcken Zement; die Bestellkosten betragen unabhängig von der bestellten Menge jeweils 60,00 €. Die variablen Lagerkosten belaufen sich auch 0,02 € je Sack.
   a) Ermitteln Sie die optimale Bestellmenge nach folgendem Muster:

Bestellungen je Jahr	Bestellmenge	Bestellkosten	Lagerhaltungskosten	Gesamtkosten
1				
2				
3				
4				
5				
6				

   b) Stellen Sie Ihre Ergebnisse in einer Grafik dar:
      x-Achse: Bestellmenge in Sack; 1 cm = 2.000 Sack Zement
      y-Achse: Bestell- und Lagerhaltungskosten in €; 1 cm = 50,00 €
      Zeichnen Sie die Kurven für die Bestellkosten und die Lagerhaltungskosten.
   c) Welche Bedeutung hat der Schnittpunkt beider Kurven?

3. Der Lieferant von Filzstiften informiert die Reinbach GmbH, dass durch das neue Logistikkonzept die Lieferzeit um 4 Tage verkürzt werden kann. Im Einkauf wird im Warenwirtschaftssystem für die Artikelgruppe Filzstifte die entsprechende Änderung vorgenommen.
   Bisherige Daten:

Sicherheitsbestand:	100 Stück	durchschnittlicher Tagesabsatz:	10 Stück
Meldebestand:	230 Stück	Lieferzeit:	18 Tage

   Welche Daten ändern sich?

4. Nennen Sie Artikel aus dem Sortiment Ihres Ausbildungsbetriebes, bei denen die Festlegung einer optimalen Bestellmenge nicht sinnvoll bzw. möglich ist. Begründen Sie!

5. Um Kosten zu senken, sollen bei der Wohnwelt GmbH bei Standardartikeln optimale Bestellmengen eingeführt werden. Für das Nackenkissen „Sleeper“ ergeben sich aus dem Warenwirtschaftssystem folgende Werte:

Jahresbedarf	7.200 Stück
Einstandspreis je Kissen	12,00 €
Fixe Bestellkosten je Bestellung	60,00 €
Lagerhaltungskosten	25 % vom durchschnittlichen Lagerbestand

   a) Ermitteln Sie aufgrund der folgenden Werte die optimale Bestellhäufigkeit bzw. die optimale Bestellmenge bei 3, 5, 8, 12 und 16 Bestellungen.

Anzahl der Bestellungen	Bestellte Menge (St.)	Bestellkosten (€)	durchschn. Lagerbestand (St.)	Lagerhaltungskosten (€)	Gesamtkosten (€)
1	7.200	60,00	3.600	10.800,00	10.860,00
...	...	...	...	...	...

   b) Welcher Zielkonflikt soll durch die Festlegung einer optimalen Bestellmenge gelöst werden?

5 Bestellung nicht im Sortiment geführter Ware (Neulistung)

Wenn der Einzelhändler Waren in sein Sortiment aufnehmen möchte, die er seinen Kunden bisher nicht angeboten hat, spricht man von **„Neulistung"**. Dazu ist es notwendig geeignete Lieferanten zu finden. Diese sogenannte **Bezugsquellenermittlung** kann sich auf bereits bekannte Lieferanten, aber auch auf neue Lieferanten beziehen, mit denen noch keine Geschäftsbeziehung besteht. Mit dieser Aufgabe beschäftigen sich die für den Einkauf zuständigen Mitarbeiter und nutzen dabei die Möglichkeiten, die ihnen das **Beschaffungsmarketing** bietet.

5.1 Beschaffungsmarketing und quantitativer Angebotsvergleich

„Reisetaschen? Haben wir leider nicht!"
Was muss bei der Beschaffung bisher nicht geführter Ware berücksichtigt werden?

Situation

Immer wieder fragen Kunden in der Sportabteilung der Textil-Markt GmbH nach sportlichen Reisetaschen. Bisher führte man diese nicht im Sortiment. Abteilungsleiter Kogel wird beauftragt das Sortiment um ca. 50 Taschen in einer Preislage von 50 € bis 120 € zu erweitern, die dann rechtzeitig zur Sommer-Reisesaison im Juli in einer Aktion „Sommerreise – Sommerpreise" angeboten werden sollen.

© MEV Verlag GmbH

Arbeitsaufträge

1. *Welche Vorüberlegungen muss Herr Kogel nach diesen Vorgaben noch anstellen, ehe er die Aktionsware bestellt?*
2. *Können vorhandene Daten aus dem Warenwirtschaftssystem auch bei der Bestellung neu ins Sortiment aufzunehmender Waren Entscheidungshilfen geben?*

Herr Kogel unterbreitet der Geschäftsleitung des Textil-Markts seine Vorschläge zur Aktion „Sportliche Reisetaschen". Dort ist man zufrieden und er erhält „grünes Licht" zur Warenbeschaffung. Wenige Tage später liegen Herrn Kogel drei Angebote vor:

1. Angebot der Textilfirma Reishuber aus Nürnberg:

REISHUBER GmbH & Co KG Nürnberg

„FLY-AWAY", die praktische Reisetasche mit vielen Details, die Packen zur Freude macht!

- kräftiger Spiralreißverschluss
- vier Seitentaschen mit abgedeckten Klettverschlüssen
- optimale Lastenverteilung durch trapezartig verlaufende Gurte
- Material: 100 % Nylon.

Lieferbar in Schwarz, Marine und Petrol.

Preis: 45,00 €, Mindestabnahme 100 Stück, sonst Mindermengenzuschlag in Höhe von 10 % des Warenwertes. Lieferbar innerhalb 14 Tagen.

2. Angebot aus dem Sonderposten des Einkaufsverbandes „EURO-SPORT“:

EURO-SPORT AKTUELL

Das Schnäppchen des Monats! Reisetaschen zu unschlagbaren Preisen!

Modell „Nordkap“: Eine Tasche für höchste Ansprüche und Beanspruchungen. Aus schwarzem Nylongewebe mit aufgesetzten echten Büffelleder-Applikationen. Großes Hauptfach, sechs Seitentaschen und einer integrierten Minikühlbox (Batterie notwendig). Preis: 119,00 €.

Modell „Traveller“: Unsere preiswerte Allzwecktasche. Die praktische Zylinderform bietet Platz für viele Wochen Urlaubsgepäck, abnehmbare Schultergurte. Farbe Schwarz, Seitentasche rot abgesetzt. Preis: 47,00 €. Lieferzeit: 1 Woche

Nutzen Sie unsere Aktionsrabatte: ab 50 Stück 15 % und ab 100 Stück 20 %!

Es gelten unsere Allgemeinen Geschäftsbedingungen.

Hinweis: Auszug aus den Geschäftsbedingungen des Einkaufsverbandes:

§ 4 Lieferbedingungen	§ 7 Zahlungsbedingungen
(1) Lieferungen erfolgen ab Zentrallager in Köln-Deutz. (2) Versandkosten trägt der Käufer. Sie betragen 2 % vom Warenwert.	(3) Rechnungen sind zahlbar: 1. innerhalb 10 Tagen mit 4 % Skonto. 2. ab 11. bis 30. Tag mit 2 % Skonto. 3. ab 31. bis 60. Tag netto.

3. Angebot der „FAR-EAST-IMPORT“ aus Stuttgart:

FAR–EAST–IMPORT

Für Ihre Aktion bieten wir an: „Globus“, eine Reisetasche aus wetterfestem Gewebe mit Schultergurt und Tragegriffen, verstärkter Boden und zwei Seitentaschen. Preis: Je Verpackungseinheit (6 Stück) 260,00 €. Farben: Schwarz, Blau und Rot.

Da dies ein einmaliger Sonderposten ist, berechnen wir ab einer Bestellung von 10 Verpackungseinheiten 210,00 € je Einheit. An Transportkosten fallen 100,00 € an. Zahlung innerhalb 14 Tagen ohne Abzüge. Liefergarantie: 48 Stunden. Da Sonderposten kein Umtausch möglich.

Arbeitsauftrag

Ermitteln Sie für alle drei Angebote den Verkaufspreis je Tasche, wenn die Textil-Markt GmbH Aktionsware mit einem Kalkulationsfaktor von 1,5 kalkuliert (Einstandspreis · 1,5).

Entscheiden Sie sich für das preislich günstigste Angebot unter Berücksichtigung aller möglichen Preisvorteile. Legen Sie dazu eine Entscheidungsmatrix nach folgendem Muster an:

	Reishuber	EURO-SPORT	FAR-EAST-IMPORT
Gesamtabnahme			
Einkaufspreis/St.			
Zuschläge			
Rabatt			
Skonto			
Bezugskosten			
Einstandspreis			
mal 1,5 (Kalkulationsfaktor)			
Verkaufspreis/St.			

Information

Jedes Handelsunternehmen hat nicht nur das Ziel, möglichst viel zu verkaufen, sondern auch einen angemessenen Ertrag zu erwirtschaften. Ein wirtschaftlicher (günstige Einstandspreise) und an den Kundenwünschen orientierter Wareneinkauf ist die Voraussetzung diese Ziele zu erreichen. Schon die alte Kaufmannsweisheit „Im Einkauf liegt der halbe Gewinn" zeigt, dass der Beschaffung eine Schlüsselrolle im betrieblichen Leistungsprozess zukommt. Alle dabei anfallenden Tätigkeiten und Entscheidungen bezeichnet man als **Beschaffungsmarketing**.

Aufgaben beim Beschaffungsmarketing

- **Festlegung der Sortimentsstruktur** (Was soll eingekauft werden?)
- **Untersuchung des Beschaffungsmarktes** (Wo soll eingekauft werden?)
- **Festlegung der Beschaffungswege** (Soll direkt oder indirekt eingekauft werden?)

- **Bestimmung der Bedarfsmenge** (Wie viel soll eingekauft werden?)
- **Bestimmung des Lieferzeitpunktes** (Wann soll geliefert werden?)
- **Ermittlung des Bestellzeitpunktes** (Wann soll bestellt werden?)

↓

Entscheidung für den geeigneten Lieferanten

5.1.1 Auswirkungen auf die Sortimentsstruktur durch Beschaffungsmarketing

Möglichkeiten	Gründe	Beispiele
Ergänzung: Bereits im Sortiment vorhandene Warengruppen werden um zusätzliche Ausführungen ergänzt.	Kunden wünschen mehr Auswahl. Mitbewerber haben größere Sortimentstiefe. Profilierung durch Fach- bzw. Spezialsortiment.	Wein aus USA, Chile und Südafrika ergänzt das einheimische Angebot. Speiseservice aller führenden Hersteller.
Aktualisierung: Waren, deren Absatz stockt, werden durch neue, veränderte und/oder verbesserte Waren ersetzt.	Anpassung an aktuelle Trends *(Zeitgeist, Mode)*, neue Gesetze und Richtlinien.	Textil- und Schuhmode, Verkaufsverbot für Textilien mit Azofarbstoffen (u. U. Krebs erregend!).
Erweiterung: Bisher nicht geführte Waren werden aufgenommen.	Verstärkte Kundennachfrage, Mitbewerber, Trends, allgemeine Wirtschaftslage, Verbesserung der Marktposition.	Abteilung „Bio-Möbel", Aufnahme freiverkäuflicher Arzneimittel, Waren einer anderen Preis- oder Qualitätskategorie (Discount).
Aktionen: Für Sonderverkäufe werden extra Waren beschafft, die i. d. R. nicht im Normalsortiment geführt werden.	Verbesserung der Marktposition durch besondere Ereignisse („Events"), reguläre Sonderverkäufe, Ware als Frequenzbringer.	Italienwoche *(Lebensmittel, Textilien, Schuhe, Bücher)*, Jubiläumsverkauf, „Schnäppchenartikel" für „Smart-shopper".

5.1.2 Bezugsquellenermittlung bei Neulistung

Um geeignete Bezugsquellen, d. h. Lieferanten zu finden, muss jeder Einkäufer den infrage kommenden Beschaffungsmarkt genau untersuchen.

Interne Bezugsquellenermittlung

Wenn bereits zu möglichen Lieferanten eine Geschäftsbeziehung besteht, kann auf hauseigenes Informationsmaterial zurückgegriffen werden. Neben bereits vorliegenden Angeboten, Katalogen und Preislisten, bedient man sich eigener **Bezugsquellenkarteien**, die sowohl in Karteiform oder als Datei (Einkaufinfosätze) bei computergestützten Warenwirtschaftssystemen geführt werden. Dabei handelt es sich um **Daten** zu **Lieferanten** und **Artikeln**.

Beispiel **Lieferantendatei (Auszug):**

Fashy-Sports München / Fon: 089-123987, Fax: 089-123999, E-Mail: info@fas.com

Artikelnummer	Bezeichnung	Angebot vom	Bestellung am	Notiz
2112 12990	Jogginganzug	25.04...	28.04...	pünktliche Lieferungen, Mindermengenzuschlag bis 500 €.
2112 12887	Trainingsjack	15.07...	17.07...	
2112 12655	Bikini „Ibiza"	24.09...		
...	...	...	...	

Sie enthält: Informationen über bisherige Lieferungen, Preise und Konditionen, Lieferzeit sowie Zahlungsmöglichkeiten.

Beispiel Artikel-/Warendatei (Auszug):

Artikel:	Jogginganzug (Damen)			
Lieferant	Artikelnummer	Angebot vom	Bestellung am	Notiz
Fashy-Sports	2112 12990	25.04...	28.04...	gute Qualität
Impex KG	2112 45672	02.02...	14.02...	sehr günstig
Schoser GmbH	2112 65544	21.12...	12.01...	lange Lieferzeit
...	...	...	...	

Sie enthält: Informationen über bisherige Lieferanten dieses Artikels, bisherige Bestellungen sowie allgemeine Angaben (Qualität, Liefertreue).

Externe Bezugsquellenermittlung

Diese **außerbetrieblichen Informationen** müssen dann herangezogen werden, wenn ein Einkäufer neue Geschäftsbeziehungen aufbauen will. Dazu zählen:

- Nachschlagewerke *(„Wer liefert Was“, Hoppenstedt, 1x1 der Deutschen Wirtschaft)*
- Fachzeitschriften *(Lebensmittelpraxis, Textilwirtschaft, Handelsberater)*
- Besuch von Messen und Ausstellungen *(Möbelmesse Köln, ISPO München).*
- Mitteilungen der Verbände, Industrie- und Handelskammern, Banken und Sparkassen,
- Firmennachrichten der Mitbewerber,
- Berichte aus Erfagruppen,
- Recherchen in Datenbanken und im Internet *(„Business to Business“).*

Beispiel Lieferantensuche mithilfe des Internets

Die Onlineversion des Brancheninformationsdienstes „Wer liefert was“ (www.wlw.de) bietet eine umfassende Auswahl an Lieferanten zu fast allen Produkten.

Nach Eingabe des Suchbegriffs *(„Kopfhörer“)* werden einem entsprechende Anbieter genannt. Die Kontaktaufnahme erfolgt durch Anklicken der Hyperlinks.

Einkauf mithilfe des Internets (Online-Order)

Zunehmend erfolgen **Bezugsquellenermittlung** und **Warenbeschaffung** über elektronische Systeme. Bei diesen **„B2B“** („Business-to-Business“) Geschäften zwischen Unternehmen steht dem Einzelhändler über die Benutzung **„elektronischer Marktplätze“** ein weltweites Angebot 365 Tage und 24 Stunden je Tag zur Verfügung.

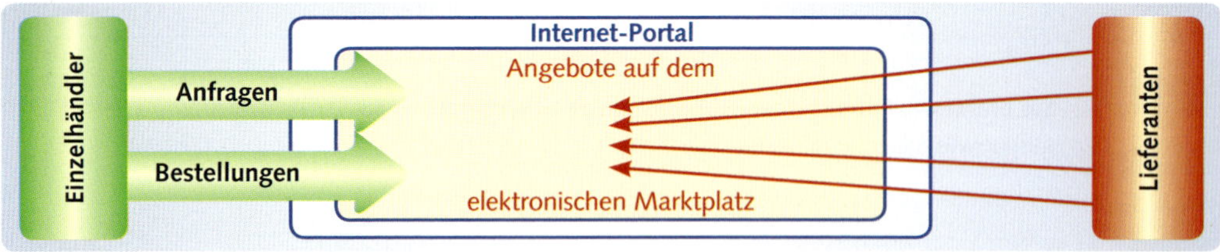

Über das **Eingangsportal** der Anbieter solcher Systeme hat der Benutzer Zugriff auf Angebot und Leistungen einer Vielzahl von **Lieferanten**. So sind Leistungs- und Preisvergleiche schnell und einfach vorzunehmen und der Einkaufsvorgang beschleunigt sich nicht nur, sondern er wird auch preiswerter. Neben der Kontaktvermittlung zu Anbietern erhält der Einzelhändler außerdem branchenspezifische Informationen, die ihn bei seiner Sortimentsgestaltung unterstützen.

Abb. Startseite eines Internet-Ordercenters für den Textilfachhandel

5.1.3 Wahl der Beschaffungswege

Diese Entscheidung wird der Einkäufer auf der Grundlage eines Leistungs- und Kostenvergleichs treffen.

Einkauf beim Großhandel

Kleine und mittlere Einzelhandelsunternehmen beziehen viele Waren über den **Großhandel**, da sie dessen besondere Leistungen nutzen wollen. Häufig liefern aber auch Hersteller ausschließlich über den Großhandel an den Einzelhandel.

Leistungen des Großhandels für den Einzelhandel			
Vorsortimentierung	**Sortimentsberatung**	**Risikoübernahme**	**Hohe Lieferbereitschaft**
Der Händler findet hier bereits ein für seinen Bedarf passend zugeschnittenes Warenangebot.	Durch die größere Marktkenntnis weiß der Großhandel oft besser, welche Artikel gefragt sind und welche nicht.	Er gewährt längere Zahlungsziele als die Industrie und übernimmt eine ausgeprägte Lagerhaltung.	Durch die Lagerhaltung ist auch eine schnelle Ausführung der Bestellungen möglich (Kauf auf Abruf).

Infobox

Auch die Art der Ware bestimmt den Beschaffungsweg. Waren des täglichen und/oder oft kurzfristigen Bedarfs, wie Zeitungen und Arzneimittel, wollen die Kunden in ihrer Nachbarschaft kaufen. Die Sicherung der Verkaufsbereitschaft wäre ohne Großhandel nicht möglich. Bei Waren, die man nur einmalig oder in größeren Zeitabständen kauft *(Auto, Klavier)* werden die typischen Leistungen des Großhandels nicht benötigt.

Es kann auch gleichzeitig direkt und indirekt beschafft werden. Bei **Streckengeschäften** bestellt und bezahlt der Einzelhändler die Ware über den Großhandel (indirekt) und bekommt die Ware vom Hersteller geliefert (direkt).

Einkauf beim Hersteller

Mit wachsender Unternehmensgröße nimmt allerdings der prozentuale Anteil der **Direktbeschaffung** bei **Herstellern** zu, da die Großunternehmen selbst in der Lage sind die Aufgaben des Großhandels zu übernehmen. Großunternehmen des Handels nehmen oft auch entscheidend Einfluss auf die Produktgestaltung (Eigenmarken). Dies bedingt einen direkten Warenbezug. Da der Direktbezug in größeren Mengen Preisvorteile beim Einkauf bringt, nutzen viele kleinere Einzelhändler **Einkaufskooperationen**.

Einkauf bei Handelsvertretern oder Reisenden

Während der Reisende als Angestellter seines Unternehmens den Händler aufsucht, ist der Handelsvertreter als selbstständiger Kaufmann für eine oder mehrere Firmen tätig. An beiden schätzt der Einzelhändler ihre gute Marktkenntnis und Beratungsleistung. Ein besonderer Vorteil dieser Art einzukaufen ist die direkte Warenpräsentation durch Musterstücke. Für Kleinbetriebe, bei denen die Eigentümer nahezu unabkömmlich sind, ist dieser **„Einkauf zu Hause"** von großer Bedeutung.

Einkauf bei Importeuren

Viele Waren werden aus dem Ausland importiert. Allerdings kommt für den kleinen und mittleren Einzelhändler ein Direktimport häufig nicht infrage. Die damit verbundenen Risiken und Kosten sind zu groß. Es fehlt sowohl an der notwendigen Marktkenntnis als auch an Informationen über die im Ausland üblichen Handelsbräuche. Hier bieten **Importeure** ihr spezielles „Know-how" an. Sie treten häufig auch als **Spezialgroßhändler** auf, die vorwiegend im Ausland Produkte herstellen lassen und dann im Inland als Eigenmarken anbieten *(Textilien, Glaswaren)*.

Einkauf auf Messen

(Quelle: Messe Nürnberg)

(Quelle: Messe Frankfurt)

Messen bieten ein umfassendes Angebot einer oder mehrerer Branchen. Meist finden sie in regelmäßigem Turnus am gleichen Ort statt. Im Handel mit modeabhängigen Artikeln hat der Einkauf auf Messen eine überragende Bedeutung, da hier die Trends der kommenden Saison vorgestellt werden.

In vielen Fällen produziert die Industrie erst nach den Messen die Waren, die durch die sogenannte „Vororder" der Händler aus den präsentierten Mustern ausgewählt und bestellt wurden.

Zehn bedeutende Messen für den Einzelhandel in Deutschland			
• CPD (Textilien)	Düsseldorf	• Internationale Möbelmesse	Köln
• Herrenmode-Woche	Köln	• ISM (Süßwaren)	Köln
• Interstoff	Frankfurt	• Photokina	Köln
• ISPO (Sportartikel, -mode)	München	• Ambiente (Konsumgüter)	Frankfurt
• Inhorgenta (Uhren, Schmuck)	München	• Internationale Spielwarenmesse	Nürnberg

5.1.4 Entscheidung über Bestellmenge

Eine Mengenprognose für Waren, die bisher noch nicht Bestandteil des Sortiments waren, gestaltet sich schwierig, da auf keine vorangegangenen Umsatzzahlen zugegriffen werden kann. Es sind mehrere **Planungsgrundlagen** denkbar:

Planungsgrundlage	Erläuterung
Kapitalbindung	Je mehr eingekauft wird, desto höher ist die Kapitalbindung. Sollten sich die Umsatzerwartungen nicht erfüllen, fehlt Kapital zur Beschaffung anderer Ware. Hohe Bestände führen zu hohen Lagerhaltungskosten, denen allerdings durch Großeinkauf günstige Beschaffungspreise gegenüberstehen können.
Umsatz	Bei der Ermittlung eines Planumsatzes für eine bestimmte Verkaufsperiode sollte u.a. beachtet werden: • allgemeine Wirtschaftslage • geplante Verkaufs-Aktionen • Preisentwicklung • Konkurrenzsituation • mögliche Veränderungen in der Kunden- und Infrastruktur
Verkaufsbereitschaft	Wenn eine hohe Verkaufsbereitschaft das Hauptziel des Unternehmens ist, dann müssen entweder hohe Bestände in Kauf genommen werden oder es muss eine sehr schnelle und am Bedarf ausgerichtete Belieferung gewährleistet sein.

5.1.5 Wahl des Bestell- und Lieferzeitpunktes

Die Ware muss zum geplanten Verkaufstermin zur Verfügung stehen. Aus Kostengründen wäre es am besten, die Ware erst kurz vor dem geplanten Verkaufsbeginn zu erhalten, da so Lagerkosten gespart werden könnten. Sowohl Industrie als auch Großhandel sind aber selbst bemüht Lagerbestände klein zu halten und beginnen z. B. bei Saisonwaren sehr frühzeitig mit der Auslieferung. Damit der Handel eine frühe Auslieferung akzeptiert, werden häufig verlängerte Zahlungsziele eingeräumt.

Der **Bestellzeitpunkt** hängt deshalb entscheidend vom **Zeitbedarf** zwischen Bestellplanung und Verkaufsbeginn ab.

Zeitbedarf beim Einzelhändler

vor Lieferung:
- Bestellplan
- Lieferantenwahl nach Angebotseinholung, -prüfung und Entscheidung
- Ausführung der Bestellung

nach Lieferung:
- Warenannahme
- Warenkontrolle
- Vorbereitung für Verkauf

→ **Übermittlungszeit** →

← **Transportzeit** ←

Zeitbedarf beim Lieferanten
- Annahme und Bearbeitung der Bestellung
- Lieferzeit (bei Großhandel u. U. Bestellung bei Hersteller nötig)

Wenn Ware vorhanden:
- Kommissionierung
- Verpacken
- Versenden

5.1.6 Quantitativer Angebotsvergleich

Ein **quantitativer** Angebotsvergleich liegt vor, wenn verschiedene Angebote nur nach Merkmalen verglichen werden, die sich in **Euro** bewerten lassen *(Listenpreis, Rabatte, Skonto, Bezugskosten)*. Das **Ziel** ist den Anbieter zu finden, bei dem der Händler den **günstigsten** Einstandspreis erzielen kann.

Bevor ein Angebotsvergleich angestellt werden kann, muss sichergestellt sein, dass nur Waren gleicher oder vergleichbarer Art und Beschaffenheit verglichen werden. Bei der Entscheidung hierüber helfen Muster und Proben, Standards und Normen, Warenprüfungen, auch Test-, Prüf-, Güte-, Umwelt- und Sozialzeichen.

Abb. Entscheidungshilfen beim Warenvergleich

Häufig kommen mehrere Lieferer für die Beschaffung von Ware in Frage. Allerdings haben die Lieferer üblicherweise unterschiedliche Preise für vergleichbare Waren, und auch die Konditionen, zu denen sie liefern, sind nicht für alle Kunden gleich: Stammkunden und Großabnehmer werden niedrigere Preise und bessere Konditionen durchsetzen können als gelegentliche Abnehmer kleiner Mengen. Wenn es darum geht, das günstigste Angebot zu ermitteln, genügt es also nicht, lediglich die Preise aus vorliegenden Angeboten, aus Katalogen und Listen zu vergleichen. Vielmehr ist es erforderlich, auch alle den Preis erhöhenden und ermäßigenden Bedingungen in den Vergleich einzubeziehen.

Bezugskalkulation

Um eine verlässliche Ausgangsbasis für Angebotsvergleiche zu erhalten, ist deshalb für jede zu vergleichende Ware der Bezugspreis (Einstandspreis) zu ermitteln. Dies geschieht im Wege der **Bezugskalkulation**:

Kalkulationsschema:	Erläuterung:
Listeneinkaufspreis	Listenpreis des Lieferers
– Liefererrabatt	Wiederverkäufer-, Mengen-, Treuerabatt
= Zieleinkaufspreis	
– Liefererskonto	Prämie für vorzeitige Zahlung; gilt, wenn vorzeitig gezahlt wird
= Bareinkaufspreis	
+ Bezugskosten	Kosten für Versicherung, Transport, Verpackung
= Einstandspreis	**Bezugspreis**

Mithilfe der Kalkulation (= Preisberechnung) ermittelt der Einzelhändler seine Preise. Beim Angebotsvergleich ist dies der Einstandspreis. Diesen Preis zahlt der Einzelhändler an seinen Lieferanten für den Kauf von Waren. Kalkulieren ist angewandte Prozentrechnung mit Berechnung des Prozentwertes. Die Kalkulation des Einstandspreises wird ausführlich im Lernfeld 9 behandelt.

Beispiel Von einem bestimmten Artikel werden 40 Stück benötigt. Von den Anbietern Nadel & Faden, Kette & Schuss und FashionHouse liegen die folgenden Angebote vor:

Preise/Konditionen	Nadel & Faden	Kette & Schuss	FashionHouse
Listeneinkaufspreis	64,00 €	60,00 €	68,00 €
Rabatt	10 %	5 %	12,5 %
Skonto	3 %	–	1 %
Lieferbedingung	frei Haus	ab Werk	frei Haus

Die Lieferung der benötigten Mengen kann in allen drei Fällen innerhalb von 7 Tagen und damit rechtzeitig erfolgen. Das Rollgeld für die An- und Abfuhr beträgt je 10 €, die Fracht 60 €.

Vergleich der Bezugspreise (quantitativer Vergleich)			
	Nadel & Faden	Kette & Schuss	FashionHouse
Listeneinkaufspreis	2.560,00	2.400,00	2.720,00
– Rabatt	256,00	120,00	340,00
= Zieleinkaufspreis	2.304,00	2.280,00	2.380,00
– Skonto	69,12	0,00	23,80
= Bareinkaufspreis	2.234,88	2.280,00	2.356,20
+ Bezugskosten	0,00	80,00	0,00
= Bezugspreis ges.	2.234,88	2.360,00	2.356,20
= Bezugspreis/St.	55,87	59,00	58,91

Aktion

1. Entwerfen Sie für Artikel Ihres Ausbildungsbetriebes eine Eingabemaske zur Aufnahme der wichtigsten Daten in einer Artikeldatei.

2. Welche Informationen sollten in einer Lieferantendatei abrufbar sein?

3. Überprüfen Sie Ihr Ausbildungssortiment und machen Sie Vorschläge zur Ergänzung und Aktualisierung des Sortiments.

4. Unter dem Motto „Fairer Handel – Respekt für Mensch und Umwelt" wollen mehrere Unternehmen aus Neuburg künftig ökologisch unbedenkliche und sozialverträglich hergestellte Waren anbieten. Welche Möglichkeiten haben diese Unternehmen um sich umfassend über entsprechende Bezugsquellen zu informieren?

5. Beurteilen Sie folgende Aussage eines Neuburger Einzelhändlers: „Ich kaufe möglichst wenig beim Großhandel ein, denn der verteuert ja nur die Waren!"

6. Was spricht für und was gegen den Einkauf bei:
   Importeuren, Reisenden oder auf Messen?

7. Untersuchen Sie Ihr Ausbildungssortiment nach Artikeln, die kurzfristig beschafft werden können und solchen, die eine lange Lieferzeit haben.

8. Die Fotoabteilung des Elektromarktes „Electro-City" benötigt 40 Digitalkameras. Es liegen der Einkäuferin Frau Schmidt folgende drei Angebote vor:

Lieferer	Klick GmbH	Foto-Plus AG	Sprint-Foto KG
Mindestabnahme	keine	25 Stück	50 Stück
Listeneinkaufspreis je Stück	104,00 €	112,00 €	120,00 €
Rabatt	5 %, bei Abnahme von mehr als 50 Stück 15 %.	–	20 %
Skonto	–	6,00 € je Stück bei sofortiger Zahlung	3 % bei Barzahlung
Frachtkosten	160,00 € für die gesamte Menge	je Stück 3,20 €	–

   Berechnen Sie, welches Angebot das preisgünstigste ist. Hinweis: „Electro-City" bezahlt Rechnungen sofort nach Erhalt.

9. Führen Sie aufgrund der folgenden Angaben einen rechnerischen Angebotsvergleich für einen Motorrasenmäher durch:

Lieferer	Angebotsbedingungen
Gartenprofi:	1.800,00 € frei Haus, Ziel 60 Tage, 4 % Skonto innerhalb 14 Tagen.
Xiung-Shi Ltd.:	1.650,00 €, Fracht 100,00 €, zahlbar netto Kasse.
Kramer OHG:	2.060,00 €, Wiederverkäuferrabatt 15 %, Zufuhr 45,00 €, Ziel 30 Tage.

10. In der Papier- und Schreibwarenhandlung Reinbach sind Angebote zu vergleichen. Benötigt werden ca. 60.000 Blatt Büropapiere in einer guten Qualität. Markus Braun erstellt dazu eine Tabelle mit Eingabe- und Ausgabeteil. Die Bestellung erfolgt bei dem Lieferanten mit dem günstigsten Einstandspreis.

Die Reinbach GmbH wählt stets die bestmöglichen Zahlungs- und Lieferungsbedingungen. Es ist der Einstandspreis für eine Packung zu 500 Blatt zu berechnen.

Angebot der Copy-Data GmbH:

Multifunktionspapier, 500 Blatt je Packung, Preis je Packung: 2,55 €, ab 10 Packungen 2,30 € und ab 20 Packungen 2,05 €. Bezugskosten: bis 10 Packungen pauschal 10,00 E, sonst je 10-er Pack 5,00 €. Zahlungsbedingung: 30 Tage netto, bei Zahlung innerhalb 10 Tagen 2 % Skonto.

Angebot der Siegle KG:

Universalpapier, 500 Blatt = 1 Pack. €-Preis: 10-er Pack: 2,45 je Pack, 30-er Pack: 2,10 je Pack. Lieferung erfolgt frei Haus. Zahlungsbedingung: 30 Tage netto, bei Zahlung innerhalb 8 Tage 2,5 % Skonto.

Muster für Tabellen:

Kalkulation des Einstandspreises		
Eingabeteil:		
Artikelbezeichnung	Büropapier	Büropapier
Listeneinkaufspreis je Packung		
Skonto in %		
Bezugskosten		

Ausgabeteil:		
	€	€
Listeneinkaufspreis		
– Skonto		
= Bareinkaufspreis		
+ Bezugskosten		
= Einstandspreis		

5.2 Qualitativer Angebotsvergleich

Tausend Lieferanten! Doch wie findet man den Richtigen?

Situation

Lisa May, Inhaberin eines kleinen Naturkostladens, lässt sich von ihrem Einkaufsverband PurNatur davon überzeugen das verbandseigene Warenwirtschaftssystem einzuführen. Die Programme stellt der Verband zur Verfügung. Was noch fehlt, ist ein leistungsfähiges Computersystem.

Über die „Gelben Seiten" findet Frau May mehrere Computerhändler in ihrer Nähe, von denen sie sich ein entsprechendes Angebot einholt. Frau May will die Angebote sorgfältig prüfen und vergleichen.

Arbeitsauftrag

Nach welchen Gesichtspunkten sollte Frau May die Angebotsprüfung vornehmen, wenn sie auf Grund schlechter Erfahrung mit früheren Anschaffungen nicht nur auf den Preis schauen will?

Entwickeln Sie dazu eine tabellarische Übersicht mit fünf Merkmalen nach folgendem Muster:

Merkmal:	Erläuterung:
...	...

Information

Ein **qualitativer** Angebotsvergleich liegt vor, wenn zusätzlich zum Preisvergleich auch Merkmale bei der Lieferantenbewertung herangezogen werden, die sich nicht unmittelbar in Euro bewerten lassen.

5.2.1 Beurteilungsmerkmale für Lieferanten

Wenn dem Einzelhändler **mehrere** Angebote der gewünschten Artikel vorliegen, dann sollte er die **Lieferanten** unter **verschiedenen** Gesichtspunkten **beurteilen** und **bewerten**. So gelangt er zu einer fundierten Entscheidung, bei wem die gewünschten Artikel bestellt werden sollen. Wenn mit den infrage kommenden Lieferanten bereits Geschäftsbeziehungen bestehen, können alle Beurteilungsmerkmale in den Entscheidungsprozess mit einbezogen werden. Ist dies nicht der Fall, dann können einige Merkmale entweder nicht beurteilt werden oder der Einzelhändler beschafft sich die ihm fehlenden Informationen *(Selbstauskunft des Anbieters, Informationen über Einkaufsverbände oder Erfagruppen)*.

Beispiel Beurteilungskatalog von Lieferanten, wie er bei den Baufachmärkten der „All-Bau GmbH & Co" Anwendung findet:

Merkmal		Erläuterung
Kompetenz	→	Besitzt der Lieferant Fachwissen für dieses Produkt?
Image	→	Welches „Bild" haben unsere Kunden von Artikeln dieses Lieferanten?
Qualität	→	Entspricht das Warenangebot den von uns aufgestellten Qualitätsansprüchen?
Technischer Stand	→	Sind die Produkte auf dem neuesten Stand der technischen Entwicklung?
Lieferzeit	→	Kann der Lieferant kurze Lieferzeiten sicherstellen?
Liefertreue	→	Hält der Lieferant zugesagte Termine genau ein?
Kulanzverhalten	→	Übernimmt der Lieferant auch Garantieleistungen über die mit uns vertraglich vereinbarte Zeit hinaus?
Flexibilität	→	Zeigt sich der Lieferant in unvorhergesehenen Situationen beweglich?
Ökologische und soziale Aspekte	→	Sind die Produkte des Lieferanten sozialverträglich hergestellt und ökologisch unbedenklich?
Verkaufsförderungsmaßnahmen	→	Unterstützt uns der Lieferant beim Absatz der Waren durch verkaufsfördernde Maßnahmen?
Konditionen	→	Zeigt sich der Lieferant bei der Gestaltung der Liefer- und Zahlungsbedingungen flexibel?
Preise	→	Bietet der Lieferant Preisabschläge und geht er auf unsere Preisvorstellungen ein?

5.2.2 Bewertungsverfahren von Lieferanten (Entscheidungsbewertungstabelle)

Nach Eingang der angeforderten Angebote werden diese nach den aufgestellten **Beurteilungsmerkmalen** untersucht und bewertet (= qualitativer Angebotsvergleich). Die **Bewertung** ist nach unterschiedlichen Verfahren möglich.

Rechnerisches Verfahren

Bei diesem Verfahren werden die jeweiligen **Beurteilungsmerkmale** nach ihrer für diese Beschaffung geltenden Bedeutung **gewichtet**. Wird besonderer Wert auf günstige Preise gelegt, erhalten die Einkaufspreise eine höhere Gewichtung, als z. B. die Qualität der Waren. Ist eine kurze Lieferzeit von Bedeutung, wird diese höher gewichtet, als z. B. die Liefertreue. Jeder Anbieter wird aufgrund der über ihn vorliegenden Informationen analysiert und anschließend werden Wertungspunkte vergeben. Sie reichen z. B. von 1 (Kriterium nicht oder nur mangelhaft erfüllt) bis zu 5 (Kriterium besonders gut erfüllt). Die Wertungspunkte werden nun mit der Gewichtung multipliziert. Den **Auftrag** erhält der **Anbieter** mit den **meisten** Punkten.

Beispiel (WP = Wertungspunkte; GP = Gesamtpunkte)

Anbieter		Maier		Müller		Schulze	
Merkmal	**Gewichtung**	**WP**	**GP**	**WP**	**GP**	**WP**	**GP**
Kompetenz	5	5	25	3	15	5	25
Image	15	3	45	2	30	4	60
Qualität	15	3	45	2	30	4	60
Lieferzeit	5	2	10	5	25	4	20
Liefertreue	10	2	20	5	50	3	30
Kulanzverhalten	5	1	5	5	25	3	15
Ökologische und soziale Aspekte	10	1	10	1	10	2	20
Verkaufsförde-rungsmaßnahmen	15	4	60	2	30	2	30
Konditionen	10	4	40	2	20	2	20
Preise	10	3	30	3	30	2	20
Gesamt	**100**		**290**		**265**		**300**
Rang			**2**		**3**		**1**

Grafisches Verfahren

Die Bewertung erfolgt anhand von **Bewertungsstufen** (–3 für Kriterium nicht erfüllt, bis +3 für Kriterium sehr gut erfüllt). Alle Merkmale sind von gleicher Bedeutung. Die für jedes Merkmal ermittelte Ausprägung wird markiert und zum Schluss werden die Markierungspunkte verbunden. So ist auf einen Blick das jeweilige **Lieferantenprofil** erkennbar.

Beispiel Lieferant Schmidt (rot), Lieferant Wagner (blau), Lieferant Keller (grün)

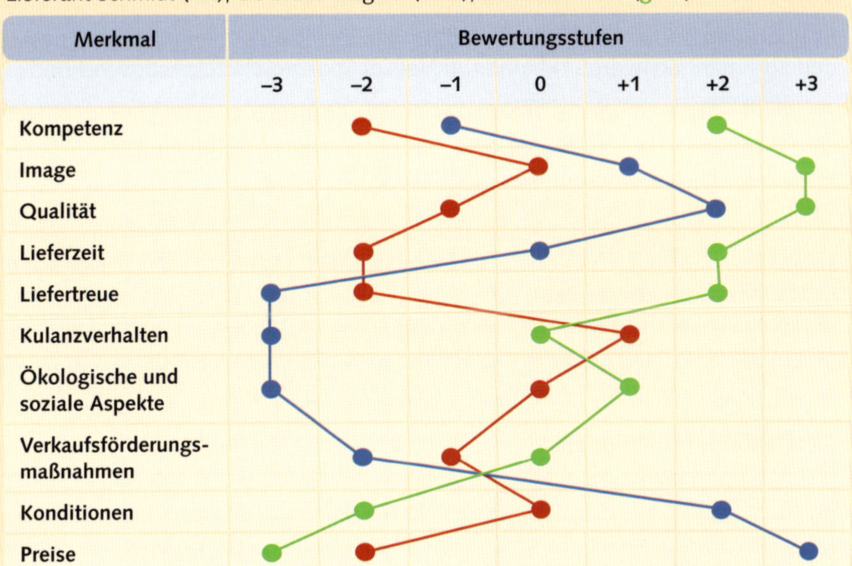

Nicht eindeutig zu bewertende Merkmale

Es ist denkbar, dass nicht der Anbieter zum Zuge kommt, der bei der Bewertung in der Entscheidungsbewertungstabelle die höchste Gesamtpunktzahl erhielt. Das kann daran liegen, dass Merkmale den Ausschlag geben, die sich durch Gewichtung und Bewertung in einer solchen Tabelle nur schwer oder gar nicht bewerten lassen. Solche Gesichtspunkte können sein:

- Es laufen Gegengeschäfte zwischen Lieferer und Einzelhandelsbetrieb,
- es bestehen persönliche Beziehungen zum Lieferanten *(Verwandter, Kegelbruder, langjähriger Geschäftspartner)*,
- aus Sicherheitsgründen sollen Lieferbeziehungen zu mehreren Lieferern unterhalten werden,
- der Einzelhandelsbetrieb verzichtet auf einen schnellen, aber einmaligen Vorteil zu Gunsten erprobter und verlässlicher Lieferbeziehungen,
- der Lieferer ist voll beschäftigt oder kommt aus Termingründen *(kurzfristige Lieferung von Aktionsware)* für die Auftragserteilung nicht infrage.

Aktion

1. Sortimentserweiterung im Sportfachgeschäft Action & Fun GmbH

> ! Eine umfangreichere Version dieser Fallstudie befindet sich im Arbeitsheft zu diesem Buch.

Aufgabenstellung:

Führen Sie in Gruppen einen qualitativen Angebotsvergleich nach Ihnen geeigneten Beurteilungsmerkmalen durch. Die dazu notwendigen Informationen entnehmen Sie aus den Informationen zu den vier Anbietern. Entscheiden Sie, ob Sie Ihre Beurteilungsmerkmale gleich oder unterschiedlich bewerten. Präsentieren Sie Ihr Ergebnis vor der Klasse und begründen Sie Ihre Lieferantenentscheidung.

Ausgangssituation:

Bisher bilden Surfbretter, Snowboards und Inline-Skates sowie das dazu passende Zubehör den Sortimentsschwerpunkt in Bernd Hellers Sportgeschäft „Action & Fun“.

Aus der Fachpresse und auch aufgrund vieler Anfragen von Kunden weiß Herr Heller, dass Fahrrad fahren auch in den nächsten Jahren zu den beliebtesten Freizeitbeschäftigungen der Bundesbürger gehören wird. Daher möchte er sein Sortiment durch Fahrräder und das entsprechende Zubehör erweitern. Der angepeilte Kundenkreis sind junge, sportlich orientierte Männer und Frauen, die für aktive Freizeitgestaltung viel Geld ausgeben. Er geht von einem Beschaffungswert von ca. 40.000,00 € aus. Da Herr Heller bisher nur wenig Marktkenntnis auf diesem Gebiet hat, bittet er Kollegen aus seiner Erfagruppe, die Fahrräder im Sortiment haben, um Informationen über für ihn infrage kommende Lieferanten. Von seinen Kollegen erhält er mehrere ausführliche Berichte zu möglichen Lieferanten. Nach einer ersten Durchsicht hat er sich für eine genauere Prüfung von vier Lieferanten entschieden.

Lieferanteninformationen:

HERAKLES Fahrradwerke, Darmstadt
HERAKLES bietet bereits seit fast 100 Jahren Fahrräder und die passende Ausrüstung dazu an. Die Lieferfristen sind sehr kurz, da die Produktion zu 90 % im Inland erfolgt. Die Liefertermine werden pünktlich

eingehalten. Das Design der Produkte ist funktional und verzichtet auf modische Komponenten. Dies gilt besonders für die „City"- und „Allround"-Fahrräder. Am Markt hat HERAKLES ein solides und qualitätsorientiertes Image. Die Stiftung Warentest bescheinigt HERAKLES-Produkten eine gute Qualität.

Treten Mängel auf, zeigt sich HERAKLES allerdings wenig kulant. Die Abwicklung von Reklamationen erfolgt sehr schleppend und ist auf die gesetzliche Regelung beschränkt. HERAKLES wirbt nicht über die Medien. Eine Händlerunterstützung erfolgt in Form von Prospekten und unregelmäßig stattfindenden Verkäuferschulungen. Die Preislage ist in der Mitte angesiedelt. Bei Bestellungen bis 5.000,00 € werden pauschal 5 % vom Warenwert für Transport und Verpackung berechnet. Bestellungen über 5.000,00 € erfolgen frei Haus. Die Zahlungsbedingungen lauten: bis 3.000,00 € netto, bis 6.000,00 € 10 Tage und 2 % Skonto, sonst 30 Tage Ziel. Über 6.000,00 € innerhalb 10 Tagen 3 % Skonto oder 45 Tage Ziel. Mengenrabatte werden ab einem Mindestjahresumsatz von 15.000,00 € gewährt.

RADIAL Süddeutsche Fahrradfabrik GmbH, Stuttgart

Geschäftsführer von RADIAL ist Frieder Fuhrmann. Er war lange Jahre Chefkonstrukteur bei Herakles, bis er in die Geschäftsführung der RADIAL GmbH wechselte. Seine Firma produziert besonders hochwertige Produkte. Die Entwicklungsabteilung gilt als die modernste und innovativste in Europa. RADIAL lässt einen Großteil im europäischen Ausland produzieren, wobei das meiste aus Italien stammt. Wegen häufiger Streiks in Italien ist es schon einige Male zu Lieferverzögerungen gekommen. Im Regelfall ist die Lieferzeit sehr kurz, da RADIAL durch Lagerhaltung eine hohe Lieferbereitschaft sichert. Kunden berichten von einem sehr zügigen und kulanten Verhalten bei Reklamationen. RADIAL gewährt auf alle Artikel 36 Monate Garantie. Der Handel wird durch eine Vielzahl von Werbemaßnahmen unterstützt. Vor Beginn der Sommersaison werden auch mehrere Werbespots im Fernsehen, besonders in den Sportkanälen, gesendet. RADIAL gibt empfohlene Verkaufspreise vor, die bis zu 50 % über den Durchschnittspreisen anderer Anbieter liegen. Dafür wird ein Gebietsschutz gewährt. Es wird ein Wiederverkäuferrabatt von 40 % eingeräumt. Bei einem Jahresumsatz von mehr als 20.000,00 € erhöht sich der Rabatt auf 45 % und es gibt einen Jahresbonus von 2 %. Die Lieferungen erfolgen stets frei Haus.

TASHAMIRO, Niederlassung Hamburg

Die deutsche Niederlassung dieses japanischen Unternehmens mit dem Hauptsitz in Tokio, ist erst seit einem Jahr auf dem deutschen Markt präsent. Daher sind Artikel dieser Firma bei uns noch weitgehend unbekannt. TASHAMIRO sucht Partner im Facheinzelhandel, die dann als Alleinanbieter am jeweiligen Ort die Produkte vertreiben. Dafür werden sehr günstige Einkaufspreise und Zahlungsbedingungen geboten. Gegenwärtig beträgt das Zahlungsziel unabhängig von der Höhe der Bestellung 90 Tage. Bei Zahlung innerhalb 14 Tagen wird 3 % Skonto gewährt. Das Skonto erhöht sich auf 5%, wenn mit TASHAMIRO das Abbuchungsverfahren vereinbart wird. Es muss angemerkt werden, dass das Unternehmen vor 10 Jahren auf dem nordamerikanischen Markt ähnlich begonnen hat und heute über 80 % seiner Umsätze dort über Warenhausketten und Versandunternehmen erzielt. In den USA und den Pazifikstaaten haben die Erzeugnisse von TASHAMIRO einen sehr guten Ruf. Das Design ist nicht nur sehr funktionell, sondern auch betont sportlich. Die Produktqualität ist ausgezeichnet und die Technik stets auf dem neuesten Stand. Da die Hamburger Niederlassung derzeit noch keine Lagerhaltung durchführt, ist die Lieferzeit aufgrund der großen Entfernungen erheblich länger als bei anderen Anbietern. Die Liefertermine werden nach den bisher vorliegenden Erfahrungen eingehalten. Bei der Abwicklung von Reklamationen zeigt sich TASHAMIRO kulant. Die Geschäftsführung liegt zurzeit noch ausschließlich in japanischer Hand.

SPORTECH-Import GmbH & Co KG, Leipzig

Der Anbieter ist ein Großimporteur, der sich auf die Einfuhr von Sport- und Freizeitartikeln aus Osteuropa spezialisiert hat. Die Inhaber sind ehemalige Berufsboxer, geführt wird das Unternehmen durch zwei angestellte Geschäftsführer, die bis vor drei Jahren einen Zeitschriftenhandel betrieben. Für dieses Unternehmen spielt der Preis eindeutig die wichtigste Rolle bei der Warenbeschaffung. Die SPORTECH-GmbH setzt ihren Lieferanten bestimmte Preisobergrenzen, sodass eine durchgehend einwandfreie Qualität nicht immer gewährleistet ist. Die Preislage ist im unteren Bereich angesiedelt. Häufig werden so genannte „Schnäppchenaktionen" den Kunden angeboten. Hier wird Ware zu besonders günstigem Preis angeboten, die aber nicht nachbestellt werden kann. Das Design der Produkte ist zweckmäßig und ohne auffallende Besonderheiten. Der Imagewert ist als niedrig einzustufen, da die Artikel von verschiedenen Produzenten aus mehreren osteuropäischen Ländern stammen und so keine einheitliche Markenprofilierung erfolgen kann. Die Lieferzeit ist extrem kurz. SPORTECH garantiert Lieferung innerhalb 48 Stunden an jeden Ort in der Bundesrepublik. Allerdings fallen Transportkosten von 200,00 € je Sendung an. SPORTECH verzichtet auf jegliche werbliche Unterstützung des Handels. Die Liefertermine werden pünktlich eingehalten. Die Regelung bei Reklamationen erfolgt sehr großzügig. Es wird meist auf Nachbesserung verzichtet und schon bei geringen Mängeln erfolgt ein Umtausch. Die Zahlungsbedingungen sind 14 Tage netto. Nachlässe werden nicht gewährt.

2. Der Vergleich vorliegender Angebote muss nicht mit einem Vergleich der Bezugspreise enden, sondern kann weitere Kriterien berücksichtigen.
   - Welche Vor- und Nachteile hat es, wenn Merkmale in den Vergleich einbezogen werden, die im Text der Angebote gar nicht enthalten sind, sondern auf Informationen beruhen, die aus anderen Quellen beschafft wurden?
   - Welche Vor- und Nachteile hat es, wenn Merkmale einbezogen werden, die erst noch bewertet und gewichtet werden müssen bzw. die sich überhaupt nicht bewerten lassen?

3. Nennen und erläutern Sie mindestens 10 Gründe, die den Einzelhändler dazu veranlassen können, bei einem Lieferer zu bestellen, der im Vergleich der vorliegenden Angebote nicht der billigste ist.

4. Da das Warenhaus Merkur eine Französische Woche plant, wird aus Mitarbeitern des Einkaufs, des Verkaufs und der Werbeabteilung ein Aktionsausschuss gebildet. Stellen Sie nach folgenden Vorgaben einen Ablaufplan grafisch dar.

Start der Aktion	20. September
Dauer	2 Wochen
Beginn der Planung	10 Wochen vor Aktionsbeginn
Warenbeschaffung	5 Wochen vor Aktionsbeginn
Werbekonzept fertig	5 Wochen vor Aktionsbeginn
Aufbau der Ware	2 Wochen vor Aktionsbeginn
Beginn der Werbung	2 Wochen vor Aktionsbeginn

Berücksichtigen Sie bei der Darstellung die Sortimentsbildung, die Lieferantenauswahl und die Werbeplanung sowie eventuelle Nachbestellungen und zusätzliche Werbung während der Aktionszeit.

6 Planungsinstrumente für den Wareneinkauf

Im Einkauf liegt der halbe Gewinn!
Wie kann wirtschaftlich eingekauft werden?

Situation

„Wie schaffen Sie es eigentlich", fragt Markus Braun, Auszubildender im Papier- und Schreibwarenfachgeschäft Reinbach, seinen Chef, „sich um die über 10.000 verschiedenen Artikel unseres Sortiments im Einkauf und Verkauf zu kümmern?" Herr Reinbach antwortet Markus: „Ohne das Setzen von Schwerpunkten auf die für unseren Umsatz wirklich wichtigen Warengruppen und Artikel sowie die Informationen aus dem Warenwirtschaftssystem müsste mein Arbeitstag 40 Stunden haben!"

Arbeitsauftrag

Welche Daten aus dem Warenwirtschaftssystem sind für Herrn Reinbach besonders wichtig, damit er bei seinen Warenbestellungen auch wirtschaftliche Aspekte ausreichend berücksichtigen kann?

Information

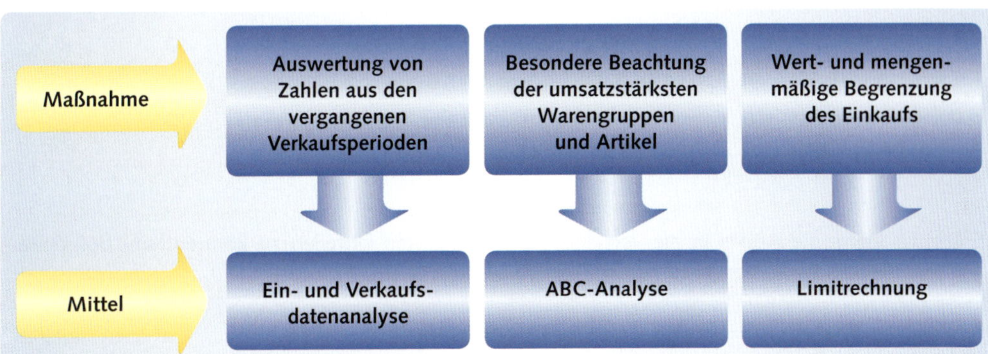

6.1 Planungsinstrument Einkaufs- und Verkaufsdatenanalyse

Die Auswertungsprogramme eines Warenwirtschaftssystems bieten eine gezielte Analyse der im System gespeicherten Daten. Mit diesen Informationen können wichtige Erkenntnisse für die Einkaufsplanung gewonnen werden. Dazu gehören u. a.:

Umsatzanalyse	→	Anzeigen der Umsätze nach Tag, Woche, Monat, Jahr, Vorjahr sowie die jeweils prozentuale Abweichung zum Vorjahr.
Frequenzanalyse	→	Informationen zur Anzahl der Kunden, Ø Umsatz je Kunde, Umsatz und Anzahl der Kunden nach Uhrzeit.
Sortimentsanalyse	→	Informationen zur Preislagenstruktur, Altersgliederung, Abverkaufsquote, Renner-Penner.
Lieferantenanalyse	→	Informationen über Lieferpünktlichkeit, Anzahl Retouren, Preis- und Konditionengestaltung.

6.2 Planungsinstrument ABC-Analyse

Bei den **Einkaufsverhandlungen** sollte man Zeit und Mühe vor allem auf solche Artikel verwenden, die einen großen Teil am Umsatz aller Artikel ausmachen. Die Praxis zeigt, dass je nach Branche zwischen 50 bis 80 % des Umsatzes eines Einzelhandelsunternehmens auf relativ wenige Artikel entfallen, während viele Artikel, die mengenmäßig stark nachgefragt werden, nur einen kleinen Teil des Gesamtumsatzes ausmachen. Die **ABC-Analyse** ist ein **Instrument** zur **Bestimmung** der **Artikel**, um die sich der **Einkauf** besonders **intensiv** kümmern sollte, weil sie für Umsatz und Kosten des Unternehmens von herausragender Bedeutung sind.

Beispiel für eine ABC-Analyse

1 Rang	2 Artikel-nummer	3 Absatz in Stück	4 Preis/St. in €	5 Umsatz in €	6 Umsatz in %	7 kumulierter Umsatz in %	8 Artikel-kate-gorie
1	17517	600	400,00	240.000,00	24	24	A
2	57892	2.400	100,00	240.000,00	24	48	A
3	77893	2.400	70,00	168.000,00	17	65	A
4	27755	4.788	28,00	134.064,00	13	78	A
5	37745	7.800	7,00	54.600,00	5	83	B
6	37766	6.200	8,00	49.600,00	5	88	B
7	57777	4.800	10,00	48.000,00	5	93	B
8	17518	7.200	4,05	29.160,00	3	96	C
9	27519	12.600	2,00	25.200,00	3	99	C
10	77894	11.376	1,00	11.376,00	1	100	C

Um die Artikel in die verschiedenen Kategorien einteilen zu können, sind folgende Schritte vorzunehmen:

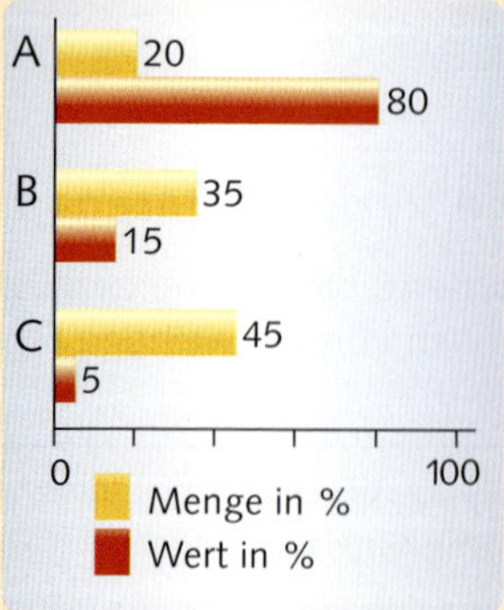

Abb. Verhältnis von Menge und Wert der A, B und C Artikel.

	Aufgabe:	Spalte
1.	Ermittlung des Jahresumsatzes pro Artikel	5
2.	Sortierung der Artikel nach Höhe des Umsatzanteils	1
3.	Berechnung des prozentualen Anteils jedes Artikels bezogen auf den Gesamtumsatz	6
4.	Kumulation der Prozentanteile	7
5.	Einteilung in die A-, B-, und C- Kategorien nach Werten, wie sie die nebenstehende Grafik zeigt für ein hochwertiges Sortiment im Gbrauchsgüterbereich.	8

Neben der **Umsatzanalyse** ist auch eine **Lieferantenanalyse** nach ähnlichem Verfahren möglich. Damit werden die für das Unternehmen wichtigsten Lieferanten ermittelt und die Einkaufsaktivitäten können darauf abgestimmt werden.

6.3 Planungsinstrument Limitrechnung

Limitrechnung
= Einkauf begrenzen

Ziele:
1. Überlager vermeiden
2. Ladenhütern vorbeugen
3. Liquidität sichern

Die **Limitrechnung** dient zum Festlegen von Einkaufsbudgets und der Kontrolle der festgelegten Einkaufsbeträge. Damit sollen ein **unkontrollierter Einkauf** und zu **hohe Lagerbestände** vermieden werden. Bei der Limitplanung wird für einen bestimmten Zeitraum *(Jahr, Saison, Monat)* im Voraus festgelegt, wie viel Geld den Einkäufern zur Verfügung stehen soll. Das **Einkaufslimit** wird durch den **geplanten Umsatz** und die **geplanten Lagerendbestände** bestimmt. Es darf nicht ohne triftigen Grund überschritten werden. Daher ist eine fortlaufende **Kontrolle** notwendig. Außerdem muss überprüft werden, ob die geplante Umsatzentwicklung mit dem tatsächlichen Umsatzverlauf übereinstimmt. Ist dies nicht der Fall, müssen Plankorrekturen vorgenommen werden.

Anwendungsbereiche der Limitrechnung

Eine Limitrechnung wird nicht in allen Branchen des Einzelhandels angewendet. Hauptsächlich findet man sie im **Textileinzelhandel, Schuh- und Lederwarenhandel** sowie im **Möbelhandel**. Ist das Sortiment stark modeorientiert geprägt, dann hilft die Limitplanung Altwarenbestände zu vermeiden. Bei Standardsortimenten mit Waren, die von den Kunden ständig nachgefragt werden, hilft die Limitrechnung Überlager zu vermeiden.

Verfahren der Limitrechnung

Die Praxis kennt verschiedene Methoden der Limitrechnung. Das hier gezeigte Verfahren ist eine stark vereinfachte Darstellung des sogenannten **„Verteilungsverfahrens"**. Dabei wird der für die gesamte Planungsperiode angestrebte Umsatz auf einzelne Planungsmonate verteilt. Nach diesen Umsatzzielen richtet sich dann die Zuteilung der jeweiligen Einkaufsbeträge. Neben dem **Planumsatz** ist der geplante **Lagerumschlag** (vgl. LF 7, Kap. 5.3) eine weitere wichtige Berechnungsgröße.

Beispiel Limitplanung einer Abteilung eines Textilkaufhauses (Frühjahr/Sommer)

1. Schritt	Umsatzplanung	
Damit die Umsatzprognose für das Planjahr möglichst genau ist, sind folgende Aspekte zu berücksichtigen: Umsätze der vergangenen Perioden, erwartete Wirtschaftslage, Trends und Mode, individuelle Umsatzerwartungen *(Sonderverkäufe, Aktionen)*.	Umsatz des Vorjahres	200.000 €
	geplanter Umsatzzuwachs	20 %
	geplanter Umsatz	240.000 €

Beispiel

2. Schritt	Kalkulationsplanung	
Das Unternehmen kalkuliert mit einem Kalkulationabschlag von 50 % (Bruttogewinnspanne). Vom geplanten Umsatz wird dieser Rohgewinn abgezogen, es ergibt sich so der geplante Wareneinsatz (geplanter Umsatz zu Einstandspreisen). (Hinweis: Bei der Limitplanung spielt der Lagerumschlag eine wichtige Rolle. Er muss bekannt sein, damit der durchschnittliche Lagerbestand errechnet werden kann. Rechenweg: $ø \text{ Lagerbestand} = \frac{\text{Wareneinsatz}}{\text{Lagerumschlag)}}$	Planumsatz zu Verkaufspreisen minus Kalkulationsabschlag von = geplanter Wareneinsatz geplanter Lager umschlag 2 durchschnittlicher Lagerbestand	240.000 € 50 % 120.000 € 60.000 €

3. Schritt	Ermittlung von Lageranbau bzw. -abbau	
Der geplante durchschnittliche Lagerbestand wird mit dem aus der Inventur entnommenen durchschnittlichen Lagerbestand vom Anfang der Planungsperiode verglichen. Folge: der tatsächliche durchschnittliche Lagerbestand ist um 5.000 € höher als der geplante Lagerbestand. Der Einkaufsbetrag wird daher um 2-mal 5.000 € = 10.000 € gekürzt (Um das geplante Durchschnittslager zu erreichen, muss das Endlager um den gleichen Betrag davon abweichen wie das Anfangslager, also 2-mal 5.000 €).	durchschnittlicher Lagerbestand Anfangsbestand laut Inventur 2-mal Unterschiedsbetrag 10.000 € geplanter Wareneinsatz minus Lagerabbau = Gesamtlimit	60.000 € 65.000 € 120.000 € 10.000 € 110.000 €

4. Schritt:	Ermittlung des freien Limits	
Vom Gesamtlimit wird eine Limitreserve einbehalten. Diese wird als Prozentsatz angegeben. Die Reserve dient dazu, bei unerwarteten Umsatzentwicklungen noch Ware zusätzlich einkaufen zu können.	Gesamtlimit minus Limitreserve von 25 % = Freies Limit	110.000 € 27.500 € 82.500 €

5. Schritt: **Verteilung auf den Saisonzeitraum**

Das freie Limit wird nun auf die Saisonmonate verteilt. Dabei werden die Einkaufsbeträge so auf die einzelnen Monate verteilt, wie es den geplanten Umsatzerwartungen der Geschäftsleitung entspricht.

Monate	Prozent	Betrag
Februar	10	8.250 €
März	30	24.750 €
April	20	16.500 €
Mai	10	8.250 €
Juni	20	16.500 €
Juli	10	8.250 €

Vorteile und Notwendigkeit der Limitrechnung

- Es soll die für das geplante Umsatzvolumen günstigste Wareneinkaufssumme ermittelt werden.
- Vermeidung zu hoher Lager- und Kapitalbindungskosten.
- Förderung der Motivation bei den Einkäufern, da sie innerhalb ihres Limits selbstständig einkaufen können.

Aktion

1. Aufgrund der Umsatzzahlen aus dem Vorjahr wird eine ABC-Analyse durchgeführt, wobei die A-Artikel der Warengruppe 70 % des Warengruppenumsatzes und die C-Artikel 5 % des Warengruppenumsatzes ausmachen. Welche Artikel zählen zu den A-, zu den B- und zu den C-Artikeln?

Warengruppe 2 Artikelnummer	Umsatz in Stück	Preis je Stück/€
2010	80	40,00
2015	200	6,00
2020	120	280,00
2025	100	100,00
2030	40	160,00
2035	1.000	4,00
2040	30	480,00
2045	2.400	3,00

2. Eine wichtige Information für den Einkauf ist die Kenntnis darüber, in welchen Preislagen die höchsten Umsätze getätigt werden. Werten Sie die folgenden Zahlen des Warenwirtschaftssystems der Textil-Markt GmbH aus.

   Welche Schlussfolgerungen können Sie daraus ziehen?

Ausdruck: Preislagenstatistik DOB – WG Damenblusen vom: 15.01.2017			
Zeitraum: 15.12.2016 bis 15.01.2017		Gesamtverkauf/Stück: 63	
Preislage von bis (€)	Menge Stück	Anteil %	Bestand Stück
0–100	8	12,7	22
101–150	22	34,9	8
151–200	18	25,5	4
201–250	8	12,7	7
251–300	5	7,9	15
300– ...	2	3,1	14

3. Für die Umsatz- und Lagerplanung der Frühjahr-/Sommersaison in der Abteilung Herrenkonfektion der Textil-Markt GmbH sind folgende Daten von der Zentrale vorgegeben worden:

	Planumsatz in €	geplantes Soll-Endlager in €
Januar	300.000	250.000
Februar	350.000	400.000
März	500.000	350.000
April	400.000	450.000
Mai	600.000	500.000
Juni	650.000	600.000

a) Ermitteln Sie das Einkaufslimit zu Einkaufspreisen (Abschlag 20 %) für den Monat Mai.

b) Zwischenzeitlich wird bekannt, dass der Ist-Umsatz im Februar 450.000 € betragen hat. Um wie viel € verändert sich dadurch das Einkaufslimit für den Monat März?

4. Wenn Sie die folgenden Begriffe den richtigen Lücken des Textes zuordnen, dann gibt Ihnen der vollständige Text eine umfassende Erklärung des Begriffs „Limitrechnung" (Einige Begriffe können auch mehrfach vorkommen).

Planungszeiträume, Buchhaltung, Einkaufsplanung, plus, Lagerumschlag, Kalkulation, Statistik, Umsatz, Lagerbestand, Inventurbestand, Differenz, Limitreserve, Lagerhöhe, Beschaffung, Zeitpunkt, Wareneinsatz, minus, Einkaufslimit, Sonderbestellungen

Die Limitrechnung ist eine Methode der ?. Sie dient dazu den optimalen ? für die ? der benötigten Waren nach Menge und Preis festzulegen. Die Limitrechnung erfolgt anhand genauer Daten aus der ? und aus der ?. Die ? können z. B. jährlich, halbjährlich, monatlich oder nach Saisons gewählt werden.

Grundsätzlich läuft die Planung der Einkaufslimits wie folgt ab:

Ausgangswert ist der geplante ? sowie die geplante ? und der geplante ?.

Mit Hilfe der geplanten ? wird der geplante ? auf den geplanten ? abgewertet. Dieser wird durch den geplanten ? geteilt. Man erhält damit die durchschnittliche, gewünschte ?.

Vergleicht man diesen Bestand mit dem ?, so ergibt sich in der Regel eine ?. Ist der ? höher als der geplante ? muss das Lager abgebaut werden, ist er niedriger, muss das Lager angebaut werden.

Das Limit oder der Wareneinkauf errechnet sich wie folgt:

Wareneinsatz ? Lagerabbau oder ? Lageranbau gleich ?.

In der Regel wird nicht das ganze Limit für den Wareneinkauf freigegeben. Fast immer werden je nach Branche und Situation 10 bis 20% als ? für unerwartete ? einbehalten.

Waren annehmen, lagern und pflegen

7. Lernfeld

© Metro

© Metro

© Metro

© Metro

▶ Inhalt

1 Warenannahme

1.1 Warenlogistik – mehr als Transport von A nach B

Heute bestellt, morgen geliefert!
Welche Möglichkeiten der Warenzustellung gibt es?

Situation

Dicke Luft bei der Reinbach GmbH. Es ist Schulanfang und schon am ersten Tag sind die Schulhefte ausgegangen, weil bei der Bestellung falsche Mengen angegeben wurden. Markus Braun muss dafür sorgen, dass die Schulhefte so schnell wie möglich zum Verkauf bereitstehen. Per Fax bestellt er beim Großhändler in Mittelstadt (70 km von Neuburg entfernt) die benötigten 1.000 Hefte nach.

Arbeitsaufträge

1. *Welche Zustellmöglichkeiten sind im Einzelhandel üblich?*
2. *Welche Gesichtspunkte sind bei der Wahl der Transportmittel zu beachten?*
3. *Für welches Transportmittel sollte sich Markus entscheiden?*

Information

Begriff der Warenlogistik

Unter **Warenlogistik** versteht man die Planung, Gestaltung, Abwicklung und Kontrolle des Waren- und Informationsflusses zwischen einem Einzelhändler und seinen Lieferanten. Zur **Beschaffungslogistik** zählen alle Aktivitäten, die mit dem Transport der Ware vom Lieferanten zum Einzelhändler zusammenhängen. Die **Lagerlogistik** umfasst all jene Aufgaben, die bei Annahme und Lagerung der Ware im Einzelhandelsunternehmen zu lösen sind.

Aufgaben der Logistik

Ein wirksames **Logistikkonzept** ermöglicht es, Liefertermine zuverlässiger und pünktlicher einzuhalten. Durch geeignete Lager- und Verteilsysteme sollen Bestell- und Lieferzeiten verkürzt werden mit dem Ziel die Kundenzufriedenheit zu erhöhen. Dabei helfen die **„6 R"** der Logistik.

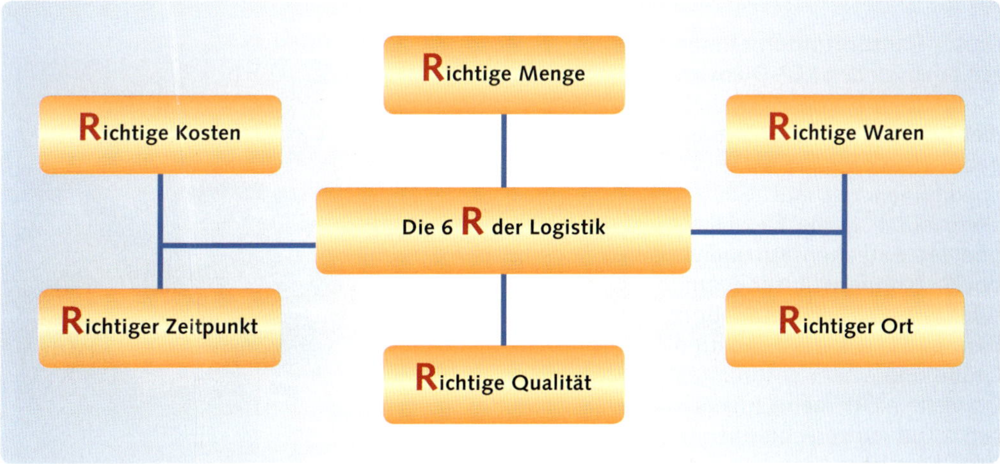

Waren- und Datenfluss innerhalb logistischer Prozesse

Jeder **Warenfluss** (Lieferung einer bestellten Ware) wird von einem **Informationsfluss** (Angaben zum Liefertermin, zum Preis oder zur Menge) begleitet.

Beispiel Der Naturkostmarkt Vita-Aktiv bezieht sein Obst und Gemüse von einem Großhändler, der ausschließlich Produkte aus ökologischem Anbau anbietet. Über eine integrierte Unternehmenssoftware können die Geschäftspartner jederzeit für sie wichtige Informationen abrufen. So lassen sich die logistischen Aufgaben schneller und besser lösen.

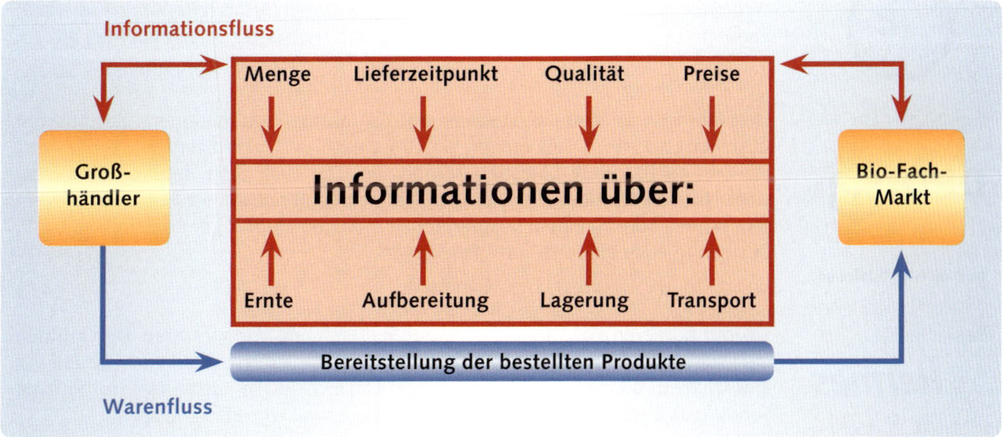

Abb. Waren- und Informationsfluss

Zustellmöglichkeiten bei der Warenbeschaffung

Nach dem Grundsatz **„Warenschulden sind Holschulden"** müsste der Händler die bestellte Ware beim Lieferanten selbst abholen. In den meisten Fällen wird sie ihm jedoch entweder durch den Lieferanten selbst oder durch einen beauftragen Frachtführer zugestellt. Zu den bedeutenden **Frachtführern** zählen DHL, ein Unternehmensbereich der Deutsche Post World Net, der Deutsche Paket Dienst (DPD) und der United Parcel Service (UPS).

Diese Transportunternehmen zählt man zu den **KEP-Diensten** (Kurier-, Express- und Paketdienste). Ihr Dienstleistungsangebot als Alternative zu reinen Speditionen zeichnet sich vor allem durch große Flexibilität und ein Eingehen auf individuelle Kundenwünsche aus. Allerdings ist der Transport häufig ab einer bestimmten Größe und einem bestimmten Gewicht nicht mehr zugelassen. Die unterschiedlichen Bezeichnungen ergeben sich durch die jeweilige Transportabwicklung.

(Quelle: Deutsche Post AG)

KEP Dienste	
Kurierdienste → 	Die Ware wird persönlich vom Absender bis zum Empfänger begleitet. Kurierdienste eignen sich wegen der sehr hohen Preise hauptsächlich für hochwertige *(Schmuck)* und besonders dringend benötigte Waren *(Ersatzteile, Medikamente)*; dadurch ist eine ständige Beaufsichtigung des Transportgutes gewährleistet. **Beispiele** IC-Kurierdienst der Deutsche Bahn AG, spezielle Kurierdienste, Taxen.
Expressdienste → DPD In time with business.	Sie befördern die Ware in einem engen Zeitrahmen und mit einem garantierten Zustellungstermin. Dazu nutzen sie Umschlag- und Verteilzentren, unter Umständen auch andere Logistikunternehmen. Der Preis liegt deutlich über dem eines Normalversandes. Ein Expressdienst empfiehlt sich immer dann, wenn Ware sehr schnell oder zu einem bestimmten Termin den Empfänger erreichen soll, z.B. Zustellung auch an Sonn- und Feiertagen. **Beispiele** UPS-Express, DHL-Express.
Paketdienste → Hermes DHL	Sie transportieren die Waren über eigene Sammel- und Verteilzentren. Den Kunden wird kein fester Termin für die Zustellung garantiert, jedoch ist mit einer Zustellung innerhalb ein bis zwei Tagen zu rechnen. Daher ist diese Versandart für normale Sendungen geeignet, die nicht unbedingt taggenau eintreffen müssen. **Beispiele** UPS-Standard, DPD, DHL-Paket.

Wahl des geeigneten Transportmittels

Um das am besten geeignete Transportmittel auszuwählen, sind eine Reihe von Fragen zu klären:

- Wird die Wahl des Transportmittels durch die Art der Ware bestimmt *(Gewicht, Verderblichkeit)?*
- Wie lange darf die Beförderungszeit sein?
- Wie zuverlässig ist der Transporteur *(Pünktlichkeit, Sicherheit)*?
- Wie hoch kommen die Transportkosten?
- Sollen Umweltgesichtspunkte bei der Auswahl des Transportmittels berücksichtigt werden?

Infobox

Warenverteilzentren sparen Treibstoff und damit Abgase!

Wie durch eine andere Warenverteilung ein Beitrag zum Umweltschutz geleistet werden kann, zeigt die Karstadt Warenhaus GmbH: Früher lieferte jeder Lieferant an jede Filiale. Heute wird ein Großteil der Waren an das Warenverteilzentrum in Unna geliefert. Von dort erfolgt die Verteilung auf die einzelnen Filialen, wobei rund 70 % der Anlieferungen mit der Bahn erfolgen. Durch die Zentralisierung können pro Jahr 2,8 Millionen Fahrten eingespart werden.

(Quelle: Karstadt Aktiv im Umweltschutz)

Aktion

1. Ordnen Sie den folgenden Situationen die jeweilige Aufgabe der Logistik zu:
   a) Der Naturkostmarkt Vita-Aktiv bestellte bei seinem Getränkelieferanten Heil- und Mineralwasser. Es wurde ausschließlich Heilwasser geliefert.
   b) Die 50.000 Flaschen Champagner für die bevorstehende Französische Woche der Merkur Warenhaus AG werden bis zur Auslieferung an die einzelnen Warenhäuser im Zentrallager des Unternehmens gelagert.
   c) Der Einkaufsverband Inter-Food informiert seine Mitglieder, dass aufgrund von Ernteausfällen in Südamerika der Rohkaffeepreis in den nächsten Monaten erheblich steigen wird. Daraufhin erhöht der Zentraleinkäufer einer Discountkette seine aktuelle Bestellmenge erheblich, um bei steigenden Einkaufspreisen den Verkaufspreis möglichst stabil zu halten.

2. Erkundigen Sie sich in Ihrem Ausbildungsunternehmen darüber, welche Informationen über bestellte Waren durch die bei Ihnen genutzten informationstechnischen Systeme abrufbar sind, und berichten Sie in der Klasse.

3. Wählen Sie eine Ware Ihres Ausbildungssortiments und dokumentieren Sie mit anschließender Präsentation den Weg dieses Artikels von der Herstellung bis zur Platzierung in Ihren Verkaufsräumen.

4. Sie benötigen für einen Kunden dringend Ersatzteile für eine Motorsäge, die er bei Ihnen gekauft hat. Führen Sie eine Internetrecherche durch und ermitteln Sie den schnellstmöglichen und kostengünstigsten Transport, wenn die Ersatzteile innerhalb von drei Tagen bei Ihnen im Geschäft sein müssen (Gewicht der Ersatzteile 2,5 kg, Lager des Lieferanten ist Hamburg).

1.2 Wareneingang

Endlich, die neue Ware ist da!
Welche Arbeiten sind bei der Warenannahme notwendig?

Situation

Aus dem Bericht der Revisionsabteilung an die Unternehmensleitung der Omnia-Discount-Märkte:

„… Bei Überprüfung der Warenannahme in den 50 überprüften Filialen wurde festgestellt:
- Immer wieder wurde Ware außerhalb der Geschäftszeiten an die Filialen ausgeliefert und stand dort bis zum nächsten Morgen vor der Warenannahme.
- Viele Lkw-Fahrer beklagten sich über zu lange Wartezeiten, bis sie abladen konnten.
- Es wurde mehrfach beobachtet, dass Fahrer unmittelbar nach dem Abladen der Ware ihre Frachtpapiere unterschrieben bekamen.
- Stichprobenkontrollen unserer Mitarbeiter ergaben, dass über 20 % der Warenlieferungen Schäden an der Verpackung aufwiesen.
- Bei nahezu jeder vierten Sendung stimmten gelieferte Verpackungseinheiten und Angaben auf dem Lieferschein nicht überein.
- In Folie verpackte palettierte Ware wurde häufig erst nach einigen Tagen in die entsprechenden Lagerzonen einsortiert …"

Arbeitsaufträge

1. *Worin sehen Sie die Ursache für die vielen Mängel, die von der Revisionsabteilung im Bereich Wareneingang festgestellt wurden?*
2. *Sie erhalten von der Omnia Geschäftsführung den Auftrag, für alle Filialen eine schriftliche Anweisung (Checkliste) zu entwerfen, die einen reibungslosen und korrekten Ablauf der Warenannahme ermöglicht.*

Information

Der **Wareneingang** ist eine wichtige **Schnittstelle** zwischen **Warenbeschaffung** und **Warenlagerung**. Vom Wareneinkauf erhält der Wareneingang alle benötigten Daten, um sicherzustellen, dass die gelieferte der bestellten Ware entspricht. Der Wareneingang ist erste Station auf dem Weg der Ware durch den Betrieb, aber auch der Ort, an dem die Warendaten in das Warenwirtschaftssystem (WWS) eingegeben werden.

Ein **fehlerfreies** Arbeiten beim Wareneingang ist Voraussetzung für eine **korrekte** Bestandsführung und Lagerhaltung.

(Quelle: METRO Group)

1.2.1 Vorgehensweise bei der Warenannahme

Erste Kontrolle (sofort in Anwesenheit des Lieferanten)

1. Stimmt die Anschrift?
2. Stimmt die Zahl der Versandstücke?
3. Ist die Verpackung in Ordnung?

→ Bei **Beanstandungen**:
Mängel vom Lieferanten bestätigen lassen, Annahme unter Vorbehalt oder u. U. Annahmeverweigerung.

↓

Zweite Kontrolle (unverzüglich nach Lieferung)

Abgleich der Begleitpapiere mit dem Inhalt der Sendung.
1. Wurde die bestellte Ware geliefert?
2. Stimmen Menge, Qualität und Beschaffenheit der Ware?

→ Bei **Mängeln**:
Mitteilung an die Einkaufsabteilung, damit diese rechtzeitig rügen kann.

↓

Dritte Kontrolle (Abgleich der Begleitpapiere)

Vergleich der Rechnung mit dem Lieferschein, der Bestellung und der Auftragsbestätigung. Die Rechnung wird zusätzlich auf sachliche und rechnerische Richtigkeit überprüft.

→ Bei **Unstimmigkeiten**:
Rücksprache mit Lieferanten u. U. Mängelrüge durch Einkaufsabteilung.

↓

- Erfassen der Ware im Wareneingangsbuch oder im Warenwirtschaftssystem,
- Preisauszeichnung,
- Einlagerung im Reservelager oder sofort Präsentation im Verkaufsraum.

1.2.2 Erfassung des Wareneingangs

Wareneingänge müssen nach der Abgabenordnung (AO) gesondert aufgezeichnet werden. In kleinen Einzelhandelsgeschäften ohne elektronische Datenverarbeitung kann dies mithilfe eines Wareneingangsbuches erfolgen.

Die Aufzeichnungen im Wareneingangsbuch müssen im Einzelnen folgende Mindestangaben enthalten:

- Tag des Wareneingangs oder das Rechnungsdatum des Lieferanten,
- Name und Anschrift des Lieferanten,
- handelsübliche Bezeichnung der Ware,
- Preis der Ware,
- Hinweis auf den Beleg (Belegnummer, Aufbewahrungsort).

Beispiel

Wareneingangsbogen		Warengruppe: Damenblusen			Monat: 03	
Rechn.-Nr.	**Lieferant**	**EK brutto**	**VSt.**	**EK netto**	**Nachlässe**	**Überweisungsbetrag**
1234	Intertex	877,11	140,04	737,07	71,00	666,07
1235	Mondial	461,64	73,71	387,93	–	387,93

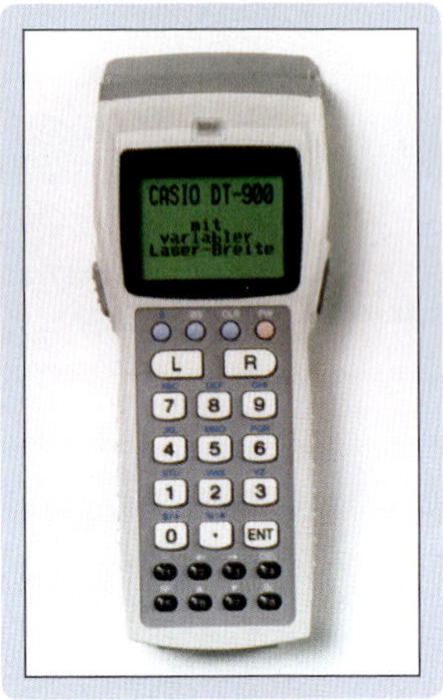

Bei computergestützten Warenwirtschaftssystemen erfolgt die Warenerfassung artikelgenau, d. h., jeder Artikel wird z. B. nach Material, Größe, Farbe oder Form unterschieden. Mithilfe von **mobilen Datenerfassungsgeräten** (MDE) werden die Daten in das System eingespeist. Nach der Anlieferung wird die Lieferscheinnummer erfasst. Daraufhin ermittelt das WWS den entsprechenden Auftrag und zeigt die Auftragsdaten im Display des MDE-Gerätes an. Eventuelle Abweichungen von Bestell- und Liefermenge können sofort festgestellt werden. Nach Beendigung der Überprüfung wird der Warenzugang vom System erfasst. Falls die Artikel noch nicht gelistet wurden oder es sich um Warensendungen ohne vorherige Bestellung handelt, erfolgt die Warenerfassung manuell. Anderenfalls werden die notwendigen Daten aus dem WWS-Modul „Bestellwesen" übernommen.

Das System erkennt zusammengehörende Daten, sobald die Artikelnummer eingegeben wird. Im **Wareneingangsmodul** des Warenwirtschaftssystems werden nur noch die **Bewegungsdaten** erfasst, das sind Daten, die sich mit jeder Bestellung bzw. Lieferung ändern z. B. Auftragsnummer und -datum, Liefermengen, Rabattsätze.

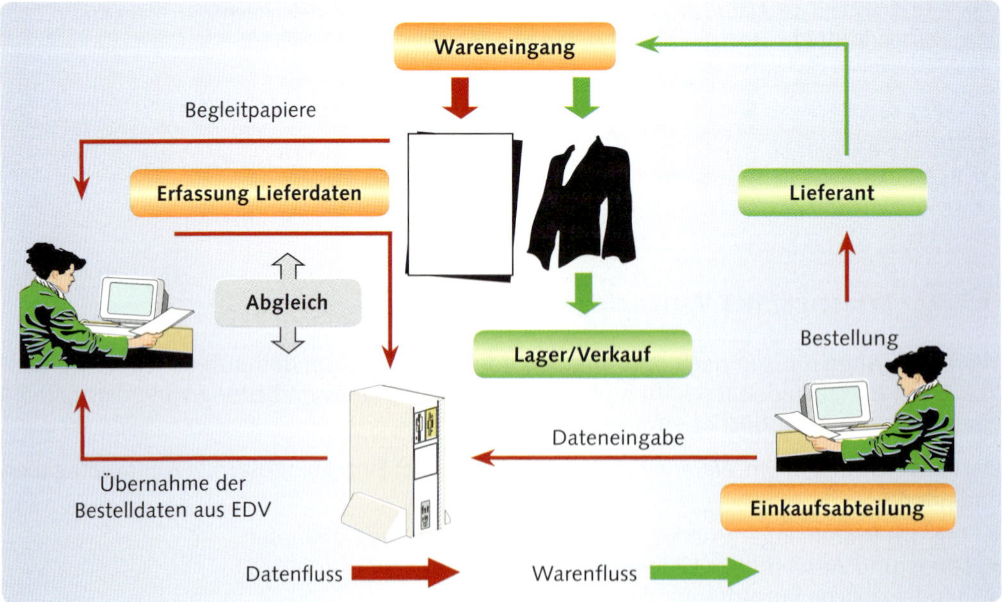

Abb. Warenerfassung am PC bei DV-gestütztem Warenwirtschaftssystem

1.2.3 Warenerfassung mit einem Warenwirtschaftssystem

Bestellungen werden in einem Warenwirtschaftssystem[1] als „offen" geführt, solange kein Wareneingang erfasst wurde. Der aktuelle Bestellstatus kann durch eine Abfrage im Formular Bestellungen angezeigt werden.

1 Bildschirmmasken von WinCowas

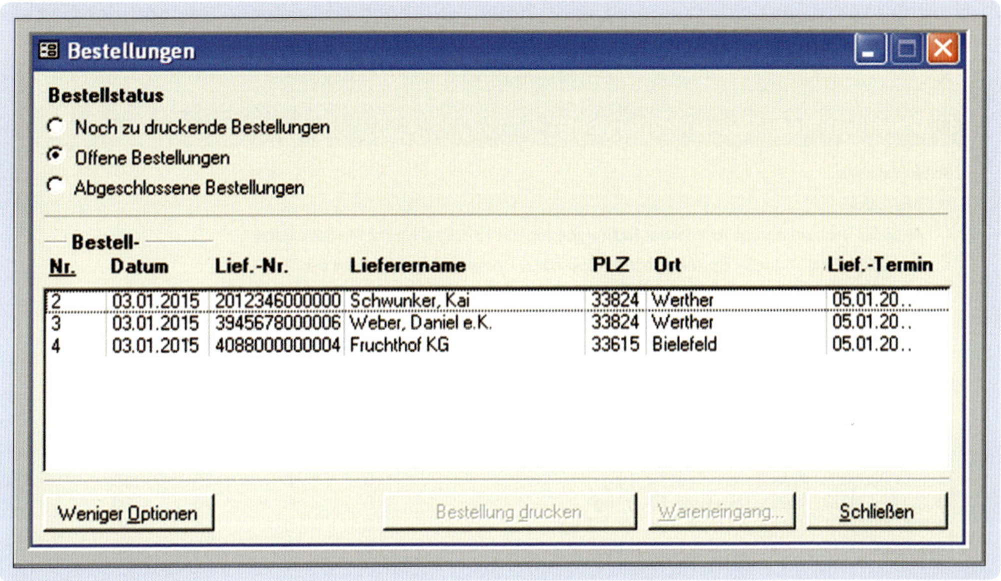

Abb. Bestellungen

Nach Eintreffen der bestellten Artikel wird der Wareneingang anhand der Warenbegleitpapiere (Lieferschein/Rechnung) im Formular Wareneingang gebucht. Das Programm registriert, ob die bestellte Gesamtmenge *(30 kg)* oder eine Teilmenge *(20 kg)* geliefert wurde.

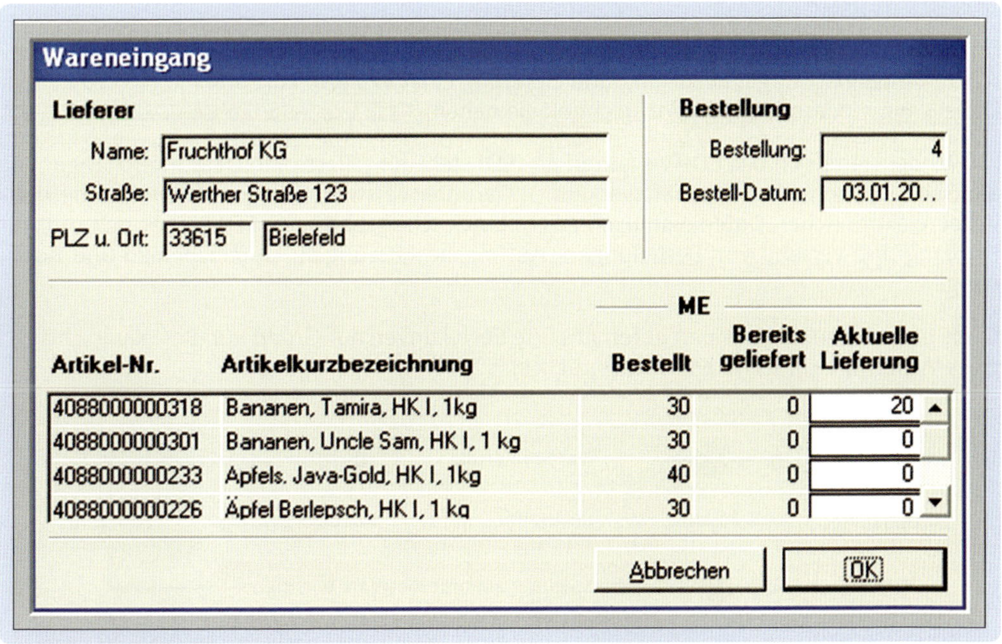

Abb. Wareneingang

Aus der Bestandsübersicht ist nun zu entnehmen, wie hoch der aktuelle Bestand des bestellten Artikels ist *(20 kg)*.

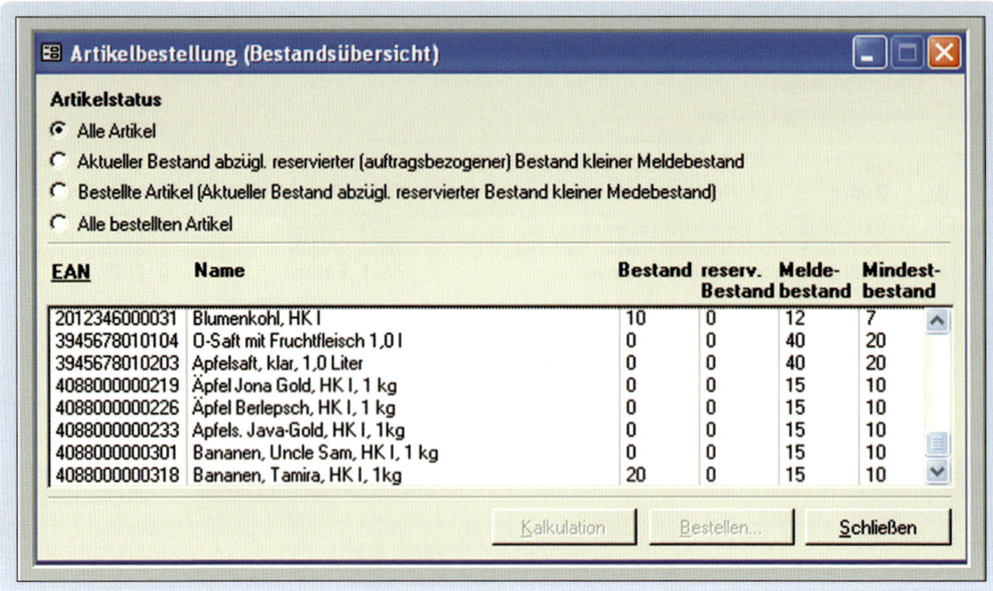

EAN	Name	Bestand	reserv. Bestand	Melde- bestand	Mindest- bestand
2012346000031	Blumenkohl, HK I	10	0	12	7
3945678010104	O-Saft mit Fruchtfleisch 1,0 l	0	0	40	20
3945678010203	Apfelsaft, klar, 1,0 Liter	0	0	40	20
4088000000219	Äpfel Jona Gold, HK I, 1 kg	0	0	15	10
4088000000226	Äpfel Berlepsch, HK I, 1 kg	0	0	15	10
4088000000233	Apfels. Java-Gold, HK I, 1kg	0	0	15	10
4088000000301	Bananen, Uncle Sam, HK I, 1 kg	0	0	15	10
4088000000318	Bananen, Tamira, HK I, 1kg	20	0	15	10

Abb. Bestandsübersicht

1.2.4 Elektronischer Geschäftsverkehr (EDI)

Um schnell auf Kundenwünsche reagieren zu können, ist der Handel bestrebt, die Zeit zwischen Kundennachfrage, Bestellung und Lieferung einer Ware so kurz wie möglich zu halten. Dabei kann moderne Informationstechnologie helfen.

Im Handel bietet sich das **EDI-Verfahren** an (EDI steht für „Electronic Data Interchange", zu deutsch „Elektronischer Geschäftsverkehr"). Darunter versteht man einen **zwischenbetrieblichen** elektronischen **Datenaustausch** zwischen Geschäftspartnern. EDI eignet sich u. a. für Empfang und Versand von Bestellungen, Auftragsbestätigungen, Lieferscheinen und Rechnungen.

Ohne diese Technologie wären automatisierte Bestellungen auf Grund von Bestellvorschlägen eines Warenwirtschaftssystems nicht möglich.

Abb. EDI beim Wareneingang

RFID-Technologie: Optimierung der Logistikprozesse

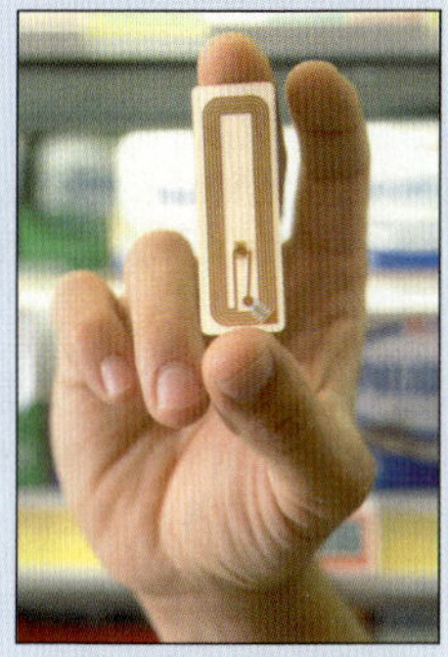

RFID (Radiofrequenz-Identifikation) ist eine Technologie für die berührungslose Erkennung von Objekten. Das „Herzstück" ist der **Smart Chip**, ein kleiner Computerchip mit Mini-Antenne. Damit können Transport- und Warenverpackungen, Verkaufseinheiten und einzelne Artikel ausgestattet werden. Auf dem Smart Chip ist eine Nummer gespeichert, der so genannte Elektronische Produktcode (EPC). Mit ihr lässt sich jeder **Artikel** eindeutig **identifizieren**. Sobald der Chip das Funksignal eines Lesegeräts empfängt, übermittelt er automatisch und drahtlos die gespeicherten Daten.

Wird der gespeicherte Nummerncode über ein **RFID-Lesegerät** erfasst, ist es mithilfe einer speziellen Software möglich, dem Code **Informationen** wie etwa den Hersteller, das Versanddatum, den Preis, das Gewicht und das Mindesthaltbarkeitsdatum zuzuordnen. Diese sind in den Logistik- und Warenwirtschaftssystemen von Industrie- und Handelsunternehmen hinterlegt.

Wann immer der Smart Chip entlang der Lieferkette von einem RFID-Lesegerät erfasst wird, findet ein Abgleich mit den Systemen statt. So kann stets genau nachvollzogen werden, wo sich die mit dem Smart Chip versehene Lieferung gerade befindet.

(Quelle: METRO Group)

Beispiel Am Beispiel Eier wird das Potenzial der RFID-Technologie für die gesamte Logistikkette deutlich: Denkbar ist, dass bereits der Erzeuger die Kartons mit Smart Chips versieht. Angaben wie Legedatum, Legebetrieb, Futtermittel und Haltungsform – beispielsweise Freiland- oder Bodenhaltung – werden in einer Datenbank hinterlegt. Die Lieferscheine werden automatisch erstellt und elektronisch an das Zentrallager übermittelt. Dort registrieren Lesegeräte den Wareneingang und gleichen die Zahl der gelieferten Eier mit der bestellten Menge ab. Die ankommenden Chargen können dank RFID problemlos den jeweiligen Zielorten zugeordnet und auf die entsprechenden Lkws verteilt werden. Verlässt eine Lieferung frischer Eier das Zentrallager in Richtung Markt, erhält dieser wiederum einen elektronischen Lieferavis. Auch hier gleichen RFID-Schleusen Wareneingang und Bestellung miteinander ab. In den Lägern sind die Gabelstapler und Hochregale ebenfalls mit RFID-Technologie ausgestattet – so können die Mitarbeiter Paletten und Kartons gezielt lokalisieren.

(Quelle: METRO Group)

Aktion

1. Beschreiben Sie, welche negativen Folgen es hat, wenn die Wareneingangskontrolle gar nicht oder nur ungenau durchgeführt wird.

2. Welche Kontrollen sind beim Wareneingang in Anwesenheit eines Frachtführers und welche beim Auspacken im Lagerraum vorzunehmen?

3. Welche Probleme könnten sich ergeben, wenn bei der Warenannahme aus Zeitgründen nur Stichprobenkontrollen durchgeführt werden?

4. Warum ist bei Nutzung eines Warenwirtschaftssystems bei der Warenannahme eine artikelgenaue EDV-Erfassung durchzuführen? (Eine Antwort ist richtig.)
   a) Um die exakte Warenmenge zu ermitteln,
   b) um die Höhe der Lagerkosten berechnen zu können,
   c) als Voraussetzung für eine sorgfältige Inventuraufnahme,
   d) um eine genaue Erfassung und Fortschreibung des Artikelbestandes zu gewährleisten,
   e) um den Rechnungsbetrag beim Zahlungstermin zu ermitteln.

5. Berichten Sie vor Ihrer Klasse über den Wareneingang in Ihrem Ausbildungsbetrieb. Fertigen Sie dazu ein Schaubild an, das den zeitlichen und örtlichen Ablauf dokumentiert.

6. Sie sind im OFFICE-Bürofachmarkt im Wareneingang tätig. Mithilfe eines Warenerfassungsbogens (Dokument 1) führten Sie die Wareneingangskontrolle durch. Anhand der Begleitpapiere (Dokument 2) nehmen Sie den Abgleich vor und leiten bei eventuellen Unstimmigkeiten geeignete Maßnahmen ein.

Dokument 1: Warenerfassungsbogen

Warenerfassungsbogen	**WG: Büromöbel**	**Eingangsdatum: 22.05.20..**	
Lieferant:	**Artikel**	**Menge**	**Bemerkungen**
Büro-Komplett GmbH, Cottbus	Stapelstuhl Ergotop	5	Verpackung teilweise schadhaft
Büro-Komplett GmbH, Cottbus	Schreibtisch Scriba	3	
Büro-Komplett GmbH, Cottbus	Schreibtischsessel Komfort	1	
Geprüft:			

Dokument 2: Lieferschein/Rechnung

Büro – Komplett GmbH
Landstraße 8
03046 Cottbus
Tel. 0355 22255 Fax: 0355 22266

Büro-Komplett GmbH, Landtstraße 8, 03046 Cottbus

Office-Bürofachmarkt GmbH
Hamburger Allee 29
55555 NEUBURG

RECHNUNG

Rechnungs-Nr. 66 55 4321	Rechnungs-Datum 20.05.20..
Kunden-Nr. 77 9880 FM 35	Zahlung bis 20.06.20..

Menge	Artikel-Nr.	Artikelbezeichnung	Einzelpreis	Gesamtpreis
10	35 2828 17	Stapelstuhl Ergotop	175,00 €	1.750,00 €
3	444459299	Schreibtisch Scriba	280,00 €	840,00 €
1	3535 82815	Chefsessel Boss Linea	380,00 €	380,00 €
		Summe Artikel		2.970,00 €
		+ Porto u. Verpackung		0,00 €
		+ 19 % USt		564,30 €
		Gesamtbetrag in EUR		**3.534,30 €**

Zahlungsbedingung: Innerhalb 10 Tagen 2 % Skonto

Es gelten unsere Allgemeinen Geschäftsbedingungen. Eigentumsvorbehalt bis zur vollständigen Bezahlung. Erfüllungsort und Gerichtsstand ist Cottbus.

2 Pflichtverletzungen des Lieferers bei der Erfüllung von Kaufverträgen

Der Einzelhändler und sein Lieferer sind beim Abschluss eines Kaufvertrages Verpflichtungen eingegangen, die sie ordnungsgemäß erfüllen müssen. Bei **Pflichtverletzungen** durch den **Lieferer** kann der **Einzelhändler** die im Gesetz oder in den Allgemeinen Geschäftsbedingungen des Lieferanten festgelegten **Rechte** geltend machen.

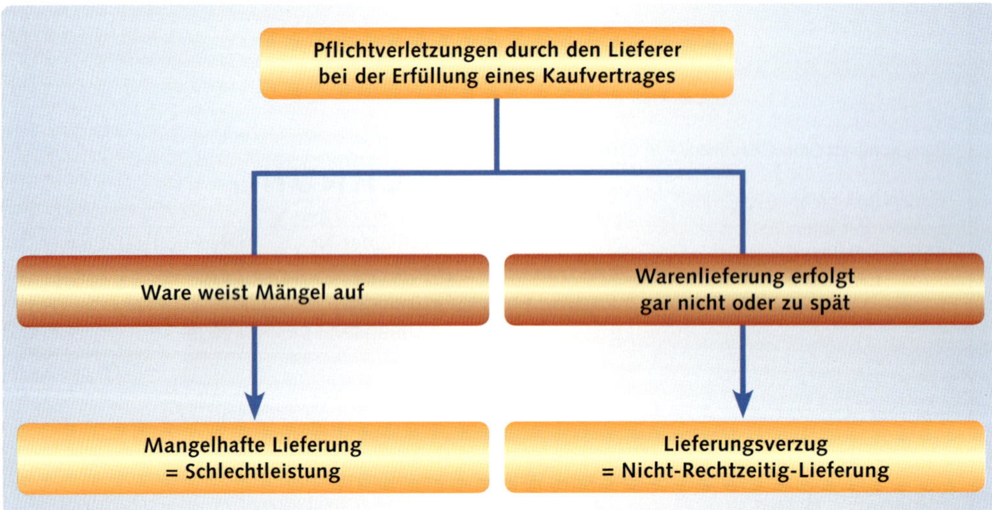

2.1 Mangelhafte Warenlieferung (Schlechtleistung)

Super! Komplett-PC für 599,–€, leider streikt die Festplatte! Welche Rechte stehen einem Kunden beim Kauf mangelhafter Waren zu?

Situation

Während ihrer Ausbildung bei der Merkur AG wird die Auszubildende Tanja Möller auch in einer eigens für Kundenreklamationen eingerichteten Abteilung eingesetzt.

Obwohl die Merkur AG strenge Kriterien an die Auswahl ihrer Lieferanten stellt und die gelieferten Waren auch eingehend prüft, kommt es immer wieder zu Beschwerden von Kunden.

Fall 1: Eine Herrenhose weist einen Webfehler auf.

Fall 2: Eine Packung eines Fertiggerichts war verdorben, obwohl das Mindesthaltbarkeitsdatum des Produkts noch nicht abgelaufen war. Der Kunde zog sich eine schwere Magen-Darm-Vergiftung zu und konnte mehrere Tage nicht zur Arbeit gehen.

Fall 3: Zwei Tassen eines Kaffee-Services sind nach Abschluss des Kaufvertrages und mängelfreier Übergabe der Artikel durch den unsachgemäßen Transport des Kunden zerbrochen.

Fall 4: Bei einer im Winterschlussverkauf im Preis stark herabgesetzten Jacke lässt sich der Reißverschluss nicht schließen. Es fehlen zudem einige Knöpfe und die verwendeten Stoffe sind schlecht vernäht. Der Kunde wurde darauf hingewiesen, dass im Schlussverkauf erworbene Ware vom Umtausch ausgeschlossen sei.

Fall 5: Als 2. Wahl ausgezeichnete und mit leichten sowie genau kenntlich gemachten Fehlern verkaufte Damenblusen werden reklamiert.

Fall 6: Ein Computer kann nicht gestartet werden, da die Festplatte defekt ist.

Fall 7: Ein Massivholzschrank kann wegen einer fehlerhaften Montageanleitung auch von einem geübten Heimwerker nicht aufgebaut werden.

In den folgenden Fällen wurden die Mängel bereits vor dem Verkauf an Kunden entdeckt.

Fall 8: Beim Aufstellen von neuen Flachbildfernsehgeräten stellen die Verkäufer fest, dass bei zwei Geräten trotz korrekter Erstinbetriebnahme das Bild verzerrt dargestellt wird.

Fall 9: Beim Einräumen von Fruchtquark in der Lebensmittelabteilung wird festgestellt, dass bei 10 Kartons das Mindesthaltbarkeitsdatum bereits um zwei Tage überschritten ist.

Fall 10: Mehrere Schuhschachteln einer neuen Lieferung weisen an den Ecken kleine Dellen auf.

Arbeitsaufträge

1. *Erschließen Sie Informationsquellen (Fachbücher, Gesetzestexte und -kommentare, Informationsteil dieses Lehrbuchs) zum Thema „Schlechtleistung" (§§ 434 ff. BGB).*
2. *Welche Rechte stehen den Kunden in den Fällen 1–7 und dem Warenhaus in den Fällen 8–10 wahlweise zu und von welchen Rechten sollten sie sinnvollerweise Gebrauch machen?*
3. *Simulieren Sie das Reklamationsgespräch von Fall 1 und Fall 2 in Form eines Rollenspiels.*

Information

Beim Abschluss eines **Kaufvertrags** verpflichtet sich der **Verkäufer** (Lieferant) dem **Käufer** (Einzelhändler) gegenüber **einwandfreie** Ware zu liefern. Er übernimmt ebenso die **Gewährleistung** dafür, dass die Ware die dem Käufer **zugesicherten Eigenschaften** aufweist. Weist die **Ware** bei der Übergabe **Mängel** auf, trägt der **Verkäufer** dafür die Verantwortung. In der Praxis ist es so, dass der Einzelhändler bei der Wareneingangskontrolle nicht jeden Mangel an einer Ware entdeckt. In vielen Fällen entdeckt der Endverbraucher diese Mängel erst bei der Nutzung der Ware.

> Kaufverträge, die ein Einzelhändler beim Wareneinkauf abschließt, sind bis auf ganz wenige Ausnahmen (Kauf bei einem Verbraucher) zweiseitige Handelskäufe, d.h., die Vertragspartner sind Kaufleute. Die Regelungen beim Verbrauchsgüterkauf (Kauf durch Endverbraucher) sind im BGB geregelt und werden im **Lernfeld 10** „Besondere Verkaufssituationen bewältigen" behandelt.

2.1.1 Arten der Sachmängel

Im **§ 434** des **Bürgerlichen Gesetzbuches** (BGB) ist festgelegt, dass eine **Ware** dann **frei** von **Mängeln** ist, wenn sie bei der **Übergabe** an den Käufer die **vereinbarte**, **vorausgesetzte** oder die **übliche Beschaffenheit** aufweist.

Ist dies **nicht** der Fall, liegt ein **Sachmangel** vor.

Infobox

Die Beschaffenheit der Ware ist:

vereinbart	vorausgesetzt	üblich
Käufer und Verkäufer haben ausdrücklich eine bestimmte Beschaffenheit der Ware vereinbart.	Die gekaufte Sache ist für eine gewöhnliche Nutzung geeignet.	Eine Beschaffenheit die von einer bestimmten Ware erwartet werden kann.
Einem Käufer wird garantiert, dass ein Akku mindestens 2.000 mal aufgeladen werden kann.	Eine Druckerpatrone sollte für einen Normalnutzer mehrere Monate reichen.	Bei einem Wecker kann man davon ausgehen, dass die Weckfunktion in Ordnung ist.

Mangel in der Beschaffenheit (Qualität)

- **Fehlen** der **vereinbarten Beschaffenheit**, d.h., die tatsächliche Beschaffenheit weicht von der in der Produktbeschreibung oder vom Verkäufer im Verkaufsgespräch vereinbarten Beschaffenheit ab.

→ Ein Hersteller von Kopiergeräten versichert, dass sein Spitzengerät eine Kopierleistung von 4.000 Kopien je Stunde erbringt. Tatsächlich liegt die Leistung bei 3.500 Kopien.

- Eine bestimmte Beschaffenheit wurde nicht vereinbart, aber **keine** Eignung der Sache für die **vertraglich vorausgesetzte Verwendung**; d.h.; die vom Käufer erwartete Beschaffenheit und Qualität entspricht nicht der tatsächlichen Beschaffenheit.

→ Ein Baumarkt bestellt bei einem Hersteller in Fernost Außenwandfarbe, die witterungsbeständig sein soll. Schon nach wenigen Wochen beschweren sich viele Kunden, dass die Farbe nach dem ersten Regen abblättert.

- Eine **bestimmte** Beschaffenheit wurde **nicht** vereinbart, aber **keine** Eignung der Sache für die bei Sachen der gleichen Art üblich zu erwartende Beschaffenheit; d. h., der Käufer kann die Sache nicht so verwenden, wie es bei solchen Sachen üblich ist.

→ Für seine Feinkostbar kauft das Feinkostgeschäft La Deliziosa u. a. Mangos und Papayas auf dem Großmarkt. Beim Zubereiten der exotischen Salate im Geschäft muss man über die Hälfte wegen fauler Stellen wegwerfen.

Abweichung von Werbeaussage

Die Ware entspricht nicht den in der Werbung gemachten Versprechungen, d. h., wer öffentlich geäußerten Aussagen (Hersteller, Verkäufer) seine Kaufentscheidung zu Grunde legt, muss auf deren Richtigkeit vertrauen können.

→ Ein Textilgroßhändler bietet im Internet seinen Kunden aktuelle Designerjeans an. Es stellt sich heraus, dass es sich um Restposten der abgelaufenen Saison handelt.

Falsche Kennzeichnung

Die Warenkennzeichnung (auf der Ware selbst oder auf der Verpackung) weicht von der Kaufsache ab.

→ Ein als Alaska-Wildlachs gekennzeichneter Räucherlachs stammt in Wirklichkeit aus einem norwegischen Zuchtbetrieb.

Montagefehler des Verkäufers

Eine vertraglich vereinbarte Montage einer (zunächst mangelfreien) Ware wird unsachgemäß durchgeführt.

→ Die Monteure eines Küchenstudios haben Schränke einer Einbauküche schief an der Wand angebracht.

Fehlerhafte Montageanleitung

Eine gänzlich fehlende oder fehlerhafte Montageanleitung des Verkäufers führt dazu, dass die Sache nicht oder nicht richtig montiert werden kann.

→ Ein Bürofachmarkt vereinbart mit seinem Kunden, den gekauften Aktenschrank zu liefern und aufzubauen. Aufgrund einer fehlerhaften Montageanleitung misslingt der Zusammenbau.

Falschlieferung

Es wird von der Bestellung abweichende (falsche) Ware geliefert.

→ Ein Importeur hat versehentlich nicht die vereinbarten Videorecorder, sondern Videokameras geliefert.

Zuweniglieferung

Es wird weniger Ware geliefert, als bestellt wurde.

→ Statt bestellter 20 Kisten Rotwein wurden Feinkost Manz nur 10 Kisten geliefert.

1. In einigen Fällen besteht bei **Zuweniglieferung** auch ein Anspruch auf eine komplett neue Lieferung, z. B. bei Strickwolle, die aus einem Produktionsgang kommen muss, da sonst Farbabweichungen möglich sind.
2. Nicht im Gesetz geregelt ist die **Zuviellieferung**. Damit dem Käufer nicht der Vorwurf einer ungerechtfertigten Bereicherung gemacht werden kann, muss der Käufer die überzähligen Artikel zurückgeben. Der Verkäufer hat keinen Anspruch auf Kaufpreiszahlung. Dies gilt allerdings nur für den zweiseitigen Handelskauf.

2.1.2 Mängel nach der Erkennbarkeit

Offene Mängel	Sie lassen sich durch eine erste Untersuchung feststellen, bzw. sind sofort ersichtlich.	• Mehrere Gläser weisen Sprünge auf. • Zerkratztes Gehäuse eines Fernsehers.
Versteckte Mängel	Sie lassen sich bei der Warenübergabe trotz Prüfung nicht feststellen und werden daher erst später entdeckt (Nutzung, Verbrauch).	• Der gelieferte Roséwein ist ungenießbar. • In Erbsendosen befinden sich Möhren.
Arglistig verschwiegene Mängel	Es sind versteckte Mängel, die vom Verkäufer bewusst verschwiegen werden, damit der Käufer nicht ablehnt.	• Einem Lieferanten ist bekannt, dass seine Produkte nicht den in Deutschland verlangten Sicherheitsvorschriften entsprechen.

2.1.3 Fristen zur Wahrung der Rechte des Käufers bei Schlechtleistung

Wenn der Einzelhändler aufgrund einer mangelhaften Lieferung seine ihm zustehenden Rechte geltend machen will, muss er dabei bestimmte Fristen einhalten.

Prüfung- und Rügefristen beim zweiseitigen Handelskauf (§ 377 HGB)

↓

Eingegangene Ware ist unverzüglich, d.h. ohne schuldhaftes Zögern, auf Güte, Menge und Art zu prüfen.

↓

Rügefristen

offene Mängel	versteckte Mängel	arglistig verschwiegene Mängel
Unverzüglich nach der **Warenprüfung**.	**Unverzüglich** nach **Entdeckung**, jedoch innerhalb der **gesetzlichen Gewährleistungsfrist** (BGB, § 438) von **zwei Jahren** ab Lieferung bzw. einer vertraglich festgelegten Garantie.	Innerhalb von **drei** Jahren, beginnend mit dem Schluss des Jahres, in dem der Mangel entdeckt wurde (§ 438 Abs. 3 BGB).

2.1.4 Form und Inhalt einer Mängelrüge

Mängelrügen sollten aus Gründen der Beweissicherung **schriftlich** abgegeben werden; dabei ist darauf zu achten, dass die Mängel genau beschrieben werden. Nehmen Kaufleute ihre Prüfungs- und Rügepflicht nicht rechtzeitig wahr, verlieren sie ihren Anspruch auf Mängelbeseitigung.

Bei der **Formulierung** einer Mängelrüge sind die folgenden Punkte zu berücksichtigen:

- Bestätigung des Wareneingangs,
- Hinweis auf erfolgte Warenprüfung,
- genaue Beschreibung der festgestellten Mängel,
- Bezeichnung der Ansprüche.

Beispiel Auszug aus einer Mängelrüge:

…

Gestern erhielten wir Ihre Lieferung über 200 Herrenhemden. Wir stellten fest, dass bei 50 Hemden statt der bestellten Größe L die Größe M geliefert wurde. Außerdem sind bei etwa 80 Packungen die Folien teils angescheuert, teils aufgerissen. Etwa 30 Hemden sind leicht angeschmutzt.

Wie mit Ihnen heute telefonisch vereinbart, senden wir die falsch gelieferte Ware sowie die beschädigten Packungen zurück und bitten um Lieferung der richtigen Artikel in einwandfreiem Zustand. Teilen Sie uns bitte mit, ob Sie bereit sind, den Kaufpreis für die 30 angeschmutzten Hemden um 25 % zu senken.

Mit freundlichen Grüßen

…

2.1.5 Rechte des Käufers im Überblick

! Diese Rechte können sowohl beim zweiseitigen Handelskauf, als auch beim Verbrauchsgüterkauf geltend gemacht werden.

Wer eine mangelhafte Ware gekauft hat, dem stehen nach § 437 BGB folgende abgestufte Rechte zu:

1. Vorrangiges Recht des Käufers → Nacherfüllung (§ 439 BGB)

↓ Neulieferung → neue mangelfreie Ware

↓ Nachbesserung → Mangelbeseitigung

Es steht dem Käufer **grundsätzlich frei**, welches dieser beiden Rechte er in Anspruch nehmen will. Jedoch kann der Verkäufer Neulieferung bzw. Nachbesserung verweigern, wenn unverhältnismäßig hohe Kosten für ihn anfallen würden (§ 439 Abs. 3 BGB).

Beispiel Die Reparatur eines Gerätes in Höhe von 40,00 € kommt den Händler erheblich teurer als eine Ersatzlieferung zu 25,00 €.

Gegenüber **Verbrauchern** ist eine Einschränkung des Wahlrechts im Rahmen der Nacherfüllung unzulässig *(Verkäufer bietet in seinen AGB nur Nachbesserung an)*.

Der Käufer sollte die Nacherfüllung innerhalb einer angemessenen Nachfrist verlangen (§ 323 BGB).

Nach **zwei erfolglosen** Nachbesserungsversuchen gilt die Nacherfüllung als fehlgeschlagen (§ 440 BGB). Nun können wahlweise folgende Rechte geltend gemacht werden.

2. Nachrangige Rechte des Käufers (erst nach erfolglosem Ablauf einer dem Verkäufer gesetzten Nachfrist zur Nacherfüllung)

Rücktritt vom Vertrag § 437 Abs. 2 BGB	und/ oder	Schadenersatz statt Leistung § 440 BGB	Ersatz vergeblicher Aufwendungen § 284 BGB	Herabsetzung des Kaufpreises (Minderung) § 441 BGB

Diese Rechte können bei geringfügigen Mängeln nicht geltend gemacht werden!

Eine angemessene Nachfrist **entfällt**, wenn

- der Verkäufer die Nacherfüllung verweigert,
- zwei Nacherfüllungsversuche fehlgeschlagen sind oder
- die Nacherfüllung für den Verkäufer bzw. den Käufer unzumutbar ist.

Auch das **Ausmaß** der **Sachmängel** ist zu berücksichtigen, wenn man wegen einer fehlerhaften Lieferung Rechte geltend machen möchte. Wenn die Nutzung der Sache erheblich eingeschränkt ist oder sie ist überhaupt nicht möglich, dann handelt es sich um einen **erheblichen Mangel** *(bei einem Navigationsgerät bleibt der Bildschirm dunkel)*. Wirkt sich der Mangel jedoch auf die vorgesehene Nutzung der Ware nicht aus, dann handelt es sich um einen **geringfügigen Mangel** *(die Rückseite eines Wandregals besteht aus farblich unterschiedlichen Spanplatten)*.

2.1.6 Erläuterungen zu den gesetzlichen Gewährleistungsansprüchen

Nacherfüllung

Ein **Nacherfüllungsanspruch** besteht sowohl bei **Gattungskäufen** *(serienmäßig hergestellte Produkte wie Zucker, Bekleidung, Handy)* als auch bei **Stückkäufen** *(Einzelstücke wie Modellkleid, Originalgemälde)*. Allerdings ist es denkbar, dass eine der beiden Möglichkeiten ausscheidet. So ist bei einer gebrauchten Sache oder einem Gemälde eines berühmten Meisters eine Ersatzlieferung ausgeschlossen.

Andererseits scheidet eine Nachbesserung aus, wenn z. B. ein Fernseher durch Implodieren unbrauchbar geworden ist.

Neulieferung (Ersatzlieferung)

Eine **Neulieferung** wird der Käufer immer dann wählen, wenn er günstig eingekauft hat, in der Zwischenzeit die Preise gestiegen sind und vor allem, wenn er sich eine mögliche längere Wartezeit wegen der Reparatur seiner mangelhaften Ware ersparen will.

Beispiel Eine defekte Überwachungskamera wird vom Lieferanten gegen eine einwandfreie getauscht.

Infobox Von der Ersatzlieferung ist der Kulanzumtausch (meist als Umtausch bezeichnet) zu unterscheiden. Der Kulanzumtausch bezieht sich immer auf fehlerfreie Ware. Er kommt sowohl zwischen Lieferant und Einzelhändler als auch zwischen Einzelhändler und Kunde vor. Die Umtauschfrist kann beschränkt werden und ist häufig in den AGB des Verkäufers geregelt („Umtausch nur innerhalb einer Woche nach Lieferung").

Nachbesserung

Hierbei handelt es sich um die **Mangelbeseitigung** durch den Verkäufer bzw. Hersteller.

Beispiel Bei der neuen Scannerkasse lässt sich der Kassenschuber nicht immer öffnen. Der Servicetechniker des Herstellers tauscht das schadhafte Bauteil aus.

! Der Verkäufer kann gegenüber Geschäftsleuten (zweiseitiger Handelskauf) in seinen Vertragsbedingungen festlegen, dass er selbst bestimmt, ob er eine Nachbesserung oder Neulieferung bei mangelhafter Lieferung vornimmt.

Rücktritt vom Kaufvertrag

Dies bedeutet, der Käufer gibt den **Kaufgegenstand** und der Verkäufer den bereits erhaltenen **Kaufpreis** zurück.

Beispiel Nach zwei fehlgeschlagenen Reparaturversuchen gibt ein Einzelhändler seine Thekenwaage an den Lieferanten zurück und erhält den bereits geleisteten Kaufpreis erstattet.

Minderung (Herabsetzung des ursprünglichen Kaufpreises)

Der geschlossene **Kaufvertrag** bleibt **bestehen**, jedoch verlangt der Käufer eine dem Mangel entsprechende **Herabsetzung** des **Kaufpreises**.

Beispiel Die Textilmarkt-GmbH beschafft 500 Pullis, von denen 100 Stück kleine Webfehler aufweisen. Die Ware ist noch zu verkaufen; die Textilmarkt-GmbH verlangt aber eine Preisreduzierung von 20%.

Die **Höhe** der Preisminderung ist im Gesetz **nicht geregelt** und muss zwischen den Vertragspartnern berechnet und vereinbart werden.

Schadenersatz

Wenn der Schuldner (Hersteller/Händler) seine Pflichten verletzt oder er bei der mangelhaften Ware eine Garantie[1] übernommen hat, kann der Käufer folgende Ansprüche geltend machen, vorausgesetzt, es ist ihm ein nachweisbarer Schaden entstanden.

1. Schadenersatz neben der Leistung (= kleiner Schadenersatz), § 280 BGB.

→ Der Käufer will die Sache behalten und besteht auf Mängelbeseitigung, dazu erhält er Ersatz für ihm entstandene Kosten.

Beispiel Das Fischgeschäft Neptun erhält eine neue Eismaschine, deren Kühlung nicht funktioniert. Die Folge: Mehrere Tage konnte kein Frischfisch verkauft werden, da Eis zur Kühlung fehlte. Der Lieferant hat die Maschine dann mit zeitlicher Verzögerung noch funktionsfähig machen können. Inhaber Seybold macht Schadenersatz wegen entgangenen Gewinns geltend.

2. Schadenersatz statt der Leistung (= großer Schadenersatz), §§ 280, 282, 440 BGB.

→ Der Käufer tritt vom Vertrag zurück und verlangt Schadenersatz. Es ist somit eine Kombination von Rücktritt + Schadenersatz möglich.

Beispiel Trotz zweifacher Nachbesserungsversuche arbeitet die Eismaschine im Fischgeschäft Neptun immer noch nicht einwandfrei und es muss daher vorübergehend auf den Verkauf von Frischfisch verzichtet werden, da eine sachgerechte Lagerung unmöglich ist. Herr Seybold tritt deshalb von seinem Kaufvertrag zurück und verlangt Schadenersatz für den entgangenen Gewinn.

---

1 Eine Garantie darf nicht mit der gesetzlichen Sachmängelhaftung verwechselt werden. Durch eine freiwillige Erklärung räumt der Garantiegeber (Hersteller) dem Käufer Ansprüche und Rechte ein, die meist über die gesetzlichen Rechte hinausgehen (Beschaffenheits- und Haltbarkeitsgarantie).

Ersatz vergeblicher Aufwendungen

Anstelle seines Rechts auf **Schadenersatz statt der Leistung** kann der Käufer auch den **Ersatz der Aufwendungen** verlangen, die er im Vertrauen auf die Erfüllung des Vertrages gemacht hat.

Beispiel Zur Montage einer Recyclinganlage von Kartonagen im Zentrallager der Wohnwelt GmbH musste ein Fundament gegossen werden. Die Anlage war von Anfang an funktionsunfähig und nach mehreren erfolglosen Reparaturversuchen trat die Wohnwelt GmbH vom Kauf zurück. Der Hersteller muss die Kosten für das Fundament übernehmen.

Aktion

1. Das Uhren- und Schmuckgeschäft Bessler erhält vom Uhrenhersteller Titanium eine Lieferung mit Damen- und Herrenarmbanduhren. Bereits vor dem Öffnen der Sendung stellt ein Mitarbeiter von Bessler fest, dass die Verpackung beschädigt ist. Eine nähere Prüfung führt zu folgendem Ergebnis:

Bessler
Uhren- und Schmuck
Neuburg

WARENEINGANGSPRÜFUNG

Absender Lieferung: Uhrenfabrik Titanium
Eingetroffen am: 12.02...

Festgestellte Mängel: Von 5 bestellten Uhren des Modells Magic-Watch wurden nur 4 geliefert.
Das Gehäuse des Chronometers MAGNUM ist beschädigt.
3 Damenarmbanduhren sind funktionsuntüchtig.
Bei den Herrenarmbanduhren wurde anstelle des Typs „Special Edition" nur die „Classic"-Version geliefert.

Geprüft: 12.02... (Datum) H. Maier (Name)

a) Welche Mängel werden in diesem Prüfungsprotokoll festgehalten?

b) Wie lange hat man bei Bessler Zeit um diese Mängel zu rügen?

c) Ein Jahr später kommt ein verärgerter Kunde in das Uhren- und Schmuckfachgeschäft und reklamiert eine hochwertige Herrenarmbanduhr, die laut Herstellerangaben für Tauchgänge bis 10 Meter Wassertiefe bedenkenlos verwendet werden kann. Leider stellte sich bereits beim ersten Schwimmbadbesuch heraus, dass die Uhr nicht wasserdicht ist. Nachforschungen ergaben, dass die Uhr ebenfalls aus der Lieferung vom 12. Februar 20.. stammte.
Stehen dem Kunden noch Ansprüche aus mangelhafter Lieferung zu?

d) Wie wäre der Sachverhalt unter c) zu beurteilen, wenn ein gut erkennbarer Sprung im Deckel der Uhr die Ursache für ihre mangelnde Dichtigkeit war?

e) Formulieren Sie eine Mängelrüge an den Uhrenhersteller Titanium. Stellen Sie in Ihrem Brief klar, welche Rechte Sie für die einzelnen im Wareneingangsprotokoll festgestellten Mängel geltend machen wollen.

2. Der Wasserbettenhersteller Traumland lieferte an die Wohnwelt GmbH 25 Wasserbetten. Beim Aufbau zur Präsentation in der Möbelausstellung stellte sich heraus, dass das Heizsystem des Bettes nicht funktionierte. Eine Überprüfung der anderen Betten ergab, dass dies bei weiteren fünf Betten der Fall war.
   a) Um welche Mangelart handelt es sich?
   b) Welche Rechte kann die Wohnwelt GmbH geltend machen?

3. Begründen Sie rechtlich und wirtschaftlich, welche Gewährleistungsansprüche Sie in den folgenden Fällen geltend machen würden:
   a) Ein Fachmarkt für Autozubehör erhält von einem Reifenimporteur fabrikneue Reifen, die in Wirklichkeit runderneuert sind. Nach einiger Zeit löst sich bei einem Käufer dieser Reifen eine Reifendecke, und es kommt zu einem Unfall mit erheblichem Sachschaden.
   b) Ein Stoffgeschäft bezieht auf Wunsch einer Kundin fünf Meter Anzugstoff bei ihrem Stamm-Großhändler. Bei der Lieferung wird festgestellt, dass der Stoff so grobe Webfehler hat, dass er nicht weiterverarbeitet werden kann. Ein anderer Großhändler könnte schnell und etwas preisgünstiger liefern.
   c) Das Furnier eines gelieferten Esstisches ist an zwei Stellen der Tischplatte stark beschädigt. Der Möbellieferant kann keinen gleichartigen Tisch liefern.
   d) Von fünf gelieferten Schlafzimmerschränken haben zwei leichte Kratzer im Furnier der Seitenwände.

4. Ein Gemüsehändler kauft für Fahrten zum Großmarkt einen gebrauchten Kleinlaster. Beim Kauf wird ihm versichert, dass noch keine größeren Reparaturen vorgenommen werden mussten. Nach zwei Jahren bricht die Vorderachse. Es stellt sich heraus, dass die Achse wahrscheinlich nach einem Unfall unfachmännisch geschweißt wurde.

5. Sie erhalten die folgende Telefonnotiz Ihrer Kollegin der Wohnwelt GmbH:

Gesprächsnotiz — Wohnwelt GmbH

Telefonat vom:	*12.11.20..*
Gesprächspartner:	*Elgro GmbH: Herr Lutz*
Gesprächsinhalt:	*Die gelieferten 15 Kühlschränke für die nachträgliche Montage in die Aktions-Einbauküchen aus dem Auftrag/Liefrschein Nr. 24005 vom 26.09.20.. haben an den Türen starke Kratzer und die Lackierung bättert ab.*

Bereiten Sie sich auf einen Anruf mit Hern Lutz von der Elgro GmbH vor. Erstellen Sie hierzu stichwortartige Notizen, die Ihnen bei dem Telefonat als Orientierung dienen können. Ziel des Gespräches soll sein, dass Sie eine angemessene Lösung des Problems erreichen.

2.2 Lieferungsverzug (Nicht-Rechtzeitig-Lieferung)

Ski und Rodel gut, aber leider fehlt das neue Snowboard!
Welche Rechte stehen einem Kunden zu, wenn Ware nicht fristgerecht geliefert wird?

Situation

Das Sportfachgeschäft Action & Fun GmbH wirbt in der Wochenendausgabe der Lokalzeitung für ein preisgünstiges Snowboard, das wegen der regen Nachfrage bereits nach wenigen Tagen ausverkauft ist. Das Sporthaus bestellt daraufhin am 6. November zwanzig weitere Snowboards beim Hersteller, der zusagt, die gewünschten Artikel bis Ende November zu liefern. Ein entsprechendes Bestätigungsschreiben geht der Action & Fun GmbH am 10. November zu.

Arbeitsaufträge

1. *Können Kunden unter Hinweis auf das Zeitungsinserat die Lieferung des Snowboards zum angegebenen Preis verlangen – auch wenn bereits alle vorrätigen Artikel verkauft sind? (Lösungshinweis: Informieren Sie sich in den Kapiteln: Zustandekommen des Kaufvertrags, Anfrage, Angebot)*
2. *Beurteilen Sie die Rechtslage, wenn am 4. Dezember die Snowboards immer noch nicht vom Hersteller an das Sportfachgeschäft ausgeliefert wurden (§§ 276, 286 BGB).*
3. *Nachdem die Snowboards am 8. Dezember immer noch nicht eingetroffen sind, schlägt ein junger Sachbearbeiter des Sporthauses vor, vom Vertrag zurückzutreten. Prüfen Sie, ob die Action & Fun GmbH von diesem Recht zum jetzigen Zeitpunkt Gebrauch machen kann. Schlagen Sie alternative Lösungen vor (§§ 286, 323 BGB).*
   Nutzen Sie die Gesetzeshinweise als Lösungshilfe.

Information

Im Kaufvertrag hat sich der Lieferer verpflichtet, die bestellte Ware rechtzeitig, d.h. termingerecht, zu liefern. Liefert er schuldhaft nicht oder nicht rechtzeitig, befindet sich der Verkäufer im Lieferungsverzug. Dies gilt aber nur unter der Voraussetzung, dass die Leistung (Warenlieferung) noch möglich ist.

2.2.1 Häufige Ursachen für den Lieferungsverzug

Problem:

Der Verkäufer erbringt seine Leistungen zu spät.

Ursachen:

- Fehler in der Auftragsbearbeitung
- Produktionsschwierigkeiten infolge von Streiks und Lieferengpässen bei Rohstoffen und Bauteilen
- Verzögerungen beim Transport
- falsche Einschätzung der Produktions- bzw. Liefermöglichkeiten (zu hoher Auftragsbestand)

2.2.2 Voraussetzungen des Lieferungsverzugs

Der **Lieferer** kommt unter **zwei Voraussetzungen** in Verzug.

Nichtlieferung trotz Fälligkeit

Lieferzeit ist nicht bestimmt

Wenn im Kaufvertrag keine bestimmte Lieferzeit vereinbart ist, kann der Käufer auf einer sofortigen Lieferung bestehen (§ 271 BGB). Dabei sind die in der jeweiligen Branche geltenden Bedingungen zu beachten (Lagerware, Beschaffung im Ausland). Damit der **Verkäufer** in **Verzug** gesetzt wird, muss er vom **Käufer** nach Eintreten der Fälligkeit **gemahnt** werden (Aufforderung zur Lieferung). Diese **Mahnung** ist an keine bestimmte Form gebunden, muss aber inhaltlich eindeutig den Verkäufer zur Lieferung auffordern.

Lieferzeit ist kalendermäßig bestimmt oder bestimmbar

Ist die **Lieferzeit** unmittelbar **bestimmt** *(Lieferung bis spätestens 28.11.20.., Lieferung in KW 24)* oder mittelbar kalendermäßig **bestimmbar** *(Lieferung drei Wochen nach Bestellung)*, so kommt der Verkäufer auch **ohne** Mahnung in Verzug.

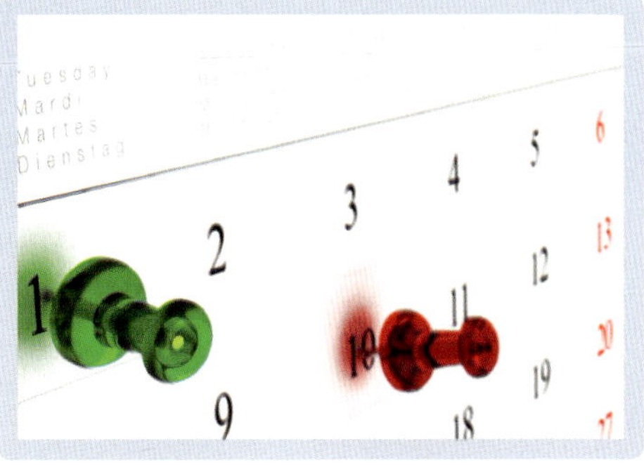

Verantwortlichkeit des Schuldners

Der Lieferant kommt nur in Verzug, wenn er vorsätzlich oder fahrlässig (§ 276 BGB) die Verzögerung der Leistung zu vertreten hat (§ 285 BGB). Kein Verschulden liegt nach herrschender Rechtsprechung z. B. bei Erkrankung des Schuldners oder höherer Gewalt *(Naturkatastrophe)* vor. Der **Warenschuldner** kommt **ohne Verschulden** in **Verzug**, wenn es sich bei dem Kaufgegenstand um eine **Gattungsware** handelt.

2.2.3 Rechte des Käufers bei Lieferungsverzug

Ohne Einräumung einer Nachfrist durch den Kunden

Rechte des Käufers	Anwendungsfälle	Beispiele
• **Lieferung der Ware verlangen (§ 433 BGB)**	Der Kaufgegenstand wird dringend benötigt und kann von keinem anderen Lieferanten bezogen werden.	Die Markenkleidung eines bestimmten Herstellers lässt sich besonders gut verkaufen. Es ist in diesem Fall nicht sinnvoll, auf vergleichbare Produkte eines anderen Herstellers auszuweichen.
• **Lieferung der Ware verlangen und Verzugsschaden in Rechnung stellen (§§ 280, 286 BGB)**	Durch die verspätete Lieferung ist ein Verzögerungsschaden entstanden, den der Kunde dem Verkäufer in Rechnung stellt. Typische Verzugsschäden sind Anwalts- und Prozesskosten und der Ersatz eines entgangenen Gewinns (§ 252 BGB).	Um den unpünktlichen Hersteller mit Nachdruck auf dessen Lieferverpflichtung hinzuweisen, beauftragt das Spielwarengeschäft Kinderwelt einen Rechtsanwalt. Die hierfür anfallenden Kosten sowie den entgangenen Gewinn infolge des Umsatzausfalls der nicht rechtzeitig gelieferten Spielwaren stellt sie dem Hersteller in Rechnung.

Nach Ablauf einer angemessenen Nachfrist

Befindet sich der Verkäufer in Verzug, so kann ihm vom Kunden eine letzte Frist zur Erfüllung seiner Lieferverpflichtung gesetzt werden. Als **angemessen** gilt eine **Nachfrist**, wenn der Lieferant der Ware in diesem Zeitraum noch die Möglichkeit hat die Ware zu liefern, ohne diese erst bei seinem Lieferanten zu beschaffen oder anfertigen zu lassen. Die Länge der Nachfrist ist branchenabhängig. Nach Ablauf der Nachfrist stehen dem Käufer folgende Rechte zu:

Rechte des Käufers	Anwendungsfälle	Beispiele
• **Rücktritt vom Vertrag (§ 323 BGB)** **und/oder**	Die bestellte Ware kann bei einem anderen Lieferanten preisgünstiger beschafft werden oder es ist zwischenzeitlich ein qualitativ besseres Produkt auf den Markt gekommen.	Die Reinbach GmbH teilt dem in Verzug befindlichen PC-Großhändler mit, dass sie vom Vertrag zurücktritt und die Lieferung ablehnt, weil sie technisch gleichwertige Geräte bei einem anderen Lieferanten günstiger einkaufen kann.

Rechte des Käufers	Anwendungsfälle	Beispiele
• **Schadenersatz statt der Leistung (§ 281 BGB)**	Um seinen eigenen Lieferverpflichtungen nachzukommen und eventuellen Regressansprüchen seiner Kunden bzw. einer möglichen Rufschädigung zuvorzukommen, nimmt der Käufer einen Deckungskauf vor, d. h., er erwirbt die nicht gelieferten Waren bei einem anderen Hersteller und stellt dem bisherigen Verkäufer eine anfallende Preisdifferenz in Rechnung.	Falls das Ziegelwerk die bestellten 1.000 Ziegelsteine auch nach Ablauf der Nachfrist nicht zum vereinbarten Preis von 3,00 €/St. liefert, erwirbt die All-Bau GmbH diese Baustoffe bei einem anderen Hersteller für beispielsweise 4,00 €/St. und verlangt vom ursprünglichen Lieferanten den Preisunterschied von 1.000,00 € zuzüglich sonstiger Kosten.

Sonderfälle

Fixkauf

Beim Fixkauf hat die Einhaltung des Liefertermins einen besonders großen Stellenwert. Dies wird durch den Zusatz „fix" oder „fest" neben dem Liefertermin dokumentiert.

Beispiel Lieferung bis spätestens 20. Oktober 20.. fix

Erfolgt die Lieferung bei einem Fixkauf zwischen zwei Kaufleuten (handelsrechtlicher Fixkauf § 376 HGB) nicht rechtzeitig, kann der Käufer wahlweise folgende Rechte geltend machen:

- Erfüllung des Kaufvertrags;
- Rücktritt vom Vertrag ohne Nachfrist und ohne Rücksicht auf Verschulden;
- Schadenersatz wegen Nichterfüllung, sofern die Nichteinhaltung des Termins verschuldet ist.

Zweckkauf (§§ 286 Abs. 2, 326 Abs. 2 BGB)

Eine Nachfrist ist ebenfalls entbehrlich, wenn die verspätete Lieferung für den Käufer uninteressant geworden ist.

Beispiel Eine nicht fristgerechte Lieferung von Blumen nach dem Mutter- bzw. Valentinstag macht für das Blumenfachgeschäft keinen Sinn mehr.

2.2.4 Bestimmung des Verzugsschadens

Während der durch einen **Deckungskauf** entstehende Schaden relativ leicht anhand der Kaufbelege berechnet werden kann, treten bei der Ermittlung des **entgangenen Gewinns** erhebliche Probleme auf, weil der Schadensumfang auf angenommenen Größen (geschätzter Umsatz- und Gewinnrückgang) beruht, die der geschädigte Gläubiger beweisen muss. Um den Liefertermin sicherzustellen und eventuelle Probleme bei der Schadensermittlung zu vermeiden, wird in der Praxis häufig bei Vertragsabschluss eine **Konventionalstrafe** für den Fall vereinbart, dass die Leistung nicht rechtzeitig erbracht wird.

Diese Strafe ist auch dann zu zahlen, wenn kein Schaden entstanden ist.

Beispiel Falls das neue Einkaufszentrum nicht zum geplanten Termin fertig gestellt wird, muss der Generalunternehmer für jeden Tag, der über dem vereinbarten Termin liegt, 10.000 € bezahlen.

2.2.5 Muster für Kerntext wegen Lieferungsverzugs

Lieferungsverzug 17.04.20...

... Meine Bestellung vom 13.01.20.. über 200 Bikinis mit Liefertermin 15.04... haben Sie zwar bestätigt, aber bis heute die Ware nicht ausgeliefert. Sie befinden sich damit im Lieferungsverzug. Da ich die Ware wegen des Frühsommergeschäfts dringend benötige, setzte ich Ihnen eine Nachfrist von 14 Tagen. Sollte bis dahin keine Lieferung erfolgt sein, werde ich einen Deckungskauf vornehmen müssen. Für diesen Fall behalte ich mir das Recht vor, Schadenersatz wegen Nichterfüllung geltend zu machen ...

Aktion

1. Prüfen und begründen Sie, ob sich der Verkäufer in folgenden Fällen im Lieferungsverzug befindet:
   a) Die Profunda GmbH, ein bekannter Küchenhersteller, liefert eine nach Maß angefertigte Einbauküche am 10. Juni bei der Wohnwelt GmbH ab, obwohl im Kaufvertrag als Liefertermin „noch im Laufe des Mai" vereinbart wurde. Nachforschungen ergaben, dass Unstimmigkeiten in der Fertigungsplanung die Ursache für die verspätete Lieferung waren.
   b) Der Discounter Omnia erhält eine am 12. Januar bestellte Sendung mit Wurstkonserven am 8. Februar. Ein konkreter Liefertermin wurde nicht vereinbart. In der Vergangenheit war allerdings eine Lieferzeit von einer Woche üblich, die bei diesem Auftrag wegen Problemen in der Urlaubsplanung der Mitarbeiter der Fleisch- und Wurstfabrik überschritten wurde.
   c) Wegen anhaltender Regenfälle dringt das ansteigende Hochwasser in die Lagerhallen der Papierwerke Tiefenbronn ein, die deshalb einen Auftrag über 80 Pakete Druckerpapier erst mit einer Verspätung von einem Monat ausführen können.

2. Der italienische Hersteller von Herrenbekleidung Toskanino gilt in der Branche als unzuverlässiger Geschäftspartner. Viele Abnehmer akzeptieren die ständigen Überschreitungen der vereinbarten Liefertermine nur wegen der hervorragenden Qualität der Produkte des Herrenausstatters. Wieder einmal werden für das Herrenfachgeschäft Mann-o-Mann 20 Anzüge „von der Stange" zum Preis von jeweils 300 € und 3 Maßanzüge für jeweils 1.200 € nicht pünktlich geliefert. Auf Nachfrage erklärt die Fa. Toskanino, dass ein überraschender Mitarbeiterwechsel sowie die gute Auftragslage die Verzögerung verursacht haben.
   Der vereinbarte Liefertermin wurde bereits um 2 Wochen überzogen. Nach der bisherigen Umsatzstatistik hätte man bei Mann-o-Mann in diesem Zeitraum bereits die Konfektionsanzüge mit einem Gewinn von 20 % des Einkaufspreises veräußern können. Die Stammkunden, die sich die Maßanzüge anfertigen ließen, sind ebenfalls schon verärgert. Sie bestehen allerdings auf ihrem Toskanino-Anzug und wollen unter keinen Umständen auf ein anderes Fabrikat ausweichen.
   a) Von welchen Rechten soll Mann-o-Mann im vorliegenden Fall Gebrauch machen?
   b) Wie hoch ist der Verzugsschaden?
   c) Formulieren Sie einen Brief, in dem Sie dem Hersteller Toskanino eine Nachfrist von 2 Wochen setzen und weitere rechtliche Schritte in Aussicht stellen. Angaben: Bestellung vom 15. Juni 20..; Auftragsbestätigung vom 20. Juni 20...
   d) Wie verhalten Sie sich, wenn nach Ablauf der Nachfrist die Konfektionsanzüge immer noch nicht eingetroffen sind und Artikel mit vergleichbarer Qualität bei einem süddeutschen Hersteller für 400 € je Anzug angeboten werden?

3 Lagerhaltung

3.1 Aufgaben der Lagerhaltung

Ware lagern – warum, wo und wie?

Situation

Mittwoch, 12:30 Uhr in der Kantine des Multi-Visions-Marktes. Nach dem Essen entwickelt sich bei Cola und Kaffee eine erregte Diskussion zwischen Melanie Klein aus dem Einkauf für Computerzubehör, den Verkäufern Andreas und Martin sowie Herrn Flaig dem Logistikleiter.

Andreas: „Warum klappt zurzeit fast nichts beim Warennachschub! Seit wir nur noch ein kleines Handlager haben, gibt's nur Probleme!"

Herr Flaig: „Sie wissen doch Andreas, wir haben jetzt das neue Zentrallager in Köln. Halten Sie sich an den vorgeschriebenen Weg für die Warenbestellungen."

Martin: „Aber das funktioniert doch auch nicht so recht, bei den häufigen Ausfällen der EDV haben wir das reinste Chaos! Erklären Sie mal Kunden, dass der Computer schuld sein soll, wenn es Probleme gibt!"

Frau Klein: „Also ich finde das neue System gut, ich kann jetzt endlich sofort auf dem PC nachsehen, was bestellt werden muss."

Andreas: „Wenn wir schon beim Bestellen sind, Melanie, in letzter Zeit beklagen sich immer mehr Kunden, dass Ware ausgegangen ist. Gerade bei Druckerpatronen haben wir enorme Probleme."

Frau Klein: „Ich weiß, aber wir bestellen nur einmal die Woche und da kann es schon mal passieren, dass es einige Tage Präsenzlücken gibt. Außerdem arbeiten die im Zentrallager in Köln recht langsam."

Martin: „Als Verkäufer wünsche ich mir ohnehin große Lagerbestände, denn dann kann ich Kundenwünsche erfüllen und mache gute Umsätze."

Herr Flaig: „Mein lieber Freund, weißt Du eigentlich, was eine solche Lagerhaltung für Kosten verursachen würde?"

Martin: „Wieso Kosten? Das Lager ist doch da, egal ob es halb oder ganz gefüllt ist?"

Frau Klein: „Na Martin, in der Schule hast Du wohl beim Kapitel Lagerhaltung gefehlt oder? Oh je, meine Pause ist vorbei, Tschüss!"

Arbeitsaufträge

1. *Welche Lagerarten gibt es beim Multi-Visions Elektronik-Fachmarkt?*
2. *Nennen Sie die Aufgaben der Lagerhaltung und ordnen Sie diese nach dem Grad der Wichtigkeit. Begründen Sie Ihre Entscheidung.*
3. *Worin besteht Martins Fehler bei seinen Überlegungen hinsichtlich der zu lagernden Warenmenge?*
4. *Warum werden die Druckerpatronen nicht direkt beim Hersteller bestellt?*

Information

(Quelle: QVC, Düsseldorf)

Abb. Hochregallager

Das **Lager** ist der **Ort**, an dem **Waren vor** dem Verkauf **aufbewahrt** werden. Eine Lagerhaltung ist notwendig, da kein Händler verlässlich voraussagen kann, welche Ware, zu welchem Zeitpunkt und in welcher Menge von seinen Kunden nachgefragt wird. Die Lagergröße reicht vom Nebenraum in einem kleinen Schreibwarenfachgeschäft bis zum riesigen Zentrallager eines Möbelhaus- oder Lebensmittelfilialisten.

Lagerhaltung sichert die Verkaufsbereitschaft

Im Idealfall sollten alle Kundenwünsche sofort erfüllt werden können. Eine hohe **Verkaufsbereitschaft** vermeidet Schwierigkeiten, die sich bei langer Lieferzeit, Produktionsproblemen und Transportschwierigkeiten durch die Lieferanten ergeben könnten. Auch Nachfrageschwankungen, die saisonbedingt oder aufgrund modischer Einflüsse entstehen, werden durch eine hohe Verkaufsbereitschaft ausgeglichen. Eine hohe Verkaufsbereitschaft bedeutet aber auch eine **hohe Kapitalbindung**, d. h., im Warenlager ist viel Geld gebunden. Aus Kostengründen sollte daher ein Ausgleich zwischen hoher Kapitalbindung einerseits und hoher Verkaufsbereitschaft andererseits geschaffen werden.

Beispiel Ein Warenhauskonzern lagert seine Aktionsware für das Weihnachtsgeschäft bereits ab August. Da die Waren aus Fernost importiert werden, erfolgte die Bestellung so rechtzeitig, dass es auch bei Liefer- und Transportschwierigkeiten nicht zu Engpässen kommen kann.

Lagerhaltung führt zu Preisvorteilen bei der Beschaffung

Einkauf großer Mengen → Es können erhebliche Preisnachlässe gewährt werden. Einsparung von Transport- und Verpackungskosten.

Beispiel Ein Großhändler gewährt seinen Kunden ab einem Warenwert von 5.000 € fünf Prozent Rabatt und übernimmt voll die Transport- und Verpackungskosten.

Zeitlich früh einkaufen → Vermeidung möglicher Preiserhöhungen.

Beispiel Ein Baustoffhändler erwartet in den nächsten sechs Monaten erhebliche Preiserhöhungen bei Zement. Er deckt seinen gesamten Jahresbedarf durch einen Großauftrag.

Günstigen Zeitpunkt wählen → Bei geringer Nachfrage und wenn der Lieferant sein Lager räumen möchte.

Beispiel Zum Ende der Saison hat ein Schuhhersteller noch Restposten. Er bietet sie besonders günstig an.

Lagerfunktion für den Lieferanten übernehmen → Saisonware zu frühem Zeitpunkt übernehmen, der Lieferant spart Lagerkosten.

Beispiel Ein Hersteller für Oberbekleidung gewährt ein verlängertes Zahlungsziel, wenn die Winterkollektion bereits ab August geliefert werden kann.

Lagerhaltung ermöglicht Verkauf unabhängig vom Zeitpunkt der Herstellung

Nur ausnahmsweise fallen der Herstellungszeitpunkt einer Ware und ihre Verwendung bzw. ihr Gebrauch zeitlich zusammen. Fast immer liegt ein Zeitraum dazwischen. In vielen Branchen wird nicht jeder Artikel das ganze Jahr über produziert, sondern es erfolgen eine oder mehrere Großserienfertigungen. Bei anderen Waren ist die Produktion von der Vegetationsperiode bestimmt *(Tiefkühlkost)*. Da die Kunden aber über das ganze Jahr einkaufen möchten, ist eine Lagerhaltung für solche Artikel unbedingt notwendig.

Beispiel Eine Porzellanfabrik fertigt bestimmte Speiseservice nur zweimal im Jahr.

Lagerhaltung kann die Qualität und den Verkaufswert der Waren erhöhen

Durch eine bestimmte Behandlung der Ware können Qualität und Verkaufswert erhöht werden. Den weitaus größten Teil seiner Waren bezieht der Einzelhandel jedoch verkaufsfertig.

Beispiel Durch Lagerung erhöht sich die Qualität fabrikneuer Autoreifen. Zusammenstellung von Bonbon- oder Pralinenmischungen in einem Süßwarengeschäft. Lagerung von Obst und Gemüse, das erst nach einer gewissen Zeit die volle Qualität und den besten Geschmack erreicht.

Aktion

1. Bei welchen Artikeln Ihres Ausbildungssortiments ist eine hohe Verkaufsbereitschaft notwendig, bei welchen empfiehlt es sich nicht?
2. Unter welchen Umständen sollte ein Einzelhändler auf Preisvorteile beim Wareneinkauf durch Lagerhaltung verzichten?
3. Nennen Sie Waren, die während der Lagerzeit ihre Qualität verbessern.

3.2 Warenlagerung außerhalb des Verkaufsraumes

Kein Platz im Lager! Wohin mit der Aktionsware?

Situation

Haushaltwaren Offermann hat zum hundertjährigen Bestehen des Unternehmens größere Posten Gläser und Teller eingekauft. Sechs Wochen vor Beginn des großen Jubiläumsverkaufs wird die Ware geliefert. Bei der Einlagerung zeigt sich schnell, dass alle vom Lagerplan dafür vorgesehenen Plätze belegt sind. Die Auszubildende Sabine schlägt ihrem Chef vor, die Waren einfach dort zu lagern, wo es freie Lagerplätze gibt.

Arbeitsaufträge

1. *Ist Sabines Vorschlag sinnvoll?*
2. *Herrn Müller, Berater beim Einkaufsverband „Haus und Heim" schlägt Sabine bei dessen Besuch im Geschäft vor, dass Ware doch erst kurz vor dem benötigten Zeitpunkt geliefert werden sollte.*
   - *Welche Vorteile verspricht sich Sabine davon?*
   - *Ist eine solche Warenbelieferung im Einzelhandel überhaupt möglich?*

Information

3.2.1 Reservelager

Bis auf ganz wenige Ausnahmen *(kleiner Kiosk)* kommt der stationäre Handel nicht ganz ohne zusätzliche Lagerflächen aus.

Meist dient ein **Nebenraum** als so genanntes **„Reservelager"** (Handlager). Es wird hauptsächlich zur Ergänzung der Bestände im Verkaufsraum benutzt, dient aber auch zu verkaufsvorbereitenden Aufgaben (Auspacken, Auszeichnen, Umpacken).

(Foto: Guido Adolphs)

Abb. Reservelager im Supermarkt

Aufgaben und Funktion des Reservelagers

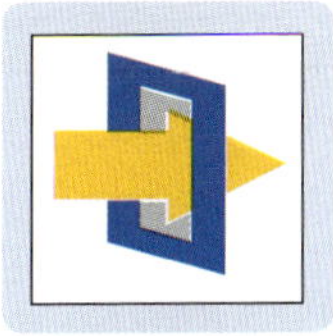

„Schleusenfunktion“ beim Wareneingang.

Beispiel Kontrolle bei der Anlieferung, Preisauszeichnung, Aufnahme der Artikeldaten in das Warenwirtschaftssystem, Vorbereitung für den Verkauf *(Umpacken, Mischen)*.

Vorratshaltung von Standardartikeln, die über längere Zeiträume angeboten werden können, nicht leicht verderben oder keiner Mode unterworfen sind.

Beispiel Konserven, Getränke, Unterwäsche, Hausschuhe

Aufbewahrung von Waren, die vor Verkaufsbeginn geliefert wurden oder saisonbedingt nicht nachgefragt werden.

Beispiel Modische Saisonware oder Wintersportartikel, die schon im Sommer geliefert wurden; Weihnachtsschmuck.

Aufbewahrung von Aktionswaren bis zum Verkaufsbeginn.

Beispiel Waren für bestimmte Verkaufsaktionen *(Italienische Woche, Weihnachtsmarkt, Jubiläumsverkauf)*.

3.2.2 Zentrallager und Warenverteilzentren

Neben den Versandhäusern verfügen auch die Großbetriebsformen des Ladenhandels *(Warenhauskonzerne, Filialunternehmen)* über große Lagerflächen, von denen sie aus ihre Verkaufstellen mit Waren versorgen. Da Lagerhaltung Kapitalbindung bedeutet, versucht der Handel durch **Just-in-time-Konzepte** (Bereitstellung der Ware in der richtigen Menge und zum richtigen Zeitpunkt) Lagerkosten zu minimieren und auf die Hersteller abzuwälzen. Durch **Cross-Docking** und **Efficient Consumer Response** (ECR) versuchen Großunternehmen, besonders aus der Lebensmittel-, Drogerie- und Kosmetikbranche, dies zu erreichen.

(Quelle: dm, Karlsruhe)

Abb. Verteilzentrum einer Drogeriemarkt-Kette

Just-in-time-Belieferung

Um Lagerkosten einzusparen, wird auch im Handel versucht, dieses in der Industrie weit verbreitete Logistik-Konzept anzuwenden. Ziel ist es, einen Teil der Lagerkosten auf die Hersteller abzuwälzen und damit, aufgrund der geringeren Kapitalbindung, die dadurch freigesetzten Mittel produktiv zu nutzen.

Erst in Ansätzen verwirklicht: Just-in-time-Belieferung im Einzelhandel

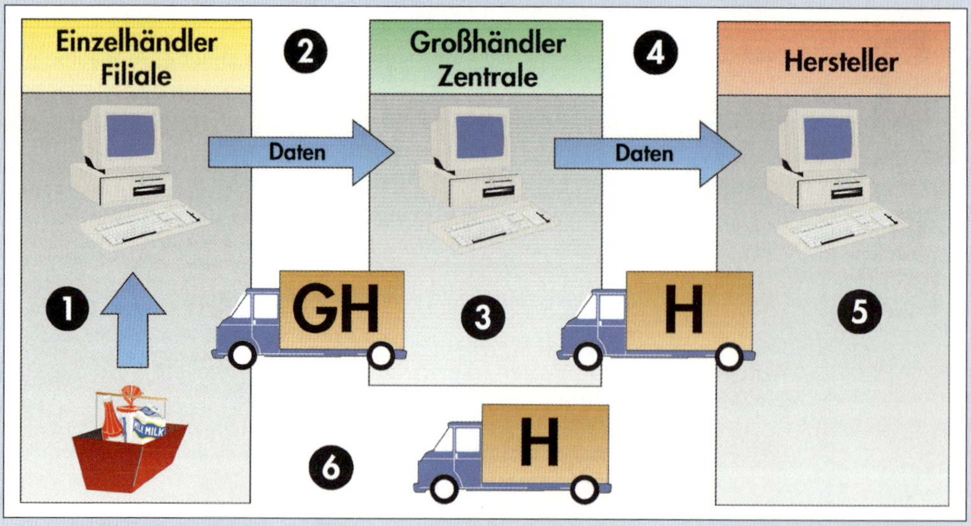

(1) Am P.O.S (Point of sale) werden die Verkaufsdaten mit dem Warenwirtschaftssystem erfasst. Das System erstellt Bestellvorschläge und übermittelt diese Daten **(2)** an den Großhändler bzw. das Zentrallager des Filialunternehmens. Vorhandene Ware wird kommissioniert und **(3)** unverzüglich an den Händler/Filiale ausgeliefert. Artikel, die nicht sofort lieferbar sind, werden **(4)** mit Datenfernübertragung beim Hersteller disponiert. Dieser liefert entweder über den Großhandel/Zentrale **(5)** an den Einzelhändler/Filiale oder **(6)** direkt über Strecke.

Cross-Docking

Unter Cross-Docking versteht man die **Durchschleusung** von Waren durch zentrale oder dezentrale Verteilzentren eines Händlers. Die Hersteller liefern Waren an den Eingangsrampen der **Verteilzentren** an, dort erfolgt eine filialbezogene Kommissionierung (Zusammenstellen der Filialbestellungen), anschließend wird neu verladen und an die **Filialen** weitertransportiert. Puffer- und Sicherheitsbestände können weitgehend entfallen.

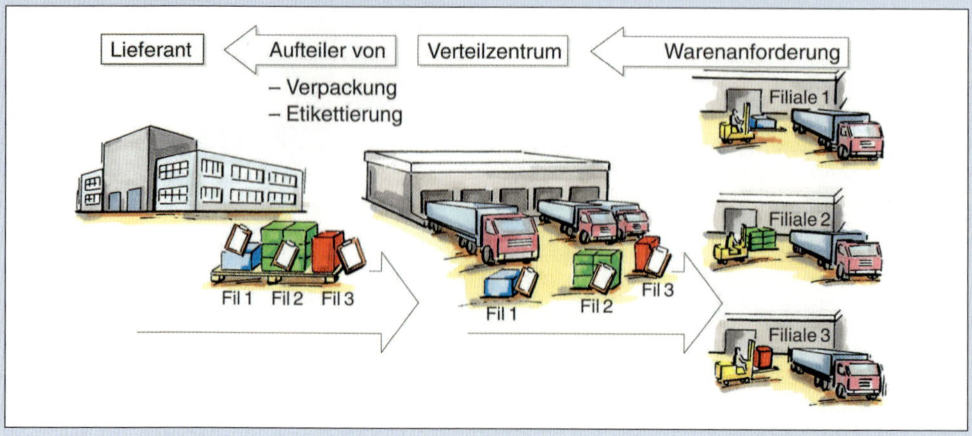

(Quelle: SAP AG, Warenwirtschaftssystem R/3)

Abb. Cross-Docking bei Filialunternehmen

Teilweise wird die Ware vom Hersteller bereits filialweise zusammengestellt, sodass im Verteilzentrum ein Aus- und Umpacken der Ware aus Versandpackungen entfällt.

Neben der **Einsparung** von **Lagerhaltungskosten** bietet dieses Anlieferungssystem weitere **Vorteile**:

- Filialen werden weniger angefahren → Einsparung von Transportkosten, Umweltschutz.
- Filialen werden nach Bedarf angefahren → Bessere Abstimmung mit den Abverkäufen.
- Personal der Filialen wird entlastet → Verkaufsvorbereitende Maßnahmen werden im Warenverteilzentrum zentral erledigt.
- Lieferanten sparen Kosten → Durch den Wegfall der Filialbelieferung entfallen Transportkosten.

3.2.3 Efficient Consumer Response (ECR) – Kundennutzen steigern und Kosten senken

Diese aus dem Lebensmittelbereich der USA stammende Strategie heißt ins Deutsche übersetzt **„Effiziente Reaktion auf die Kundennachfrage"**. Hauptzielsetzung ist eine enge Zusammenarbeit von Lieferanten, Verteilern (Handel) und den Verbrauchern von Waren.

Es soll sichergestellt werden, dass das, was der Kunde braucht und wünscht, zum richtigen Zeitpunkt, in ausreichenden Mengen und zum besten Preis im Markt zu bekommen ist. Dadurch will man einen erhöhten Kundennutzen schaffen, der die Kundenbindung an das Unternehmen festigt.

Im Rahmen einer ECR-Strategie gilt es, den Warenfluss einerseits und den dazu gehörenden Informationsfluss andererseits effizient zu organisieren. Dies geschieht durch das sogenannte **Supply-Chain-Management** (Supply-Chain = Lieferkette). Als ein wesentliches Ziel wird dabei eine Reduzierung der Kosten angestrebt, die durch Transport und vor allem durch die Lagerhaltung verursacht werden. Man will dies durch einen möglichst kontinuierlichen Warenfluss zwischen Lieferern, Einzelhandel und Endverbrauchern erreichen. Voraussetzung für den Erfolg dieser Strategie ist ein schneller, aktueller und genauer Informationsfluss zwischen den Partnern. Dazu eignet sich besonders der elektronische Geschäftsverkehr.

Beispiel **Nachfragegesteuerter Warennachschub**

Im Lebensmittelfilialhandel werden benötigte Nachschubmengen auf der Grundlage täglicher Abverkaufszahlen bestimmt *(Scanning am POS)* und so zeitnah wie möglich den Auftraggebern (Filialen) zugestellt. Ein weiteres Ziel ist die Vermeidung von leeren Lagern beim Handel. So wird z.B. im Textileinzelhandel großer Wert darauf gelegt, dass Standardartikel *(Unterwäsche, Socken, T-Shirts)* stets verfügbar sein müssen (NOS-Ware → „Never out of stock" = „darf nicht ausgehen").

3.2.4 Lagerorganisation in Reserve- und Zentrallagern

Bei Waren, die nicht im Verkaufsraum direkt, sondern zuerst in separaten Lagerräumen gelagert werden, sind zwei unterschiedliche Einlagerungssysteme möglich:

Systematische Lagerplatzordnung (Festplatzsystem)

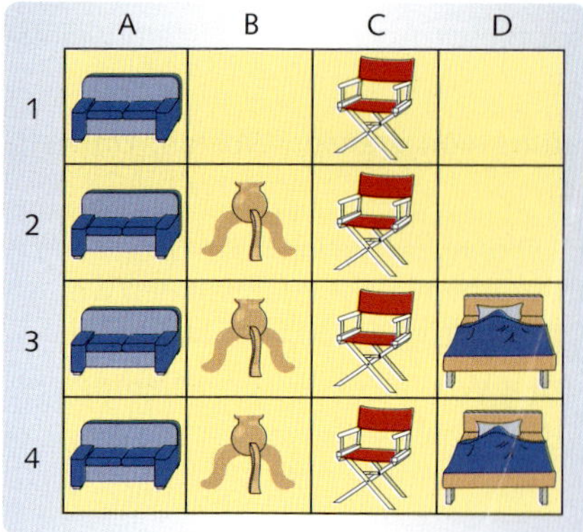

Alle gelagerten Waren werden nach einem festen Lagerplatznummernsystem platziert, d. h., ein bestimmter Artikel liegt immer am selben Lagerort. Bei dieser Art der Einlagerung sollen die Wege möglichst kurz gehalten werden. So werden Waren, die oft benötigt werden, in den vorderen Regalen gelagert. Jeder Mitarbeiter weiß außerdem, wo sich die Waren befinden. Allerdings ist durch die feste Platzreservierung für jede einzelne Ware ein hoher Lagerraumbedarf erforderlich. Wenn die entsprechende Ware fehlt, bleibt der Lagerplatz ungenutzt und kann für andere Waren nicht verwendet werden.

Chaotische Lagerplatzordnung (Freiplatzsystem)

Eingehenden Waren wird durch die EDV ein jeweils gerade **freier Lagerplatz** zugewiesen. Daher gibt es für bestimmte Artikel **keine** festen Lagerorte. Hier ist die Hauptzielsetzung die höchstmögliche Ausnutzung der Lagerkapazität. Dadurch kann der Platzbedarf für das Lager gesenkt werden. Ohne EDV lässt sich allerdings ein solches Lagersystem nicht betreiben und bei Ausfall der Systeme ist es fast nicht möglich eine bestimmte Ware zu finden. Das Freiplatzsystem findet man im Einzelhandel fast nur bei Großbetrieben.

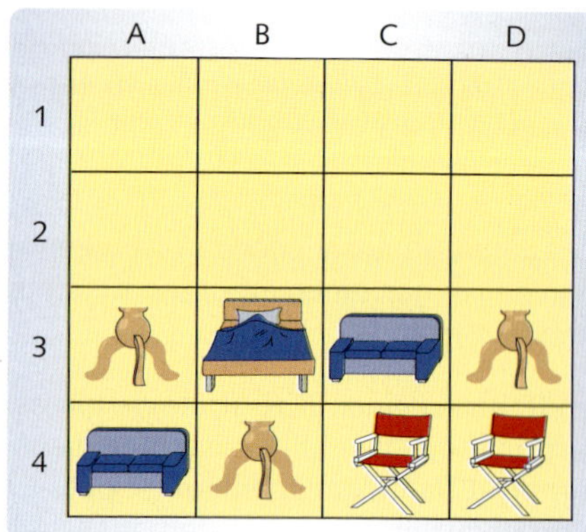

3.2.5 Lagereinrichtung

Die **Einrichtung der Lagerräume** hängt vor allem davon ab, zu welcher **Branche** der jeweilige Einzelhandelsbetrieb gehört. Die **Waren** können **liegend** *(Haushaltwaren)*, **gestapelt** *(Konserven)* oder auch **hängend** *(Textilien)* aufbewahrt werden. Im Einzelhandel ist das **Regallager** am gebräuchlichsten. Der Investitionsbedarf ist relativ gering; Wartungsbedarf und Störanfälligkeit sind kaum gegeben. In **Großbetriebsformen** des Handels gibt es daneben das **Palettenregallager** *(Waren werden von der Palette im Verkauf angeboten)* sowie **Hochregallager** *(Zentrallager eines Lebensmittelfilialisten)*.

Abb. Regallagerung

(Quelle: METRO Group)

3.2.6 Hilfsmittel für Lagerarbeiten

Die im Lager anfallenden Arbeiten werden durch technische Hilfsmittel und Einrichtungen erleichtert.

Transport	Bearbeitung	Verpackung	Sicherung
Gabelstapler, Hubwagen, Karren, Wagen, Förderbänder, Aufzüge	Scheren, Messer, Sägen, Maßbänder, Wiegeeinrichtungen	Papier, Pappe, Karton, Folien, Klebebänder, Schnüre, Bänder	Warensicherungssysteme gegen Diebstahl, Alarmanlage, Feuermelder

3.2.7 Anforderungen an eine warengerechte Lagerhaltung

1	**Ware artgemäß lagern!**	Bei vielen Waren muss darauf geachtet werden, dass die Ware bei der Lagerung weder beschädigt wird, noch dass sie verdirbt *(Gefriergut vor Wärme, Bücher vor Staub, Stoffe vor Licht schützen)*.
2	**Ausreichend Platz im Lager schaffen!**	Im Reservelager sollten ausreichend Lagerflächen zur Verfügung stehen um auch den Spitzenbedarf aufnehmen zu können *(Papier- und Schreibwaren zu Schuljahresbeginn)*. Ein bequemes Aus- und Einlagern sollte ebenso möglich sein, wie der problemlose Einsatz maschineller Hilfen *(Palettenhubwagen, Gabelstapler)*.
3	**Lager übersichtlich gestalten!**	Beim Festplatzsystem bietet ein Lagerplan, bei dem die Lagerstelle genau bezeichnet ist, eine wertvolle Hilfe Waren bei Bedarf schnell zu finden.
4	**Sicherheit der Mitarbeiter gewährleisten!**	Neben der Beachtung und Einhaltung der für die jeweilige Branche geltenden Unfallverhütungsvorschriften, müssen die Lagerräume so eingerichtet sein, dass es zu keinen Unfällen kommt *(rutschsichere Böden, kippsichere Warenträger)*.
5	**Ware sicher lagern!**	In der Ware ist viel Kapital gebunden. Deshalb muss darauf geachtet werden, dass sie vor Risiken geschützt ist. Dazu gehört der Schutz vor Feuer *(Sprinkleranlage) und vor Diebstahl (Alarmanlage, Warensicherungssysteme)*.

Aktion

1. Erläutern Sie an drei Beispielen aus Ihrem Ausbildungsbetrieb, wie bei Ihnen Waren artgemäß gelagert werden.
2. Beschreiben Sie die Bedeutung des Reservelagers bei folgenden Einzelhandelsbetrieben: Boutique mit Designermode, Fachmarkt für Heimwerkerbedarf, Filiale einer großen Supermarktkette.
3. Warum ist es in vielen Branchen des Einzelhandels wohl auch zukünftig nicht möglich, die gesamte Lagerhaltung nach dem Just-in-time-Prinzip zu gestalten?

4. Ein Einzelhandelsunternehmen hat sich für eine chaotische Lagerhaltung entschieden. Beschreiben Sie drei Probleme, die bei dieser Form der Lagerhaltung auftreten können.
5. Zeigen Sie an drei Beispielen, dass durch Cross-Docking Lagerhaltungskosten eingespart werden können.
6. Formulieren Sie vier Anforderungen an eine warengerechte Lagerhaltung.

3.3 Warenlagerung im Verkaufsraum

Wer nicht mit der Zeit geht, geht mit der Zeit!
Worauf ist bei der Warenpräsentation im Verkaufsraum zu achten?

Situation

Herr Manz, Inhaber eines Lebensmittelsupermarkts mit 600 m^2, ist mit der Umsatzentwicklung der letzten Jahre nicht zufrieden. Im Bericht eines Betriebsberaters, den er zur Untersuchung seines Unternehmens beauftragt hat, steht unter anderem:

„Ich empfehle dringend eine völlige Neugestaltung der Verkaufsräume, besonders die Warenpräsentation sollte den veränderten Kaufgewohnheiten angepasst werden." Herr Manz ist jedoch der Meinung, er könne nach acht Jahren nicht schon wieder renovieren und umbauen.

Arbeitsaufträge

1. *Warum möchte Herr Manz weder renovieren noch umbauen?*
2. *Nehmen Sie zur Ansicht des Betriebsberaters Stellung.*
3. *Beurteilen Sie die Aussage des Bezirksleiters einer Lebensmittelkette: „Wir verzichten zunehmend auf Reservelager zu Gunsten der Verkaufsfläche."*

Information

3.3.1 Der Verkaufsraum (Outlet) als Ort der Warenlagerung

Die Verkaufsräume, in denen der Einzelhändler seine Waren den Kunden anbietet, werden als **Verkaufslager** bezeichnet. Die jeweilige **Verkaufsform** *(Vollbedienung, Vorwahl oder Selbstbedienung)* bestimmt die Kontaktmöglichkeiten des Kunden mit der Ware. Neben der Verkaufsform bestimmen **Betriebsform** *(Fachgeschäft oder Discounter)* und **Sortimentsstruktur** *(gehobener Bedarf oder Artikel des täglichen Bedarfs)* die Gestaltung der Verkaufsräume. In kleinen Einzelhandelsgeschäften werden fast alle Waren im Verkaufsraum gelagert.

Der **Verkaufsraum** ist heute allerdings mehr als nur der Ort der Warendarbietung. Gerade Kunden, die einen bestimmten „Lifestyle" pflegen, erwarten beim Einkaufen eine angenehme **Atmosphäre**. Sie legen viel Wert auf eine ansprechende und zum Teil auch aufwändige **Warenpräsentation**.

Einkaufen ist für sie ein Stück „Lebensqualität". Besonders bei hochwertiger und modischer Ware sollte dies beachtet werden.

(Quelle: Karstadt, Essen)

Abb. Ladenlayout „Fashion" in einem Warenhaus

Auch in den Outlets der großen Filialunternehmen wird der Großteil der Ware direkt den Kunden präsentiert, denn der Anteil „aktiver Verkaufsfläche" gegenüber „toter Lagerfläche" soll möglichst hoch sein um eine hohe Produktivität des Betriebsfaktors Raum zu gewährleisten.

3.3.2 Verkaufsaktive Ladengestaltung und Warenpräsentation

Durch die Gestaltung und Ausstattung des Verkaufsraumes soll eine positive Kaufstimmung bei den Kunden erzeugt werden. Nur wenn ein Raum „Sympathie" ausstrahlt, werden sich die Kunden darin wohl fühlen. Da die meisten Informationen über das Auge aufgenommen werden, muss die Ware sichtgerecht präsentiert werden. Verbaute Waren oder Sichtbehinderungen (Säulen) sind zu vermeiden. Wenn Kunden Waren zum Begutachten in die Hand nehmen können (Ausnahmen beachten!), fördert dies die Kaufentscheidung. Ein übersichtlicher Aufbau mit klarer Preisauszeichnung erleichtert den Überblick und hilft bei der Entscheidung.

> ! Ausführlich wird dieses Thema im **Lernfeld 4** *„Waren präsentieren"* behandelt.

Aktion

1. Warum gibt es in den Filialen großer Lebensmittelketten nur sehr wenig Lagerfläche im Verhältnis zur Größe des Verkaufsraums?

2. Für welche Artikel in Lebensmittelgeschäften ist es notwendig technisch aufwändige Lagereinrichtungen zu installieren?

3. Untersuchen Sie Ihren Ausbildungsbetrieb anhand der Kundenforderungen an die Warenpräsentation (s. Abb. auf S. 115) und berichten Sie vor der Klasse. Beschaffen Sie sich das Einverständnis Ihres Ausbildungsbetriebes und fertigen Sie dazu Bilder an.

4. Beurteilen Sie, wie in den folgenden Abbildungen die Waren im Verkaufsraum präsentiert werden.

(Quelle: Modehaus Kögel, Esslingen)

4 Warenpflege im Lager und Verkaufsraum

„Vertrauen ist gut, Kontrolle besser!

Situation

Aus einem **Handbuch zur Qualitätssicherung** einer großen Supermarktkette:

Maßnahmen zur Warenpflege von Obst und Gemüse:

Obst und Gemüse unterliegt naturbedingt unterschiedlich schnellen Alterungsprozessen. Deshalb müssen die Regale und Theken mehrmals täglich kontrolliert werden. Dabei ist zu beachten:

- Mangelhafte Ware ist konsequent auszusortieren.
- Ware, die man selbst nicht mehr essen oder kaufen würde, muss aussortiert werden. Ansonsten wird die frische Ware von der alten Ware negativ beeinflusst.
- Mit Obst- und Gemüseartikeln ist grundsätzlich vorsichtig umzugehen, um Beschädigungen wie Druckstellen und Quetschungen zu vermeiden.
- Zwiebeln und Knoblauch sind imer trocken zu lagern.
- Kräutertöpfe (die Pflanzen wachsen noch) dürfen nie zu kühl gelagert werden.
- In der Obst- und Gemüseabteilung immer auf einen einwandfreien Geruch achten. Jede Abweichung weist auf einen Verderb hin *(faule Kartoffeln, Fruchtfliegen)*.

Arbeitsaufträge

1. *Welche Erfahrungen haben Sie selbst als Kunde beim Kauf von Obst und Gemüse hinsichtlich Warenpflege, Sauberkeit und Hygiene gemacht?*
2. *Berichten Sie vor der Klasse, welche Maßnahmen in Ihrem Ausbildungsbetrieb zur Warenpflege ergriffen werden.*

Information

Die im Verkaufsraum und Lager befindlichen **Waren** stellen einen beträchtlichen **Vermögenswert** dar. Schon deshalb müssen sie **pfleglich** behandelt werden. Außerdem sollen die Waren Umsatz und Gewinn bringen; weisen sie **Mängel** auf, so können alle Bemühungen um eine wirksame Warendarbietung und erfolgreiches Verkaufen vergeblich sein.

Verstaubte Regale und Waren, verfaultes Obst oder aufgerissene Verpackungen, aus denen u. U. sogar Waren entnommen wurden, sowie Artikel mit abgelaufenem Mindesthaltbarkeitsdatum können dem Geschäft einen beträchtlichen **Imageschaden** zufügen. Deshalb sind eine regelmäßige und gründliche **Waren- und Regalpflege** keine lästige Arbeit, sondern eine unbedingte Voraussetzung für ein kundenfreundliches Erscheinungsbild des Geschäfts.

4.1 Warenpflege vor dem Verkauf

Wenn der Einzelhändler Ware geliefert bekommt, muss sie meistens nur noch ausgepackt werden. Die überwiegende Zahl der Waren ist verkaufsfertig vorbereitet. Es gibt aber spezielle Pflegemaßnahmen, die von der jeweiligen Ware abhängen. Hierzu gehören Arbeiten, durch welche die Waren erst in einen verkaufsfertigen Zustand versetzt werden.

- Putzen von Silberschmuck und versilbertem Besteck, Spülen von Gläsern und Porzellan;
- Zusammensetzen zerlegt angelieferter Ware *(Aufstellen von Möbeln, Zusammenbau von Fahrrädern)*;
- Aufstellen und Anschließen von Vorführgeräten *(die übrige Ware kann originalverpackt bleiben)*.

Abb. Sortieren von selbst gerösteten Kaffeebohnen in einem Spezialgeschäft für Kaffeeprodukte

Früher haben Einzelhändler noch viel häufiger Warenpflege betrieben; z. B. Kaffee geröstet, Textilien gebügelt, Speiseöl abgefüllt und spezielle Mischungen von Tee oder anderen Lebensmitteln hergestellt.

Spezialgeschäfte tun dies immer noch oder wieder. Sie zeigen damit ihren Kunden, dass sie traditionelle handwerkliche Techniken beherrschen und sich auf individuelle Kundenwünsche einstellen können.

Heute liegt der **Schwerpunkt** der **Warenpflege** auf den **Tätigkeiten** optische Aufbereitung *(aufbügeln, sachgemäß aufbewahren)*, Sauberhalten und Reinigung sowie Vermeidung von Warenschäden *(Schutz vor Motten oder Licht)*. Es ist eine wichtige **Aufgabe** des **Verkaufspersonals Warenschäden** zu **verhindern**, zu **vermeiden** und die **Folgen** zu **beseitigen**.

Die folgende Gegenüberstellung zeigt, wie und wodurch Warenschäden entstehen können und wie man sie durch eine sachgerechte Warenpflege verhindern kann.

Warenschäden werden verhindert durch sachgerechte **Warenpflege**

• mechanische Beanspruchung (Schlag, Stoß, Fall, Druck, Erschütterung) →	Schutz durch Verpackung, sorgfältige Lagerung, vorsichtigen Transport
• Klimaschäden durch Temperatur und Feuchtigkeit (Wasser, Dampf) →	Kontrolle und Einhaltung von Temperatur und Luftfeuchte, Schutz vor Feuchtigkeit
• Strahlenschäden, insbesondere durch Licht →	Einsatz von Schutzmaßnahmen, z. B. Jalousien gegen Sonnenlicht
• Schädlingsbefall (Nager, Insekten, Mikroorganismen) →	Sauberkeit, Kontrollen, Maßnahmen zur Schädlingsbekämpfung
• Verschmutzung, insbesondere durch Staub →	regelmäßige Reinigung, Abdeckung und ähnliche Schutzmaßnahmen

Die **Sauberhaltung** und **Reinigung** von **Ware** ist von großer Bedeutung für den Erfolg des Einzelhändlers. Verschmutzte, verdreckte oder verstaubte Ware sieht unansehnlich und alt aus. Sie verliert an Wert und stößt Kunden ab.

Achten Sie deshalb auf **Sauberkeit** und **Hygiene** im Allgemeinen und im Besonderen bei

- offenen Lebensmitteln *(Hygienevorschriften, Appetitlichkeit)*,
- Artikeln, die länger im Geschäft oder in der Auslage stehen *(Gläser, Schmuck, Antiquitäten)*,
- lebenden Tieren und Pflanzen *(Präsentation gesunder Ware)*,
- Waren, die anprobiert werden und mit dem Kunden Körperkontakt bekommen *(Badekleidung, Kopfhörer, Sonnenbrillen)*.

Infobox

Warenkontrolle und Warenpflege „backstage" - was der Kunde nicht sieht!

Zur Gewährleistung der Frische, Qualität und Sicherheit leicht verderblicher Produkte haben die meisten Unternehmen in der Lebensmittelbranche strenge Kontrollsysteme für die gesamte Lieferkette eingeführt. Von der Herstellung bis zum Verkaufsregal sorgen Qualitätsbeauftragte dafür, dass die strengen gesetzlichen Vorgaben eingehalten werden. Aber auch den Verbraucherwünschen will man mit umfassenden Kontrollen entgegenkommen. Viele Kunden achten beim Einkauf ganz bewusst darauf, qualitativ hochwertige, gesunde Produkte zu kaufen. Umfragen ergeben, dass immer mehr Menschen auf eine gesunde Ernährung Wert legen. Die folgenden Abbildungen zeigen, welche Maßnahmen ergriffen werden, um die Qualitätsvorgaben einzuhalten. Vielen Kunden ist gar nicht bewusst, welcher Aufwand vom Einzelhandel betrieben wird, um den hohen Qualitätsanforderungen gerecht zu werden.

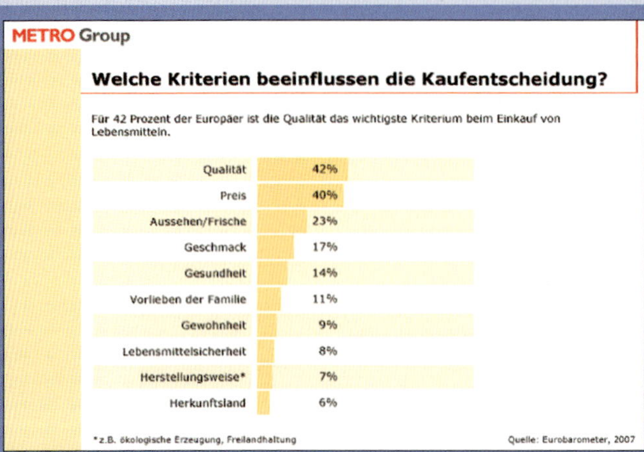

Abb. Eingangskontrolle Frischfleisch

Abb. Größensortierung bei Äpfeln

Abb. Reinigung von Gemüse

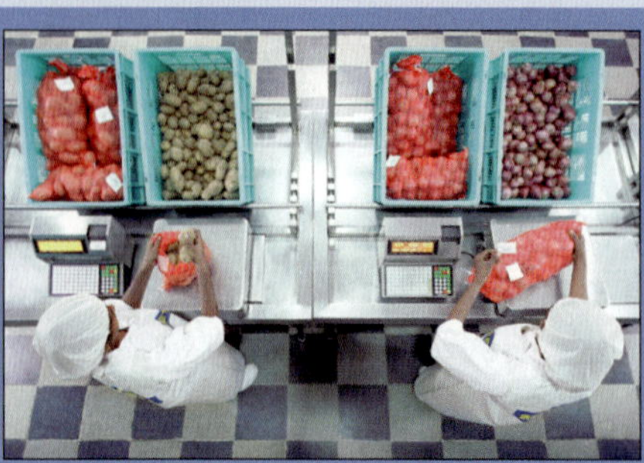

Abb. Gewichtskontrolle bei Gemüse

4.2 Warenpflege beim Verkauf

Ist die Ware unversehrt und sauber, muss sie häufig noch optisch für die Präsentation aufbereitet werden. Dieselbe Ware kann man optisch unterschiedlich präsentieren. Die Aufgabe des Verkaufspersonals liegt darin, für eine möglichst gute optische Aufbereitung zu sorgen, damit die Warenpräsentation bei den Kunden gut ankommt.

Abb. Beispiele für richtige und fehlerhafte Warenpräsentation

Dazu gehört zum Beispiel:

- Lücken vermeiden und wann immer möglich den Warenträger auffüllen,
- Ware mit der Frontseite zum Kunden aufstellen und bis nach vorne vorziehen (= spiegeln),
- an Pflanzen und Salaten welke Blätter entfernen,
- Waren mit überschrittenem Mindesthaltbarkeitsdatum (MHD) oder Verfallsdatum aussortieren,
- darauf achten, dass die Preisauszeichnung gut lesbar und der betreffenden Ware zugeordnet ist.

Aktion

1. Ein Feinkost-Händler beabsichtigt, in seinen Verkaufsräumen Kaffee zu rösten und Tee zu mischen, sodass die Kunden zusehen können. Beurteilen Sie diese Maßnahme (Vorteile/Nachteile).

2. Nennen Sie drei typische Warenschäden, die in Ihrem Ausbildungsbetrieb auftreten (können). Notieren Sie, was Sie dagegen unternehmen.

3. „Eine verkratzte Packung ist nicht schlimm, wenn die Ware in Ordnung ist!"
   Was sagen Sie zu dieser Behauptung?

4. Warum gehört das Sauberhalten von Ware zu den Aufgaben des Verkaufspersonals? Nennen Sie Gründe.

5. „Waren müssen optisch so aufbereitet werden, dass sie zu den Kunden sprechen!"
   Erläutern Sie diese Aufforderung an drei Beispielen aus Ihrem Ausbildungssortiment.

6. Geben Sie jeweils zwei Beispiele für Waren, bei denen Warenschäden entstehen können durch:

   Druck, Stoß und Fall; Wärme/Kälte; zu hohe bzw. zu niedrige Luftfeuchtigkeit; Licht; Staub; Schädlinge; Einwirkung eines Cutters.

5 Bestandsoptimierung in der Lagerhaltung

Rote Karte für die Lagerhaltung!
Was ist zu tun, um durch optimalen Warenbestand Lagerkosten zu senken?

Situation

© MEV Verlag GmbH

Herr Müller, Filialberater der DroKos – Drogeriemarktkette, bespricht mit Herrn Mader, dem Marktleiter der Neuburger Filiale, das letztjährige Betriebsergebnis. Im Augenblick wird über die Lagerhaltung gesprochen:

Herr Müller: „Leider sind gegenüber dem Vorjahr die Lagerkosten um 2,8 % gestiegen. Das ist entschieden zu viel! Sowohl bei den fixen, als auch den variablen Kosten muss gespart werden! Besonders fällt auf, dass doch recht viele Artikel zu lange lagern. Sorgen Sie bitte für einen optimalen Warenbestand! Im Vergleich zu anderen Filialen haben sie zu hohe Bestände."

Herr Mader: „Was heißt schon optimal? Wenn ich zu wenig Ware habe, wirkt sich das sehr negativ auf die Kunden aus."

Herr Müller: „Das ist klar, aber bedenken Sie doch bitte die enormen Kosten bei einem erhöhten Lagerbestand."

Herr Mader: „Und ihr in der Zentrale, wollt ihr nicht das Lager für unser Textilsortiment vergrößern?"

Herr Müller: „Auch wir müssen sparen. Wir überlegen gerade, ob es nicht günstiger wäre auf einen Anbau zu verzichten und dafür Lagerflächen anzumieten."

Arbeitsaufträge

1. *Welche Kosten fallen bei der Lagerhaltung an?*
2. *Wodurch unterscheiden sich fixe von variablen Kosten?*
3. *Was versteht man unter einem optimalen Lagerbestand?*
4. *Welche negativen Folgen ergeben sich aus einem zu geringen Lagerbestand?*
5. *Welche Auswirkungen hat ein zu hoher Warenbestand?*
6. *Worin sehen Sie die Ursachen für die lange Lagerzeit vieler Artikel in dieser Filiale?*

Information

Jeder Einzelhändler, ob als kleiner Kioskbesitzer oder als global handelnder Weltkonzern, steht immer vor dem Problem:

Wie hoch muss der Warenbestand sein, damit auf der einen Seite durch geringen Lagerbestand Kosten niedrig gehalten werden, auf der anderen Seite aber eine möglichst ständige Verfügbarkeit der Waren für die Kundennachfrage gewährleistet ist?

Diese Situation kann zu einem **Zielkonflikt** (hohe Verkaufsbereitschaft oder niedrige Kosten) führen.

Die **Lösung** liegt im Ermitteln der **optimalen Lagermenge**, bei der die Nachteile einer zu hohen und die Nachteile einer zu geringen Lagerhaltung so weit wie möglich ausgeglichen werden können.

Lagerhaltung

5.1 Wirtschaftliche Lagerhaltung durch Kostenkontrolle

Forderungen unterschiedlicher Unternehmensbereiche an die Lagerhaltung

Das **Finanz- und Rechnungswesen** möchte Kapitalbindung und Lagerkosten gering halten und fordert niedrige Bestände.	Der **Wareneinkauf** bevorzugt wegen besserer Preise und Konditionen den Einkauf großer Mengen.	Der **Warenverkauf** möchte stets verkaufsbereit sein und ist daher an hohen Warenbeständen interessiert.

Die **Lagerhaltung** soll einen **Ausgleich** zwischen den unterschiedlichen Forderungen an die Warenbestände schaffen. Dabei kann es zu Spannungen und Zielkonflikten kommen.

Kosten der Lagerhaltung

Im Einzelhandel werden folgende Lagerhaltungskosten unterschieden:

Kosten für:		
Ausstattung des Lagers	**Verwaltung des Lagers**	**gelagerte Waren**
• Instandhaltung • Abschreibung • Heizung, Beleuchtung, Reinigung • Verzinsung des Kapitals für Lagerräume	• Löhne und Gehälter • Lohnzusatzkosten • Büromaterial	• Verderb, Schwund, Diebstahl, Veralten • Versicherungen • Verzinsung des in Waren gebundenen Kapitals

Fixe Kosten	Variable Kosten
Sie sind unabhängig von der gelagerten Menge	Sie verändern sich mit der jeweils gelagerten Menge
• Sachkosten *(Miete, Heizung, Reinigung, Abschreibung)* • Personalkosten der ständig beschäftigten Lagermitarbeiter	• Kapitalbindungskosten *(„Totes Kapital", Diebstahl, Verderb)* • Teile der Personalkosten *(Überstunden, Einsatz von Verkaufspersonal)*

Optimaler Lagerbestand

Der Lagerbestand ist dann für den Einzelhandelsbetrieb optimal, wenn die Nachteile sowohl eines zu hohen als auch eines zu niedrigen Bestandes vermieden werden können.

Bei der Ermittlung eines optimalen Lagerbestandes sind nicht nur die Lagerbestände, sondern auch die jeweiligen Bestellverfahren zu berücksichtigen.

Negative Auswirkungen bei:	
zu hohem Lagerbestand	**zu niedrigem Lagerbestand**
• unnötige Kapitalbindungskosten • erhöhte Warenrisiken *(Verfall, Ladenhüter, Diebstahl)*	• Präsenzlücken *(fehlende Verkaufsbereitschaft)* • Umsatzeinbußen durch Kundenverluste

Aktion

1. Im Gespräch zwischen Herrn Müller und Herrn Mader wurde ein geplanter Lageranbau in der DroKos-Zentrale angesprochen. Das für eine Entscheidung notwendige Zahlenmaterial liefert der Controller des Unternehmens:

Kosten bei Lageranbau pro Jahr	
• Miete und Abschreibungen	15.000 €
• sonstige Kosten je m² Lagerfläche	10 €
Angebot für Fremdlagerung je m² pro Jahr:	25 €
benötigte Lagerfläche	800 m²

a) Ermitteln Sie, ob sich nach diesen Zahlen ein Lageranbau lohnt?

b) Führen Sie den rechnerischen Nachweis, ab welcher Lagergröße Eigenlagerung wirtschaftlicher als Fremdlagerung ist.
Lösungshinweis: Setzen Sie die gesuchten m^2 als Unbekannte „x" in die Gleichung ein und lösen sie nach „x" auf.

2. Überlegen Sie, wie Lagerhaltungskosten gesenkt werden können. Gehen Sie von den in der Information genannten Kosten aus und machen Sie drei Vorschläge zur Kostensenkung. Begründen Sie Ihre Vorschläge in einem Kurzvortrag vor der Klasse.

3. Informieren Sie sich in Ihrem Ausbildungsbetrieb über die Kosten der Lagerhaltung und Maßnahmen zur Reduzierung. Vergleichen Sie ihre Ergebnisse in der Klasse.

5.2 Lagerkontrolle

Aufgabe der Lagerkontrolle

Die mengen- und wertmäßige **Kontrolle** der **Warenbestände** (Lagerbestände) unterstützt den Einzelhändler bei seiner **Sortimentsgestaltung** und **Sortimentspflege**. Der Einzelhändler muss wissen, „was geht" und „was geht nicht". Voraussetzung zur Auswertung entsprechender Daten ist eine genaue Erfassung aller Warenbewegungen.

Ein **Warenwirtschaftssystem** ist mit seinen vielfachen Auswertungsmöglichkeiten sehr gut für die Lösung dieser Aufgabe geeignet. Durch eine fortlaufende **Bestandsüberwachung** erhält man Antwort auf die Fragen:

- Wie oft hat sich ein Artikel in der Planungsperiode *(Jahr, Saison, Tag)* verkauft?
- Wie lange befindet sich ein Artikel am Lager?
- Wie verändern sich die Bestände eines Artikels?

Die Zahlen des Warenwirtschaftssystems geben artikelgenau Auskunft:

- wie groß der Wareneinsatz (Warenverkauf zu Einstandspreisen),
- der Absatz (verkaufte Menge) und
- der Umsatz (verkaufte Menge in Geldeinheiten)

waren.

Die **Analyse** dieser **Daten** hilft dem Händler **Entscheidungen** z. B. über Nachbestellungen, Preisreduzierungen oder verbesserte Platzierung zu treffen.

> Die Behandlung der Bestellverfahren und die dabei zu beachtenden Bestände *(Mindestbestand, Meldebestand, Höchstbestand)* erfolgt im **Lernfeld 6**.

Beispiel Umsatzauswertung und Bestandskontrolle mit einem Warenwirtschaftssystem

Zuerst wählt man im Menü die Option „Erfolgsanalyse“:

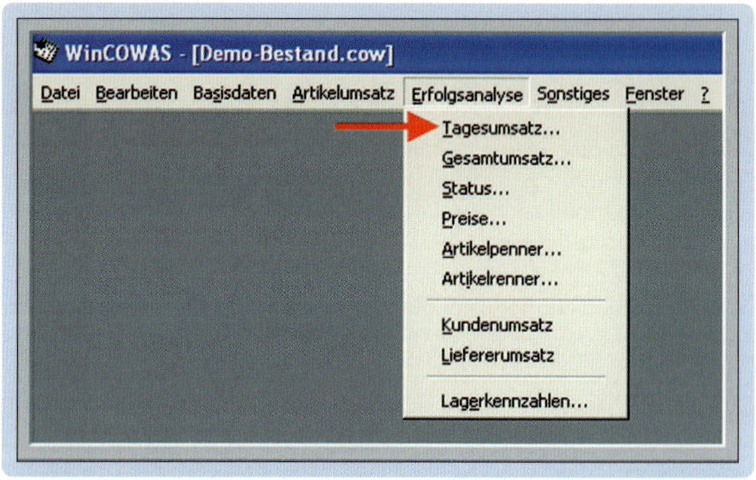

Nach Auswahl der Menüfunktion „Tagesumsatz“ bestimmt man die Artikelkategorie, zu der Informationen gewünscht werden.

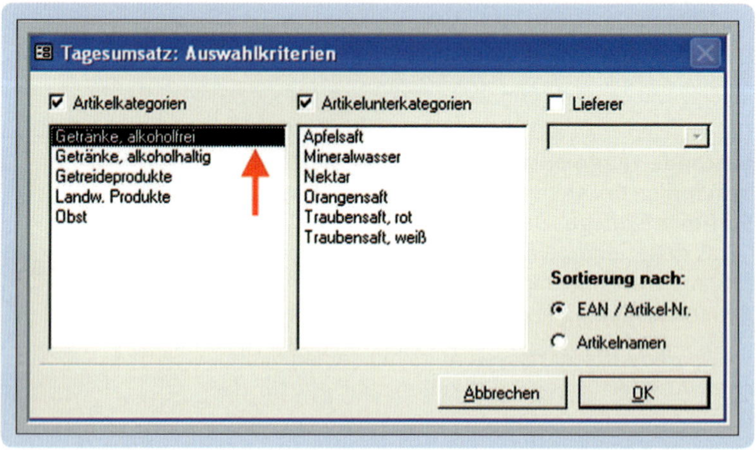

Nach Bestätigen mit „OK“ liefert das System einen Umsatzbericht:

Naturladen Gesund & Preiswert e.K. **Tagesumsatz**

05. Apr. .. 17:46

Artikelkategorie: Getränke, alkoholfrei

EAN / Artikel-Nr.	Artikelname	Bestand	Umsatz ME	Umsatz netto	Umsatzsteuer %	Umsatzsteuer absolut	Umsatz brutto	Rohgewinn
2012345000018	Apfelsaft trüb, 0,7 Liter	98	2	1,62 €	7,0	0,11 €	1,73 €	0,72 €
2012345000049	Apfel-Orangensaft, 0,7 Liter	65	5	4,05 €	7,0	0,28 €	4,33 €	1,35 €
2012345000117	Pfirsich-Nektar, 0,7 Liter	76	4	5,12 €	7,0	0,36 €	5,48 €	1,92 €
	Summen			**10,79 €**				**3,99 €**

Um den Bestand an Apfel-Orangensaft (0,7 Liter) zu überprüfen, erfolgt eine Abfrage, die zeigt, dass der Meldebestand noch nicht erreicht ist, folglich auch keine Bestellung erforderlich ist (Abb. Bestandsübersicht).

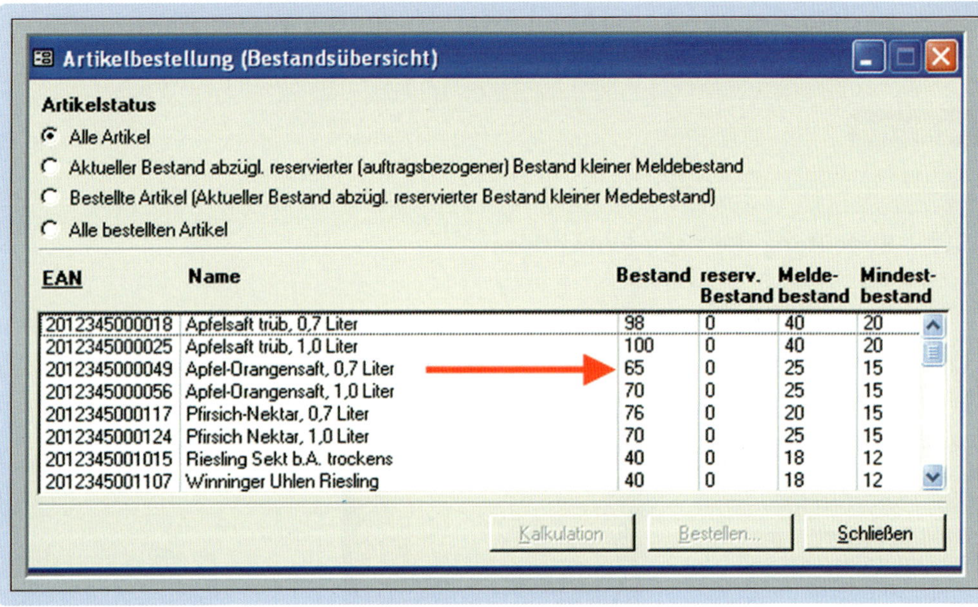

Abb. Bestandsübersicht

Möglichkeiten der Lagerkontrolle

Eine Lagerkontrolle kann durch das Führen von Statistiken und/oder durch die Ermittlung und Auswertung von Kennziffern erfolgen.

Infobox

Kennziffern sind Zahlenangaben, die bestimmte Tatbestände innerhalb oder auch außerhalb des Betriebes beschreiben. Sie spielen überall dort eine wichtige Rolle, wo im Rahmen der Kontroll- und Steuerungsaufgaben Plan- und Istwerte beurteilt werden sollen. Darüber hinaus bilden Kennziffern ein Frühwarnsystem, das den Einzelhändler rechtzeitig auf mögliche Gefahren und Fehlentwicklungen aufmerksam macht.

Warenbewegungsstatistik (wertmäßig)

Mithilfe dieser Statistik kann sich der Einzelhändler z. B. über folgende Betriebskennzahlen informieren:

Umsätze, Lagerbestände, Veränderungen der Bestände, Rohgewinn, Retouren.

Lagerstatistik (mengenmäßig)

Die Lagerstatistik wird als Tages-, Wochen-, oder Monatsübersicht geführt. Neben dem Verkauf wird auch der Wareneingang mengenmäßig erfasst. Die Lagerstatistik ist auch Voraussetzung für die Anwendung der permanenten Inventur im Unternehmen.

Lagerkennziffern (nach Wert und Menge)

Diese Kennziffern geben darüber Auskunft, ob eine wirtschaftliche Lagerhaltung betrieben wird. Sie bilden die Grundlage für betriebswirtschaftliche Entscheidungen im Rahmen der Sortimentsgestaltung.

5.3 Bedeutung von Lagerkennziffern (Lagerbewegungskennzahlen) für eine wirtschaftliche Lagerhaltung

Information

5.3.1 Bedeutung der Lagerkennziffern

Mithilfe von Kennziffern werden betriebswirtschaftliche Zusammenhänge verdeutlicht.

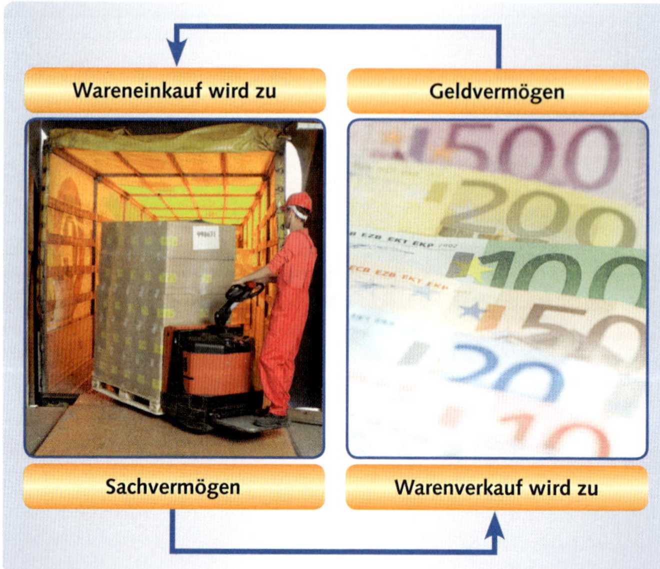

Lagerkennziffern ermöglichen Branchenvergleiche *(Vergleich der Lagerumschlagshäufigkeit zwischen eigenem und anderen Unternehmen)* und bilden z. B. die Grundlage zur Berechnung des Lagerzinses, der im Verkaufspreis der Waren mit einkalkuliert wird.

Je kürzer die Lagerdauer eines Artikels im Geschäft ist, desto schneller werden Mittel freigesetzt, die in neue Ware investiert werden können *(70 % der im Textilhandel eingesetzten finanziellen Mittel sind in den Warenvorräten gebunden!)*. Es ist daher notwendig, dass das Vermögen „in Fluss" bleibt. So entsteht ein Kreislauf, der sich wie folgt beschreiben lässt: Teile des Kapitals werden in Form von Ware (= Sachvermögen) eingesetzt, kommen durch den Verkauf als Erlöse (= Geldvermögen) wieder zurück und werden erneut in Ware (= Sachvermögen) eingesetzt.

5.3.2 Arten der Lagerkennziffern

Die **Berechnung** kann sowohl mengenmäßig oder wertmäßig erfolgen. Da die Kennziffern hauptsächlich dazu dienen die **Wirtschaftlichkeit** der Lagerhaltung zu überprüfen, ist die **wertmäßige** Berechnung angebracht. Der durchschnittliche Bestand ist dabei zu Einstandspreisen zu bewerten und wird dann auch als durchschnittliche Kapitalbindung bezeichnet.

Durchschnittlicher Lagerbestand (= durchschnittliche Kapitalbindung)

Diese Kennziffer gibt darüber Auskunft, wie viel Kapital in einem bestimmten Zeitraum durchschnittlich in Warenvorräten gebunden ist. Je mehr Bestände zur Ermittlung herangezogen werden, desto höher ist die Aussagefähigkeit dieser Kennziffer.

Berechnung

$$\varnothing \text{ Lagerbestand} = \frac{\text{Anfangsbestand} + \text{X Endbestände}}{\text{X} + 1}$$

Beispiel:

Anfangsbestand zum	01.01.	→	6.000,00 €	
Endbestand zum	31.03.	→	14.000,00 €	4 Quartalsendbestände
Endbestand zum	30.06.	→	8.000,00 €	
Endbestand zum	30.09.	→	14.000,00 €	
Endbestand zum	31.12.	→	16.000,00 €	

$$\varnothing \text{ Lagerbestand} = \frac{6.000{,}00 + 14.000{,}00 + 8.000{,}00 + 14.000{,}00 + 16.000{,}00}{5} = \mathbf{11.600{,}00\ €}$$

Lagerumschlagshäufigkeit (Lagerumschlag)

Diese Kennziffer gibt an, wie oft sich der durchschnittliche Bestand eines Artikels, einer Warengruppe oder des gesamten Sortiments innerhalb einer bestimmten Berechnungsperiode verkauft hat.

Je **höher** diese Zahl, desto **häufiger** wurden die Waren verkauft. Zur **Berechnung** des Lagerumschlags wird im folgenden Beispiel der **Wareneinsatz** herangezogen.

Der Wareneinsatz ist der Wert der verkauften Waren in der Berechnungsperiode zu Einstandspreisen. Er wird folgendermaßen berechnet:

  Warenanfangsbestand zu Einstandspreisen
\+ Warenzugänge zu Einstandspreisen
– Warenendbestand zu Einstandspreisen laut Inventur
= Wareneinsatz

Beispiel In der Abteilung Büroartikel der Reinbach GmbH ergeben sich für die Warengruppe Ordnungsmittel folgende Werte:

Anfangsbestand	6.000,00 €
+ Zugänge	68.750,00 €
– Schlussbestand	5.150,00 €
= Wareneinsatz	69.600,00 €

Berechnung

$$\text{Lagerumschlagshäufigkeit} = \frac{\text{Wareneinsatz}}{\varnothing \text{ Lagerbestand zu Einstandspreisen}}$$

Beispiel

Wareneinsatz = 69.600 €
Ø Lagerbestand = 11.600 €

$$\text{Lagerumschlagshäufigkeit} = \frac{69.600\ €}{11.600\ €} = 6{,}0$$

Durchschnittliche Lagerdauer

Diese Kennziffer gibt an, wie viele Tage eine Ware im Durchschnitt im Lager verweilt. Bei artikelgenauer Bestandsführung mit einem Warenwirtschaftssystem lassen sich leicht Schnelldreher (= Renner) und Ladenhüter (= Penner) feststellen.

Berechnung

$$\text{Ø Lagerdauer} = \frac{\text{360 Tage}}{\text{Lagerumschlagshäufigkeit}}$$

Beispiel	
Lagerumschlag = 6,0	$\text{Ø Lagerdauer} = \frac{360}{6} = \text{60 Tage}$

Lagerzinssatz

Das in die Warenvorräte investierte Kapital verursacht Kosten, die im Verkaufspreis der Waren mit einkalkuliert werden. Der zu ermittelnde Prozentsatz orientiert sich am banküblichen Marktzinssatz für Kapitaleinlagen, denn das in den Warenvorräten gebundene Kapital würde bei einer anderen Verwendung Zinsen erbringen.

Berechnung

$$\text{Lagerzinssatz} = \frac{\text{Marktzinssatz} \cdot \text{Ø Lagerdauer}}{360} \quad \text{oder:} \quad \frac{\text{Marktzinssatz}}{\text{Lagerumschlag}}$$

Beispiel	
Marktzinssatz = 4,5 % Ø Lagerdauer = 60 Tage	$\text{Lagerzinssatz} = \frac{4{,}5 \cdot 60}{360} = 0{,}75\ \%$ oder: $\frac{4{,}5}{6} = 0{,}75\ \%$

Lagerzinsen

Mithilfe des Lagerzinssatzes werden die Lagerzinsen ermittelt.

Berechnung

$$\text{Lagerzinsen} = \frac{\text{Ø Lagerbestand} \cdot \text{Lagerzinssatz}}{100}$$

Beispiel	
Ø Lagerbestand = 11.600 € Lagerzinssatz = 0,75 %	$\text{Lagerzinsen} = \frac{11.600 \cdot 0{,}75}{100} = 87\ €$

Die so ermittelten Zinskosten werden in der Kalkulation der Verkaufspreise der entsprechenden Warengruppe berücksichtigt.

5.3.3 Maßnahmen zur Verkürzung der durchschnittlichen Lagerdauer und zur Erhöhung des Lagerumschlags

Wenn der Lagerumschlag gegenüber den branchenüblichen Werten deutlich sinkt, ist dies ein ernst zu nehmendes Warnsignal, denn es besteht die Gefahr überhöhter Altwarenbestände.

Daher wird jeder Händler bestrebt sein, den Lagerumschlag zu erhöhen. Dies kann zum Beispiel durch Aktionen oder mit mehr Werbung geschehen. Häufig genügt schon eine andere Platzierung im Verkaufsraum und die Umsätze steigen. Nicht zu vergessen sind Prämien an das Verkaufspersonal für Altwaren, deren Bestände abgebaut werden sollen. Auch kann ein geändertes Einkaufsverhalten mittel- und langfristig den Lagerumschlag erhöhen.

Die **Höhe** des Lagerumschlags wird durch die Branche, die Warenart sowie den Standort und die Betriebsform bestimmt.

Beispiel **Lagerkennziffern in der Praxis** *(Quelle: Handel aktuell, EHI, Köln)*

Branche		Lagerumschlag
– Blumenfachhandel	→	26,4
– Lebensmitteleinzelhandel	→	13,9
– Naturkosteinzelhandel	→	11,8
– Sortimentsbuchhandel	→	4,6
– Möbeleinzelhandel	→	2,9
– Textileinzelhandel	→	2,7
– Schuheinzelhandel	→	1,5
– Uhren- und Schmuckeinzelhandel	→	0,9

Jeder Einzelhändler ist bestrebt, seinen Lagerumschlag zu erhöhen, denn dies wirkt sich für sein Unternehmen positiv aus:

- Die Kapitalbindungsdauer sinkt und damit auch die Höhe der Lagerzinsen,
- die Liquidität verbessert sich,
- der Kapitalbedarf nimmt ab,
- sonstige Lagerkosten sinken,
- bei modischer und leicht verderblicher Ware sinkt das Risiko des Veraltens oder des Verderbs.

5.3.4 Lagerkennziffern im Warenwirtschaftssystem

Bei Nutzung eines Warenwirtschaftssystems erhält der Einzelhändler über Berichte sehr schnell und umfassend die notwendigen Informationen zu den Lagerkennziffern und kann schnell reagieren.

Beispiel Bericht zu den Lagerkennziffern

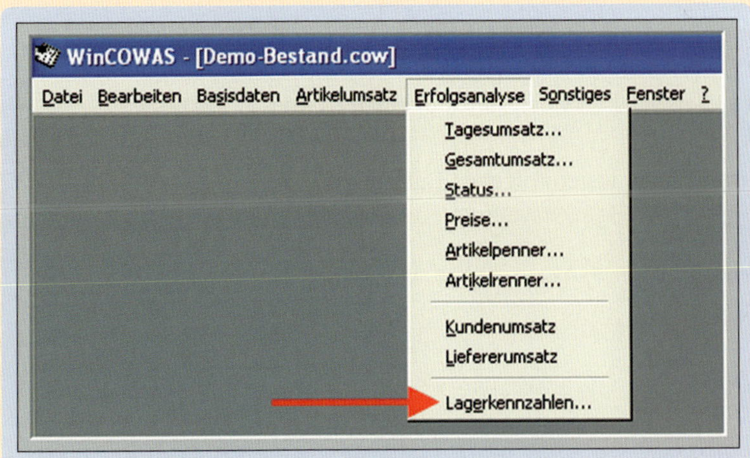

Zuerst wählt man im Menü die Option „Erfolgsanalyse“:

Nach Auswahl der Menüfunktion „Lagerkennzahlen“ bestimmt man, zu welchen Artikeln Informationen gewünscht werden.

Im Beispiel ist dies Weißwein.

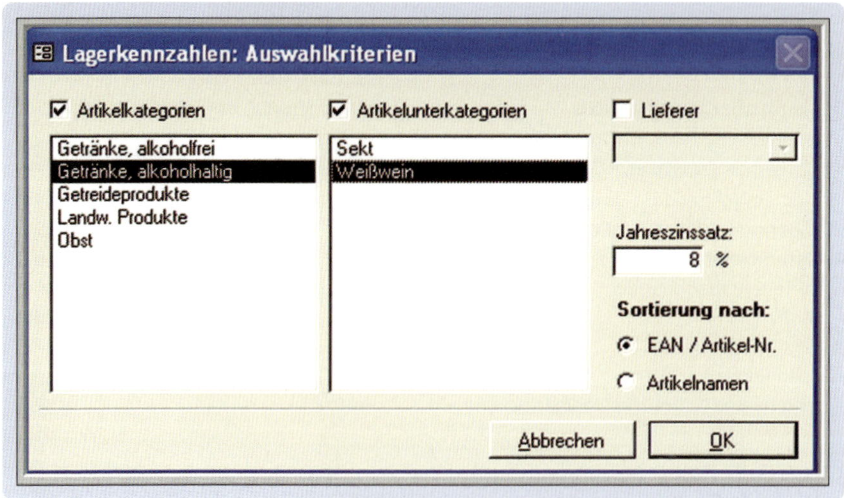

Nach Bestätigen mit „OK“ liefert das System den gewünschten Bericht für den Berechnungszeitraum (15 Tage):

Naturladen Gesund & Preiswert e.K. — **Lagerkennzahlen**

15. Apr. ... 20:01

Artikelkategorie: Getränke, alkoholhaltig

EAN / Artikel-Nr.	Artikelname	Berechnungszeitraum von	bis	Tage	Lagerbestand (Werte in €) Anfang	Ende	Ø	Wareneinsatz (in €):	Umschlagshäufigkeit	Ø Lagerdauer (Tage)	Lagerzinssatz bei 8% Jahreszinsf.:	Lagerzinsen (in €):
2012345001015	Riesling Sekt b.A. trockens	01.04...	16.04...	15	269,20	165,66	217,43	100,50	0,46	32,5	0,72 %	1,57
2012345001107	Winninger Uhlen Riesling	01.04...	16.04...	15	257,69	96,63	177,16	156,25	0,88	17,0	0,38 %	0,67
2012345001114	Winninger Hamm Riesling	01.04...	16.04...	15	124,24	82,83	103,53	40,20	0,39	38,6	0,86 %	0,89

Aktion

1. Finden Sie zu nebenstehender Karikatur einen passenden Titel.

2. Einem Einzelhändler liegen folgende Daten vor:

Warenbestand zum 01.01.:	320.000 €
Warenendbestand zum 31.12.:	440.000 €
Wareneinsatz:	1.520.000 €

Berechnen Sie:

a) ∅-Lagerbestand

b) Lagerumschlagshäufigkeit

c) ∅-Lagerdauer

3. Die Zentrale der Textil-Markt GmbH benötigt für einen Filialvergleich Lagerkennziffern des vergangenen Jahres. Laura Vogt ermittelt mithilfe des Warenwirtschaftssystems die benötigten Zahlen für die Warengruppe Jeans und überspielt sie per DFÜ an die Zentrale.

Warengruppe Jeans	
Lagerkennziffern : .. – 06 – 30	
Ø Lagerbestand	29.000,00 €
Wareneinsatz	290.000,00 €
Lagerumschlag	10
Ø Lagerdauer	36

Führen Sie mithilfe der folgenden Zahlen den rechnerischen Nachweis, dass diese Zahlen vom Warenwirtschaftssystem richtig berechnet wurden.

Warengruppe Jeans Jahresanfangsbestand: 30.000,00 €												
Monatsendbestand in TEUR	Jan	Feb	Mär	Apr	Mai	Jun	Jul	Aug	Sep	Okt	Nov	Dez
	35	40	32	28	24	25	30	30	24	22	24	33

Die Wareneinkäufe betrugen im vergangenen Jahr 293.000,00 € (alle Angaben zu Einstandspreisen).

4. Herr Lang, Inhaber des Getränkeabholmarktes Oase, liest in der Maiausgabe der Fachzeitschrift Bier-Revue einen Artikel über Absatzprobleme für Bier:

„Deutsche trinken immer weniger Bier!“

Auch dieses Jahr muss mit einem weiteren Rückgang beim Bierverbrauch gerechnet werden, wenn nicht ein besonders heißer Sommer für zusätzliche Absatzimpulse sorgt. Die Getränkehändler stöhnen über volle Lager. Betrug die durchschnittliche Lagerdauer für Bier in den letzten Jahren etwa 4 Wochen, muss für dieses Jahr mit einer längeren Lagerdauer gerechnet werden. …

Herr Lang möchte wissen, ob auch sein Biersortiment eine ähnliche Lagerdauer aufweist. Dazu lässt er sich folgende Zahlen (in Euro) des letzten Jahres aus der Buchhaltung geben:

1. Quartal (Januar – März)		**Warengruppe Bier**	
Anfangsbestand	160.000	Wareneinsatz	280.000
Zugänge	240.000	Schlussbestand	120.000
	400.000		400.000

2. Quartal (April – Juni)		**Warengruppe Bier**	
Anfangsbestand	120.000	Wareneinsatz	380.000
Zugänge	320.000	Schlussbestand	60.000
	440.000		440.000

3. Quartal (Juli – September)		Warengruppe Bier	
Anfangsbestand	60.000	Wareneinsatz	260.000
Zugänge	380.000	Schlussbestand	180.000
	440.000		440.000

4. Quartal (Oktober – Dezember)		Warengruppe Bier	
Anfangsbestand	180.000	Wareneinsatz	320.000
Zugänge	240.000	Schlussbestand	100.000
	420.000		420.000

Berechnen Sie:

- die durchschnittliche Kapitalbindung
- die Lagerumschlagshäufigkeit
- die durchschnittliche Lagerdauer
- den Lagerzinssatz und die Lagerzinsen (Marktzinssatz der Geschäftsbank 9 %)

5. Die Geschäftsführung des Lebensmittelgroßhandels Pur-Natur ist mit der Entwicklung der Lagerkosten unzufrieden. Während im Naturkosthandel ein Lagerumschlag von 11 üblich ist, liegt Pur-Natur mit einem Umschlag von 8 erheblich unter dem branchenüblichen Wert. Ziel der Geschäftsleitung ist es durch geeignete Maßnahmen den Lagerumschlag auf 10 zu erhöhen. Machen Sie entsprechende Vorschläge.

6. Die Bestandsdatei für Übertöpfe eines Garten-Centers weist einen Jahresanfangsbestand von 1.000 Stück und folgende Monatsendbestände auf:

Monat	Stück	Monat	Stück
Januar	1.060	Juli	980
Februar	960	August	660
März	440	September	1.000
April	1.380	Oktober	1.320
Mai	1.600	November	1.200
Juni	1.400	Dezember	?

Wie hoch darf der Jahresendbestand höchstens sein, wenn die Unternehmensleitung einen durchschnittlichen Lagerbestand von 1.200 Stück vorgegeben hat?

7. Aus der Lagerdatei eines Einzelhandelsunternehmens sind folgende Daten zu entnehmen: Anfangsbestand: 400.000,00 €, Endbestand 560.000,00 €. Es wurden Waren im Wert von 2.560.000,00 € eingekauft. Berechnen Sie:
   a) die durchschnittliche Kapitalbindung,
   b) den Wareneinsatz,
   c) den Lagerumschlag,
   d) die durchschnittliche Lagerdauer.

8. In einem kleinen Einzelhandelsunternehmen für Schreibwaren trägt die Inhaberin die Zu- und Abgänge für ihre Artikel von Hand auf Karteikarten ein. Vervollständigen Sie die vorliegende Lagerkarte für den Artikel „Schultasche" (Einstandspreis 24,00€).

Tag	Wareneingang	Verkauf	Bestand	Tag	Wareneingang	Verkauf	Bestand
01.01.			10	14.06.		3	?
25.01.	10		?	08.08.		2	?
28.01.		1	?	02.09.		7	?
06.02.		2	?	03.09.	10		?
12.03.		5	?	15.09.		5	?
05.04.	10		?	31.12.	?	?	?

Berechnen Sie:

a) Durchschnittlichen Lagerbestand in Stück und Wert,

b) Lagerumschlagshäufigkeit,

c) durchschnittliche Lagerdauer.

9. Ihr Ausbildungsbetrieb nutzt zur Speicherung betrieblicher Daten das Tabellenkalkulationsprogramm Excel®.

	A	B	C	D	E
1	**Artikelinformationen: Accessoires**				
2	**Artikel**	**Cashmere-Schal**	**Art.Nr. 29400777**	**Farbe: rot**	
3	**Einstandspreis**	**28,85 €**			
4	**Verkaufspreis**	**59,95 €**			
5	**Bestände / Stück**	**Datum:**	**Verkäufe:**	**Datum:**	
6	**26**	**02.10.20..**			
7	**34**	**31.10.20..**	**12**	**Oktober ..**	
8	**28**	**30.11.20..**	**6**	**November ..**	
9	**18**	**29.12.20..**	**10**	**Dezember ..**	
10	**4**	**31.01.20..**	**14**	**Januar ..**	

Ihr Abteilungsleiter bitte Sie die folgenden Kennziffern für den Artikel Cashmere-Schal aus der Warengruppe Accessoires zu berechnen:

a) durchschnittlicher Lagerbestand in Stück,

b) durchschnittliche Kapitalbindung,

c) Wareneinsatz,

d) Lagerumschlagshäufigkeit (auf eine Stelle nach dem Komma runden),

e) Verkaufserlöse netto.

6 Inventur und Warenbewertung

**Zählen, wiegen, messen, hoffentlich wurde nichts vergessen!
Warum muss Inventur gemacht werden?**

Situation

Im Uhren- und Schmuckgeschäft Bessler:

Sandra May ist nicht besonders begeistert, denn kaum ist das harte Weihnachtsgeschäft überstanden, wird am 2. Januar Inventur gemacht! Gerade zählt sie Uhrarmbänder. Leider sind an vielen Artikeln die Preisetiketten abgegangen und es kostet Sandra viel Zeit, bis sie die Verkaufspreise dieser Artikel endlich ausfindig gemacht hat. Neidvoll denkt sie an ihre Freundin Leonie, die in einem Lebensmittel-Supermarkt ausgebildet wird.

Leonie hat ihr erst kürzlich erzählt, dass sie dort mehrmals im Jahr Inventur machen. Dazu suchen sie sich Tage aus, an denen wenig Betrieb ist und niedrige Warenbestände vorliegen. Außerdem benutzt Leonie ein elektronisches Gerät, das ihr das lästige Zählen abnimmt. Hoffentlich stellt mein Chef bald auf EDV um, denkt Sandra, dann macht doch fast alles der Computer! Als Sandra ihre Inventurliste mit den aufgenommenen Uhrarmbändern Herrn Bessler übergibt, vergleicht er Sandras Zahlen mit den Bestellungen des letzten Jahres. Er schüttelt den Kopf und sagt verärgert zu Sandra: „Nach meinen Unterlagen müssten wir 95 Armbänder haben, sie haben aber nur 85 in die Liste eingetragen." „Wir haben mehrmals gezählt", meint Sandra schon leicht patzig. „Dann muss die Differenz wohl andere Gründe haben", meint ihr Chef.

Arbeitsaufträge

1. *Warum müssen Einzelhandelsbetriebe Inventur machen?*
2. *Könnte Herr Bessler seine Inventur auf einen anderen Zeitpunkt verlegen?*
3. *Warum muss Sandra fehlende Preise heraussuchen?*
4. *Warum macht der Lebensmittelsupermarkt mehrmals im Jahr Inventur?*
5. *Hat Sandra Recht, wenn sie annimmt, dass der Computer zum größten Teil die Inventurarbeiten übernimmt?*
6. *Nennen Sie Gründe für die Differenz zwischen Soll- und Istbeständen bei den Uhrarmbändern.*

Information

6.1 Inventur

Jeder Kaufmann ist nach dem HGB (§ 240) und der AO (§ 141) verpflichtet bei Gründung seines Unternehmens und am Ende eines Geschäftsjahres eine **Bestandsaufnahme** von seinem **Vermögen** und seinen **Schulden** nach Art, Menge und Wert, zu einem bestimmten Stichtag vorzunehmen. Diese Bestandsaufnahme wird als **Inventur** bezeichnet und wird vom Finanzamt aus steuerlichen Gründen verlangt. Aber auch wichtige betriebswirtschaftliche Informationen werden durch die Inventur geliefert. Dazu zählen Angaben über Höhe und Alter der tatsächlichen Warenvorräte sowie über Wertverluste (Inventurdifferenzen).

Inventurverfahren

Stichtags-inventur	Sie erfolgt zum Ende des Geschäftsjahres (Bilanzstichtag). Das Gesetz lässt eine Frist von 10 Tagen vor oder nach dem Bilanzstichtag zur körperlichen Bestandsaufnahme zu (zeitnahe Inventur). Das Geschäftsjahr muss bei Kaufleuten nicht mit dem Kalenderjahr übereinstimmen.
Verlegte Inventur	Die Aufnahme der Bestände kann bis zu drei Monaten vor oder bis zu zwei Monaten nach dem Bilanzstichtag erfolgen. Bei diesem Verfahren müssen aber die jeweiligen Bestandsveränderungen auf den Stichtag hin fortgeschrieben bzw. zurückgerechnet werden.
Stichproben-inventur	Es werden nur nach mathematischen Verfahren ausgewählte Stichproben aufgenommen. Die Ergebnisse der Stichproben werden dann auf den gesamten Warenbestand hochgerechnet.
Permanente Inventur	Alle Zu- und Abgänge müssen täglich artikelgenau erfasst, und die jeweiligen Lagerbestände fortgeschrieben werden. Ein computerunterstütztes Warenwirtschaftssystem erleichtert dieses Verfahren. Zum Bilanzstichtag werden dann die Buchwerte aus dem System zugrunde gelegt. Aber auch bei diesem Verfahren ist eine körperliche Bestandsaufnahme durch das Finanzamt vorgeschrieben. Trotz eines optimal geführten Warenwirtschaftssystems werden sich Differenzen zwischen buchmäßigem und tatsächlichem Warenbestand nicht vermeiden lassen *(Falscheingaben, vergessene Entnahmen, Umlagerungen, Diebstähle)*. Der hohe Aufwand der gesamten Inventuraufnahme kann über das ganze Jahr verteilt werden (Teilinventuren). Dadurch ist es möglich die Bestandsaufnahme in verkaufsschwachen Zeiten oder bei niedrigen Beständen der entsprechenden Warengruppen vorzunehmen.

Für alle Inventurverfahren gilt: Es darf nur Ware aufgenommen werden, die sich im Eigentum des Unternehmens befindet. Nicht dazugehören z. B. Kommissionswaren (Eigentümer ist der Lieferant), Änderungsaufträge, Reparaturen und reklamierte Ware (Eigentümer sind die Kunden).

Durchführung der Inventur

Die Inventur muss so durchgeführt werden, dass die Ergebnisse nachprüfbar sind.

Ein EDV-gestütztes Warenwirtschaftssystem erleichtert die Inventurarbeiten. Anhand von vorgefertigten Soll-Bestandslisten, die die Artikelbezeichnung und häufig auch den Regalplatz enthalten, werden mit dem MDE-Gerät die Artikeldaten eingetippt bzw. eingelesen, der Bestand gezählt und in das MDE-Gerät eingegeben.

(Quelle: METRO Group)

Bei einer Inventur ohne EDV-Unterstützung (manuelle Inventur) sollte die Warenaufnahme nach folgenden Schritten erfolgen:

- Artikel mit möglichst genauer Bezeichnung eintragen
- Mengenangaben nach Zahl, Maß, Gewicht usw.
- Bestand zählen
- Verkaufspreis eintragen
- Inventurwert pro Mengeneinheit und insgesamt ermitteln
- Datum der Aufnahme und Unterschriften der mit der Aufnahme betrauten Personen

6.2 Warenbewertung

In der Praxis werden die Warenbestände meist zum Verkaufspreis in den Inventurzählbogen übernommen. In der Buchhaltung schließt sich die Bewertung an. Dabei wird der Einstandspreis zugrundegelegt. Er kann entweder aus der Eingangsrechnung entnommen werden oder er wird durch Herunterrechnen vom Verkaufspreis auf den Einstandspreis (Verkaufspreis minus Kalkulationsabschlag) ermittelt.

Beispiel

Berechnung:	Wert:
Verkaufspreis (einschl. USt.)	110,70 €
– Kalkulationsabschlag 55 %	60,90 €
= Einstandspreis	49,80 €

Nach dem Handelsrecht gilt für die **Bewertung** der Warenbestände das **„Niederstwertprinzip“**. Dabei stehen drei Werte zur Wahl, von denen der niederste angesetzt werden muss.

- Anschaffungspreis (Einstandspreis) → Wenn Preissteigerungen zu verzeichnen sind, kommt er als Wertansatz in Betracht.
- Wiederbeschaffungspreis → Bei einem Preisverfall ist der niedrigere Wert anzusetzen.
- Teilwert (Anschaffungspreis – Teilwertabschlag) → Wenn der Warenwert durch Veralten *(modische Textilien, Bücher)* oder Beschädigung gesunken ist.

Teilwertabschläge (= Abschriften) mindern den Gewinn und damit die Steuerlast für das Unternehmen. Daher müssen sie dem Finanzamt gegenüber begründet werden.

Muster eines Inventurbogens (Quelle: BBE-Verlag Köln)

Dieser Bogen ist auf eine Aufnahme zu Verkaufspreisen abgestellt. Die Teilwertermittlung erfolgt durch Einzelbewertung.

INVENTURBOGEN
Warengruppe:........... Sweatshirts...................... Inventur: ...30.06.....
Tag der Aufnahme:...... 01.07............................ Blatt. Nr....17...
Ort der Aufnahme:...... Lager..................................

angesagt: ...... Müller ...... geschrieben:......Vogt...... bewertet:..........................

bei der Aufnahme auszufüllen			im Büro auszufüllen			
Stück	Warenbezeichnung	Einzelverkaufspreis	Einzelteilwert	Begründung d.Teilwertes	Gesamtverkaufspreis	Gesamt teilwert
3	Team Seven Gr. 36	36,90	36,90	–	110,70	110,70
1	Team Seven Gr. 44	42,90	35,90	verschmutzt	42,90	35,90
...	...	...	...	...	...	...

6.3 Inventurdifferenzen

Da jeder Wareneingang im Laufe eines Geschäftsjahres buchhalterisch erfasst wird, können jederzeit Sollbestände der Waren ermittelt werden. Der Unterschied zwischen diesen Sollbeständen und den bei der Inventur ermittelten tatsächlichen Warenbeständen (Istbestände) wird als **Inventurdifferenz** bezeichnet. Wenn die Abweichungen zwischen Soll- und Istbeständen über den üblichen Werten liegen, wird in einem oder mehreren Bereichen nachlässig gearbeitet. Dieser Bereich muss gefunden werden und es müssen entsprechende Inventur-Verbesserungsmaßnahmen eingeleitet und konsequent befolgt werden.

6.3.1 Ursachen für Inventurdifferenzen

Bereich	Ursachen
Wareneingang	Fehlerhafte Eingangskontrolle, Doppelberechnung, Auszeichnungsfehler, keine Erfassung von Warenrücksendungen.
Verkauf	Keine oder fehlerhafte Erfassung von Preisänderungen, Preisnachlässe nicht berücksichtigt, Privatentnahmen nicht erfasst, Diebstahl, Mengenverluste durch Verdunstung, *(während der Reifung von Rinderfilet)*, Verschnitt *(Anschnitt bei der Wurst)*, Entnahme von Probemengen *(die Scheibe Fleischwurst, die dem sechsjährigen Tim über die Theke gereicht wird)*.
Organisation	Keine Erfassung von Umlagerungen, Lieferantenrechnungen erfasst, obwohl kein Wareneingang erfolgt ist, festgestellte Diebstähle nicht ausgebucht, Warenrückgaben nicht als Zugang eingebucht.
Inventur	Mangelhafte Vorbereitung und Durchführung, Hör-, Schreib- und Zählfehler, Warenträger und Zwischenlager vergessen, keine Erfassung der Schaufensterware.

Eine weitere Ursache für Inventurdifferenzen ist der **Warendiebstahl** durch **Mitarbeiter**.

6.3.2 Diebstahlschutz im Lager

Da normalerweise Kunden keinen Zugang zu den Lagerbereichen eines Einzelhandelsunternehmens haben, sind für die meisten Diebstähle in diesem Bereich Mitarbeiter des Unternehmens bzw. von Lieferanten verantwortlich. Um **Diebstähle** zu **vermeiden**, sind folgende **Sicherungs- und Vorsorgemaßnahmen** geeignet:

- Nur berechtigtes Personal hat Zugang zum Lagerraum,
- hochwertige Ware ist in einem Verschlusslager aufzubewahren,
- übersichtliche Lagerung, um „tote Winkel" zu vermeiden,
- Trennung von An- und Auslieferung,
- regelmäßige Kontrollen (Taschenkontrolle),
- Videoüberwachung,
- Warenrückgaben von Kunden vollständig und sofort im Warenwirtschaftssystem erfassen,
- Durchführung von nicht angesagten Teilinventuren.

6.3.3 Warensicherung zur Vermeidung von Diebstählen

Die **offene** Warendarbietung in Selbstbedienung und Vorwahl erhöht das Diebstahlrisiko. Daher setzen immer mehr Unternehmen **Warensicherungssysteme** ein. Dabei unterscheidet man zwischen zwei Arten (Beispiel Textilien):

Art	Aktive Warensicherungssysteme	Passive Warensicherungssysteme
Funktion	Die Ware ist mit einem Sicherungsetikett versehen. Bei der Bezahlung wird es entfernt (Abb. 1), da sonst beim Durchschreiten einer elektronischen Sicherheitsschleuse (Abb. 2) Alarm ausgelöst wird.	Die Ware ist mit einem Anhänger versehen, der sich nur mit einem Spezialgerät an der Kasse entfernen lässt. Versucht der Dieb den Anhänger selbst zu entfernen, wird die Ware beschädigt, z. B. durch Tintenspritzer (Abb. 3).
Wirkung	Ist das Sicherungssystem getarnt eingebaut, erfolgt eine wirkungsvolle Kontrolle. Wird auf das Sicherungssystem hingewiesen, steht die Abschreckung im Vordergrund.	Diese Systeme setzen darauf, dass möglichen Ladendieben ihre Tat als nutzlos erscheinen soll. Die Wirkung ist allerdings begrenzt.

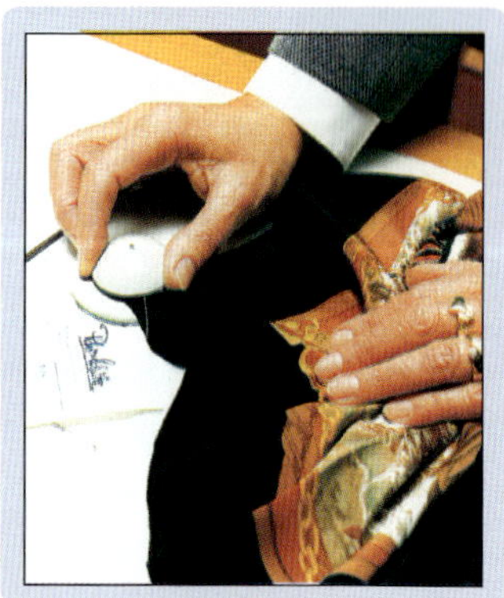

Abb. 1

Abb.2

Abb. 3

Infobox

Sei schlauer als der Klauer – Quellensicherung der Ware!

Unter dem Begriff Quellensicherung versteht man die Sicherung diebstahlgefährdeter Artikel an der Quelle, d. h. beim Hersteller. Bereits während des Produktionsprozesses wird ein Sicherungselement in das Produkt oder in seine Verpackung integriert. Die Quellensicherung weist folgende Vorteile auf:

1. Der manuelle Aufwand des Etikettierens und des Lösens der Sicherungselemente entfällt.
2. Sicherungselemente sind für den Ladendieb nicht mehr ohne weiteres erkennbar, wodurch potenzielle Ladendiebe abgeschreckt werden, weil sie zum einen nicht wissen, wo sich das Sicherungselement befindet, und zum anderen, ob die Ware überhaupt durch ein Sicherungselement gesichert ist.
3. Diebstahlgefährdete Artikel wie Kosmetika, die sich insbesondere durch ihre geringe Größe als Diebstahlsobjekt auszeichnen, könnten dem Kunden unverschlossen präsentiert werden. Die derzeit nötige Umverpackung könnte entfallen.

6.4 Inventur mit einem Warenwirtschaftssystem

Auch bei Nutzung eines Warenwirtschaftssystems und Anwendung der Permanenten Inventur muss mindestens einmal im Jahr der Warenbestand körperlich durch Zählen, Messen und/oder Wiegen aufgenommen werden.

Im Menü „Sonstiges" wird zur Erstellung von Eingabelisten das Formular „Report Bestandsaufnahme" aufgerufen.

Anschließend werden die aufzunehmenden Warengruppen festgelegt. Nach Auswahl der entsprechenden Kriterien erstellt das System einen Inventurbogen.

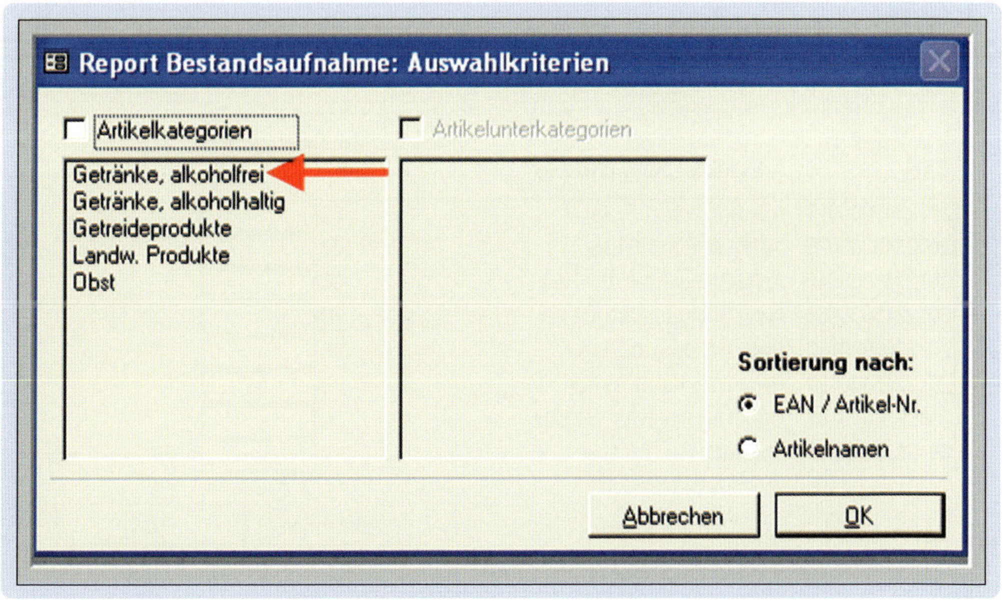

Naturladen Gesund & Preiswert e.K. **Bestandsaufnahme**

05. Jan. 18:55

Artikelkategorie: Getränke, alkoholfrei

EAN / Artikel-Nr.	Artikelname	Bestand Soll	Bestand Ist	Differenz
2012345000018	Apfelsaft trüb, 0,7 Liter	98	______	______
2012345000025	Apfelsaft trüb, 1,0 Liter	100	______	______
2012345000049	Apfel-Orangensaft, 0,7 Liter	65	______	______
2012345000056	Apfel-Orangensaft, 1,0 Liter	70	______	______
2012345000117	Pfirsich-Nektar, 0,7 Liter	76	______	______
2012345000124	Pfirsich Nektar, 1,0 Liter	70	______	______
3945678010104	O-Saft mit Fruchtfleisch 1,0 l	0	______	______
3945678010203	Apfelsaft, klar, 1,0 Liter	0	______	______

Nach Abschluss der körperlichen Bestandsaufnahme werden die ermittelten Ist-Bestände im System erfasst. Dazu dient eine Eingabemaske, die die Sollbestände (Buchwerte) zeigt. Nach Eingabe der Istwerte können mögliche Inventurdifferenzen ermittelt werden.

Bestandsaufnahme

Auswahl:

Artikelkategorie: Getränke, alkoholfrei

EAN	Artikelkurzbezeichnung	Bestand Soll	Bestand Ist	Differenz
2012345000018	Apfelsaft trüb, 0,7 Liter	98		
2012345000025	Apfelsaft trüb, 1,0 Liter	100		
2012345000049	Apfel-Orangensaft, 0,7 Liter	65		
2012345000056	Apfel-Orangensaft, 1,0 Liter	70		
2012345000117	Pfirsich-Nektar, 0,7 Liter	76		
2012345000124	Pfirsich Nektar, 1,0 Liter	70		
3945678010104	O-Saft mit Fruchtfleisch 1,0 l	0		
3945678010203	Apfelsaft, klar, 1,0 Liter	0		

Abbrechen OK

Aktion

1. Erstellen Sie eine tabellarische Übersicht der verschiedenen Inventurverfahren nach folgenden Gesichtspunkten:
   - Zeitpunkt der Warenaufnahme
   - Personalbedarf
   - Arbeitsbelastung
   - Aktualität
   - Auswertungsmöglichkeiten

2. Aus welchen Gründen können Inventuren außerhalb der üblichen Termine durchgeführt werden?

3. Welche der folgenden Begründungen für Teilwertabschläge der Reinbach-GmbH wird das Neuburger Finanzamt wahrscheinlich nicht akzeptieren? Geben Sie eine kurze Begründung.
   - Aktentaschen, die vor 5 Jahren eingekauft wurden.
   - Farbabweichungen von Papier und Umschlägen bei Briefpost-Geschenkpackungen.
   - Computer-Monitore, 3 Monate alt.
   - Computer- und Kopierpapier, Wasserschaden nach Hochwasser.
   - Einkaufspreise für Füller sind um 15 % gestiegen.

4. Im Warenhaus Merkur wurde in den letzten Wochen in allen Abteilungen die Inventur durchgeführt. Geschäftsführer Henke will mit den Abteilungsleitern ein Gespräch führen, bei denen die Inventurdifferenzen 1 % vom Gesamtumsatz übersteigen. Dazu hat er sich folgende Liste vorlegen lassen:

Inventur Soll-Ist-Vergleich Filiale Neuburg		**Dienstag, 17.04....**	**10:25**	**S 1/1**
Abteilung	**Bestand-Inventur**	**Bestand-EDV**	**Differenz/€**	**Differenz/%**
Lebensmittel, ges.	510.812,00	515.000,00	– 4.188	0,81
Weinlaube	85.612,00	87.345,00	– 1.733	1,98
Mopro	35.666,00	35.812,00	– 146	0,41
Süßwaren	58.677,00	61.234,00	– 2.557	4,18
Schreibwaren	67.554,00	67.988,00	– 434	0,64
Kosmetik	156.433,00	162.988,00	– 6.555	4,02
Waschmittel	77.333,00	77.543,00	– 210	0,27
Junge Mode	256.988,00	262.333,00	– 5.345	2,04
Herrenkonfektion	145.677,00	146.533,00	– 856	0,58
Geschenkartikel	89.554,00	88.122,00	1.432	– 1,63
CD-Shop	188.543,00	202.177,00	– 13.634	6,74

   a) Worin sehen Sie die Ursachen bei den Abweichungen zwischen Soll- und Istbeständen?
   b) Herr Henke möchte zusammen mit den betroffenen Abteilungsleitern Maßnahmen zur Reduzierung der Inventurdifferenzen erarbeiten. Machen Sie entsprechende Vorschläge.

7 Sicherheit und Umweltschutz im Lager

7.1 Sicherheit im Lager

Safety first!

Situation

Etwa 50.000 meldepflichtige Unfälle gibt es jährlich im Einzelhandel, ein Viertel davon Wegeunfälle. Die meisten Arbeitsunfälle geschahen im Zusammenhang mit Fußböden, Treppen und Leitern (24 Prozent aller Unfälle). Am häufigsten kam es zu Handverletzungen (45%), es folgen Fußverletzungen (18%) und Knieverletzungen (8%).

Arbeitsauftrag

Überprüfen Sie diese Zahlen anhand einer kleinen Umfrage in Ihrer Klasse zu Unfällen und Verletzungen Ihrer Mitschüler im Ausbildungsunternehmen.

Information

Die Arbeitgeber haben nach dem Arbeitsschutzgesetz (ArbSchG) Sicherheit und Gesundheitsschutz der Beschäftigten zu sichern und zu verbessern. Die Arbeitnehmer sind verpflichtet, die entsprechenden Vorschriften zu befolgen. Der Arbeitgeber ist verpflichtet, seine Arbeitnehmer gegen die Folgen eines arbeitsbedingten Unfalles zu versichern (gesetzliche Unfallversicherung).

Unfallschutz

Sturz auf Verkehrswegen

Die Verkehrswege im Lager müssen so beschaffen sein, dass die dort beschäftigten Personen nicht stolpern, ausrutschen oder mit dem Fuß umknicken können.

Daher ist schadhafter Fußboden sofort auszubessern und herumliegende Gegenstände sind zu entfernen. Stolperstellen müssen beseitigt bzw. gekennzeichnet werden und witterungsbedingte Glätte ist zu vermeiden.

Absturz von Leitern

Die im Lager verwendeten Aufsteigeeinrichtungen müssen sicher sein und bestimmungsgemäß benutzt werden. Es müssen daher geeignete Leitern in ausreichender Zahl und Größe vorhanden sein. Kisten, Stühle etc. dürfen nicht als Aufstiege Verwendung finden. Leitern sind standsicher aufzustellen. Die Mitarbeiter/innen sollten im Lager fest am Fuß sitzende Schuhe mit biegsamen Sohlen und flachen Absätzen tragen.

Verletzungen beim Umgang mit Verpackungen

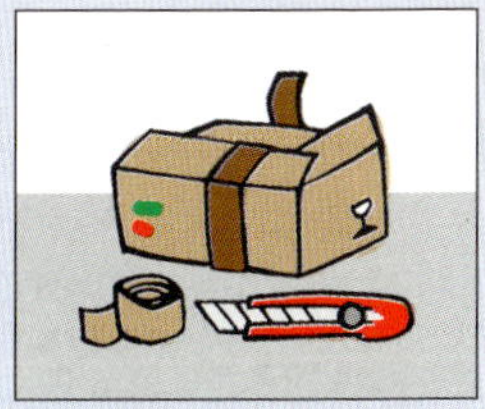

Zu den häufigsten Unfällen im Lager zählen Schnittverletzungen beim Öffnen von Verpackungen. Um diese zu vermeiden, sollten nur Kartonmesser mit selbsttätiger Klingensicherung eingesetzt werden *(Messer schnellt nach Beendigung des Schneidvorgangs in die Schutzstellung zurück)*. Stumpfe Klingen sollte man schnell gegen scharfe auswechseln.

Brandschutz

Brandgefahr

Im Lager (Ausnahme Aufenthaltsräume) gilt strenges Rauchverbot. Nicht benötigte elektrische Geräte und Einrichtungen sollten bei längerer Nutzungspause abgeschaltet werden. Die Abstände zwischen Hitze entwickelnden Geräten und brennbaren Materialien sind einzuhalten.

Brandbekämpfung

Feuerlöscheinrichtungen *(Feuerlöscher, Löschdecke)* sind in ausreichender Zahl bereitzustellen. Alle zwei Jahre sollten Feuerlöscher auf ihre Funktionstätigkeit geprüft werden. Es ist angebracht die Beschäftigten im Umgang mit Feuerlöschern zu unterweisen. Rettungswege und Notausgänge sind immer zu kennzeichnen.

7.2 Umweltschutz im Lager

Umweltschutz im Lager heißt vor allem Entsorgung von Verpackungsabfällen. Diese Aufgabe wird durch die Entsorgungslogistik wahrgenommen. Entsorgungslogistik befasst sich mit der Sammlung, dem Transport, dem Umschlag und der Lagerung aller in Unternehmungen anfallenden Wert-, Abfall-, Rest- und Schadstoffe.

Ziele der Entsorgungslogistik sind die Wiederverwendung, die Weiterverwertung (Recycling), die Lagerung oder aber die Reduzierung der Entsorgungsgüter.

Die im Rahmen der Entsorgungslogistik eingesetzten Techniken für Förder-, Lager- und Handhabungsaufgaben sind unter wirtschaftlichen Gesichtspunkten zu planen, zu realisieren und zu kontrollieren.

Beispiel Entsorgung durch die INTERSEROH AG

Die INTERSEROH AG zur Verwertung von Sekundärrohstoffen koordiniert und organisiert im Auftrag von mehr als 4.000 Industrieunternehmen aus zwölf Branchen alle Bereiche der Rücknahme von Transportverpackungen: Von der Sammlung bei über 80.000 Anfallstellen über den Transport, die Sortierung und die Verwertung bis zur Vermarktung der gewonnenen Sekundärrohstoffe. Die Dienstleistungen „Erfassen und Transportieren" erbringen selbstständige Entsorgungsunternehmen als Vertragspartner von INTERSEROH AG vor Ort – und zwar flächendeckend für ganz Deutschland.

Aktion

1. Die Berufsgenossenschaft für den Einzelhandel (www.bge.de) informiert über Broschüren, Merkblätter und Lehrvideos umfassend über den notwendigen Arbeitsschutz im Einzelhandel. Besorgen Sie sich solche Materialien zur Sicherheit am Arbeitsplatz und berichten Sie vor der Klasse.

2. „Untersuchungen haben gezeigt, dass technische Mängel als Ursachen für betriebliche Unfälle mehr und mehr in den Hintergrund treten. Vorschriften über die Beschaffenheit sowie regelmäßige Prüfungen und Kontrollen sorgen im Allgemeinen für einen arbeitssicheren Zustand von Maschinen, Geräten und baulichen Einrichtungen.

   Umso mehr rückt das menschliche Verhalten als Ursache für Arbeitsunfälle in den Vordergrund. Es stellt sich daher für alle, die sich um sicheres Arbeiten im Betrieb bemühen, die Frage, was man tun kann, um sicherheitsgerechtes Verhalten bei den Mitarbeitern zu fördern." (Aus einer Mitteilung der Berufsgenossenschaft für den Einzelhandel.)

   Wie kann Ihrer Meinung nach sicherheitsgerechtes Verhalten der Mitarbeiter gefördert werden?

3. Beschreiben Sie, wie in Ihrem Ausbildungsbetrieb Verpackungen entsorgt werden.
   Welche Probleme treten im Zusammenhang mit der Entsorgung auf?

Geschäftsprozesse erfassen und kontrollieren

8. Lernfeld

▸ Inhalt

1 Buchführung als Teil des Rechnungswesens

Viel mehr als Zahlenfriedhof!

Einzelhändler Frank Schmitt kauft für sein Unternehmen ein neues Notebook. Der Rechnungsbetrag lautet über 1.499,00 € und ist auf dem abgebildeten Kassenbon belegt. Ihnen wird das Original begegnen, aber häufig werden Sie einfach nur den Betrag oder einen Teil davon in Listen und Auswertungen sehen. Versuchen Sie in Ihrem Ausbildungsbetrieb den Weg eines konkreten Beleges nachzuvollziehen. Beschreiben Sie diesen. Nennen Sie Listen und Auswertungen, in denen die Daten dieses Beleges erfasst sind.

PRO MEDIA
TV-HIFI-Elektro
Berliner Landstr. 146
55555 Neuburg

3030142
Mediom-Notebook 400 1.499,00 €

Total 1.499,00 €

PRO MEDIA

Inkl. 19,00 % USt. 239,34 €
Netto-Warenwert 1.259,66 €

Vielen Dank für Ihren Einkauf!

22357 MO33 123 5425 20.02.20.. 16:57

1.1 Aufgaben und Bereiche des Rechnungswesens

Situation

Das neue Notebook von Frank Schmitt kostet 1.499,00 €.

Bei der Kalkulation des Verkaufspreises hat die Geschäftsleitung der PRO MEDIA folgende Berechnung vorgenommen:

Einkaufspreis	600,00 €
+ Kosten für Verwaltung	+ 109,00 €
+ Kosten für Lager und Verkauf	+ 250,00 €
+ Gewinnzuschlag	+ 300,66 €
= Verkaufspreis (ohne USt.)	1.259,66 €

Arbeitsauftrag

Überlegen Sie, aus welchen Quellen diese Daten im Unternehmen der PRO MEDIA stammen.

Information

Die Daten, die zur Preiskalkulation des Notebooks benötigt werden, stammen aus dem **betrieblichen Rechnungswesen**.

Dieses hat die **Aufgabe** umfassende Informationen über alle wichtigen und zahlenmäßig erfassbaren Vorgänge der Unternehmung aufzuzeichnen und der Unternehmensleitung und den verantwortlichen Mitarbeitern zur Verfügung zu stellen. Aufbau und Ablauf des betrieblichen Leistungsprozesses werden dadurch transparent dargestellt und die Daten können zur **„Überwachung"** genutzt werden.

Das Rechnungswesen stellt darüber hinaus die **Grundlage** für die **Planung** und **Steuerung** der **Geschäftsprozesse** durch die Unternehmensleitung dar.

Bereiche des Rechnungswesens

Zum **Rechnungswesen** eines Einzelhandelsunternehmens, wie zu jedem anderen Unternehmen, gehören die Bereiche:

- Finanzbuchhaltung
- Kosten- und Leistungsrechnung
- Statistik
- Planungsrechnung

Finanzbuchhaltung

Zentraler Bestandteil des Rechnungswesens ist die **Finanzbuchhaltung**. Sie erfasst jeden Geschäftsvorfall im Unternehmen innerhalb eines bestimmten Zeitraums, üblicherweise über ein Geschäftsjahr.

Aufgaben der Finanzbuchhaltung	
Dokumentationsfunktion:	**Informationsfunktion:**
Sie bildet das betriebliche Geschehen in Zahlengrößen mithilfe der im Unternehmen anfallenden Belege *(Rechnungen, Kassenzettel, Kontoauszüge)* ab.	Sie informiert Entscheidungsträger innerhalb und außerhalb der Unternehmung. Dadurch wird sie zur Grundlage von Unternehmensentscheidungen.

Kosten- und Leistungsrechnung

Die **Kosten- und Leistungsrechnung** ist **Grundlage** der

- Kalkulation (Ermittlung des Verkaufspreises)
- Kostenkontrolle
- Erfassung der erbrachten Leistungen (Umsatzerlöse)
- Nachkalkulation zur Ergebnisermittlung (Preisabschriften)

Statistik

Statistische Auswertungen geben **Auskunft** über **betriebliche Entwicklungen** und dienen der **Verdeutlichung** von **Ergebnissen**. Die ausgewerteten Daten werden in Tabellen oder Grafiken dargestellt.

Planungsrechnung

Aus den Teilbereichen des Rechnungswesens werden Daten zu Plänen verarbeitet.

Beispiele für betriebliche Pläne:		
Umsatzplan	→	**Informationen zu geplanten Warenumsätzen**
Beschaffungsplan	→	**Informationen zum Wareneinkauf**
Finanzplan	→	**Aufstellung des Finanzbedarfs, Zu- und Abgang von Finanzmitteln**

Controlling

Die Informationen aus den einzelnen Bereichen des betrieblichen Rechnungswesens stellen die Grundlage für das **Controlling-System** der Unternehmung dar. Der Begriff Controlling ist abgeleitet vom englischen Verb „to control". Der Begriff kann übersetzt werden mit: lenken, steuern, planen, überwachen, kontrollieren.

> **Controlling** unterstützt die Unternehmensleitung bei der Vorbereitung von Entscheidungen, dem Steuern von Geschäftsprozessen und der Kontrolle des Unternehmensgeschehens.

Zusammenhang zwischen den einzelnen Bestandteilen des Rechnungswesens:

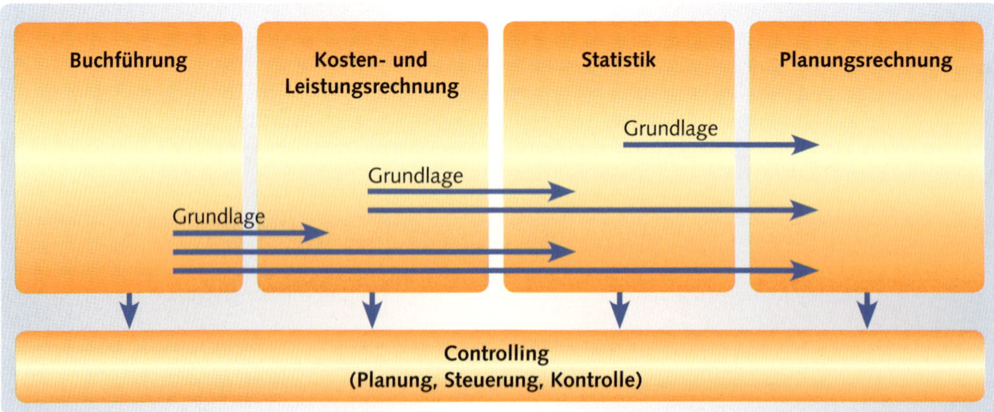

Bedeutung des Rechnungswesens für ein Unternehmen

Mithilfe des Rechnungswesens möchte ein Unternehmen

- den **Nachweis** über das **Vermögen** und die **Verbindlichkeiten** der Unternehmung führen,
- die **Ermittlung** des **Erfolges** einer Periode im Unternehmen vornehmen,
- die **Wirtschaftlichkeit** der betrieblichen Prozesse im Unternehmen überprüfen,
- wichtige **Informationen** für die Preisgestaltung und deren Überwachung gewinnen,
- die Grundlage für **Planung** und **Kontrolle** der unternehmerischen Entscheidungen legen.

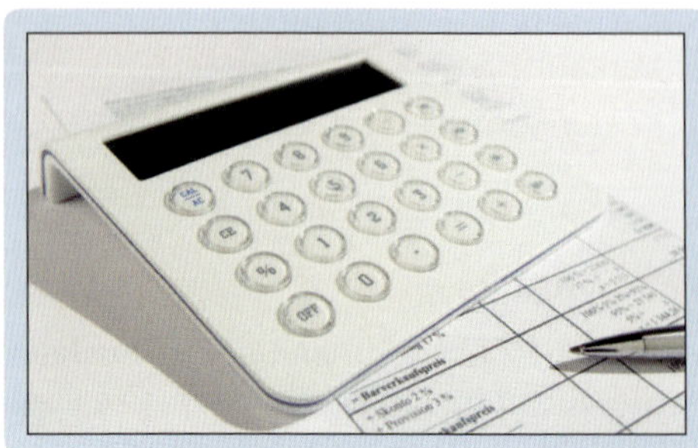

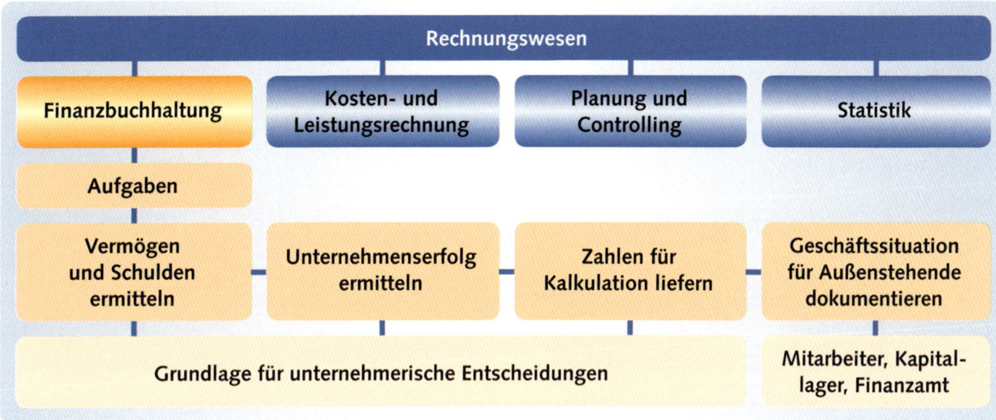

1.2 Der Weg vom Beleg über das Journal zum Hauptbuch

Der **Beleg** des Notebooks

PRO MEDIA
TV-HIFI-Elektro
Berliner Landstr. 146
55555 Neuburg

3030142
Mediom-Notebook 400 1.499,00 €
Total 1.499,00 €
PRO MEDIA
Inkl. 19,00 % USt. 239,34 €
Netto-Warenwert 1.259,66 €
Vielen Dank für Ihren Einkauf!
22357 MO33 123 5425 20.02.20.. 16:57

... und **weitere Belege** wie z. B.

- Eingangsrechnungen (ER)
- Ausgangsrechnungen (AR)
- andere Kassenbelege (KB)
- Kontoauszüge
- und sonstige Belege

werden erfasst im **Grundbuch** (Journal)

Journal	Monat/Jahr: 02/2015				Seite 2
Datum	Beleg Nr.	Bezeichnung des Vorgangs	Kontierung		Betrag
19.02...	ER 06	Gebäudedienst XXL			248,00 €
20.02...	KB 22	McPaper – Bürobedarf			90,50 €
20.02...	KB 23	Pro Media – Notebook			1.499,00 €

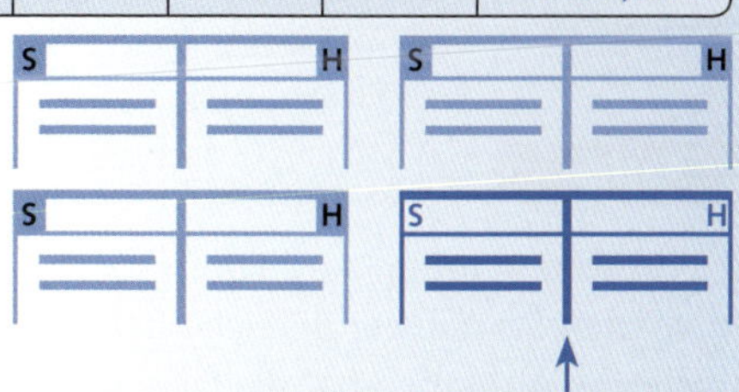

und dann weiter gegeben (bzw. ein zweites Mal erfasst) an das **Hauptbuch**, z. B. im Konto „Büromaschinen“.

Kassenbuch

In einem **Kassenbuch** werden alle Barvorgänge in einer zeitlichen Abfolge erfasst. Damit kann ein rechnerischer Kassenbestand (Soll-Bestand) ermittelt werden. Dieser Kassenbestand muss dann noch mit dem tatsächlichen Kassenbestand (Ist-Bestand) abgeglichen werden.

Einzelhändler Frank Schmitt erfasst am 20.02.20.. seine Barvorgänge im **Kassenbuch**:

	A	B	C	D
1	**Kassenbuch**			
2				
3	**Datum**	**Vorgang**	**Einnahme/ Bestand**	**Ausgabe**
4	20.02.	*Kassenbestand*	2.230,00 €	
5	20.02.	*Barzahlung Notebook*		1.499,00 €
6	20.02.	*Eingang vom Bankkonto*	2.500,00 €	
7	20.02.	*Barzahlung lt. Tankbeleg*		81,00 €
8	20.02.	*Kundenanzahlung*	250,00 €	
9		**Kassenschlussbestand 20.02.**	**3.400,00 €**	
10				

Kassenkonto

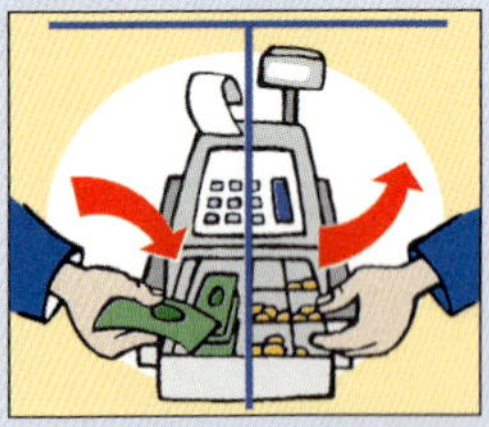

Auf dem **Kassenkonto** werden alle Barvorgänge (Einnahmen – Ausgaben) erfasst. Das Kassenkonto besteht aus zwei Spalten und hat somit die Form eines „T" (T-Konto). In die linke Spalte werden alle Einzahlungen (= Einnahmen) und der Anfangsbestand (AB), und in die rechte Spalte alle Auszahlungen (= Ausgaben) sowie der Schlussbestand (SB) oder auch Saldo genannt, geschrieben. Einzelhändler Frank Schmitt erfasst am 20.02.20.. seine Barvorgänge im **Kassenkonto**:

Einnahmen	Kassenkonto		Ausgaben
AB	2.230,00 €	Barzahlung Notebook	1.499,00 €
Eingang vom Bankkonto	2.500,00 €	Barzahlung lt. Tankbeleg	81,00 €
Kundenanzahlung	250,00 €	**Saldo (SB)**	3.400,00 €
	4.980,00 €		4.980,00 €

Aktion

1. Wie wird in Ihrem Ausbildungsbetrieb die Finanzbuchhaltung durchgeführt?
2. Nennen Sie die vier Bereiche des Rechnungswesens.
3. Welche Aufgaben hat die Finanzbuchhaltung?
4. Erstellen Sie für folgende Vorgänge das Kassenbuch und das Kassenkonto: Anfangsbestand 3.400,00 €; Barzahlung von Briefmarken 50,00 €; Eingang vom Bankkonto 350,00 €; Barzahlung Büromaterial 300,00 €; Barverkauf 550,00 €.

2 Bilanz – Übersicht über Vermögen und Schulden

Alle Zahlen auf den Tisch!

Situation

Markus Schuller führt in Neuburg ein kleines Sportartikelgeschäft. Zu seinem Unternehmen gehört das Haus, in dem sich sein Laden und seine Büroräume befinden, ein kleiner Lieferwagen, die Ladeneinrichtung, eine Registrierkasse, ein Computer sowie der Warenbestand. Herr Schuller hat einen Bar-betrag in seiner Kasse, er besitzt sein Geschäftsgirokonto und hat bei der Bank eine Darlehensschuld. Darüber hinaus hat er die letzte Warenlieferung noch nicht bezahlt (Verbindlichkeiten). Ein Kunde hat drei Artikel zur Ansicht mit nach Hause genommen.

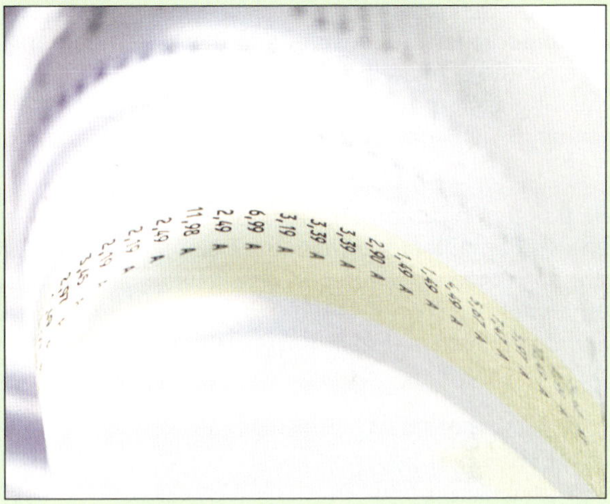

Das Wirtschaftsjahr für das Sportartikelgeschäft ist zu Ende. Herr Schuller muss eine Inventur durchführen.

Arbeitsaufträge

1. *Wie kann Herr Schuller die einzelnen Positionen erfassen?*
2. *Wie sieht das Inventar des Sportartikelgeschäftes zum Stichtag aus?*

Information

2.1 Inventur

Nach gesetzlichen Bestimmungen (§ 240 HGB und §§ 140, 141 AO) ist der Kaufmann verpflichtet, Vermögen und Schulden des Unternehmens zu bestimmten Zeitpunkten festzustellen.

Eine **Bestandsaufnahme** von **Vermögen** und **Schulden** muss durchgeführt werden:

- bei der Gründung oder Übernahme eines Unternehmens,
- am Schluss eines Geschäftsjahres,
- bei Auflösung oder Verkauf des Unternehmens.

Die Tätigkeit der Bestandsaufnahme von Vermögen und Schulden nennt man **Inventur**.

Alle Vermögensteile und Schulden der Unternehmung müssen nach ihrer **Art** (Bezeichnung), ihrer **Menge** (Stückzahl, Gewicht, Länge, usw.) und ihrem **Wert** (in € zum Stichtag) erfasst werden. Diese **Bestandsaufnahme** oder Inventur muss **mindestens** einmal pro Geschäftsjahr erfolgen.

Alle **körperlichen Gegenstände** in der Unternehmung, dazu gehören auch alle Waren eines Einzelhändlers, müssen durch Zählen, Messen oder Wiegen erfasst werden. Ist eine exakte Erfassung nicht möglich, darf mitunter auch geschätzt werden. Man spricht in diesem Zusammenhang auch von der **körperlichen Inventur** (oder körperlichen Bestandsaufnahme).

Alle übrigen (nichtkörperlichen) Gegenstände, z. B. Forderungen, Bankguthaben oder Schulden, werden anhand vorhandener Unterlagen, wie Belege oder buchhalterischen Aufzeichnungen, ermittelt. Dieser Vorgang wird als **Buchinventur** (oder buchmäßige Bestandsaufnahme) bezeichnet. Auch **unbewegliches Anlagevermögen** (Grundstücke und Gebäude) kann durch Buchinventur erfasst werden.

Wichtige Inventurpositionen

Bezeichnung	Beispiel	Erfassung
unbewegliches Anlagevermögen	Immobilie	Buchinventur
bewegliches Anlagevermögen	Betriebs- und Geschäftsausstattung (Ladeneinrichtung) Fuhrpark (Lieferwagen) Büromaschinen (Registrierkasse, Computer)	körperliche Bestandsaufnahme mit Einzelnachweis und Einzelbewertung
Vorratsvermögen	Handelswaren (Turnschuhe, Badeanzüge, Tennisschläger, u. v. m.)	körperliche Bestandsaufnahme mit Einzelnachweis und Einzelbewertung
Forderungen aus Lieferungen und Leistungen	unbezahlte Ware von Kunden	Buchinventur (Saldenlisten/Konten der Schuldner)
Bankguthaben	Bestand Girokonto	Buchinventur (Kontoauszüge)
Kassenbestand	Geld in Registrierkasse	körperliche Bestandsaufnahme mit Kassenprotokoll
Verbindlichkeiten gegenüber Kreditinstituten	Darlehen	Buchinventur (Kontoauszüge)
Verbindlichkeiten aus Lieferungen und Leistungen	unbezahlte Warenlieferung	Buchinventur (Saldenlisten/Konten der Gläubiger)

Unter **Forderungen** aus Lieferungen und Leistungen versteht man **Zahlungsansprüche gegenüber Kunden** aus noch nicht bezahlten Ausgangsrechnungen, d. h. der Kunde hat die Ware, aber sie wurde von ihm noch nicht bezahlt.

Unter **Verbindlichkeiten** aus Lieferungen und Leistungen versteht man **Schulden gegenüber einem Lieferanten**, d. h. der Lieferant hat die Waren bereits geliefert, aber sie ist noch nicht bezahlt.

Inventurverfahren

Je nachdem, wann die Inventur durchgeführt wird, kann man verschiedene Verfahren der Inventur unterscheiden.

Stichtagsinventur § 240 Abs. 1 HGB/ Abschn. 30 Abs. 1 EStR	Die körperliche Bestandsaufnahme muss für den Bilanzstichtag, also den Schluss des Geschäftsjahres, erbracht werden. Sie muss aber nicht unmittelbar am Bilanzstichtag erfolgen, sondern kann zeitnah, innerhalb von zehn Tagen vorher oder danach durchgeführt werden. Die Bestandsveränderungen zwischen dem Zeitpunkt der Bestandsaufnahme und dem Bilanzstichtag müssen allerdings berücksichtigt werden. Nachteilig bei der Stichtagsinventur ist der hohe Arbeitsaufwand, der innerhalb eines kurzen Zeitraums erbracht werden muss.
Permanente Inventur § 241 Abs. 2 HGB	Die permanente Inventur ist erlaubt, wenn durch ein anderes Verfahren gesichert ist, dass der Bestand der Vermögensgegenstände nach Art, Menge und Wert auch ohne körperliche Bestandsaufnahme zum Bilanzstichtag festgestellt werden kann. Dies kann, insbesondere unterstützt durch moderne EDV, mithilfe von Lagerbüchern, Lagerkarteien oder Warenwirtschaftssystemen erfolgen. Bei der körperlichen Aufnahme werden die Soll- und Istbestände abgeglichen und wenn nötig korrigiert. Am Geschäftsjahresende werden die bis dahin fortgeschriebenen Bestände (Buchbestände) ohne zusätzliche Abschlussarbeiten in die Inventur übernommen. Voraussetzung dieses Verfahrens ist jedoch, dass mindestens einmal pro Geschäftsjahr, zu einem beliebigen Zeitpunkt, eine körperliche Bestandsaufnahme durchgeführt wird und so die Bestände überprüft werden. Bei besonders wertvollen Gütern darf keine permanente Inventur durchgeführt werden (Abschn. 30 EStR).
Zeitlich verlegte Inventur § 241 Abs. 3 HGB	Drei Monate vor oder zwei Monate nach dem Bilanzstichtag kann eine zeitlich verlegte Inventur durchgeführt werden. Der sich ergebende Gesamtwert des Bestandes wird dann wertmäßig (jedoch nicht mehr mengenmäßig) auf den Bilanzstichtag fort- bzw. zurückgeschrieben.
Stichprobeninventur § 241 Abs. 1 HGB	Bei der Stichprobeninventur darf der Bestand der Vermögensgegenstände nach Art, Menge und Wert auch mithilfe anerkannter mathematisch-statistischer Methoden auf Grund von Stichproben ermittelt werden. Die Stichproben müssen jedoch im Rahmen einer körperlichen Bestandsaufnahme erfasst werden.

Bei der permanenten Inventur handelt es sich, ebenso wie bei der zeitlich verlegten Inventur und der Stichprobeninventur, um so genannte **Inventurvereinfachungsverfahren**.

Durchführung einer Inventur

Für jedes Unternehmen, insbesondere aber für den Einzelhandel, ist eine Inventur ein großer zusätzlicher Arbeitsaufwand. Um einen reibungslosen Ablauf zu erreichen und sicherzustellen, dass alle Bestände korrekt erfasst werden, ist eine sorgfältige Planung notwendig. Dafür gibt es in vielen Betrieben **Inventurrichtlinien**.

Sie legen fest:

- **Wer** führt die Inventur an den verschiedenen Orten im Unternehmen durch?
- **Wo** sind im Unternehmen die Bestände zu erfassen *(Verkaufsräume, Lager, Verwaltungsräume)*?
- **Wann** ist die Bestandsaufnahme jeweils durchzuführen?

Damit die Ergebnisse der Inventur den Grundsätzen ordnungsmäßiger Buchführung entsprechen, sollten die entsprechenden Aufzeichnungen folgende Angaben enthalten:

- genaue Mengen (Zahl, Maße, Gewichte),
- fachgerechte Bezeichnungen der Gegenstände nach Art, Größe und Qualität,
- übersichtliche Gruppierung der Wirtschaftsgüter nach Standorten,
- den Wert je Einheit und den Gesamtwert,
- das Datum der Bestandsaufnahme und die Unterschrift der die Inventur durchführenden Person.

Das Ergebnis der Inventur wird in einem Inventar festgehalten.

2.2 Inventar

Das **Inventar** ist das Ergebnis der Inventur. Es ist ein **Verzeichnis**, in dem der Kaufmann alle Grundstücke, seine Forderungen und Schulden, den Betrag seines baren Geldes sowie alle sonstigen Vermögensgegenstände genau nach Art, Menge und Wert zu einem bestimmten Zeitpunkt aufführt (§ 240 HGB).

Ein **Inventar** hat folgende **Dreiteilung**:

- → **A. Vermögen**
- → **B. Schulden**
- → **C. Reinvermögen (= Eigenkapital)**

Die einzelnen Inventarpositionen sind weiter untergliedert.

A. Vermögen

Das Vermögen wird entsprechend seiner Liquidität (Flüssigkeit) geordnet aufgeführt, d. h. abhängig davon, wie schnell sich ein Vermögensgegenstand in Geld umsetzen lässt. Während man langfristig genutzte Vermögensteile (Grundstücke, Gebäude) im Inventar zuerst aufführt **(Anlagevermögen)**, werden „flüssige" Vermögensgegenstände (Bankguthaben, Kassenbestände) zuletzt aufgelistet **(Umlaufvermögen)**.

Im Gegensatz zum Anlagevermögen verändert sich das Umlaufvermögen durch die betriebliche Tätigkeit ständig.

B. Schulden

Schulden werden entsprechend ihren Laufzeiten sortiert. An erster Stelle stehen langfristige Schulden wie **Hypotheken** oder **Darlehen**, danach werden kurzfristige Schulden wie beispielsweise **Verbindlichkeiten** bei Lieferern und Banken mit einer Laufzeit bis zu einem Jahr aufgeführt.

C. Reinvermögen

Durch den Vergleich des Wertes der betrieblichen Vermögensteile mit der Summe der betrieblichen Schulden kann der Kaufmann sein Reinvermögen (Eigenkapital) ermitteln.

Summe der Vermögensteile
– Summe der Schulden
= Reinvermögen (Eigenkapital)

Das **Inventar** muss laut § 257 HGB des zehn Jahre aufbewahrt werden.

Gliederungsschema für ein Inventar:

A. Vermögen

I. Anlagevermögen

- Grundstücke,
- Gebäude,
- Fahrzeuge,
- Betriebs- und Geschäftsausstattung,
- ...

II. Umlaufvermögen

- Warenbestände,
- Forderungen,
- Postbank- und Bankguthaben,
- Bargeld.

B. Schulden

I. Langfristige Schulden

- Hypotheken,
- Darlehensschulden.

II. Kurzfristige Schulden

- Schulden aus Lieferungen und Leistungen,
- Bankschulden.

C. Ermittlung des Eigenkapitals (Reinvermögens)

Summe des Vermögens (A.)
– Summe der Schulden (B.)
= Reinvermögen (Eigenkapital)

Beispiel für ein Inventar:

Inventar des Sportgeschäftes
Markus Schuller e. K., Neuburg zum 31.12...

	Bezeichnung	€	€
A.	**Vermögen**		
	I. Anlagevermögen		
	Sachanlagen		
	Betriebs-/Geschäftsausst.	8.500,00	
	Kassensystem	1.100,00	
	PKW	12.480,00	
	Büromaschinen (PC)	1.499,00	
	Büromöbel	499,00	
			24.078,00
	II. Umlaufvermögen		
	Warenbestände		
	Badebekleidung (Anlage 1)	780,00	
	Tennisbekleidung (Anlage 2)	1.260,00	
	Turnschuhe (Anlage 3)	15.570,00	
	....	15.800,00	
	....	13.700,00	
			47.110,00
	Forderungen		
	Forderungen aLL[1]		220,00
	Bankguthaben, Kasse ...		
	Sparkasse	14.795,00	
	Kasse	1.589,00	
			16.384,00
	Summe Vermögen		**87.792,00**
B.	**Schulden**		
	I. langfristige Schulden		
	langfristige Bankverbindlichkeiten		75.000,00
	II. kurzfristige Schulden		
	Verbindlichkeiten aLL		8.050,00
	Summe Schulden		**83.050,00**
C.	**Ermittlung des Reinvermögens**		
	Summe Vermögen		87.792,00
	Summe Schulden		83.050,00
	Reinvermögen (Eigenkapital)		**4.742,00**

1 die Abkürzung **aLL** bedeutet „aus Lieferungen und Leistungen".

Aktion

1. Nennen Sie die Vorteile der permanenten Inventur gegenüber der Stichtagsinventur.

2. Nennen Sie die Positionen eines Inventars, die zwingend durch eine Buchinventur erfasst werden müssen.

3. Beschreiben Sie den Zusammenhang zwischen Inventur und Inventar.

4. Die Durchführung einer Inventur ist häufig eine organisatorische Belastung für das Einzelhandelsgeschäft. Nennen Sie Möglichkeiten, die zur Entlastung beitragen.

5. Bei der Textil-Markt GmbH endet das Geschäftsjahr zum 31. März.

   a) Nennen Sie mögliche Inventurtage bei einer Stichtagsinventur.

   b) Nennen Sie mögliche Inventurtage für eine verlegte Inventur.

6. Erstellen Sie das Inventar eines Lebensmittel-Einzelhandelsunternehmens zum 31.12. aus folgenden Einzelaufzeichnungen:

• 1 PKW VW Golf	12.000,00 €	• Ladeneinrichtung (lt. Anhang)	25.000,00 €
• Grundstück mit Ladengeschäft	450.000,00 €	• Büroausstattung (lt. Anhang)	5.700,00 €
• Forderungen	550,00 €	• 2 Registrierkassen	2.000,00 €
• 2 PC	2.800,00 €	• Warenbestände	109.500,00 €
• Software (2 Lizenzen MS-Office, 1 Lizenz Warenwirtschaftssystem)	5.500,00 €	• Verbindlichkeiten bei Lieferant Garant GmbH	2.800,00 €
• Kassenbestand Kasse 1	2.560,00 €	• Darlehen bei Sparkasse	350.000,00 €
• Darlehen bei Postbank	50.000,00 €	• Bankguthaben Girokonto Sparkasse	30.490,00 €
• Verbindlichkeiten bei Lieferanten Maxit AG	5.670,00 €	• Kassenbestand Kasse 2	530,00 €

7. Wie hoch ist das Eigenkapital in Aufgabe 6?

8. Das Einzelhandelsgeschäft Sport-Inn GmbH wird zur Durchführung der Inventur vom 03.01. bis zum 05.01. geschlossen. Nennen Sie Vor- und Nachteile dieser Maßnahme.

9. Markus Schuller entscheidet sich wegen des starken Weihnachtsgeschäftes für eine zeitlich verlegte Inventur. Am 14.10. beträgt sein Bestand an Fußballschuhen 42 Paar zu einem Einkaufspreis von 95,00 € je Paar. Bis zum Bilanzstichtag müssen folgende Bestandsveränderungen berücksichtigt werden: 18.10. Verkauf von 3 Paar zu 145,00 €. Am 28.10. und am 11.11. verkaufte er jeweils 5 Paar zum gleichen Preis. Am 10.12. erfolgte ein Wareneingang von 15 Paar zu je 95,00 €. Wie hoch ist der Bestand mengen- und wertmäßig am Jahresende?

2.3 Aufbau der Bilanz

Situation

Markus Schuller ist ein eingetragener Kaufmann und muss daher zum Geschäftsjahresende einen Jahresabschluss erstellen. Diesen benötigt er unter anderem zur Vorlage bei der zuständigen Finanzbehörde. Als Bestandteil des Jahresabschlusses muss Herr Schuller für sein Sportartikelgeschäft eine Bilanz erstellen. Diese kann er auf der Basis der durchgeführten Inventur und dem Inventar erstellen.

Arbeitsauftrag

Wie unterscheidet sich eine Bilanz von einem Inventar?

Information

Laut Handels- und Steuerrecht müssen Kaufleute und Gewerbetreibende bei Beginn ihres Handelsgewerbes und dann einmal jährlich (am Schluss eines jeden Geschäftsjahres), einen **Jahresabschluss** erstellen. Ein Bestandteil des Jahresabschlusses ist die **Bilanz**, die aus dem **Inventar** heraus gebildet wird.

2.3.1 Bilanz – Kurzform des Inventars

Die **Bilanz** kann als **Kurzform** des **Inventars** angesehen werden. Während im Inventar einzelne Posten mengen- oder wertmäßig genau aufgeführt sind, verzichtet man in der Bilanz auf diese ausführliche Darstellungsform. So wird beispielsweise im Inventar jeder Gegenstand einer Ladeneinrichtung mengen- und wertmäßig aufgeführt. In der Bilanz erscheint aber dann nur noch der Wert der gesamten Betriebs- und Geschäftsausstattung.

Inventar →		Bilanz
• ausführlich, aber unübersichtlich • Angaben der Arten, Mengen, Einzelpreise und Gesamtwerte • Vermögen, Schulden und Reinvermögen untereinander	Das Inventar ist die Basis zur Aufstellung der Bilanz.	• kurz, aber übersichtlich • nur Angabe der Gesamtwerte gleichartiger Vermögensteile oder Schulden • Vermögen und Kapital in Kontenform nebeneinander

Die Bilanz unterscheidet sich darüber hinaus vom Inventar in der Art der Darstellung. Die Bilanz wird in Form eines „**Kontos**" dargestellt. Ein Bilanzkonto hat zwei Seiten, die sich gegenüber stehen.

Die beiden Seiten der Bilanz weisen immer die gleiche Summe aus, d. h. unter dem Strich steht auf der linken Seite derselbe Betrag wie rechts.

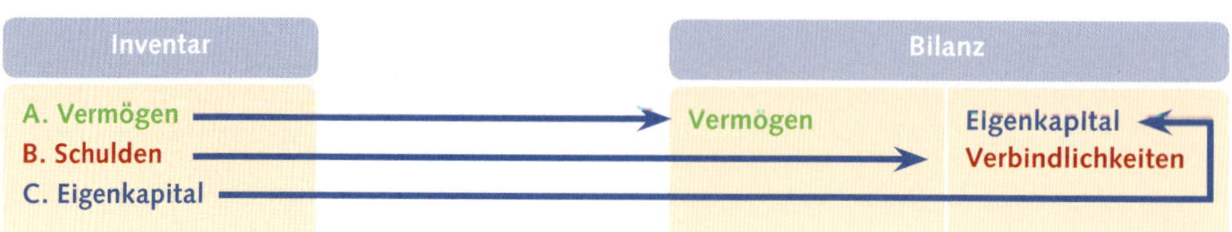

Die Bilanz einer Unternehmung zeigt in einfacher und übersichtlicher Form auf, woher das Kapital im Einzelnen kommt und wie es angelegt ist. Die linke Seite, genannt **Aktivseite (A)**, gibt Auskunft über die Verwendung des Kapitals **(Mittelverwendung, Investition)**, während die rechte Seite, die **Passivseite (P)**, die Informationen über die Herkunft der finanziellen Mittel **(Mittelherkunft, Finanzierung)** beinhaltet.

A Bilanz	P
Diese Seite der Bilanz heißt Aktivseite (Aktiva).	**Diese Seite der Bilanz heißt Passivseite (Passiva).**
An dieser Stelle wird das Vermögen (Anlage- und Umlaufvermögen) der Unternehmung,	**An dieser Stelle werden das Eigenkapital und die Verbindlichkeiten (Fremdkapital),**
d. h. die Mittelverwendung (Investition) des Unternehmens aufgeführt.	**d. h. die Kapitalherkunft des Unternehmens aufgeführt.**
Vermögensformen: Wie ist das Kapital angelegt?	**Kapitalquellen: Woher stammt das Kapital?**
Mittelverwendung = Investition	**Mittelherkunft = Finanzierung**

Die Summe des Vermögens (Anlage- und Umlaufvermögen) ist immer gleich der Summe des Kapitals (Eigenkapital + Verbindlichkeiten).

Beim **Kapitalaufbau** der Unternehmung unterscheidet man zwischen **Eigen-** und **Fremdkapital**. Während das **Eigenkapital** die **eigenen Mittel** der Unternehmung bezeichnet, spricht man von *Fremdkapital*, wenn das Kapital **von außen** in das Unternehmen eingebracht wird *(Bankkredit)*.

2.3.2 Gesetzliche Grundlagen der Bilanz

In § 266 HGB ist die Gliederung der Bilanz für Kapitalgesellschaften vorgeschrieben. Die Verwendung dieser Gliederung hat sich aber auch bei anderen Rechtsformen bewährt.

Ergänzend gelten für Form und Inhalt der Bilanz als Bestandteil des Jahresabschlusses folgende Vorschriften nach HGB §§ 243–245:

Die Bilanz
ist nach den Grundsätzen ordnungsmäßiger Buchführung zu erstellen.
muss klar und übersichtlich sein.
muss innerhalb einer angemessenen Zeit aufgestellt werden.
muss in deutscher Sprache und wertmäßig in Euro erstellt werden.
Der Jahresabschluss ist vom Kaufmann unter Angabe des Datums zu unterzeichnen.

Beispiel für eine Bilanz:

A	Bilanz des Sportfachgeschäftes Markus Schuller e. K., Neuburg zum 31.12.15		P
Vermögen		**Eigenkapital**	4.742,00 €
I. Anlagevermögen			
Sachanlagen	24.078,00 €	**Verbindlichkeiten**	
		I. langfristige Schulden	75.000,00 €
II. Umlaufvermögen		II. kurzfristige Schulden	8.050,00 €
Warenbestände	47.110,00 €		
Forderungen	220,00 €		
Bankguthaben, Kasse	16.384,00 €		
	87.792,00 €		87.792,00 €

Neuburg, 31.12.20..   Markus Schuller

2.3.3 Zusammenhang zwischen Inventar und Bilanz

Infobox

Aus der Bilanz erkennt man folgende Zusammenhänge (Bilanzgleichungen):

Aktivseite = Passivseite

Bilanzsumme = Anlagevermögen + Umlaufvermögen

Bilanzsumme = Eigenkapital + Fremdkapital

Anlagevermögen + Umlaufvermögen = Eigenkapital + Fremdkapital

Vom Inventar zur Bilanz

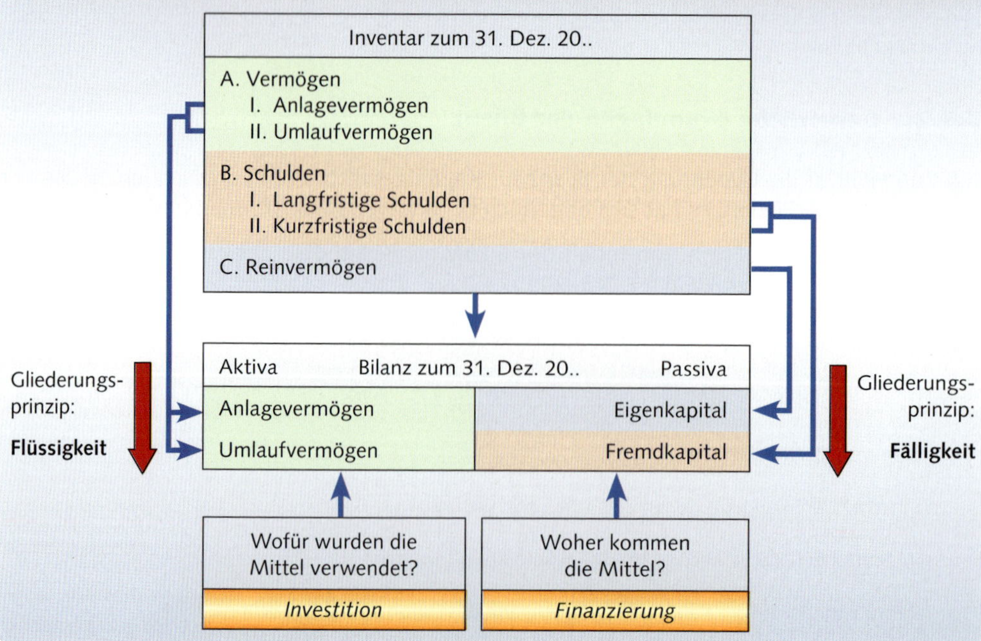

Aktion

1. Für wen ist die Bilanzgliederung gesetzlich vorgeschrieben?

2. In der Bilanz eines Einzelhandelsunternehmens stehen folgende Daten:
   Anlagevermögen 30.000,00 €
   Umlaufvermögen 20.000,00 €
   Schulden 25.000,00 €
   a) Ermitteln Sie das Eigenkapital des Einzelhandelsunternehmens.
   b) Wie viel Prozent der Bilanzsumme beträgt das Anlagevermögen?
   c) Wie viel Prozent der Bilanzsumme beträgt das Umlaufvermögen?
   d) Wie viel Prozent der Bilanzsumme beträgt das Fremdkapital?
   e) Wie viel Prozent der Bilanzsumme beträgt das Eigenkapital?

3. Stellen Sie zum Inventar aus Aufgabe 6 von Seite 159 die entsprechende Bilanz auf.

4. Weshalb verlangen Banken meist vor einer Kreditvergabe an ein Unternehmen die Vorlage einer Bilanz?

5. Erläutern Sie, nach welchem Prinzip die Aktiv- bzw. Passivseite einer Bilanz gegliedert wird.

6. Ordnen Sie folgende Begriffe einander zu und erläutern Sie die Zusammenhänge:
   a) Aktivseite,
   b) Passivseite,
   c) Mittelherkunft,
   d) Mittelverwendung.

7. Formulieren Sie den Unterschied zwischen
   a) Inventur und Inventar;
   b) Inventar und Bilanz.

8. Erklären Sie, warum in einer Bilanz die Summe der Aktiva gleich der Summe der Passiva ist.

9. Erstellen Sie eine Bilanz aufgrund der folgenden Angaben in €:
   a) Anlagevermögen 70 Mio., Umlaufvermögen 120 Mio., Eigenkapital 60 Mio.
   b) Fremdkapital 180 Mio., Anlagevermögen 140 Mio., Eigenkapital 50 Mio.

10. Ermitteln Sie jeweils die fehlende Größe:

Anlagevermögen	Umlaufvermögen	Eigenkapital	Fremdkapital
30.000,00 €	40.000,00 €	? c)	50.000,00 €
50.000,00 €	? b)	80.000,00 €	40.000,00 €
? a)	90.000,00 €	70.000,00 €	40.000,00 €
20.000,00 €	30.000,00 €	30.000,00 €	? d)

11. Die Hollerbach KG in Neuburg ist ein Einzelhandelsunternehmen, das Kunstdrucke, Grußpostkarten und Bilderrahmen vertreibt. Sie ermittelt zu den Bilanzstichtagen zweier aufeinander folgender Jahre nachstehende Vermögenswerte und Schulden:

	Jahr 01 (Beträge in €)	Jahr 02 (Beträge in €)
Forderungen an Klee KG	2.000,00	2.100,00
Darlehensschuld Sparkasse Neuburg	20.000,00	30.000,00
Geschäftshaus Hauptstr. 7	200.500,00	200.000,00
Kassenbestand	1.400,00	4.500,00
Büroeinrichtung	10.000,00	9.000,00
Verbindlichkeiten Mayer OHG	23.000,00	17.000,00
Geschäftsausstattung	19.300,00	13.000,00
Guthaben Volksbank Neuburg	1.900,00	4.300,00
Vorräte Bilderrahmen	16.400,00	22.700,00
Forderungen an Rauner e. K.	1.800,00	2.000,00
Lagerschuppen Hauptstr. 7	3.000,00	2.000,00
Darlehensschuld Deutsche Bank Neuburg	100.000,00	80.000,00
Lagergebäude Ruhweg 18	44.000,00	40.000,00
Vorräte Kunstdrucke	25.000,00	15.600,00
Verbindlichkeiten Druck GmbH	33.000,00	25.000,00
Sonstige Verbindlichkeiten	28.300,00	20.900,00
Darlehensschuld Volksbank Neuburg	50.000,00	40.000,00
Fahrzeuge	100.000,00	75.000,00
Bankguthaben	4.300,00	3.400,00
Vorräte Glückwunschkarten	20.400,00	28.600,00

a) Erstellen Sie die Inventare für die beiden Jahre.

b) Erstellen Sie die Bilanzen für die beiden Jahre.

c) Untersuchen Sie in Kleingruppen die Unterschiede zwischen den beiden Bilanzen und diskutieren Sie mögliche Gründe und Auswirkungen dieser Unterschiede.

2.3.4 Wertveränderungen in der Bilanz

Jeder Geschäftsvorfall im Laufe eines Geschäftsjahres hat letztendlich Auswirkungen auf mindestens zwei Posten in der Bilanz.

Folgende **Änderungsmöglichkeiten** der Bilanz gibt es:

Aktivtausch

Von einem **Aktivtausch** spricht man, wenn durch einen Geschäftsvorfall **ein** Posten der Bilanz **erhöht** wird, während ein **zweiter** Posten gleichzeitig **verringert** wird. Solch ein Geschäftsvorfall betrifft dementsprechend nur die **linke Bilanzseite** und führt zu einem Ausgleich.

Beispiel Kauf eines Kühlregals und Begleichung der Rechnung über 2.100,00 € durch Banküberweisung.

Aktiva		**Bilanz**	Passiva
Geschäftsausstattung ↑	+ 2.100,00 €		
Bank ↓	− 2.100,00 €		

Passivtausch

Erhöht ein Geschäftsvorfall einen Passivposten der Bilanz während er gleichzeitig einen zweiten Passivposten **verringert**, dann spricht man von einem **Passivtausch**.

Es wird nur die **rechte Seite** der Bilanz angesprochen und die Buchungen gleichen sich aus.

Beispiel Umwandlung einer kurzfristigen Bankverbindlichkeit über 4.000,00 € in eine Darlehensschuld.

Aktiva		**Bilanz**	Passiva
		Darlehen ↑	+ 4.000,00 €
		kurzfristige Bankverbindl. ↓	− 4.000,00 €

Aktiv-Passiv-Mehrung

Wird durch einen Geschäftsvorfall **ein Aktivposten** der Bilanz erhöht, während gleichzeitig auch **ein Passivposten** erhöht wird, so spricht man von einer **Aktiv-Passiv-Mehrung**. **Beide Seiten** der Bilanz werden angesprochen und die Bilanzsummen beider Seiten um den gleichen Betrag erhöht. Die Bilanzgleichung bleibt damit erhalten.

Beispiel Kauf eines Schreibtisches für 2.500,00 € auf Ziel.

Aktiva		**Bilanz**	Passiva
Büroausstattung ↑	+ 2.500,00 €	Verbindlichkeiten ↑	+ 2.500,00 €

Aktiv-Passiv-Minderung

Bei einer **Aktiv-Passiv-Minderung** liegt ein Geschäftsvorfall vor, der einen Aktiv- und einen Passivposten anspricht und **beide Posten verringert**. Es werden **beide Seiten** der Bilanz angesprochen und die Bilanzsummen werden um den gleichen Betrag verringert. Die Bilanzgleichung bleibt damit erhalten.

Beispiel Begleichung einer Lieferantenrechnung über 7.800,00 € durch Banküberweisung.

Aktiva		**Bilanz**		Passiva
Bank	↓	– 7.800,00 €	Verbindlichkeiten ↓	– 7.800,00 €

Einzelne Posten der Bilanz ändern sich durch jeden Geschäftsvorfall, damit muss aber nicht zwingend die Bilanzgleichung verändert werden.

Aktion

1. Im Sportfachgeschäft Action & Fun GmbH haben sich heute die folgenden Geschäftsvorfälle ereignet:

a)	Eine Lieferantenrechnung wird durch Überweisung bezahlt.
b)	Ein Kunde kauft Waren und bezahlt bar.
c)	Wir kaufen eine neue Kasse und bezahlen in vier Wochen.
d)	Wir kaufen Waren. Der Betrag wird per Lastschrift abgebucht.
e)	Eine Verbindlichkeit aLL wird durch Banküberweisung bezahlt.
f)	Ein neuer Lieferwagen wird auf Rechnung geliefert.
g)	Ein Kunde kauft Waren auf Rechnung.
h)	Eine Lieferantenrechnung wird in eine Darlehensschuld umgewandelt.

Orientieren Sie sich bei der Lösung an folgendem Lösungsschema:

Geschäftsvorfall	Betroffene Bilanzposten	Zunahme/Abnahme	Bezeichnung der Bilanzänderung
Nr.			

2. Welche Bilanzposten ändern sich bei folgenden Geschäftsvorfällen; wie verändern sie sich und um welchen Grundfall handelt es sich dabei?

a)	Wir kaufen Waren gegen Barzahlung.
b)	Wir zahlen die Tageseinnahmen auf unser Bankkonto ein.
c)	Wir bezahlen eine Lieferantenrechnung durch Banküberweisung.
d)	Zur Tilgung eines Darlehens überweisen wir den Betrag an den Gläubiger.
e)	Der Geschäftsinhaber legt seinen Lottogewinn in die Kasse.
f)	Wir kaufen Waren mit einem Zahlungsziel von 4 Wochen.
g)	Barverkauf eines alten Lagerregals.

h)	Überweisung eines Kunden.
i)	Kauf eines Lieferwagens auf Ziel.
j)	Kauf von Waren gegen Bankscheck.
k)	Rücksendung von Waren an einen Lieferanten.
l)	Barabhebung vom Bankkonto.
m)	Die Bank gewährt uns ein Darlehen.
n)	Überweisung an einen Lieferanten.
o)	Barzahlung eines Kunden für eine Ausgangsrechnung.

3. Überprüfen Sie folgende Angaben auf ihre Richtigkeit:

a)	Bareinzahlung auf das Bankkonto	= Aktivtausch
b)	Wir begleichen eine Rechnung bar	= Passivtausch
c)	Wareneinkauf auf Ziel	= Aktiv-Passiv-Mehrung
d)	Darlehensgeber wird Gesellschafter	= Passivtausch
e)	Barabhebung vom Bankkonto	= Aktiv-Passiv-Minderung
f)	Kunde sendet mangelhafte Ware zurück	= Aktivtausch
g)	Überweisung für erhaltene Ware	= Aktivtausch

4. Begründen Sie, wie sich die Bilanzsumme verändert bei
   a) Umschuldung von kurzfristigen Schulden in ein langfristiges Darlehen.
   b) Begleichung einer Lieferantenrechnung durch Banküberweisung.
   c) Wareneinkauf auf Ziel.
   d) Bareinzahlung auf das Bankkonto.

2.4 Auflösung der Bilanz in Konten

Situation

Der Neuburger Einzelhändler Frank Schmitt e. K. besitzt neben seinem Notebook, welches er im letzten Geschäftsjahr gekauft hat, noch einen zweiten Rechner, einen Scanner und einen Drucker. Diese Gegenstände der EDV-Ausstattung sind mit ihren aktuellen Werten in der Bilanz erfasst. Im Laufe des Folgegeschäftsjahres wird ein weiteres Notebook und ein Laserdrucker gekauft. Der Bestand der EDV-Ausstattung hat sich also im Laufe des Geschäftsjahres verändert.

Die Buchhaltung muss diese Veränderungen einzelner Bestände des Unternehmens (beispielsweise der Büro- und Geschäftsausstattung, der EDV-Ausstattung aber auch der aktuellen Bank- oder Kassenbestände) erfassen und den jeweils aktuellen Wert solcher Positionen darstellen. Diese Geschäftsvorfälle werden in der Buchhaltung aufgezeichnet, also gebucht.

Information

Von der Bilanz zum Konto

Durch die Inventur werden Vermögen und Schulden eines Unternehmens zu einem bestimmten Zeitpunkt, beispielsweise zum Abschluss des Geschäftsjahres, ermittelt. Die Ergebnisse der Inventur gehen dann in das Inventar und die Bilanz ein. Das Geschäftsjahr ist abgeschlossen.

Jetzt beginnt buchhalterisch ein neues Geschäftsjahr. Alle Geschäftsvorfälle eines Handelsbetriebes, die sich in Geld ausdrücken lassen, müssen aufgezeichnet werden.

Beispiele Kauf eines neuen PCs, Verkauf einer alten Ladentheke, Tilgung eines Darlehens, Inanspruchnahme eines Lieferantenkredits.

Dadurch verändern sich viele der Bestände, die in der Bilanz aufgeführt sind. **Aufgabe** der Buchführung ist es, diese Veränderungen zu erfassen.

Man spricht von **Zugängen** (Mehrungen), wenn **Bestände sich erhöhen** und von **Abgängen** (Minderungen), wenn **Bestände reduziert** werden.

Nun könnte man diese Zu- und Abgänge direkt innerhalb der Bilanz aufnehmen. Bei mehreren hundert Vorgängen im Jahr (und so viele Vorgänge sind es auch bei kleineren und mittleren Unternehmen) wird diese Vorgehensweise jedoch schnell unübersichtlich. Deshalb bedient man sich einer übersichtlicheren Methode: Zu Beginn eines Geschäftsjahres wird die Bilanz eines Unternehmens in **Konten** aufgelöst. Ein **Konto** steht für jeweils einen **Bilanzposten** und stellt gewissermaßen „eine Bilanz im Kleinen" dar.

Konto

Unter einem **Konto** versteht man die Zusammenstellung gleichartiger Geschäftsvorfälle in zeitlicher Reihenfolge. Die folgende Abbildung zeigt, wie solche Geschäftsvorfälle bei EDV-gestützten Buchhaltungsprogrammen dargestellt werden können.

Beispiel Buchungserfassungsliste in einer integrierten Unternehmenssoftware.

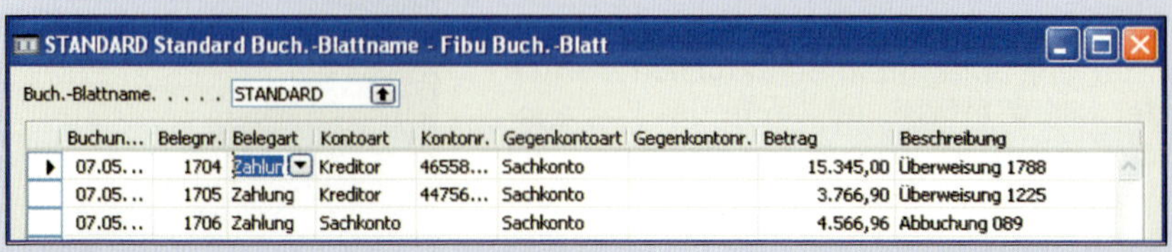
STANDARD Standard Buch.-Blattname - Fibu Buch.-Blatt

Buch.-Blattname. . . . . STANDARD

Buchun...	Belegnr.	Belegart	Kontoart	Kontonr.	Gegenkontoart	Gegenkontonr.	Betrag	Beschreibung
07.05...	1704	Zahlun	Kreditor	46558...	Sachkonto		15.345,00	Überweisung 1788
07.05...	1705	Zahlung	Kreditor	44756...	Sachkonto		3.766,90	Überweisung 1225
07.05...	1706	Zahlung	Sachkonto		Sachkonto		4.566,96	Abbuchung 089

Zur besseren Veranschaulichung und zum besseren Verständnis der Buchungsregeln wird jedoch in Schule und Ausbildung auf sogenannten **T-Konten** gebucht (Darstellung ähnelt dem Buchstaben **T**). Die linke Seite heißt **Soll**, die rechte Seite nennt man **Haben**.

Darstellung eines T-Kontos

Soll	Bezeichnung des Kontos	Haben
(linke Seite)		(rechte Seite)

Jeder Position in der Bilanz entspricht ein Konto; jedes Konto kann bei Bedarf in Unterkonten aufgegliedert werden (z. B. verschiedene Warengruppenkonten).

Bestände, die in der Bilanz auf der linken Seite **(Aktiva)** stehen, werden in **Aktivkonten** aufgelöst.

Bestände, die in der Bilanz auf der rechten Seite **(Passiva)** stehen, werden in **Passivkonten** aufgelöst.

Aus der Bilanz zu Beginn eines Geschäftsjahres (= Eröffnungsbilanz) werden die Bestände (Anfangsbestand = AB) übernommen.

Die **Anfangsbestände** werden entsprechend der einzelnen Bilanzpositionen auf der gleichen Seite wie in der Bilanz gebucht. Bei **Aktivkonten** steht der Anfangsbestand also auf der **linken Kontenseite (Soll)**. Bei **Passivkonten** wird der Anfangsbestand auf der **rechten Kontenseite (Haben)** erfasst.

Situation

Am Ende des Geschäftsjahres ergibt sich bei Frau Hessers Modegeschäft Hesser-Moden e. K. folgende Vermögenssituation:

Geschäftsgebäude	110.000,00 €
Geschäftsausstattung	10.000,00 €
EDV-Ausstattung	3.500,00 €
Warenbestand	25.000,00 €
Forderungen aLL[1]	1.000,00 €
Bankguthaben	7.000,00 €
Kassenbestand	1.500,00 €

Um die Modernisierung des Geschäftsgebäudes und der Inneneinrichtung zu finanzieren wurde ein Darlehen aufgenommen mit einer Laufzeit von 10 Jahren und einer aktuellen Höhe von 100.000,00 €. Darüber hinaus hat das Unternehmen noch kurzfristige Verbindlichkeiten über 11.000,00 €. Diese Bestände sind in der Bilanz erfasst.

© J. Beck

Arbeitsauftrag

Wie kann Sabrina Hesser buchhaltungstechnisch das neue Geschäftsjahr eröffnen?

1 „aLL" ist die Abkürzung für „aus Lieferungen und Leistungen"

Information

Beispiel mit Lösung:

Zu Beginn des neuen Geschäftsjahres werden die **Bestände der Bilanz** in **Bestandskonten** aufgelöst:

Aktiva **Bilanz Hesser-Moden e. K. zum 31.12.20..** Passiva

Vermögen		Eigenkapital	47.000,00 €
I. Anlagevermögen			
Gebäude	110.000,00 €	Verbindlichkeiten	
Geschäftsausstattung	10.000,00 €	I. Langfristige Schulden	
EDV-Ausstattung	3.500,00 €	Darlehen, 10 Jahre	100.000,00 €
		II. Kurzfristige Schulden	
II. Umlaufvermögen		Verbindlichkeiten aLL	11.000,00 €
Waren	25.000,00 €		
Forderungen aLL	1.000,00 €		
Bank	7.000,00 €		
Kasse	1.500,00 €		
	158.000,00 €		158.000,00 €

Auflösung der Bilanz in Konten

Aktivkonten

S	Gebäude	H
AB	110.000,00 €	

S	Geschäftsausstattung	H
AB	10.000,00 €	

S	EDV-Ausst.	H
AB	3.500,00 €	

S	Waren	H
AB	25.000,00 €	

S	Forderungen aLL	H
AB	1.000,00 €	

S	Bank	H
AB	7.000,00 €	

S	Kasse	H
AB	1.500,00 €	

Passivkonten

S	Eigenkapital	H
	AB	47.000,00 €

S	Darlehen	H
	AB	100.000,00 €

S	Verbindlichkeiten aLL	H
	AB	11.000,00 €

! Forderungen aus Lieferungen und Leistungen entstehen immer dann, wenn Warenverkäufe auf Ziel erfolgen (Ausgangsrechnungen an Kunden). Verbindlichkeiten aus Lieferungen und Leistungen ergeben sich aus Wareneinkäufen auf Ziel (Eingangsrechnungen der Lieferanten). Ist die Zahlung erfolgt, wird auf das jeweilige Zahlungskonto (Kasse, Bank) umgebucht.

Aktion

1. Stellen Sie aus der folgenden Liste die Bilanz des Unternehmens Möbel Maier GmbH auf. Lösen Sie die Anfangsbestände in die entsprechenden Bestandskonten auf. Verwenden Sie dabei T-Konten.

Anfangsbestände	Beträge in €
Geschäftsausstattung	20.000,00
Büroausstattung	12.000,00
PKW	5.000,00
Warenbestand	35.000,00
Girokonto Neuburger Bank	7.544,15
Postbank	2.544,25
Kasse	250,00
Eigenkapital	?
Darlehen, 5 Jahre Laufzeit	25.000,00
Verbindlichkeiten aLL	6.500,00

2. Die Bestandskonten des Obst- und Gemüseladens Fruchtecke e. K. in Neuburg zum 1. Januar sind abgebildet. Erstellen Sie die ursprüngliche Bilanz, aus der die Konten abgeleitet wurden und ermitteln Sie das Eigenkapital.

S	Geschäftsausstattung		H
AB	5.549,00 €		

S	EDV-Ausstatt.		H
AB	2.766,00 €		

S	Forderungen aLL		H
AB	896,00 €		

S	Bank		H
AB	3.689,00 €		

S	Darlehen		H
		AB	5.000,00 €

S	Verbindlichkeiten		H
		AB	1.678,00 €

S	Eigenkapital		H
		AB	? €

S	Kasse		H
AB	1.234,00 €		

3 Buchungen im laufenden Geschäftsjahr

Buchen auf Konten

Situation

Die Geschäftsausstattung von Hesser-Moden e. K. weist in der Bilanz zum Jahresabschluss des letzten Geschäftsjahres einen Wert von 10.000,00 € auf. Im Laufe des aktuellen Geschäftsjahres wird eine neue Schaufensterpuppe für 1.300,00 € und einen Monat später eine Ausstellungsvitrine für 1.100,00 € gekauft. Die Schaufensterpuppe wird durch Banküberweisung bezahlt. Der Kaufpreis der Vitrine wird erst einen Monat nach Lieferung fällig. Es entstehen kurzfristige Verbindlichkeiten.

Arbeitsauftrag

Wie wirken sich diese Geschäftsvorfälle auf die Bestandskonten von Hesser-Moden e. K. aus?

Information

Bei **jedem** Geschäftsvorfall **ändern** sich die Bestände auf den angesprochenen Konten. **Zugänge** (Mehrungen) **erhöhen** den Bestand und **Abgänge** (Minderungen) **senken** den Bestand[1].

Zu unterscheiden ist, ob durch einen Geschäftsvorfall Aktiv- und/oder Passivkonten angesprochen werden, und ob die Buchungen dementsprechend das Vermögen (Aktiva) und/oder die Finanzierung (Passiva) eines Betriebes betreffen. Bei jedem Geschäftsvorfall muss daher unterschieden werden, ob es sich um Bestandsveränderungen auf Aktivkonten oder auf Passivkonten handelt.

3.1 Buchungen auf Aktivkonten

Aktivkonten werden aus der **linken** Bilanzseite (Aktiva) abgeleitet.
Zu den Beständen der linken Bilanzseite (Aktiva) gehören z. B. Immobilien, Geschäfts- und Büroausstattung, Forderungen des Unternehmens, das Bankguthaben und der Kassenbestand.

Bei Aktivkonten gilt:

Alle **Zugänge** (Erhöhung der Bestände) werden im **Soll** gebucht. Das **Vermögen** wird dadurch **erhöht**.	Alle **Abgänge** (Minderung der Bestände) werden im **Haben** gebucht. Das **Vermögen** wird dadurch **verringert**.

Soll	**Aktivkonto**	Haben
Anfangsbestand		**Abgänge**
Zugänge		

1 Bei Warenbuchungen wird aus Vereinfachungsgründen vor Einführung der Warenbuchungen auf Ergebniskonten unterstellt, dass Waren zum Einstandspreis verkauft werden.

Jeder Geschäftsvorfall spricht immer mindestens **zwei** Konten an. Dadurch bleibt die Bilanzgleichung für jeden Geschäftsvorfall erhalten (Prinzip der **doppelten** Buchführung = Doppik).

Grundsätzlich gilt: Die Summe aller Beträge im Soll ist gleich der Summe aller Beträge im Haben.

Lösung zur Buchung „Kauf einer Schaufensterpuppe":

Die Schaufensterpuppe wird per Banküberweisung bezahlt. Dadurch erhöht sich einerseits der Bestand auf dem Konto Geschäftsausstattung und anderseits vermindert sich der Bestand auf dem Konto Bank. **Beide Konten sind Aktivkonten**.

Soll		Geschäftsausstattung	Haben
Anfangsbestand	10.000,00 €		
Bank	**1.300,00 €**		

Soll		Bank	Haben
Anfangsbestand	7.000,00 €	**Geschäftsausstattung**	**1.300,00 €**

Beachten Sie: Vor dem Betrag wird oft entweder das Gegenkonto oder die Nummer des zu Grunde liegenden Geschäftsvorfalls angegeben.

3.2 Buchungen auf Passivkonten

Passivkonten werden aus der **rechten** Bilanzseite (Passiva) abgeleitet.
Zu den Beständen der rechten Bilanzseite (Passiva) gehören z. B. die kurzfristigen Verbindlichkeiten aus Lieferungen und Leistungen oder Darlehen von Banken.

Bei Passivkonten gilt:	
Alle **Abgänge** (Minderung der Bestände) werden im **Soll** gebucht.	Alle **Zugänge** (Erhöhung der Bestände) werden im **Haben** gebucht.

Soll	Passivkonto	Haben
Abgänge		Anfangsbestand
		Zugänge

Lösung zur Buchung „Kauf einer Ausstellungsvitrine":

Die Vitrine von Hesser-Moden e. K. wird auf Ziel gekauft. Der Kaufpreis wird also erst einen Monat nach Lieferung fällig und es entstehen so lange kurzfristige Verbindlichkeiten.

Dadurch erhöht sich einerseits der Bestand auf dem Konto Geschäftsausstattung und gleichzeitig erhöht sich der Bestand auf dem Konto Verbindlichkeiten aLL. Bei **diesem Geschäftsvorfall** wird sowohl ein **Aktivkonto** (Geschäftsausstattung), als auch **ein Passivkonto** (Verbindlichkeiten aLL.) berührt.

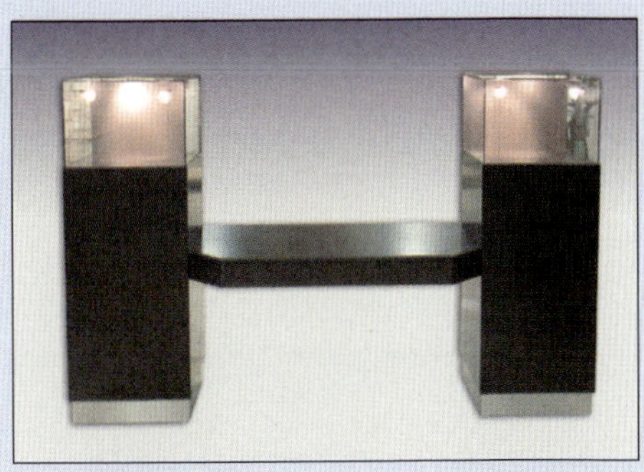

1. Buchung auf Aktivkonto

Soll	Geschäftsausstattung		Haben
Anfangsbestand	10.000,00 €		
Bank	1.300,00 €		
Verbindlichkeiten aLL	**1.100,00 €**		

2. Buchung auf Passivkonto

Soll	Verbindlichkeiten aLL		Haben
		Anfangsbestand	10.000,00 €
		Geschäftsausstattung	**1.100,00 €**

Aktion

1. Auf welcher Kontenseite wird der Anfangsbestand bei Aktivkonten erfasst? Auf welcher Kontenseite wird der Anfangsbestand bei Passivkonten erfasst?
2. Stellen Sie die wichtigsten Regeln beim Buchen auf Aktiv- und Passivkonten dar.
3. Warum gilt bei Passivkonten die Regel „Zugänge erhöhen das Vermögen, Abgänge verringern das Vermögen" nicht?
4. Nach einem Monat wird die Ausstellungsvitrine aus dem Einführungsbeispiel bar bezahlt. Buchen Sie diesen Geschäftsvorfall auf entsprechenden T-Konten.
5. Beschreiben Sie das Prinzip der doppelten Buchführung (Doppik).
6. Auf dem Bankkonto der Wohnwelt GmbH fanden bei einem Anfangsguthaben von 15.300,00 € im Januar folgende Umsätze statt:

Datum	Geschäftsvorfall	Betrag in €
05.01.	Überweisung an einen Lieferanten	6.840,00
09.01.	eigene Bareinzahlung	1.500,00
13.01.	Scheckbelastung	9.260,00
24.01.	Überweisung eines Kunden	5.830,00
28.01.	Scheckeinreichung	2.500,00
30.01.	Barabhebung	2.230,00

Führen Sie das Bankkonto und schließen Sie es ab.

7. Bei der Action & Fun GmbH sind die folgenden 14 Geschäftsvorfälle zu buchen.
   a) Welche der unten aufgeführten Konten sind bei diesen Geschäftsvorfällen anzusprechen?
   b) Handelt es sich dabei um Aktiv- oder Passivkonten und auf welcher Seite (Soll oder Haben) werden die Konten jeweils angesprochen?

Nr.	Geschäftsvorfall	Nr.	Geschäftsvorfall
1.	Barkauf eines Bürostuhls	4.	Rückzahlung eines Darlehens durch Überweisung vom Postgirokonto
2.	Begleichung einer Lieferantenrechnung per Banküberweisung	5.	Kauf eines PKW auf Ziel
3.	Kauf einer Registrierkasse auf Ziel	6.	Kauf von Waren auf Ziel

Nr.	Geschäftsvorfall	Nr.	Geschäftsvorfall
7.	Kauf eines Büroteppichs und Begleichung der Rechnung per Bankeinzug	11.	Kauf von Waren gegen Banküberweisung
8.	Kauf eines Kopiergerätes auf Ziel	12.	Einreichung eines Schecks von einem Kunden auf das Bankkonto
9.	Umwandlung einer kurzfristigen Verbindlichkeit in ein Darlehen mit 5 Jahren Laufzeit	13.	Verkauf eines Lieferwagens gegen bar
10.	Barabhebung vom Bankkonto zwecks Kasseneinlage	14.	Bezahlung einer Lieferantenrechnung gegen Bankeinzug

Kleines Konten-ABC:

Infobox

Anleihen	Abschreibungen	Bank	Büromöbel
Büromaterial	Büromaschinen	Darlehen	Forderungen aLL
Fuhrpark	Gehälter	Geschäftsausstattung	Kasse
Kassensysteme	Kurzfristige Verbindlichkeiten	Langfristige Verbindlichkeiten	Löhne
Verbindlichkeiten aLL	Waren	Wertpapiere	Zinserträge
Betriebsgebäude	Ladenausstattung	Lagerausstattung	Grundstücke

3.3 Einfacher Buchungssatz

Situation

Sabrina Hesser kauft bei ihrem Büroausstatter einen neuen Kopierer für 1.250,00 €. Den Rechnungsbetrag begleicht sie durch Banküberweisung bei der Neuburger Bank. Dieser Geschäftsvorfall führt dazu, dass sich der Büromaschinenbestand bei Hesser-Moden e. K. um 1.250,00 € erhöht und das Bankkonto bei der Neuburger Bank um diesen Betrag abnimmt.

Arbeitsauftrag

Wie kann dieser Geschäftsvorfall buchungstechnisch vereinfacht dargestellt werden?

Information

3.3.1 Bestandteile des Buchungssatzes

Die Grundlage der Buchführung bilden **Belege**. Aus dem Beleg geht im Allgemeinen hervor, wie der Geschäftsvorfall aussieht.

Aus seinem Inhalt wird dann ein **Buchungssatz** gebildet. Dazu werden die Belege fortlaufend nummeriert und mit einem Buchungsvermerk gekennzeichnet.

Sie stellen somit die **Verbindung** zwischen **Geschäftsvorfall** und der **Buchung** dar.

Beispiel Beleg über 50 Kopien, ausgestellt vom Neuburger Copyshop.

Eingang: 19.02.10
Nr.: 134

kopie & mehr

Ihr Copyshop in Neuburg
Talstraße 4 - 55555 Neuburg
Fon: 05889 - 77554
e-mail:kopie-mehr@qvx.de

QUITTUNG :

☐ Farbkopien ☐ Schnelldrucke
☒ s/w Kopien ☐ Folien

Sonstiges:

EURO: 7,50 einschl. 19 % USt.

Datum: 19.02...

Unterschrift des Empfängers: Mosbauer

Inhaber: Frank Mosbauer - Talstr. 4 - Neuburg

Der **Buchungssatz** ist eine kurze, einheitliche Form, mit der angegeben wird, wie und auf welchem Konto ein Geschäftsvorfall gebucht wird. Dabei handelt es sich um eine sprachlich verkürzte Darstellung eines Buchungsvorganges aufgrund eines Geschäftsvorfalles. Zuerst wird stets die **Sollbuchung** genannt und diese durch das Wort **„an"** mit der **Habenbuchung** verbunden.

Buchungssatz:

Soll	an	Haben

Bei einem **einfachen Buchungssatz** wird jeweils nur **ein** Konto im **Soll** und **ein** Konto im **Haben** angesprochen.

> **!** **Beim Buchen gilt folgender Grundsatz: Keine Buchung ohne Gegenbuchung!**

Die Buchungssätze, die sich aus einzelnen Geschäftsvorfällen ergeben, werden in zeitlicher Reihenfolge im Grundbuch erfasst (vgl. dazu S. 188). Auf den Konten werden die Geschäftsvorfälle dann sachlich geordnet. Die Gesamtheit der Konten bilden das **Hauptbuch**.

Beispiel mit Lösung: „Buchung des Kaufs eines Kopiergerätes"

Bucht Frau Hesser den Einkauf des Kopiergeräts für 1.250,00 €, dann ergibt sich folgender Tatbestand: Das Konto Büromaschinen nimmt im Soll um 1.250,00 € zu, während das Konto Bank im Haben um 1.250,00 € abnimmt.

Buchungssatz:

Soll		an		Haben
Büromaschinen	1.250,00 €	an	Bank	1.250,00 €

Buchung auf T-Konten (Hauptbuch):

S	Büromaschinen	H
1.250,00 €		

S	Bank	H
		1.250,00 €

Für die **Darstellung** eines Buchungssatzes gibt es keine verbindlichen Regeln. Der Geschäftsvorfall **„Warenverkauf bar zu 25,00 €“** lässt sich z. B. wie folgt darstellen:

1. Kasse	25,00 €	an	Waren	25,00 €
2. Kasse an Waren				25,00 €
3. Kasse an Waren	25,00 € 25,00 €			

Bitte beachten Sie stets diese Regeln beim Erstellen der Buchungssätze:

Vor jedem Buchungsvorgang ist zu klären:

1. **Welche Konten werden berührt?**
2. **Handelt es sich um Aktiv- oder Passivkonten?**
3. **Erfolgt eine Bestandsmehrung oder eine Bestandsminderung?**
4. **Auf welche Seite des Kontos wird gebucht (Soll oder Haben)?**

3.3.2 Kontierung mit dem Buchungsstempel

Die zur jeweiligen Buchung gehörenden Belege werden mithilfe des Buchungssatzes vorkontiert, das heißt es wird auf den Belegen vermerkt, wie zu buchen ist.
Zur Vereinfachung kann man einen **Buchungsstempel (Kontierungsstempel)** benutzen.

MÜLLER BÜROSYSTEME GmbH
Kopierer
Faxgeräte
Computer
Zubehör

Talstr. 2
54560 Talheim
Tel. 05521 5604
Fax. 05521 5600
www.bueromueller.de
info@bueromueller.de

Bürosysteme Müller GmbH Talstr. 2 · 54560 Talheim

Hesser-Moden e. K.
Am Marktplatz 15
55555 Neuburg

Konto	Soll	Haben
Büromaschinen	1.250,00	
Bank		1.250,00
gebucht: 26.03.20.. Be		

Kunden-Nr. Doo234_02
Bearbeiter: WE
Datum: 20.03.20..

Rechnung Nr. 234_1231

Pos.	Menge	Art.-Nr.	Beschreibung	Einzelpreis Euro	Gesamtpreis Euro
1.	1 Stck	30002	Canon DL400 Kopier	1.250,00	1.250,00

Aktion

1. Bilden Sie Buchungssätze zu folgenden Geschäftsvorfällen:

Nr.	Geschäftsvorfall	Betrag in €
1.	Barzahlung an einen Lieferanten	1.500,00
2.	Barabhebung bei der Bank	350,00
3.	Verkauf einer gebrauchten Ladentheke gegen Überweisung	2.345,00
4.	Kauf von Waren auf Ziel	3.600,00
5.	Darlehen wird auf Bankkonto gutgeschrieben	10.000,00
6.	Kunde begleicht Rechnung durch Überweisung	1.266,00
7.	Kauf eines PCs für die Buchhaltung auf Rechnung	2.999,00
8.	Warenverkauf gegen Ziel	566,00
9.	Bareinzahlung auf das Bankkonto	1.250,00
10.	Kunde bringt Ware zurück und erhält Kaufpreis erstattet	359,00
11.	Kauf einer Computerkasse auf Ziel	1.799,00

2. Buchen Sie die folgenden Geschäftsvorfälle auf T-Konten:

Nr.	Geschäftsvorfall	Betrag in €
1.	Kauf von Waren gegen Scheckzahlung	3.560,00
2.	Kauf von drei Schaufensterpuppen auf Ziel	2.700,00
3.	Kunde zahlt Rechnung mit Überweisung	679,00
4.	Begleichung einer Lieferantenrechnung mit Überweisung	2.345,00
5.	Barabhebung vom Bankkonto	500,00
6.	Kauf eines Ladenlokals gegen Kreditaufnahme bei Bank	260.000,00

3. Nennen Sie zu den folgenden Buchungssätzen die entsprechenden Geschäftsvorfälle:

Nr.	Geschäftsvorfall	Nr.	Geschäftsvorfall
1.	Bank an Kasse	6.	Kasse an Waren
2.	Kasse an Bank	7.	Geschäftsausstattung an Bank
3.	Waren an Kasse	8.	Kasse an Forderungen
4.	Darlehensschulden an Bank	9.	Verbindlichkeiten an Bank
5.	Fuhrpark an Bank	10.	Kasse an Darlehensschulden

3.4 Zusammengesetzter Buchungssatz

Situation

Nach vier Monaten Lieferzeit erhält Sabrina Hesser endlich ihren neuen Geschäftswagen. Wie mit dem Autohaus vereinbart, leistet sie eine Barzahlung von 8.500,00 € und überweist den Rest von 20.000,00 € mit einer Banküberweisung.

Arbeitsauftrag

Wie kann dieser Geschäftsvorfall buchungstechnisch vereinfacht dargestellt werden?

Information

Mitunter sind Geschäftsvorfälle umfassender und betreffen mehr als zwei Konten. Beim Geschäftsvorfall des Autokaufs von Frau Hesser werden **mehr** als **zwei** Konten, nämlich die Konten Fuhrpark, Kasse und Bank zur Buchung benötigt. Es entsteht **ein zusammengesetzter Buchungssatz**.

Man nennt solche Buchungen auch **Splittbuchungen**, weil die zu buchenden Beträge auf mehrere Konten verteilt (gesplittet) werden. Auch hier gilt wie beim einfachen Buchungssatz:

Summe der Sollbuchung(en) = **Summe der Habenbuchung(en)**

Beispiel mit Lösung: Buchung des Geschäftswagens

Buchungssatz:

Soll		an	Haben	
Fuhrpark	28.500,00 €	an	Kasse Bank	8.500,00 € 20.000,00 €

Buchung auf T-Konten:

S	Fuhrpark	H
28.500,00 €		

S	Kasse	H
		8.500,00 €

S	Bank	H
		20.000,00 €

! Werden bei einem Geschäftsvorfall **mehr als zwei Konten** angesprochen, spricht man von einem **zusammengesetzten Buchungssatz**.

Aktion

1. Bilden Sie zusammengesetzte Buchungssätze nach folgenden Geschäftsvorfällen:

Nr.	Geschäftsvorfall	Betrag in €	
a)	Zahlung einer Kundin durch Banküberweisung bar	 1.345,00 245,00	 1.590,00
b)	Bezahlung einer Lieferantenrechnung durch Scheck durch Banküberweisung	 2.500,00 3.600,00	 6.100,00
c)	Erwerb eines Lagerhauses gegen Bankscheck gegen Bankdarlehen	 25.000,00 250.000,00	 275.000,00
d)	Tilgung einer Darlehensschuld bar durch Banküberweisung	 2.800,00 12.200,00	 15.000,00
e)	Kauf von Waren gegen bar gegen Bankscheck auf Ziel	 500,00 2.500,00 5.000,00	 8.000,00
f)	Kauf eines Regals gegen Überweisung auf Ziel	 1.500,00 2.500,00	 4.000,00
g)	Verkauf eines gebrauchten Kopiergerätes gegen bar gegen Banküberweisung	 600,00 1.200,00	 1.800,00
h)	Zahlung einer offenen Kundenrechnung bar auf das Bankkonto	 450,00 540,00	 990,00

2. Nennen Sie zu den folgenden Buchungssätzen die entsprechenden Geschäftsvorfälle:

a)	Kasse und Forderungen an Waren	d)	Darlehensschulden an Bank und Kasse
b)	Waren an Kasse und Verbindlichkeiten	e)	Kasse und Bank an Geschäftsausstattung
c)	Bebaute Grundstücke an Bank und Scheck	f)	Fuhrpark an Bank und Verbindlichkeiten

3. Geben Sie zu folgenden Geschäftsvorfällen die Buchungssätze an:

a)	Wir heben 3.000,00 € vom Bankkonto ab.
b)	Die Bank gewährt uns ein Darlehen in Höhe von 30.000,00 €.
c)	Ein Kunde überweist 21.500,00 € und zahlt 210,00 € bar.
d)	Wir kaufen einen Lieferwagen und zahlen 1.500,00 € bar und überweisen 25.700,00 €.
e)	Kauf eines neuen EDV-Systems gegen einen Scheck in Höhe von 5.900,00 € und Barzahlung von 1.500,00 €.
f)	Wir tilgen ein Darlehen durch Überweisung von 20.000,00 € und Barzahlung von 2.000,00 €.

g)	Zieleinkauf von Waren im Wert von 6.900,00 €.
h)	Wir bringen die Tageseinnahmen zur Bank: 11.230,00 €.
i)	Verkauf eines alten Büroschrankes gegen einen Scheck von 400,00 € und Barzahlung von 75,00 €.
j)	Der Geschäftsinhaber entnimmt der Kasse 500,00 €.
k)	Zieleinkauf von Waren im Wert von 4.500,00 €.
l)	Der Geschäftsinhaber legt seinen Lottogewinn von 750,00 € in die Kasse.

4. Welche Geschäftsvorfälle liegen folgenden Buchungssätzen zugrunde?

a)	Waren 3.500,00 € an Verbindlichkeiten 3.000,00 € und Kasse 500,00 €
b)	Bank 400,00 € an Forderungen 400,00 €
c)	Kasse 5.000,00 € an Bank 5.000,00 €
d)	Verbindlichkeiten 4.700,00 € an Bank 4.000,00 € und Kasse 700,00 €
e)	Darlehen 30.000,00 € an Bank 30.000,00 €
f)	Geschäftsausstattung 6.100,00 € an Bank 6.000,00 € und Kasse 100,00 €
g)	Darlehen Huber 35.000,00 € an Eigenkapital Huber 35.000,00 €
h)	Verbindlichkeiten 200,00 € an Waren 200,00 €
i)	Forderungen 2.000,00 € und Kasse 200,00 € an Fuhrpark 2.200,00 €
j)	Bank 26.000,00 € an Darlehen 26.000,00 €
k)	Bank 1.900,00 € an Kasse 1.900,00 €

3.5 Buchungen anhand von Belegen

Situation

© fotogestoeber – Fotolia.com

Endlich Ladenschluss! Müde, aber mit den Umsätzen zufrieden, schließt Sabrina Hesser um 20:00 Uhr ihr Textilgeschäft. Während sie den Kassenbericht erstellt, denkt sie daran, was noch an Arbeit auf sie zukommt, wenn sie alle Geschäftsvorgänge des heutigen Tages bucht:

- über 50 Kunden haben heute bei ihr eingekauft,
- sie brachte zweimal Bargeld zur Bank,
- eine Kundin gab einen Pullover zurück und erhielt dafür den Kaufpreis zurück,
- Sabrina Hesser bezahlte mehrere Lieferantenrechnungen mit Überweisung,
- auf der Bank ließ sie sich einen Kontoauszug ausdrucken und stellt fest, dass der Einkaufsverband die Monatsrechnung abgebucht hat,
- ihre Verkaufshilfe Mirjam erhielt den Wochenlohn auf eigenen Wunsch bar ausbezahlt,
- zwei neue Umkleidekabinen wurden heute vom Ladenbauer geliefert.

Information

Wenn Geschäftsvorfälle in der Buchhaltung erfasst werden, dann erfolgt dies auf der Grundlage der dazu gehörenden Belege. Um den Anforderungen der **ordnungsmäßigen Buchführung** gerecht zu werden, muss sich unter anderem jeder **Geschäftsvorfall** von seiner Entstehung bis zur Abwicklung **nachvollziehen** lassen. Dies erfolgt mithilfe der **Belege**. Der Beleg ist dementsprechend die Verbindung zwischen Geschäftsvorfall und Buchführung. Für jede Buchung muss es einen Beleg geben, es darf keine Buchung ohne Beleg erfolgen.

> **Grundsatz: Keine Buchung ohne Beleg!**

Kontierung nach Belegen

Beispiel mit Lösung:

Sabrina Hesser von Hesser-Moden e. K. in Neuburg nimmt die Tagesabrechnung vor und erstellt den folgenden Kassenbericht:

KASSENBERICHT NR. 152 (Beleg 1)			DATUM: 17.03. ...	
Kassenbestand bei Geschäftsschluss			Währung: €	325,80
	%	VSt.	Nettobetrag	Bruttobetrag
Ausgaben im Laufe des Tages				
1. Wareneinkäufe und Warennebenkosten				
Ackermann KG, ER 14 (Beleg 2)	19	26,82	141,18	168,00
2. Geschäftsausgaben				
Büro-Express, ER 15 (Beleg 3)	19	51,09	268,91	320,00
3. Privatentnahmen (Beleg 4)		–		100,00
4. Sonstige Ausgaben				
Einzahlung auf Konto Neuburger Bank				3.500,00
(Beleg 5)				
abzüglich Kassenendbestand des Vortages				195,20
= Kasseneingang				4.218,60
abzüglich sonstige Einnahmen				
= Bareinnahmen (Tageslosung)				4.218,60
Kundenzahl: 72			Unterschrift S. Hesser	

Bevor Frau Hesser die Geschäftsvorfälle bucht, nimmt sie die **Vorkontierung** auf diesen Belegen vor und vermerkt mithilfe des Kontierungsstempels die späteren Soll- und Habenbuchungen.

Anmerkung:
Die Umsatzsteuer bleibt aus Vereinfachungsgründen bei den folgenden Buchungen (Bruttobuchungen) jetzt noch unberücksichtigt.

Beleg 1: Kassenbericht

Werden Geschäftsvorfälle erfasst, welche die Kasse bzw. den Warenverkauf betreffen, dann wird nur die Tageslosung nach dem Kassenbericht gebucht. Bei anderen Bargeschäften erfolgt die Kontierung auf besonderen Belegen.

Buchungssatz:
Die Buchung der Tageslosung lautet:

Soll		an		Haben
Kasse	4.218,60 €	an	Waren	4.218,60 €

Beleg 2: Eingangsrechnung der Ackermann KG

Frau Hesser erhält von Herrn Kübler, Vertreter der Ackermann KG, eine Seidenbluse, die bei der letzten Lieferung vergessen wurde. Die Rechnung begleicht Frau Hesser bar.

Ackermann KG

Textil-
ACKERMANN
- Großhandel

Ackermann KG
Messeplatz 15, 30161 Hannover

Hesser-Moden e. K.
Am Marktplatz 15
55555 Neuburg

Konto	Soll	Haben
Waren	168,00	
Kasse		168,00

Gebucht: 19.03... Be

Rechnung

Datum: 25.02...
Kd.Nr. 17 189
Re.Nr. 3466-1990
Bitte bei Zahlung angeben

Position	Menge	Text	Betrag in €
1	1	Damenbluse Gr. 42, Modell Laura	
		Rechnungsbetrag (netto) zzgl. USt. 19 %	141,18 26,82
Summe		Bitte überweisen Sie innerhalb 14 Tagen:	168,00

Bankverbindung: Niedersächsische Landesbank BLZ 500 55 35 Kto.Nr. 55 78 134 St. Nr. 44880
BIC NLBHDE2HXXX IBAN DE11 5005 5350 0005 5781 34

Beleg 3: Eingangsrechnung der Büro-Express GmbH

Frau Hesser erhält einen neuen Schreibtischsessel geliefert und bezahlt ihn sofort bar.

Büro-Express GmbH
Büroeinrichtungen · Bürobedarf
Willy-Brandt-Straße 45
57666 Frankenbach

Hesser-Moden e. K.
Am Marktplatz 15
55555 Neuburg

Konto	Soll	Haben
Gesch.-ausstatt.	320,00	
Kasse		320,00
Gebucht: 19.03... Be		

Auftragsbestätigung und Rechnung

Datum: 25.02.20..
Re.Nr. 3466-20..

Menge	Text	Betrag in €
1	Bürodrehstuhl „Comfort-Extra“ mit Lederbezug	268,91
	USt. 19 %	51,09
Summe	Bitte überweisen Sie innerhalb 30 Tagen:	320,00

Bankverbindung: Sparkasse Frankenbach BLZ 777 55 35 Kto.Nr. 12 125 St. Nr.: 212588
BIC HELADEF1FRA IBAN DE12 7775 5350 0000 0121 25

Beleg 4: Privatentnahme

Frau Hesser entnimmt der Kasse 100,00 €, die sie für den Lebensmitteleinkauf im benachbarten Supermarkt benötigt. Für diesen Vorgang erstellt sie einen Eigenbeleg.

Hesser-Moden e. K.
Am Marktplatz 15
55555 Neuburg

Konto	Soll	Haben
Privat	100,00	
Kasse		100,00
Gebucht: 19.03... Be		

EIGENBELEG Nr. 456

von: Ladenkasse
für: private Zwecke
100,00 Euro

Ort: Neuburg
Datum: 17.03...
Unterschrift: Hesser

Beleg 5: Bareinzahlung auf das Geschäftskonto

Werden Buchungen vorgenommen, die das Bankkonto betreffen, sind z. B. die Durchschriften von Überweisungen nur Hilfsbelege. Kontiert wird auf dem Kontoauszug, der den betreffenden Geschäftsfall ausweist. Am 17. März leistet Frau Hesser eine Bareinzahlung in Höhe von 3.500,00 € bei ihrer Hausbank. Auf dem **Kontoauszug** vom 21. März ist diese Bareinzahlung vermerkt und wird daher auch erst dort gebucht.

NB

NEUBURGER BANK
BIC NEBNDE52XXX
IBAN DE13 7047 0474 0037 8403 25

Auszug für Ihr Girokonto 9 88 77 66
Nr. 17 Blatt 1 vom 21.03.20..

Datum	Erläuterungen/Verwendungszweck	Wert		Abgänge –	Zugänge +
	alter Kontostand vom 16.03...	€			6.233,12 +
16.03...	Rechnung Wagner 23458667			427,88 –	
16.03...	KFZ-Steuer NB-SH-456/9987655402			188,67 –	
17.03...	Einzahlung Laden				3.500,00 +
	neuer Kontostand vom 21.03...	€			9.116,57 +

Hesser-Moden e. K.
Am Marktplatz 15
55555 Neuburg

Konto	Soll	Haben
Bank	3.500,00	
Kasse		3.500,00

Gebucht: 22.03... Be

Jetzt Aktien kaufen!
Fragen Sie uns!

Anforderungen an Belege

Damit Belege einen Geschäftsvorfall vollständig abbilden, müssen sie bestimmte Anforderungen erfüllen. Ein **Beleg muss**

- inhaltlich und rechnerisch richtig sein,
- einen eindeutigen Belegtext aufweisen, um den Geschäftsvorfall ausreichend zu beschreiben,
- mit dem Ausstellungs- und/oder Eingangsdatum versehen sein,
- fortlaufend nummeriert werden.

Darüber hinaus müssen Belege vollständig und geordnet aufbewahrt werden.

Belegarten

Man unterscheidet verschiedene Belegarten. Während **natürliche Belege** durch den Geschäftsablauf entstehen, werden **künstliche Belege** extra als Buchungsunterlage erstellt. Zu den natürlichen Belegen zählen Eingangsrechnungen, Quittungen, Lohn- und Gehaltslisten oder Steuerbescheide.

Zu den künstlichen Belegen gehören beispielsweise Ersatzbelege, die erstellt werden, falls ein Original fehlt, Anweisungen für Rückbuchungen (Stornierung) oder Anweisungen für vorbereitende Abschlussbuchungen.

Belege können grundsätzlich auch unterschieden werden in **externe Belege** (Fremdbelege) und **interne Belege** (Eigenbelege).

Externe Belege (Fremdbelege)

Externe Belege oder Fremdbelege kommen von **außen** in das Unternehmen. Sie entstehen also durch Geschäftsabläufe eines Unternehmens mit Lieferanten, Banken, Versicherungen oder dem Finanzamt.

Beispiele Eingangsrechnungen für Waren und Dienstleistungen, Quittungen, Gutschriften, Bankauszüge, Postbelege, Steuerbescheid, Frachtbriefe.

Interne Belege (Eigenbelege)

Interne Belege oder Eigenbelege sind Belege, die **im** Unternehmen erstellt werden.

Beispiele Durchschriften von Ausgangsrechnungen, Lohn- und Gehaltslisten, Belege über Privatentnahmen (Eigenverbrauch), Belege über Stornobuchungen, Durchschrift von Geschäftskorrespondenz.

Belegbearbeitung und -ablage

Eine sorgfältige Belegbearbeitung und -ablage ist Voraussetzung für eine ordnungsmäßige Buchführung. Die einzelnen **Bearbeitungsschritte** sind:

1. Vorbereitung der Belege	Überprüfen der Belege auf ihre **sachliche** und **rechnerische Richtigkeit**. Dann Sortieren der Belege nach der Belegart.
2. Buchen der Belege	
3. Ablage der Belege	Die Belegablage eines Unternehmens muss so organisiert sein, dass ein schneller Zugriff zu jeder Zeit möglich ist. Das bedeutet, dass die Ablage nach einheitlichen, nachvollziehbaren Kriterien erfolgt. Wird die Ablage im Rahmen der gesetzlichen Möglichkeiten papierlos organisiert, muss auch hier ein schneller Zugriff, also eine Reproduktion beziehungsweise ein Ausdruck der Unterlagen kurzfristig möglich sein.

Mindestanforderungen an die Buchführung

Unabhängig davon, wie ein Kaufmann seine Bücher führt, muss die Buchführung bestimmten Mindestanforderungen genügen.

Zu diesen **Mindestanforderungen** an jede Buchführung zählen:

- Alle **Geschäftsvorfälle** müssen fortlaufend erfasst und aufgezeichnet werden *(Kassenbuch über tägliche Einnahmen und Ausgaben, Erfassung der Wareneingänge)*.
- Alle **Forderungen** und **Verbindlichkeiten** (unbare Geschäfte) müssen in einem so genannten Kontokorrentbuch aufgezeichnet werden.
- Es müssen jährliche **Geschäftsabschlüsse** der Buchführung mit einer Bestandsaufnahme durchgeführt werden (Inventur, Inventar, Bilanz).

Grundsätze ordnungsmäßiger Buchführung (GoB)

Die Anforderungen an die Buchführung, an die sich der Kaufmann halten muss, sind in den **Grundsätzen der ordnungsmäßigen Buchführung** festgelegt. Diese sind nicht zusammenhängend in einem Gesetz festgelegt, sondern ergeben sich im Wesentlichen aus dem Handels- und Steuerrecht (§§ 239–245 HGB und §§ 145–147 AO) aber auch aus der Rechtsprechung.

Unternehmen, auch im Einzelhandel, können sich in vielen Bereichen unterscheiden, z. B. in der Größe, den Geschäftsinhalten oder den Organisationsstrukturen. Aus diesem Grund legen die Grundsätze nicht jedes Detail fest, das die Buchführung erfüllen muss, sondern sie lassen den Kaufleuten notwendige Gestaltungsspielräume.

Entsprechend dem allgemeinen Geschäftsgebrauch wurden folgende **Grundsätze ordnungsmäßiger Buchführung** festgeschrieben und werden von allen am Geschäftsleben Beteiligten anerkannt:

Grundsatz der formellen Richtigkeit	• Keine Buchung ohne Beleg *(Rechnung, Quittung, ...)*. • Die buchführungspflichtigen Vorgänge müssen vollständig, richtig und sachlich geordnet gebucht werden. Keine Veränderungen von Buchungen und Belegen. • Verboten sind Radieren, Überschreiben, Löschen oder Überspielen von Datenträgern.
Grundsatz der Zeitfolge	Die Buchungen müssen fortlaufend und zeitnah erfolgen *(Kasseneinnahmen und -ausgaben sind täglich aufzuzeichnen)*.
Grundsatz der Klarheit und Nachprüfbarkeit	Die Buchungen müssen klar und übersichtlich sein. Ein Sachverständiger Dritter muss sich innerhalb einer angemessenen Zeit einen Überblick verschaffen können.
Grundsatz der Vollständigkeit	Alle Belege müssen lückenlos erfasst werden.
Grundsatz der materiellen Richtigkeit	Die Geschäftsvorfälle müssen ihrem tatsächlichen Inhalt entsprechend gebucht werden.
Grundsatz der periodengerechten Abgrenzung	Alle Buchungen müssen in dem Zeitraum vorgenommen werden, in den sie wirtschaftlich gehören. Die Verschiebung der Erfassung von Einnahmen und Ausgaben ist nicht erlaubt.

Bestandteil der Buchführungspflicht sind auch die handelsrechtlichen und steuerrechtlichen **Aufbewahrungspflichten** (§ 257 HGB, § 147 AO).

Übersicht zu den wichtigsten Aufbewahrungsfristen				
Unterlagen	**Aufbewahrungsfrist**		**Aufbewahrungsform**	
	6 Jahre	**10 Jahre**	**Original**	**Original oder Datenträger**
Eröffnungsbilanz		◆	◆	
Jahresabschluss		◆	◆	
Inventar		◆		◆
Handelsbücher		◆		◆
Buchungsbelege		◆		◆
Briefverkehr	◆			◆

Grundsätze ordnungsmäßiger DV-gestützter Buchführungssysteme (GoBS)

Die **moderne Buchführung** ist zunehmend gekennzeichnet durch eine **papierlose** Erfassung und Speicherung der Daten mithilfe moderner **Datenverarbeitungstechniken**. Da aufgrund des Einsatzes der elektronischen Datenverarbeitung eine Vielzahl von bewussten oder versehentlichen Datenmanipulationen vorkommen können, sind die **Grundsätze ordnungsmäßiger DV-gestützter Buchführungssysteme** erarbeitet worden.

Ein Kaufmann, der seine Bücher auf Datenträgern führt, muss sicherstellen können, dass
- die gespeicherten Daten während der Dauer ihrer Aufbewahrungsfrist jederzeit verfügbar sind,
- unverzüglich lesbar gemacht werden können und
- maschinell ausgewertet werden können.

Folgen bei Verstößen

Ein **Verstoß** gegen die Grundsätze ordnungsmäßiger Buchführung und ordnungsmäßiger Speicherbuchführung kann schwerwiegende Folgen haben. Werden Daten beziehungsweise Belege vernichtet, verheimlicht oder manipuliert, so können folgende **Maßnahmen** ergriffen werden:

- die Besteuerungsgrundlage wird vom Finanzamt geschätzt,
- steuerliche Vergünstigungen können entzogen werden,
- Strafverfahren mit Geld- und Freiheitsstrafen.

© Gina Sanders – Fotolia.com

Bücher der Buchhaltung

Der Begriff **Buchführung** kommt daher, dass **ursprünglich** alle **Geschäftsvorfälle** eines Unternehmens in **fest** gebundenen **Büchern** aufgezeichnet wurden. Dies erfolgte in Klarschrift, d. h. eine Schrift, die ohne Hilfsmittel lesbar ist, ursprünglich also handschriftlich. Mit dem Einsatz **moderner EDV** werden die Daten durch manuelle Eingabe am Computer oder mit Hilfe von Scannern erfasst, gespeichert und in Form von Listen und Tabellen am Bildschirm oder als Ausdrucke ausgegeben. Trotzdem bleibt die Grundstruktur der Buchführung unverändert und man spricht auch heute nach wie vor von „Büchern".

Geschäftsvorfälle werden bei der doppelten Buchführung in **Büchern** mit verschiedenen Inhalten und Funktionen erfasst:

- Inventar- und Bilanzbuch,
- Grundbuch (Journal),
- Hauptbuch (Konten),
- Neben- und Hilfsbücher.

Inventar- und Bilanzbuch

Die Aufstellung aller Vermögensgegenstände und Schulden des Unternehmens, also die jährlichen Inventare und Bilanzen, werden im **Inventar- und Bilanzbuch** festgehalten.

Grundbuch (Journal)

Alle Geschäftsvorfälle werden in zeitlicher Reihenfolge (chronologisch) anhand der Belege im **Grundbuch** aufgezeichnet. Die Erfassung der Belege muss zeitnah erfolgen. Dabei sind folgende Angaben zu erfassen: Datum, Belegnummer, Bezeichnung des Vorgangs, Betrag und Hinweis auf den Beleg.

Eine geordnete und übersichtliche Belegablage kann den Anforderungen des Grundbuches ebenfalls gerecht werden. Seine besondere **Bedeutung** erlangt das **Grundbuch** dadurch, dass durch die genaue Dokumentation der Geschäftsvorfälle zu jeder Zeit eine Buchung bis zum Beleg zurückverfolgt werden kann.

Hauptbuch

Im Hauptbuch erfolgt die Aufzeichnung der Geschäftsvorfälle unter **sachlichen** Gesichtspunkten. Zu diesem Zweck werden im Hauptbuch **Sachkonten** geführt. Diese sachliche Gliederung ermöglicht einen schnellen Überblick über einzelne betriebliche Positionen. So sind z. B. die Ausgaben für die Miete eines Ladens im Laufe eines Geschäftsjahres auf einen Blick zu erkennen. Grundlage für das Hauptbuch sind die Eintragungen in das Grundbuch.

Aktion

1. Bilden Sie zu den in der Situation geschilderten Geschäftsvorfällen in Frau Hessers Modegeschäft die entsprechenden Buchungssätze.

2. Bei welchen der folgenden Schriftstücke handelt es sich um Belege, die zu einer Buchung führen?

a)	Frau Hesser erhält eine Warensendung mit Lieferschein und Rechnung.
b)	Auf dem Geschäftskonto geht eine Gutschrift des Einkaufsverbandes ein.
c)	Frau Hesser bezahlt eine Lieferantenrechnung mit einem Verrechnungsscheck.
d)	Bei der Stadtsparkasse Neuburg stellt Frau Hesser einen Kreditantrag.
e)	Eine Kundin bestellt per Fax ein Kleid, das sie gestern anprobierte.
f)	Eine Kundin gibt eine Hose zurück, die ihrem Mann nicht passt.

3. Tim, Auszubildender bei Action & Fun GmbH, hat die Rechnungen der neu angeschafften EDV-Anlage verlegt. Sein Chef ist ziemlich sauer und sagt zu ihm: „Sieh zu, dass du das Problem bis zum Ende des Monats im Griff hast, sonst gibt es Ärger!"

   Warum ist der Verlust der Originalbelege ein Problem?

   Was kann Tim tun, um das Problem tatsächlich aus der Welt zu schaffen?

4. Kontieren Sie bitte folgende Belege für das Modehaus Hesser-Moden e. K.:

Volksbank Neuburg

Zahlen Sie gegen diesen Scheck DE

Nur zur Verrechnung

Betrag in Buchstaben: siebenhundertfünfzig

noch Betrag in Buchstaben

EUR | Betrag: Euro, Cent 750,00

an

Modehaus
Hesser-Moden e. K.
Neuburg

oder Überbringer

Neuburg
Ausstellungsort

12. Februar 20..
Datum

Heinz Mai
Unterschrift des Ausstellers

Der vorgedruckte Schecktext darf nicht geändert oder gestrichen werden. Die Angabe einer Zahlungsfrist auf dem Scheck gilt als nicht geschrieben.

400 347 DG VERLAG

Scheck-Nr. | Konto-Nr. | Betrag | Bankleitzahl | Text

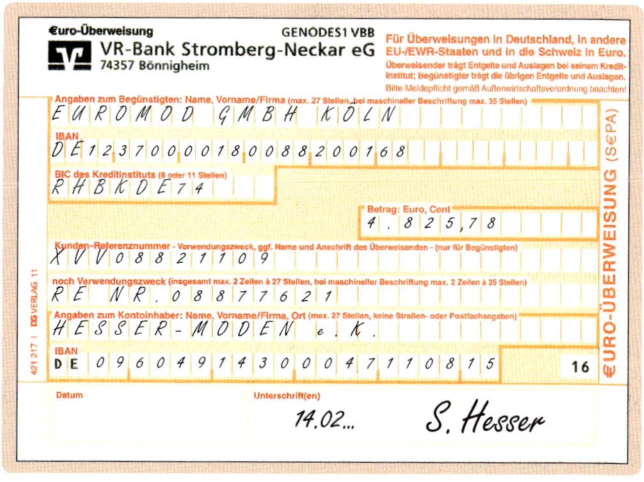

€uro-Überweisung GENODES1 VBB

VR-Bank Stromberg-Neckar eG
74357 Bönnigheim

Für Überweisungen in Deutschland, in andere EU-/EWR-Staaten und in die Schweiz in Euro.
Überweisender trägt Entgelte und Auslagen bei seinem Kreditinstitut; Begünstigter trägt die übrigen Entgelte und Auslagen.
Bitte Meldepflicht gemäß Außenwirtschaftsverordnung beachten!

Angaben zum Begünstigten: Name, Vorname/Firma (max. 27 Stellen, bei maschineller Beschriftung max. 35 Stellen)
EUROMOD GMBH KOLN

IBAN
DE12370000180088200168

BIC des Kreditinstituts (8 oder 11 Stellen)
RHBKDE74

Betrag: Euro, Cent
4.825,78

Kunden-Referenznummer - Verwendungszweck, ggf. Name und Anschrift des Überweisenden - (nur für Begünstigten)
XVV08821709

noch Verwendungszweck (insgesamt max. 2 Zeilen à 27 Stellen, bei maschineller Beschriftung max. 2 Zeilen à 35 Stellen)
RE NR. 08877621

Angaben zum Kontoinhaber: Name, Vorname/Firma, Ort (max. 27 Stellen, keine Straßen- oder Postfachangaben)
HESSER-MODEN e. K.

IBAN
DE 09604914300047110815 16

Datum | Unterschrift(en)
14.02... S. Hesser

EURO-ÜBERWEISUNG (SEPA)

421 217 I DG VERLAG 11

Frau Hesser erhält einen neuen Schreibtisch geliefert und bezahlt ihn sofort bar.

Büro-Express GmbH
Büroeinrichtungen · Bürobedarf
Willy-Brandt-Straße 45
57666 Frankenbach

Hesser-Moden e. K.
Am Marktplatz 15
55555 Neuburg

Auftragsbestätigung und Rechnung

Datum: 15.02.20..
Re.Nr. 3467–20..

Menge	Text	Betrag in €
1	Schreibtisch „Comfort-Extra“ USt. 19 %	600,00 114,00
Summe	Bitte überweisen Sie innerhalb 30 Tagen:	714,00

Bankverbindung: Sparkasse Frankenbach BLZ 777 55 35 Kto.Nr. 12 125 St. Nr.: 212588
BIC HELADEF1FRA IBAN DE12 7775 5350 0000 0121 25

5. Erläutern Sie, warum die Grundsätze ordnungsmäßiger Buchführung nicht jedes Detail für die Form und den Inhalt festlegen, sondern dem Kaufmann einen Gestaltungsspielraum lassen.

6. Erläutern Sie den Grundsatz der Klarheit und Nachvollziehbarkeit. Beschreiben Sie seine Bedeutung aus der Sicht des zuständigen Finanzbeamten.

7. Erkundigen Sie sich, wie die Unterlagen der Buchführung in Ihrem Ausbildungsbetrieb archiviert werden.

8. Warum müssen Kaufleute ihre geführten Bücher während der Aufbewahrungsfrist jederzeit unverzüglich lesbar machen können?

9. Worin besteht der entscheidende Unterschied zwischen Grundbuch (Journal) und Hauptbuch und welchen Nutzen hat der Kaufmann dadurch?

3.6 Eröffnung und Abschluss der Bestandskonten

Situation

Frau Hesser möchte in diesem Geschäftsjahr ihre Buchführung weitgehend selbst machen. Sie eröffnet die benötigten Konten und übernimmt die Werte des abgelaufenen Geschäftsjahres aus der letztjährigen Bilanz.

Information

Die Werte der **Aktivseite** der Bilanz kommen als Anfangsbestände (AB) auf die **Sollseite** der Aktivkonten, die Werte der **Passivseite** der Bilanz als Anfangsbestände auf die **Habenseite** der Passivkonten.

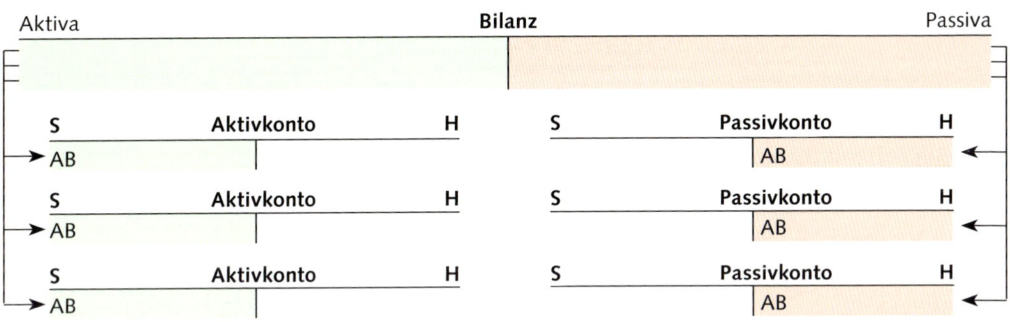

Nach Abschluss aller Geschäftsvorgänge eines Geschäftsjahres, das heißt, wenn alle Geschäftsvorfälle gebucht sind, werden die **Konten abgeschlossen**. Beim Abschluss der Konten nutzt man ein Hilfskonto, das **Schlussbilanzkonto**.

Um ein **Bestandskonto abzuschließen**, muss man zuerst die Summe der wertmäßig größeren Kontoseite ermitteln ❶. Dann wird die **Differenz** zwischen der wertmäßig größeren und der kleineren Seite berechnet **(Saldo)** ❷. Dieser errechnete **Saldo** bildet den **Schlussbestand des Bestandskontos (= SB)**. Er wird dann im **Schlussbilanzkonto** ❸ gegengebucht.

Anmerkung: Das **Schlussbilanzkonto** wird in der betrieblichen Praxis **nicht verwendet**, da die jeweiligen Konten (Buchwerte) nach Abgleich mit den **Ist-Werten** (Inventurwerte) auf die **Schlussbilanz übertragen (nicht gebucht!)** werden. Für das bessere Verständnis der Systematik der Buchführung mag es anfänglich sinnvoll erscheinen, Abschlussbuchungen vorzunehmen.

Geschäftsgang mit Bestandskonten

Beispiel mit Lösung: Es liegt die **Bilanz der Hesser-Moden e. K.** aus dem **letzten Jahr** vor.

Aktiva	Bilanz Hesser-Moden e. K. zum 31.12.		Passiva
Vermögen		**Eigenkapital**	47.000,00 €
I. Anlagevermögen			
Gebäude	110.000,00 €		
Geschäftsausstattung	10.000,00 €		
EDV-Ausstattung	3.500,00 €	**Verbindlichkeiten**	
		I. langfristige Schulden	
		Darlehen, 10 Jahre	100.000,00 €
II. Umlaufvermögen		II. kurzfristige Schulden	
Waren	25.000,00 €	Verbindlichkeiten aLL	11.000,00 €
Forderungen aLL	1.000,00 €		
Bank	7.000,00 €		
Kasse	1.500,00 €		
	158.000,00 €		158.000,00 €

Buchen mit Buchungssätzen

1. Vornahme der laufenden Buchungen (Geschäftsvorfälle)

1. Frau Hesser kauft einen Büroschrank für 600,00 € und bezahlt bar.
2. Eine Lieferantenrechnung über 1.500,00 € ist fällig. Sabrina Hesser bezahlt per Banküberweisung.
3. Der neue Drucker für 750,00 € wird geliefert, Zahlungsziel 14 Tage.

Buchungssätze:

Soll				Haben
1. Geschäftsausstattung	600,00 €	an	Kasse	600,00 €
2. Verbindlichkeiten aLL	1.500,00 €	an	Bank	1.500,00 €
3. EDV-Ausstattung	750,00 €	an	Verbindlichkeiten aLL	750,00 €

2. Vornahme der Abschlussbuchungen

Soll				Haben
SBK	110.000,00 €	an	Gebäude	110.000,00 €
SBK	10.600,00 €	an	Geschäftsausstattung	10.600,00 €
SBK	4.250,00 €	an	EDV-Ausstattung	4.250,00 €
SBK	25.000,00 €	an	Waren	25.000,00 €
SBK	1.000,00 €	an	Forderungen aLL	1.000,00 €
SBK	5.500,00 €	an	Bank	5.500,00 €
SBK	900,00 €	an	Kasse	900,00 €
Eigenkapital	22.000,00 €	an	SBK	22.000,00 €
Darlehen	100.000,00 €	an	SBK	100.000,00 €
Verbindlichkeiten aLL	10.250,00 €	an	SBK	10.250,00 €

Buchung auf T-Konten

Die Buchungen auf T-Konten vollziehen sich in den folgenden Schritten:

1.	Die Eröffnungsbilanz wird in Konten aufgelöst. Anschließend sind die Anfangsbestände der Aktiv- und Passivkonten einzutragen.
2.	Die Geschäftsvorfälle werden gebucht.
3.	Die Schlussbestände werden ermittelt.
4.	Die Konten werden abgeschlossen.
5.	Buchung der Schlussbestände auf das Schlussbilanzkonto.
6.	Aus dem Schlussbilanzkonto wird nach Abgleich mit den Ist-Werten die Schlussbilanz erstellt.

S	Gebäude		H
AB	110.000,00 €	SBK	110.000,00 €

S	Geschäftsausstattung		H
AB	10.000,00 €	SBK	10.600,00 €
1	600,00 €		
	10.600,00 €		10.600,00 €

S	EDV-Ausst.		H
AB	3.500,00 €	SBK	4.250,00 €
3	750,00 €		
	4.250,00 €		4.250,00 €

S	Waren		H
AB	25.000,00 €	SBK	25.000,00 €

S	Forderungen aLL		H
AB	1.000,00 €	SBK	1.000,00 €

S	Bank		H
AB	7.000,00 €	2	1.500,00 €
		SBK	5.500,00 €
	7.000,00 €		7.000,00 €

S	Kasse		H
AB	1.500,00 €	1	600,00 €
		SBK	900,00 €
	1.500,00 €		1.500,00 €

S	Eigenkapital		H
SBK	47.000,00 €	AB	47.000,00 €

S	Darlehen		H
SBK	100.000,00 €	AB	100.000,00 €

S	Verbindlichkeiten aLL		H
2	1.500,00 €	AB	11.000,00 €
SBK	10.250,00 €	3	750,00 €
	11.750,00 €		11.750,00 €

Soll	Schlussbilanzkonto (SBK) zum 31.12.		Haben
Gebäude	110.000,00 €	Eigenkapital	47.000,00 €
Geschäftsausstattung	10.600,00 €	Darlehen, 10 Jahre	100.000,00 €
EDV	4.250,00 €	Verbindlichk. aLL	10.250,00 €
Waren	25.000,00 €		
Forderungen aLL	1.000,00 €		
Bank	5.500,00 €		
Kasse	900,00 €		
	157.250,00 €		157.250,00 €

Aus dem **Schlussbilanzkonto** wird anschließend die **Schlussbilanz** des **abgelaufenen Geschäftsjahres** erstellt. Dazu müssen noch die **Sollbestände der Bestandskonten mit den Istbeständen der Abschlussinventur abgeglichen** und bei Bedarf berichtigt werden.

Im Beispiel ist dieser Abgleich nicht notwendig und daher sind Schlussbilanzkonto und Schlussbilanz wertmäßig identisch.

Aktiva	Bilanz Hesser-Moden e. K. zum 31.12.		Passiva
Vermögen		**Eigenkapital**	47.000,00 €
I. Anlagevermögen			
Gebäude	110.000,00 €	**Verbindlichkeiten**	
Geschäftsaustattung	10.600,00 €	**I. langfristige Schulden**	
EDV-Ausstattung	4.250,00 €	Darlehen, 10 Jahre	100.000,00 €
		II. kurzfristige Schulden	
II. Umlaufvermögen		Verbindl. aLL	10.250,00 €
Waren	25.000,00 €		
Forderungen aLL	1.000,00 €		
Bank	5.500,00 €		
Kasse	900,00 €		
	157.250,00 €		157.250,00 €

Für die Eröffnungs- und Schlussbilanz gilt:
Wert der linken Seite (Aktiva) = Wert der rechten Seite (Passiva)

Aktion

1. Beschreiben Sie den Aufbau einer Bilanz.
2. Wohin werden die Werte der Bilanz übertragen?
3. Beschreiben Sie, wie ein Konto abgeschlossen wird.
4. In welchen Schritten erfolgen Buchungen auf den T-Konten?
5. Unter welchen Voraussetzungen sind Schlussbilanzkonto und Schlussbilanz wertmäßig identisch?

6. Ordnen Sie die folgenden Belege der Aktiv- bzw. Passivseite der Bilanz zu:
   - Lieferantenrechnung,
   - Lastschriftbeleg unserer Bank,
   - Rechnung an einen Kunden,
   - Kassenbon,
   - Rechnung unseres Ladenbauers,
   - Tageslosung.

7. Das Einzelhandelsunternehmen GUTKAUF hat zum 31.12. des vergangenen Jahres folgende Schlussbilanz aufgestellt:

Aktiva		Bilanz	Passiva
Softwarelizenzen	6.587,00 €	Eigenkapital	?
Grundstücke u. Bauten	51.000,00 €	Darlehen, 5 Jahre	50.000,00 €
Ladenausstattung	11.000,00 €	kurzfr. Verbindl.	12.000,00 €
Kassensysteme	4.989,00 €	Verbindl. aLL	4.000,00 €
Lagerausstattung	1.560,00 €		
Fuhrpark	26.890,00 €		
Warenbestand	19.901,00 €		
Forderungen aLL	1.100,00 €		
Volksbank	17.567,00 €		
Sparkasse	42.510,00 €		
Kasse	1.378,00 €		

a) Ermitteln Sie das Eigenkapital.

b) Welche Bestandskonten müssen zur Eröffnung des neuen Geschäftsjahres angelegt werden? Legen Sie die T-Konten an.

c) Nennen Sie die Buchungssätze der Eröffnungsbuchungen und führen sie diese auf den T-Konten durch.

d) Buchen Sie folgende Geschäftsvorfälle und stellen Sie die Schlussbilanz auf.

Nr.	Geschäftsvorfall	Betrag in €
1.	Kauf von Waren auf Ziel	8.500,00
2.	Eine Lieferantenrechnung wird bar bezahlt	3.450,00
3.	Kauf einer neuen Ladenkasse auf Rechnung	2.760,00
4.	Monatliche Tilgungsrate für Darlehen	1.200,00
5.	Verbuchung der Tageslosung	12.650,00
6.	Warenverkauf bar und auf Ziel	345,00 560,00
7.	Kauf eines Lagerregalsystems gegen Banküberweisung (Volksbank)	3.389,00
8.	Bareinzahlung auf Konto der Sparkasse	500,00
9.	Kauf von Waren gegen Scheckzahlung (Volksbank) und auf Ziel	2.500,00 2.200,00
10.	Kauf eines Grundstückes gegen Banküberweisung (Sparkasse)	35.780,00

8. Nehmen Sie die notwendigen Buchungen beim nachfolgenden Geschäftsgang ohne Schlussbilanzkonto vor:

Anfangsbestände	Betrag/€	Anfangsbestände	Betrag/€
Geschäftsausstattung	50.000,00	Eigenkapital	?
Fuhrpark	24.000,00	Darlehensschulden	40.000,00
Waren	45.000,00	Verbindl. aLL	4.500,00
Forderungen aLL	2.560,00		
Bank	5.700,00		
Kasse	1.800,00		

Nr.	Geschäftsvorfall	Betrag in €
1.	Verkauf einer gebrauchten Ladentheke gegen bar	2.500,00
2.	Wareneinkauf gegen Verrechnungsscheck	12.000,00
3.	Kunde begleicht Rechnung mit Verrechnungsscheck	2.345,00
4.	Kauf eines Geschäftswagens gegen Banküberweisung	27.500,00
5.	Barabhebung von der Bank	1.500,00
6.	Kauf einer Kühltheke auf Ziel	7.560,00
7.	Verkauf von Waren auf Ziel	670,00

9. Es liegen Ihnen folgende Anfangsbestände vor:

Anfangsbestände	Betrag/€	Anfangsbestände	Betrag/€
Geschäftsausstattung	24.000,00	Eigenkapital	?
EDV-Ausstattung	800,00	Verbindl. aLL	8.200,00
Waren	18.400,00		
Forderungen aLL	4.000,00		
Bank	12.800,00		
Kasse	1.200,00		

Nr.	Geschäftsvorfall	Betrag in €
1.	Banküberweisung an Lieferanten	3.200,00
2.	Wareneinkauf auf Ziel	4.000,00
3.	Kauf eines neuen PC mit Drucker gegen EC-cash	2.100,00
4.	Kunde zahlt Rechnung bar (1/3) und überweist (2/3)	900,00
5.	Warenverkauf bar	480,00
6.	Warenverkauf auf Ziel	320,00

Führen Sie den Geschäftsgang bis zur Aufstellung der Schlussbilanz durch.

10. Stellen Sie die Eröffnungsbilanz auf, eröffnen Sie die Konten, nennen Sie die Buchungssätze, buchen Sie die Geschäftsvorfälle, schließen Sie die Konten ab und erstellen Sie die Schlussbilanz.

Bestände	Betrag in €
Waren	110.900,00 €
Grundstücke und Gebäude	230.000,00 €
Geschäftsausstattung	80.000,00 €
Verbindlichkeiten	74.700,00 €
Kasse	9.800,00 €
Eigenkapital	250.000,00 €
Bank	12.600,00 €
Forderungen	81.400,00 €
Darlehen	200.000,00 €
Schlussbestand an Waren:	118.900,00 €

Nr.	Geschäftsvorfall	Betrag in €
1.	Überweisung für Darlehenstilgung	5.000,00 €
2.	Barverkauf eines alten PC	500,00 €
3.	Wareneinkauf bar	2.200,00 €
4.	Kauf eines Fotokopiergerätes bar	3.100,00 €
5.	Barzahlung eines Kunden	1.900,00 €
6.	Überweisung an einen Lieferanten	9.100,00 €
7.	Einzahlung auf Bankkonto	4.000,00 €
8.	Eingangsrechnung für Waren	5.800,00 €

11. Übernehmen Sie die Konten auf Ihr Blatt:

Soll	**Waren**		Haben
AB	16.000,00 €		
Verbindlichkeiten	39.000,00 €		

Soll	**Forderungen**		Haben
AB	33.000,00 €	Bank	17.000,00 €

Soll	**Bank**		Haben
AB	19.500,00 €	Verbindlichkeiten	44.000,00 €
Forderungen	17.000,00 €		

Soll	**Verbindlichkeiten**		Haben
Bank	44.000,00 €	AB	64.000,00 €
		Waren	39.000,00 €

a) Erstellen Sie die Eröffnungsbilanz, die den Konten zugrunde liegt.

b) Ermitteln Sie die Schlussbestände der einzelnen Konten.

c) Erstellen Sie die Schlussbilanz, wobei die Buchbestände den Inventurbeständen entsprechen.

d) Wie lautet der Geschäftsvorfall für den gebuchten Betrag von 44.000,00 €?

e) Begründen Sie, weshalb sich das Eigenkapital nicht verändert hat, obwohl die Bilanzsumme gestiegen ist.

3.7 Buchungen auf Ergebniskonten

3.7.1 Aufwand und Ertrag

Hat sich die ganze Arbeit denn gelohnt?

Situation

Sabrina Hesser ist die Inhaberin des Modegeschäftes Hesser Moden e. K. in Neuburg. Für ihr Ladengeschäft fällt eine monatliche Miete von 800,00 € an. Sie erhält für die abgelaufene Wintersaison eine erfolgsabhängige Verkaufsprovision für ihre Umsätze mit dem Einkaufsverband InterTex.

Sabrina Hesser möchte sich nun einen kurzen Überblick verschaffen, wie *erfolgreich* sie im aktuellen Monat März bisher war.

	Kontonummer	Auszug	Blatt	Anlage	Letzter Auszug		Kontostand alt
VOLKSBANK NEUBURG	22061977 BLZ: 65480230 BIC: GENODE52XXX IBAN: DE15 6548 0230 0022 0619 77	33			15.03.20..		22.500,26 HABEN
		Buchungstag		Wertstellung		Belastungen	Gutschriften
Monatsmiete Verkaufsladen am Marktplatz 15		15.03		15.03.		800,00	
Verkaufsprovision Wintermode		15.03		15.03.			5.500,00
				Kontostand neu EUR			27.200,26 HABEN

VOLKSBANK NEUBURG EG
Postfach 4344 – 55555 Neuburg
736/0068340/14/71332

Hesser Moden e.K.
Am Marktplatz 15
55555 Neuburg

KONTOAUSZUG
per 15.03.20..

TELEFON-SERVICE UNTER NR. 0777/654901 FAST RUND UM DIE UHR.

Bitte Rückseite beachten

Arbeitsaufträge

1. *Welche Auswirkungen haben die zwei Vorgänge auf das Eigenkapital der Hesser Moden e. K.?*
2. *Buchen Sie die Vorgänge und stellen Sie das Eigenkapitalkonto (AB 100.000,00 €) dar.*
3. *Führen Sie die notwendigen Ergebniskonten ein und begründen Sie dabei Ihr Vorgehen.*
4. *Schließen Sie die Ergebniskonten auf dem GuV-Konto ab und ermitteln Sie den bisherigen Gewinn für Sabrina Hesser im Monat März.*

5 *Stellen Sie die Veränderung des Eigenkapitals der Hesser Moden e. K. dar.*

6 *Welche grundsätzliche Vorgehensweise lässt sich bei der Ergebnisermittlung ableiten? Formulieren Sie allgemeine Regeln für das GuV-Konto und die möglichen Auswirkungen auf das Eigenkapital.*

Information

Ziel der Führung eines jeden Unternehmens ist es jedoch, das eingebrachte **Eigenkapital** zu vermehren und **Gewinne** zu erzielen. Mit dem laufenden Geschäftsbetrieb besteht jedoch auch das Risiko, das **Eigenkapital zu vermindern**, also **Verluste** zu machen.

Es gibt Geschäftsvorfälle, die das Eigenkapital mindern oder erhöhen, d. h. erfolgswirksam sind.

Aufwendungen

In einem Handelsunternehmen entstehen Kosten. Löhne und Gehälter müssen bezahlt werden, Ladenmiete und Leasingraten für Fahrzeuge und Büromaschinen sind zu begleichen. Es entstehen Kosten für die Abnutzung des Anlagevermögens und auch durch den Absatz von Gütern kommt es zu einem Werteverzehr, z. B. durch Einkauf, Lagerung und Werbung für die zum Verkauf bestimmten Artikel.

Unter **betrieblichen Aufwendungen** versteht man daher den **Werteverzehr**, der bei der Erfüllung des Unternehmenszweckes erfolgt. Die verursachten Kosten **mindern** das **Eigenkapital**.

Erträge

In einem **Handelsunternehmen** ist der **Unternehmenszweck** der Verkauf von Waren und Dienstleistungen. Dadurch werden Erlöse erzielt, die das Eigenkapital erhöhen. Neben Verkaufserlösen sind beispielsweise auch Zinserträge oder Erträge aus Vermietung und Verpachtung betriebliche Erträge. Auch sie erhöhen das Eigenkapital.

Unter **Erträgen** versteht man daher **Wertezuflüsse**, die durch unternehmerische Leistung entstanden sind. Sie **mehren** das **Eigenkapital**.

3.7.2 Buchungen von Geschäftsvorfällen auf Ergebniskonten

Ergebniskonten als Unterkonten des Eigenkapitalkontos

Erträge und Aufwendungen verändern das Eigenkapital. Würde man die Eigenkapitalminderungen und -mehrungen direkt auf das Eigenkapitalkonto buchen, müsste wie folgt gebucht werden:

Aufwendungen als Eigenkapitalminderungen im **Soll**.

Erträge als Eigenkapitalmehrung im **Haben**.

Um dem Grundsatz der Klarheit und Übersichtlichkeit der Buchführung gerecht zu werden ist es also notwendig, betriebliche Eigenkapitaländerungen nicht direkt auf das Eigenkapitalkonto zu buchen, sondern auf Unterkonten des Eigenkapitalkontos.

Die Unterkonten des Eigenkapitalkontos werden Ergebniskonten genannt.

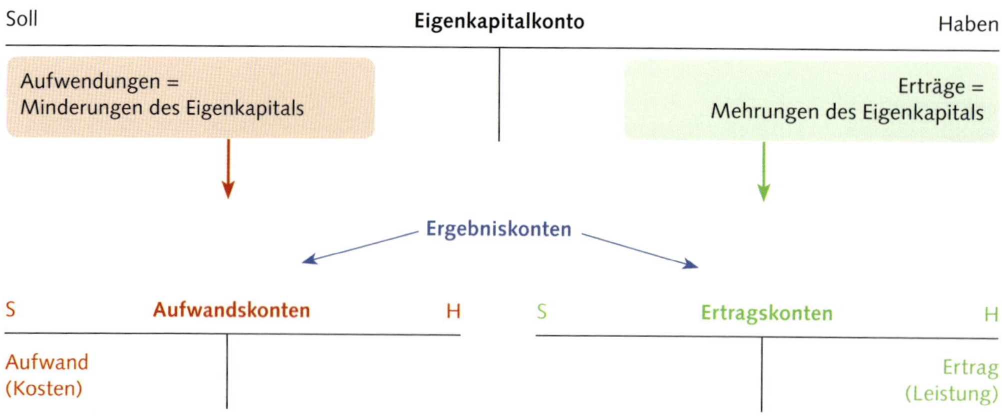

Beispiele

Aufwandskonten	Ertragskonten
Aufwendungen für Waren	Umsatzerlöse aus Warenverkauf
Verpackungen	Umsatzerlöse für Dienstleistungen
Löhne, Gehälter, soziale Aufwendungen	Provisionserträge
Miete	Zinserträge
Heizung, Strom, Wasser	Mieterträge
Bürobedarf	Pachterträge
Fahrzeugkosten	
Versicherungen	
Telefon	
Porto	
Zinsaufwendungen	
Reinigung	
Werbung	
Eigenkapitalminderungen	**Eigenkapitalmehrungen**
Auf Aufwandskonten werden Eigenkapitalminderungen erfasst, nach Aufwandsarten gegliedert.	Auf Ertragskonten werden Eigenkapitalmehrungen erfasst, nach Ertragsarten gegliedert.

Fallbeispiel

Herr Treiber, Inhaber eines Holzfachhandels in Neuburg, hat bei der Kontrolle der Kontoauszüge seines Geschäftskontos einen gehörigen Schreck bekommen. Das Konto ist mit über 10.000,00 € überzogen. Bei genauem Hinschauen stellt er fest, dass folgende Positionen belastet wurden:

- Gehälter für seine Mitarbeiter: 8.650,00 €,
- Miete für Geschäfts- und Lagerräume: 5.870,00 €,
- Kfz-Steuer für die Firmenfahrzeuge: 1.945,00 €.

Gutgeschrieben wurden auf dem Bankkonto in der gleichen Zeit die Zinserträge für 6 Monate einer langfristigen Geldanlage bei der Sparkasse in Höhe von 1.550,00 €.

Die Monatsrechnung seiner Gebäudereinigung hat er heute morgen in Höhe von 700,00 € bar aus der Kasse bezahlt. Außerdem erzielt Herr Treiber durch den Verkauf von Anteilen an seiner Einkaufsgenossenschaft einen außerordentlichen Ertrag von 4.400,00 €.

Buchungsregeln für Ergebniskonten

Da es sich bei den Ergebniskonten um Unterkonten des Eigenkapitalkontos handelt, gelten für sie dieselben Buchungsregeln, wie für das Eigenkapitalkonto.

Alle Minderungen des Eigenkapitals **(Aufwendungen)** werden im Soll (linke Seite) der **Aufwandskonten** gebucht.

Alle Mehrungen des Eigenkapitals **(Erträge)** werden im **Haben** (rechte Seite) der **Ertragskonten** gebucht. Üblicherweise werden dadurch Ergebniskonten nur auf einer Seite angesprochen.

Fallbeispiel 2 mit Lösung

So bucht Herr Treiber seine Geschäftsvorfälle:

Fall	Soll		an		Haben
1	Gehälter	8.650,00 €	an	Bank	8.650,00 €
2	Miete	5.870,00 €	an	Bank	5.870,00 €
3	Kfz-Steuer	1.945,00 €	an	Bank	1.945,00 €
4	Bank	1.550,00 €	an	Zinserträge	1.550,00 €
5	Instandhaltung	700,00 €	an	Kasse	700,00 €
6	Bank	4.400,00 €	an	Außerord. Erträge	4.400,00 €

Aktion

1. Bilden Sie die Buchungssätze zu folgenden Geschäftsvorfällen:

Nr.	Geschäftsvorfall	Betrag in €
1.	Die Aushilfe erhält ihren Lohn bar aus der Kasse ausgezahlt.	350,00
2.	Auf dem Bankkonto werden Zinserträge gutgeschrieben.	341,00
3.	Der Azubi holt Postwertzeichen und bezahlt diese bar.	100,00
4.	Die Telefonrechnung wird vom Bankkonto abgebuch	560,00
5.	Die Miete für die Geschäftsräume wird durch Banküberweisung bezahlt.	2.540,00
6.	Abbuchung der Stromrechnung vom Bankkonto.	445,00
7.	Der Mieter unseres zur Zeit nicht benötigten Außenlagers überweist die monatliche Miete auf das Bankkonto.	1.590,00
8.	Die Securia-Versicherung bucht die Prämie für die Einbruch-/Diebstahlversicherung ab.	888,00
9.	Die Berufsgenossenschaft für den Einzelhandel schickt eine Rechnung, die per Überweisung beglichen wird.	468,95
10.	Zum Sommerschlussverkauf wird eine Anzeige in der Neuburger Zeitung geschaltet. Die Bezahlung erfolgt mit Bankscheck.	1.798,00

2. Warum werden ergebniswirksame Geschäftsvorfälle nicht direkt auf dem Eigenkapitalkonto gebucht?

3. Welche beiden Begriffe passen nicht zu dieser Aufzählung?
   - Provision,
   - Löhne,
   - Gehälter,
   - Miete,
   - Grundstücke,
   - KFZ-Steuern,
   - Zinsen,
   - Forderungen.

4. Nennen Sie zehn typische Aufwendungen aus Ihrem Ausbildungsbetrieb.

5. Nennen Sie die Buchungsregeln der Ergebniskonten.

6. Warum haben Ergebniskonten keine Anfangsbestände?

7. Welche Geschäftsvorfälle liegen den folgenden Buchungssätzen zugrunde?

a) Bank	an	Zinserträge	e) Bank	an	Provisionserträge
b) Werbung	an	Kasse	f) Waren	an	Verbindlichkeiten
c) Gehälter	an	Bank	g) Energieaufwendung	an	Bank
d) Kasse	an	Bank	h) Bank	an	Gewerbesteuer

3.7.3 Abschluss der Ergebniskonten

Geht das Geschäftsjahr zu Ende, so müssen alle Ergebniskonten abgeschlossen werden. Der Abschluss der Ergebniskonten wird aber **nicht** direkt über das Eigenkapitalkonto durchgeführt. Man bedient sich hier eines **Sammelkontos**: die Salden der Ergebniskonten werden auf dem **Gewinn- und Verlustkonto (GuV)** zusammengestellt.

Buchungsregeln für Abschlussbuchungen der Ergebniskonten:

❶ Gewinn- und Verlustkonto	**an**	Aufwandskonto
❷ Ertragskonto	**an**	Gewinn- und Verlustkonto

Zum Abschluss des Gewinn- und Verlustkontos wird der Differenzbetrag zwischen der Summe der Erträge und der Summe der Aufwendungen ermittelt. Aus dem **Saldo des Gewinn- und Verlustkontos** kann abgelesen werden, ob das Unternehmen in dem abgeschlossenen Geschäftsjahr mit **Gewinn oder Verlust** gearbeitet hat.

- Summe der Erträge > Summe der Aufwendungen = **Gewinn**
- Summe der Erträge < Summe der Aufwendungen = **Verlust**

Der **Abschluss** des Gewinn- und Verlustkontos erfolgt über das **Eigenkapitalkonto**.

Buchungsregeln zum Abschluss des Gewinn- und Verlustkontos:

Bei **Gewinn:**	❸ Gewinn- und Verlustkonto	**an**	Eigenkapitalkonto
Bei **Verlust:**	❹ Eigenkapitalkonto	**an**	Gewinn- und Verlustkonto

S	**Aufwandskonten**	H
Aufwand (Kosten)		❶ Saldo

S	**Ertragskonten**	H
Saldo ❷		Ertrag (Leistung)

S	**Gewinn- und Verlustkonto**	H
❶ Aufwendungen = Minderungen des Eigenkapitals		❷ Erträge = Mehrungen des Eigenkapitals
Saldo → ❸ Gewinn		**Saldo** ❹ Verlust

Gewinn- oder Verlust

S	**Eigenkapitalkonto**	H
		Anfangsbestand
Saldo → ❹ Verlust		Saldo → ❸ Gewinn

Fallbeispiel (Fortsetzung)

Am Ende des Geschäftsjahres möchte Herr Treiber feststellen, ob er mit Gewinn oder Verlust gearbeitet hat. Der Anfangsbestand seines Eigenkapitalkontos zu Beginn des Geschäftsjahres betrug 22.000,00 €. Es liegen die 6 Geschäftsvorfälle aus der Situation von Seite 201 zugrunde[1].

Ermittlung von Gewinn oder Verlust durch Abschluss der Ergebniskonten

Fallbeispiel mit Lösung

In der folgenden Darstellung sind für die Geschäftsvorfälle des laufenden Geschäftsjahres nur die Aufwands- und Ertragskonten dargestellt.

Abschlussbuchungen der Ergebniskonten

Fall	Soll		an	Haben	
1	GuV	8.650,00 €	an	Gehälter	8.650,00 €
2	GuV	5.870,00 €	an	Miete	5.870,00 €
3	GuV	1.945,00 €	an	Kfz-Steuer	1.945,00 €
4	Zinserträge	1.550,00 €	an	GuV	1.550,00 €
5	GuV	700,00 €	an	Instandhaltung	700,00 €
6	Außerord. Erträge	4.400,00 €	an	GuV	4.400,00 €

1 Natürlich gibt es in der Praxis kein Unternehmen, in dem im Jahr nur so wenige Geschäftsvorfälle anfallen. Dieses sehr vereinfachte Beispiel soll ausschließlich zum besseren Verständnis der Buchungsregeln dienen.

Abschluss auf T-Konten mit Abschluss über das Eigenkapitalkonto

Aufwandskonten

S	Gehälter		H
1.	8.650,00 €	GuV	8.650,00 €

S	Miete		H
2.	5.870,00 €	GuV	5.870,00 €

S	Kfz-Steuer		H
3.	1.945,00 €	GuV	1.945,00 €

S	Instandhaltung		H
5.	700,00 €	GuV	700,00 €

Ertragskonten

S	Zinserträge		H
GuV	1.550,00 €	4.	1.550,00 €

S	Außerord. Erträge		H
GuV	4.400,00 €	6.	4.400,00 €

Soll	Gewinn- und Verlustkonto		Haben
Gehälter	8.650,00 €	Zinserträge	1.550,00 €
Miete	5.870,00 €	Außerord. Erträge	4.400,00 €
Kfz-Steuer	1.945,00 €	Eigenkapital	11.215,00 €
Instandhaltung	700,00 €		
	17.165,00 €		17.165,00 €

Soll	Eigenkapitalkonto		Haben
Saldo GuV (Verlust)	11.215,00 €	Anfangsbestand	22.000,00 €

Buchungssatz für die Abschlussbuchung:

Soll		an	Haben	
Eigenkapitalkonto	11.215,00 €	an	GuV	11.215,00 €

Aktion

1. Im Haushaltwarengeschäft von Frau Göder sind folgende Geschäftsvorfälle zu bearbeiten:

Nr.	Geschäftsvorfall	Betrag in €
1.	Aushilfslöhne werden bar aus der Kasse ausgezahlt.	550,00
2.	Gehälter werden per Banküberweisung gezahlt.	11.000,00
3.	Bürobedarf wird gekauft und bar bezahlt.	210,00
4.	Die Telefonrechnung wird vom Bankkonto abgebucht.	234,00
5.	Gewerbesteuer ist fällig und wird per Bankeinzug beglichen.	2.143,00
6.	Provisionserträge werden durch Einzahlung auf das Geschäftskonto bezahlt.	1.763,00
7.	Mietzahlungen für Ladengeschäft durch Banküberweisung.	1.959,00
8.	Begleichung einer Rechnung für eine Kfz-Reparatur durch Electronic-cash.	560,00
9.	Verbandsbeiträge werden vom Geschäftskonto abgebucht.	190,00

a) Bilden Sie die Buchungssätze zu obigen Geschäftsvorfällen. Erstellen Sie die notwendigen Ergebniskonten und das GuV-Konto.
b) Schließen Sie das GuV-Konto ab, und ermitteln Sie den Erfolg aus den Aufwendungen und den Erträgen.
c) Nennen Sie die Abschlussbuchungen des Gewinn- und Verlustkontos im Verlustfall, und wenn das Unternehmen einen Gewinn innerhalb des Geschäftsjahres erwirtschaftet.

2. Ordnen Sie folgende Geschäftsvorgänge als Bestands- oder Erfolgsvorgänge ein.

Nr.	Geschäftsvorfall	Betrag in €
1.	Kauf von Büromaterial in bar	150,00
2.	Kauf einer Registrierkasse per Bankeinzug	1.891,89
3.	Kunde zahlt per Banküberweisung	235,00
4.	Bankeinzug der Gewerbesteuer	598,00
5.	Barabhebung zwecks Kasseneinlage	1.000,00
6.	Umwandlung eines kurzfr. Kredits in ein Darlehen, 5 Jahre Laufzeit	3.500,00
7.	Barzahlung der Aushilfslöhne	870,00
8.	Bankgutschrift für erhaltene Provisionen	1.437,00
9.	Überweisung einer Rechnung für Kfz-Reparatur	879,50
10.	Einkauf von Werbegeschenken auf Ziel	479,90

3. Der Saldo von Bestands- und Ergebniskonten kann abgeschlossen werden auf:
a) Schlussbilanzkonto
b) Gewinn- und Verlustkonto
c) Konto Eigenkapital

Auf welches Konto werden die Salden der folgenden Konten abgeschlossen: Gehälter, bebaute Grundstücke, Forderungen, Eigenkapital, Fuhrparkkosten, Reisekosten, Gewinn und Verlust, Miete?

4. Vervollständigen Sie folgende Aussagen:
a) „Ergibt der Saldo des GuV-Kontos einen Gewinn, dann ..."
b) „Das Unternehmen hat mit Verlust gearbeitet, wenn ..."
c) „Erfolgsvorgänge sind Geschäftsvorfälle, die zu einer Veränderung ..."

5. Welche Geschäftsvorfälle liegen folgenden Buchungssätzen zugrunde?

a)	Bank an Zinserträge	g)	Steuern an Bank
b)	Mietaufwand an Kasse	h)	Gehälter an Bank und Kasse
c)	Verbindlichkeiten an Bank	i)	Kfz-Steuer, Verbindlichkeiten und Bankdarlehen an Bank
d)	Kasse an Forderungen		
e)	Bank an Werbung	j)	Werbung an Bank
f)	Bank an Kasse	k)	Bank an Forderungen

6. Bilden Sie für die folgenden ergebniswirksamen Geschäftsvorfälle die Buchungssätze, buchen Sie auf den Ergebniskonten und schließen Sie diese ab.

Nr.	Geschäftsvorfall	Betrag in €
a)	Überweisung der Löhne	23.000,00
b)	Die Bank schreibt uns Zinsen gut	400,00
c)	Barzahlung für eine Aushilfskraft	320,00
d)	Überweisung für gemietete Geschäftsräume	11.400,00
e)	Bankgutschrift für erhaltene Provisionen	1.400,00
f)	Überweisung für eine Werbeanzeige	1.500,00
g)	Scheckzahlung für eine Fahrzeugreparatur	2.800,00

7. Bilden Sie für die folgenden ergebniswirksamen Geschäftsvorfälle die Buchungssätze, buchen Sie auf den Ergebniskonten und schließen Sie die Konten ab.

Nr.	Geschäftsvorfall	Betrag in €
a)	Überweisung der Kfz-Steuer	870,00
b)	Die Bank belastet uns mit Zinsen	92,00
c)	Barzahlung für eine Aushilfskraft	270,00
d)	Bankgutschrift für vermietete Räume	1.700,00
e)	Die Bank belastet uns mit Gebühren	50,00
f)	Überweisung für Werbeanzeigen	250,00
g)	Scheckzahlung für Fahrzeugreparatur	1.300,00
h)	Kauf von Büromaterial auf Rechnung	60,00

8. Bilden Sie für die folgenden ergebniswirksamen Geschäftsvorfälle die Buchungssätze, buchen Sie auf den Ergebniskonten und schließen Sie die Konten ab.

Nr.	Geschäftsvorfall	Betrag in €
a)	Überweisung der Gehälter	2.700,00
b)	Die Bank schreibt uns Zinsen gut	220,00
c)	Überweisung an eine Hilfskraft	310,00
d)	Bank führt Dauerauftrag durch für geleastes Fahrzeug	450,00
e)	Bankgutschrift für erhaltene Provision	8.300,00
f)	Scheckbelastung für Kauf von Büromaterial	1.200,00
g)	Bankbelastung für Energieaufwendungen	850,00
h)	Barspende an die örtlichen Vereine	200,00
i)	Rechnungseingang für Dachreparatur	940,00

9. Wodurch unterscheiden sich Bestands- und Ergebniskonten?

3.8 Geschäftsgang mit Bestands- und Ergebniskonten

Arbeitsabläufe beim Buchen innerhalb eines Geschäftsjahres

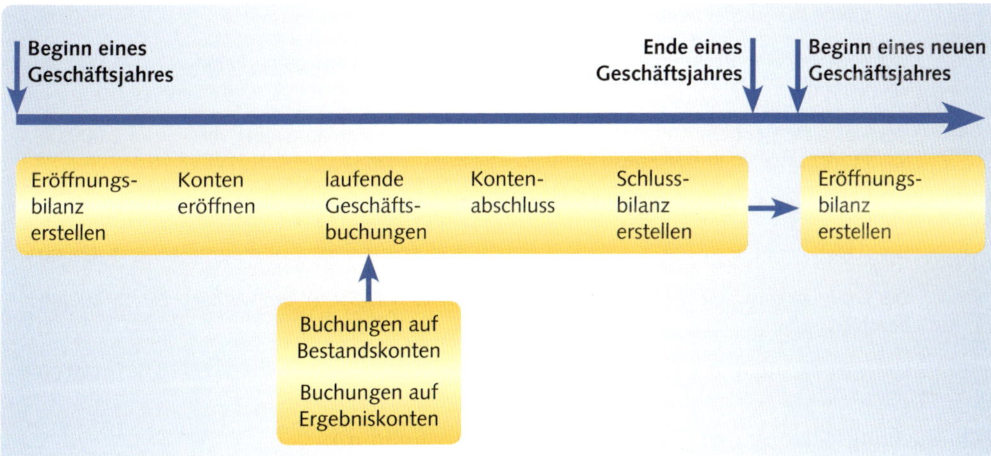

Wird ein kompletter Geschäftsgang mit Bestands- und Ergebniskonten gebucht, dann ist bei den **Buchungen** folgende **Reihenfolge** einzuhalten:

1. Erstellen einer Eröffnungsbilanz auf Grund der vorhandenen Anfangsbestände.
2. Eröffnung der Bestandskonten.
3. Buchung der Geschäftsvorfälle auf den Bestands- und Ergebniskonten (dazu T-Konten eröffnen).
4. Abschluss der Bestandskonten.
5. Abschluss der Ergebniskonten über das Konto Gewinn und Verlust.
6. Abschluss des Gewinn- und Verlustkontos auf das Konto Eigenkapital.
7. Schlussbilanz nach Abgleich mit den Ist-Werten erstellen.

Beispiel mit Lösung

Eröffnungsbilanz

A	Eröffnungsbilanz zum 01.01. ..		P
Gebäude	110.000,00 €	Eigenkapital	22.000,00 €
Geschäftsausstattung	10.000,00 €	Bankdarlehen	100.000,00 €
Kassensysteme	3.500,00 €	Verbindl. aLL	11.000,00 €
Forderungen aLL	1.000,00 €		
Bank	7.000,00 €		
Kasse	1.500,00 €		
	133.000,00 €		133.000,00 €

Geschäftsvorfälle

Nr.	Beschreibung	Betrag in €
1.	Für eine Anzeige in den Neuburger Nachrichten erhalten wir eine Rechnung. Wir bezahlen sie mit Banküberweisung.	1.200,00
2.	Der Kunde Maierhofer begleicht eine Rechnung bar.	500,00
3.	Wir bezahlen eine Rechnung unseres Lieferanten Lamprecht KG durch Banküberweisung.	1.000,00
4.	Von uns nicht genutzte Geschäftsräume haben wir an die Barollo GmbH vermietet. Wir erhalten ihre Monatsmiete bar.	2.800,00
5.	Wir überweisen für zwei Teilzeitkräfte deren Monatsgehalt.	1.200,00
6.	Die Bank schreibt uns Zinsen für eine langfristige Kapitalanlage gut.	1.400,00
7.	Der Bondrucker ist defekt und wird durch ein neues Modell ersetzt, das wir bar bezahlen.	400,00
8.	Unser Bankkonto wird mit Zinsen für ein Darlehen belastet.	140,00

Buchungssätze zu den Geschäftsvorfällen (Spaltenform)

1.

Konto	Soll	Haben
Werbung	1.200,00 €	
Bank		1.200,00 €

2.

Konto	Soll	Haben
Kasse	500,00 €	
Forderungen aLL		500,00 €

3.

Konto	Soll	Haben
Verbindlichkeiten aLL	1.000,00 €	
Bank		1.000,00 €

4.

Konto	Soll	Haben
Kasse	2.800,00 €	
Erträge aus Vermietung		2.800,00 €

5.

Konto	Soll	Haben
Gehälter	1.200,00 €	
Bank		1.200,00 €

6.

Konto	Soll	Haben
Bank	1.400,00 €	
Zinserträge		1.400,00 €

7.

Konto	Soll	Haben
Kassensysteme	400,00 €	
Kasse		400,00 €

8.

Konto	Soll	Haben
Zinsaufwendungen	140,00 €	
Bank		140,00 €

Eröffnen der Bestandskonten und Buchen der Geschäftsvorfälle

Aktivkonten

S	Gebäude		H
AB	110.000,00 €	SB	110.000,00 €

S	Geschäftsausst.		H
AB	10.000,00 €	SB	10.000,00 €

S	Kassensysteme		H
AB	3.500,00 €	SB	3.900,00 €
7	400,00 €		
	3.900,00 €		3.900,00 €

S	Forderungen aLL		H
AB	1.000,00 €	2	500,00 €
		SB	500,00 €
	1.000,00 €		1.000,00 €

S	Bank		H
AB	7.000,00 €	1	1.200,00 €
6	1.400,00 €	3	1.000,00 €
		5	1.200,00 €
		8	140,00 €
		SB	4.860,00 €
	8.400,00 €		8.400,00 €

S	Kasse		H
AB	1.500,00 €	7	400,00 €
2	500,00 €	SB	4.400,00 €
4	2.800,00 €		
	4.800,00 €		4.800,00 €

Passivkonten

S	Eigenkapital		H
SB	23.660,00 €	AB	22.000,00 €
		GuV	1.660,00 €
	23.660,00 €		23.660,00 €

S	Darlehen		H
AB	100.000,00 €	SB	100.000,00 €

S	Verbindl. aLL		H
3	1.000,00 €	AB	11.000,00 €
SB	10.000,00 €		
	11.000,00 €		11.000,00 €

Aufwandskonten

S	Gehälter		H
5	1.200,00 €	GuV	1.200,00 €

S	Werbung		H
1	1.200,00 €	GuV	1.200,00 €

S	Zinsaufwendungen		H
8	140,00 €	GuV	140,00 €

Ertragskonten

S	Mieterträge		H
GuV	2.800,00 €	4	2.800,00 €

S	Zinserträge		H
GuV	1.400,00 €	6	1.400,00 €

Abschluss des Gewinn- und Verlustkontos

S	GuV-Konto		H
Gehälter	1.200,00 €	Mieterträge	2.800,00 €
Werbung	1.200,00 €	Zinserträge	1.400,00 €
Zinsaufwendungen	140,00 €		
Reingewinn	1.660,00 €		
	4.200,00 €		4.200,00 €

Erstellen der Schlussbilanz nach Abgleich mit den Ist-Werten

A	Schlussbilanz zum 31.12. ..		P
Gebäude	110.000,00 €	Eigenkapital	23.660,00 €
Geschäftsausstattung	10.000,00 €	Bankdarlehen	100.000,00 €
Kassensysteme	3.900,00 €	Verbindl. aLL	10.000,00 €
Forderungen aLL	500,00 €		
Bank	4.860,00 €		
Kasse	4.400,00 €		
	133.660,00 €		133.660,00 €

Aktion

1. Führen Sie einen Geschäftsgang auf T-Konten mit Bestands- und Ergebniskonten durch.

   Aufgaben:
   1. Erstellen Sie die Eröffnungsbilanz.
   2. Eröffnen Sie die Bestandskonten mit den Anfangsbeständen (Konten siehe Kontenplan S. 211).
   3. Bilden Sie die Buchungssätze auf Grund der Geschäftsvorfälle.
   4. Übertragen Sie die Buchungen auf die entsprechenden Bestands- und Ergebniskonten.
   5. Schließen Sie die Konten ab.
   6. Erstellen Sie nach Abgleich mit den Ist-Werten die Schlussbilanz. Die Buchwerte stimmen mit den Ist-Werten überein.

Anfangsbestände	Betrag in €
Betriebs- und Geschäftsausstattung	138.000,00
Forderungen aLL	2.000,00
Bankkonto	5.800,00
Kasse	2.800,00
Verbindlichkeiten aLL	24.000,00
Darlehen bei der Bank	40.000,00
Eigenkapital	84.600,00 €

Nr.	Geschäftsvorfälle	Betrag in €
1.	Barzahlung für Werbeplakat	280,00
2.	Zinsgutschrift der Bank	780,00
3.	Überweisung wegen Lieferantenrechnung	1.050,00
4.	Zahlung der Mitarbeitergehälter durch Banküberweisung	3.500,00
5.	Gutschrift einer Provision auf Bankkonto	2.900,00
6.	Mietzahlung durch Scheck	1.600,00
7.	Kunde zahlt Rechnung bar	800,00

2. Bilden Sie zu den nachstehenden Geschäftsvorfällen die Buchungssätze und suchen Sie bei Bedarf im Kontenplan die entsprechenden Kontenbezeichnungen.

Nr.	Geschäftsvorfall	Betrag in €
a)	Barzahlung der Garagenmiete für unseren Lieferwagen.	120,00
b)	Überweisung der Müllgebühren vom Bankkonto.	240,00
c)	Barkauf von Postwertzeichen.	26,00
d)	Zahlung einer Rechnung eines Betriebsberaters mit Scheck.	350,00
e)	Bewirtung ausländischer Geschäftsfreunde bar.	180,00
f)	Banküberweisung für Zeitungsanzeige.	245,00
g)	Reparaturrechnung für Ladenkasse bar bezahlt.	160,00
h)	Abbuchung der Leasinggebühren für Kopiergerät.	145,00
i)	Bezahlung des Jahresbeitrags zur IHK.	65,00
j)	Gutschrift einer Provision durch Lieferanten.	250,00

Auszug aus dem Kontenplan für den Einzelhandel:

Kontobezeichnung	Kontobezeichnung
Abfallentsorgung	Leasing
Bank	Miete
Beiträge zu Wirtschaftsverbänden und Berufsvertretungen	Postgebühren
Bewirtung	Provisionserträge
Forderungen aLL	Rechts- und Beratungsaufwendungen
Fremdinstandhaltung	Verbindlichkeiten aLL
Gehälter	Werbung
Kasse	Zinserträge

3. Eröffnen Sie die Konten, buchen Sie die Geschäftsvorfälle und schließen Sie die Konten ab.

Aktiva	Bilanz Vorjahr		Passiva
I. Anlagevermögen		I. Eigenkapital	111.200,00
1. Geschäftsgebäude	95.000,00	II. Verbindlichkeiten	
2. Geschäftsausstattung	16.000,00	1. Darlehen	60.000,00
3. Fuhrpark	25.000,00	2. Verbindlichkeiten	32.800,00
II. Umlaufvermögen			
1. Waren	34.000,00		
2. Forderungen	11.500,00		
3. Bank	15.800,00		
4. Kasse	6.700,00		
	204.000,00		204.000,00

Nr.	Geschäftsvorfälle		Betrag in €
a)	Bankgutschrift für Zinsen		900,00
b)	Barkauf von Waren		1.600,00
c)	Überweisung der Löhne		7.800,00
d)	Überweisung	für Darlehenstilgung	5.000,00
		für Darlehenszinsen	300,00
e)	Kunde begleicht Rechnung mittels Scheck		3.700,00
f)	Bankgutschrift für Provisionen		500,00
g)	Verkauf alter Büromöbel		2.400,00
h)	Kauf eines neuen Pkw auf Rechnung		17.800,00
Warenschlussbestand:			32.500,00

4. Erstellen Sie die Eröffnungsbilanz, eröffnen Sie die Konten, buchen Sie die Geschäftsvorfälle und schließen Sie die Konten ab.

Anfangsbestände:

Geschäftsgebäude 120.000,00 €, Geschäftsausstattung 27.000,00 €, Fuhrpark 23.000,00 €, Waren 45.000,00 €, Forderungen 17.300,00 €, Bankguthaben 19.300,00 €, Kasse 8.600,00 €, Eigenkapital 138.900,00 €, Darlehen 80.000,00 €, Verbindlichkeiten 41.300,00 €.

Nr.	Geschäftsvorfälle		Betrag in €
a)	Bankgutschrift für Zinsen		1.100,00
b)	Barkauf von Waren		2.300,00
c)	Überweisung der Löhne		12.300,00
d)	Überweisung	für Darlehenstilgung	5.000,00
		für Darlehenszinsen	450,00
e)	Überweisung eines Kunden		5.200,00
f)	Bankgutschrift für Provisionen		400,00
g)	Barzahlung für Parkplatzmiete		700,00
h)	Überweisung für Reparatur des Lieferwagens		1.900,00
i)	Unser Mieter überweist die Miete		1.000,00
j)	Überweisung an einen Lieferanten		1.400,00
k)	Barkauf von Briefmarken		250,00
l)	Barverkauf eines alten Lagerregals		650,00
m)	Zielkauf eines neuen Computers		3.200,00
n)	Barverkauf von alten Computern		2.700,00
o)	Verkauf eines alten Lkw auf Ziel		8.400,00
p)	Aufstockung des Bankdarlehens durch Bankgutschrift		10.000,00
q)	Rücksendung falsch gelieferter Ware an den Lieferanten		200,00
Schlussbestand an Waren:			47.100,00

4 Statistik – ein Instrument zur Vorbereitung betrieblicher Entscheidungen

Mit Sicherheit das Ziel erreichen

Situation

Zwei Freunde besuchen das Münchner Oktoberfest. Im Festzelt trinkt einer drei Maß Bier, der andere isst zwei Schweinshaxen. Der Statistiker würde sagen: Im Durchschnitt hat jeder gut getrunken und gegessen. In Wirklichkeit ist der eine besoffen und der andere hat sich überfressen.

© Kzenon – Fotolia.com

Arbeitsauftrag

Welches Problem wird in dieser Situation angesprochen?

Information

Statistische Auswertungen geben Auskunft über betriebliche Entwicklungen und dienen der Verdeutlichung von Ergebnissen. Sowohl Zahlen aus der Finanzbuchhaltung, dem Jahresabschluss, der Kosten- und Leistungsrechnung und eigene Erhebungen bilden die Grundlage statistischer Auswertungen. Eine wesentliche Aufgabe der Statistik ist es, den verantwortlichen Entscheidungsträgern möglichst genaue und aktuelle Daten für deren Entscheidungen zu liefern.

Wichtige **Statistiken** im **Einzelhandel** sind u. a.:

- Umsatzstatistik,
- Kostenstatistik,
- Personalstatistik,
- Ergebnisstatistik.

4.1 Aufbereitung des statistischen Zahlenmaterials

Um zu **aussagekräftigen** Zahlen zu kommen, sind folgende **Schritte** vorzunehmen:

1. Gewinnung des Zahlenmaterials → Auswertung bereits vorhandener Quellen oder eigene Erhebungen.
2. Aufbereitung des Zahlenmaterials → Ordnen, gruppieren, zusammenfassen.
3. Darstellung des Zahlenmaterials → Tabelle, Diagramm.
4. Auswertung des Zahlenmaterials → Grundlage für betriebswirtschaftliche Entscheidungen.

Die ermittelten Zahlen haben für sich allein nur wenig oder gar keine Aussagekraft. Erst durch den Vergleich mit anderem Zahlenmaterial aus dem Unternehmen lassen sich aussagekräftige Schlüsse ziehen.

Beispiel Ein Lagerumschlag von 2,5 bei einer Warengruppe hat wenig Aussagekraft. Vergleicht man diese Zahl jedoch mit dem Lagerumschlag des Vorjahres, der z. B. 3,5 betragen hat, dann kann die Unternehmensleitung daraus entsprechende Schlüsse ziehen und geeignete Maßnahmen ergreifen.

Vergleichsmethoden der Betriebsstatistik

Das vorliegende Zahlenmaterial kann nach drei Gesichtspunkten untersucht werden.

1. Vergleich einzelner Ergebnisse. → Der Umsatzanteil eines bestimmten Artikels am Gesamtumsatz der Warengruppe zeigt dessen Bedeutung innerhalb der Warengruppe.
2. Vergleich einzelner Ergebnisse bezogen auf eine Zeitperiode. → Die Entwicklung des Umsatzes verschiedener Warengruppen innerhalb eines Jahres.
3. Vergleich des eigenen Betriebes mit anderen Betrieben oder der Branche. → Die Umsatzentwicklung wird mit der Umsatzentwicklung in der Branche verglichen.

Statistische Verhältniszahlen

Wenn man das vorliegende Zahlenmaterial so aufbereitet, dass man es zu anderen Zahlen in Beziehung setzen kann, spricht man von Verhältniszahlen. Diese können absolut oder in Prozenten angegeben werden.

Man unterscheidet **Indexzahlen**, **Gliederungszahlen** und **Beziehungszahlen**.

Indexzahlen (Messzahlen)

Indexzahlen geben das Verhältnis zwischen zwei oder mehreren gleichartigen Zahlen an. Dabei wird eine dieser Zahlen (meist die erste) als Basis genommen und gleich 100 gesetzt.

Beispiel Die Ausgaben für Werbung betragen in vier aufeinander folgenden Jahren:
1. Jahr: 140.000,00 €
2. Jahr: 160.000,00 €
3. Jahr: 200.000,00 €
4. Jahr: 240.000,00 €

Indexzahl des vierten Jahres: $\frac{240.000,00 \cdot 100}{140.000} = 171,42$

Indexzahlen eignen sich, um Entwicklungen zu verdeutlichen. Das Beispiel zeigt, dass die Werbeausgaben des vierten Jahres, auf das Basisjahr bezogen, um über 70 % gestiegen sind.

Gliederungszahlen (gleichartige Zahlen)

Bei ihnen werden Teilmengen auf die Gesamtmenge bezogen. Das Ergebnis ist ein Anteilswert. Die Angabe erfolgt meist in Prozent.

Beispiel Ein Unternehmen erzielt einen Jahresumsatz von 85 Millionen €. Davon werden 7,65 Millionen € über den Verkauf im Internet erzielt. Wie hoch ist der prozentuale Anteil der Verkäufe über das Internet?

Lösung:

85,00 Millionen € ≙ 100 %
7,65 Millionen € ≙ x %

$$x = \frac{100 \cdot 7{,}65}{85{,}00} = 9\,\%$$

Beziehungszahlen (nicht gleichartige Zahlen)

Beziehungszahlen entstehen, wenn sachlich verschiedenartige statistische Gesamtheiten, die jedoch einen sinnvollen Zusammenhang aufweisen, ins Verhältnis gesetzt werden.

Beispiel Von 1.000 Einwohnern einer Stadt besitzen 450 einen Internetanschluss.

Statistische Mittelwerte

Der gebräuchlichste rechnerische Mittelwert ist der sogenannte „einfache Durchschnitt" (arithmetisches Mittel). Dieser Mittelwert ist die Summe aller Messwerte geteilt durch die Anzahl der Messwerte.

Beispiel Der Durchschnittsumsatz eines Verkäufers ergibt sich aus der Addition aller Umsätze geteilt durch die Zahl der Verkäufer.

Aktion

1. Die Wohnwelt GmbH bezieht bei den Westfälischen Möbelwerken Sitzmöbel im Gesamteinkaufswert von 420.000,00 €. Sitzbänke wurden für 15.960,00 € und Massivholzstühle für 92.400,00 € eingekauft. Wie viel Prozent machen diese beiden Warengruppen am gesamten Beschaffungsvolumen aus?
2. Ralf Schumann, Inhaber eines Bürofachmarktes, überprüft, in welchem Ausmaß Lieferanten Liefertermine überschreiten. Welcher der beiden Lieferanten für Ordnungsmittel liefert unzuverlässiger?
   - Office-Fix: 180 Lieferungen, Terminüberschreitungen: 12
   - Fritz & Erz: 316 Lieferungen, Terminüberschreitungen: 24
3. Herr Schumann beurteilt die Lieferanten für sein Unternehmen auch danach, wie viele seiner Bestellungen in der branchenüblichen Zeit ausgeführt werden. Wie hoch ist die Lieferbereitschaft beim Lieferanten Büro Komplett, der von 65 Bestellungen 55 sofort ausführen konnte?
4. In einem Serviceunternehmen, das in Supermärkten die Regalpflege vornimmt, werden – je nach Tätigkeit – folgende Stundenlöhne gezahlt: 6,50 €, 8,20 €, 10,50 € und 14,80 €. Wie hoch ist der durchschnittliche Stundenlohn?
5. Der ProDomo Gartenfachmarkt erzielte in den letzten 3 Jahren folgende Umsätze:
   2016: 34,5 Millionen €,
   2017: 36,5 Millionen €,
   2018: 40,2 Millionen €.
   Berechnen Sie die Indexzahlen von 2017 und 2018 auf der Basis von 2016.

4.2 Darstellung des statistischen Zahlenmaterials

Zur besseren Verständlichkeit und zur schnelleren Verarbeitung sollte das **Zahlenmaterial** möglichst übersichtlich und überschaubar dargestellt werden. Grundsätzlich kann man Daten in **Tabellen** und **Grafiken** darstellen. Die Daten stehen mithilfe der EDV in der Regel sofort zur Verfügung. Die Aufbereitung erfolgt entweder mithilfe des Warenwirtschaftssystems oder mithilfe von Tabellenkalkulationsprogrammen. Beispielhaft wird im Weiteren mit dem Tabellenkalkulationsprogramm „Excel®" gearbeitet.

Flächendiagramme

Flächendiagramme verwendet man, wenn die Aufteilung weniger Zahlen zu einem bestimmten Zeitpunkt gegenübergestellt werden soll. Ebenfalls sind Flächendiagramme zur Darstellung prozentualer Anteile geeignet. Flächendiagramme werden sehr oft als Kreisdiagramm (Tortengrafik) zur Veranschaulichung erstellt.

Beispiel In der Tonträgerabteilung eines Warenhauses soll die Verteilung der Umsätze auf die einzelnen Trägerarten, also auf BD (Blu-ray Disc), DVD, CD usw. vorgenommen werden.

	A	B	C	D	E
1	Umsätze der Abteilung Bild- und Tonträger im Jahr 2017				
2					
3	BD	DVD	VHS Video	CD	MC
4					
5	225.500,00 €	172.800,00 €	34.590,00 €	165.800,00 €	9.890,00 €
6					

Abb. Umsatztabelle

Will man die Umsatzanteile in einem Diagramm abbilden, muss man die Tabelle markieren und anschließend den Diagramm-Assistenten aufrufen. Der Diagramm-Assistent führt dann den Benutzer weiter durch die einzelnen Schritte, bis das Ergebnis steht.

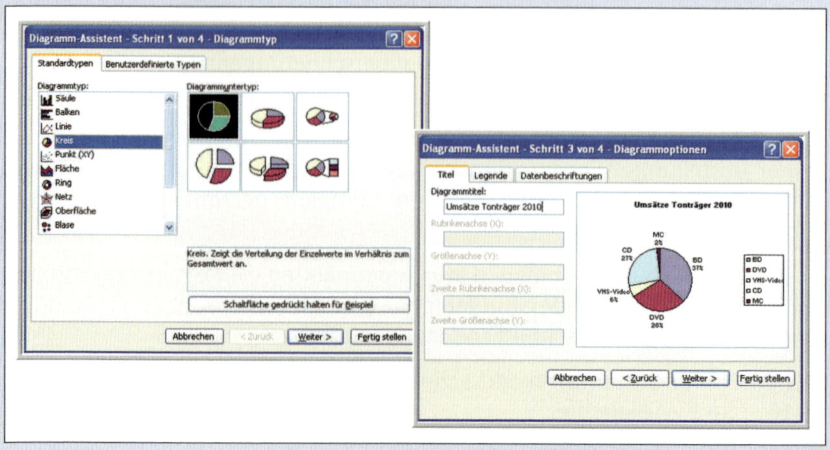

Abb. Diagrammassistent des Tabellenkalkulationsprogramms „Excel®"

Beispiel

	A	B	C	D	E
1	Umsätze der Abteilung Bild- und Tonträger im Jahr 2017				
2					
3	BD	DVD	VHS Video	CD	MC
4					
5	225.500,00 €	172.800,00 €	34.590,00 €	165.800,00 €	9.890,00 €

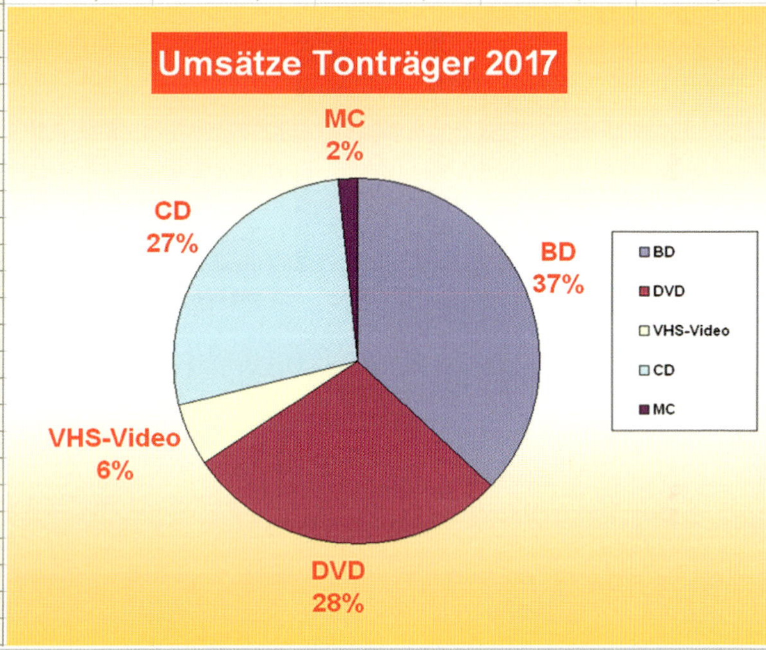

Abb. fertiges Kreisdiagramm

Säulendiagramme und Balkendiagramme

Bei diesen Diagrammarten werden die statistischen Zahlenwerte entweder in der Höhe nebeneinander gestellt (Säulendiagramm) oder übereinander gelegt (Balkendiagramm). Diese Diagramme eignen sich besonders zur Darstellung von Größenvergleichen und zur Darstellung einer Entwicklung.

Beispiel In der Tonträgerabteilung des Warenhauses möchte man die Umsätze mehrerer Jahre miteinander vergleichen. Das vorliegende Zahlenmaterial soll grafisch als Säulendiagramm visualisiert werden.

	A	B	C	D	E	F
1	Umsätze der Abteilung Bild- und Tonträger					
2	Jahr	Warengruppe				
3		BD	DVD	VHS Video	CD	MC
4	2017	225.500,00 €	172.800,00 €	34.590,00 €	165.800,00 €	9.890,00 €
5	2016	165.000,00 €	192.450,00 €	48.560,00 €	135.300,00 €	12.890,00 €

Beispiel

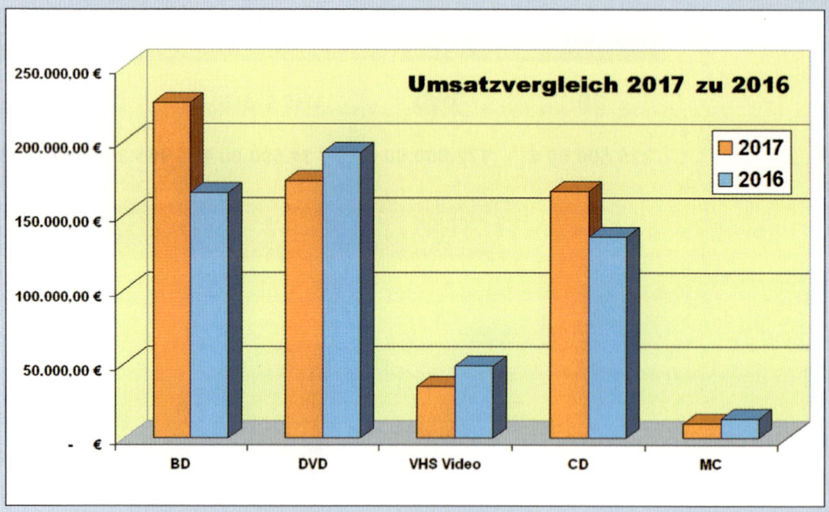

Abb. Säulendiagramm

Linien- oder Kurvendiagramm

Diese Diagrammarten eignen sich besonders gut zur Darstellung von Entwicklungen. Sie verdeutlichen die Zusammenhänge zwischen unabhängigen Größen *(Monate)* und abhängigen Werten *(Umsätze)*. Trends und Zeitreihen lassen sich so besonders gut veranschaulichen.

Beispiel Halbjahresumsätze in TEUR in der Drogerieabteilung eines Warenhauses.

	A	B	C	D	E
1	Monate	Wasch- und Reinigungsmittel	Haarpflege	Dekorative Kosmetik	Babypflege
2	Januar	250	185	325	95
3	Februar	280	170	310	100
4	März	240	150	325	85
5	April	320	190	385	75
6	Mai	290	170	400	70
7	Juni	350	190	415	55

Die tabellarisch dargestellten Werte werden nun wieder mit dem Diagrammassistenten zu einer Grafik verarbeitet (siehe Abbildung auf folgender Seite).

Beispiel

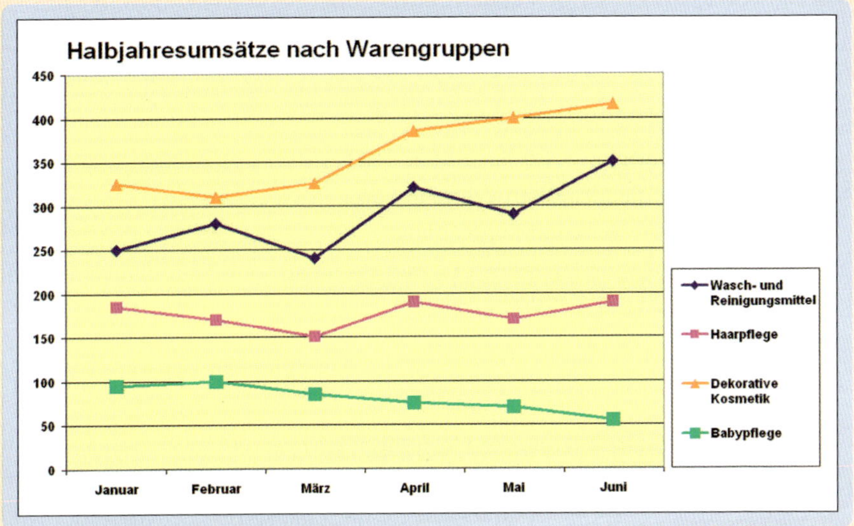

Abb. Liniendiagramm

Im Anschluss der Aufbereitung der Daten folgt die **Analyse** der Statistiken. Wichtige Fragen können z. B. sein:

- Wie ist die Entwicklung bisher verlaufen?
- Wann haben besonders starke Bewegungen stattgefunden?
- Gab es Schwankungen? Wenn ja, wodurch könnten sie ausgelöst worden sein?
- Gibt es Zusammenhänge zwischen bestimmten Ergebnissen?
- Deuten sich bestimmte Trends an?

Aktion

1. Welche Programme sind am ehesten geeignet, statistische Zahlen auszuwerten?
2. In der Personalabteilung einer großen Lebensmittelhandelskette soll eine Statistik über die schulische Vorbildung der Auszubildenden erstellt werden. Erstellen Sie ein Kreisdiagramm. Geben Sie neben den absoluten auch die prozentualen Werte an.

ohne Abschluss	Hauptschul-abschluss	Realschul-abschluss	Fachhoch-schulreife	Abitur
6	85	315	103	22

3. Die Werbekosten für den Lebensmittel-Supermarkt Manz beliefen sich im letzten Jahr auf 20.800,00 €. Sie setzten sich wie folgt zusammen:
   - Zeitungswerbung: 40 %
   - Handzettel: 25 %
   - Plakatwerbung: 20 %
   - Rundfunkwerbung: 15 %

   a) Berechnen Sie die absoluten Werte in Euro.

   b) Erstellen Sie eine aussagefähige Grafik.

   c) Formulieren Sie eine kurze Info zu den Werbeausgaben an die Mitarbeiter und binden Sie die Grafik in das Textdokument ein.

4. Die jährlich stattfindende Befragung im Warenhaus Merkur zur Kundenzufriedenheit ergab folgendes Ergebnis:

Frage: Wie zufrieden sind Sie mit dem Serviceangebot dieses Warenhauses?					
	sehr zufrieden	zufrieden	mittelmäßig zufrieden	nicht zufrieden	sehr unzufrieden
Vorjahr	18 %	50 %	17 %	10 %	5 %
aktuelles Jahr	25 %	58 %	15 %	1 %	1 %

   a) Zur grafischen Darstellung haben Sie die Wahl zwischen einem Säulen-, einem Linien- und einem Kreisdiagramm. Begründen Sie Ihre Entscheidung und stellen Sie die Tabellenwerte entsprechend grafisch dar.

   b) Welche Aussage können Sie aufgrund der Umfrageergebnisse treffen?

5. Miriam Wonsack hat den Auftrag, für ihren Abteilungsleiter Zahlen statistisch aufzubereiten. Welche Diagrammarten soll sie nehmen …

   a) zur Veranschaulichung weniger Zahlen,

   b) für das Aufzeigen zeitlicher Verläufe und Entwicklungen,

   c) für die Zusammensetzung mehrerer Werte?

6. Für das abgelaufene Geschäftsjahr registriert Abteilungsleiter Stemke für die Abteilung „Junges Wohnen“ folgende Umsatzergebnisse:

Monat	Summe in €	Monat	Summe in €
Januar	380.000,00	Juli	252.000,00
Februar	345.000,00	August	247.000,00
März	312.000,00	Septemper	261.000,00
April	280.000,00	Oktober	316.000,00
Mai	245.000,00	November	412.000,00
Juni	256.000,00	Dezember	395.000,00

   a) Stellen Sie die Umsätze in einem Kurvendiagramm dar.

   b) Stellen Sie die aufgelaufenen Monatsumsätze in einem Säulendiagramm dar.

5 Kennziffern im Verkauf

Umsatz ist nicht alles! Aber ohne Umsatz ist alles nichts!

5.1 Umsatzauswertungen

Situation

Bei der Wohnwelt GmbH werden die Umsätze der einzelnen Abteilungen über mehrere Jahre beobachtet, um ihre Bedeutung für das gesamte Sortiment zu erkennen.

Wohnwelt GmbH: Umsatzanalyse nach Hauptwarengruppen in Millionen € und Prozent vom Gesamtumsatz

Abteilung	2014	in %	2015	in %	2016	in %	2017	in %
Boutique/Geschenke	8,00	12,70	9,50	13,00	11,00	13,10	12,90	13,42
Küchenstudio	15,00	23,81	14,00	19,15	14,50	17,26	15,00	15,61
Wohnen & Schlafen	24,00	38,10	24,10	32,97	27,00	32,14	28,00	29,14
Junges Wohnen	12,00	19,05	19,50	26,68	24,00	28,57	32,00	33,30
Teppichgalerie	4,00	6,35	6,00	8,21	7,50	8,93	8,20	8,53
Gesamtumsatz	63,00	100,00	73,10	100,00	84,00	100,00	96,10	100,00

Arbeitsaufträge

1. *Welche Schlussfolgerungen können Sie anhand der vorgelegten Zahlen ziehen?*
2. *Verdeutlichen Sie die Strukturveränderungen im Sortiment für die Jahre 2014 und 2017 durch eine grafische Darstellung.*

Information

Der **Umsatz** eines Einzelhandelsunternehmens stellt einen der wichtigsten **Werte** dar, die zur **Beurteilung** des **Unternehmenserfolges** herangezogen werden. Den Umsatz kann man sowohl in absoluten Zahlen betrachten, als auch als Basis zur Berechnung von **Kennziffern** nutzen, die den Umsatz zu anderen Größen in Beziehung setzen.

Umsatzentwicklungen

Die **Betrachtung** von Umsatzentwicklungen erfolgt i. d. R. **zeitbezogen**. Das bedeutet, Umsätze können mit Vergangenheitswerten (Zeitvergleich) bzw. Zukunftswerten (Soll-Ist-Vergleich) verglichen werden. Es sind auch Analysen aktueller Umsatzzahlen möglich (Betriebsvergleich).

Zeitvergleich

Für die Beobachtung und Kontrolle des Umsatzes bieten sich Zahlenvergleiche mit eigenen **Daten** aus den **Vorperioden** an. So kann man sich die Entwicklung der verschiedenen Filialen, Abteilungen oder Warengruppen nach Monaten oder Quartalen durch das Warenwirtschaftssystem zeigen lassen und vergleichen. Hierdurch werden Tagesschwankungen ausgeglichen und die Geschäftsleitung erhält Hinweise über die allgemeine Entwicklung der Warengruppen (Trend).

Beispiel Umsatzvergleich zwischen Filialen einer Baumarktkette in TEUR.

	A	B	C	D	E
1	ProDomo - Zentrale - Filialvergleich				
2	**Filiale**	**I. Quartal**	**II. Quartal**	**III. Quartal**	**IV. Quartal**
3	**Hamburg**	2.500	2.200	2.450	2.800
4	**Essen**	1.800	1.100	1.900	2.550
5	**Berlin**	3.600	3.200	3.150	3.650
6	**Leipzig**	2.800	2.600	2.150	1.950
7	**Mannheim**	850	800	1.000	1.200

Durch eine **grafische** Darstellung lassen sich Umsatzentwicklungen besonders gut veranschaulichen. So kann der Betrachter auf einen Blick den Verlauf der untersuchten Umsätze über den zu Grunde gelegten Zeitraum erkennen. Abweichungen, seien sie positiv oder negativ, können schnell identifiziert werden.

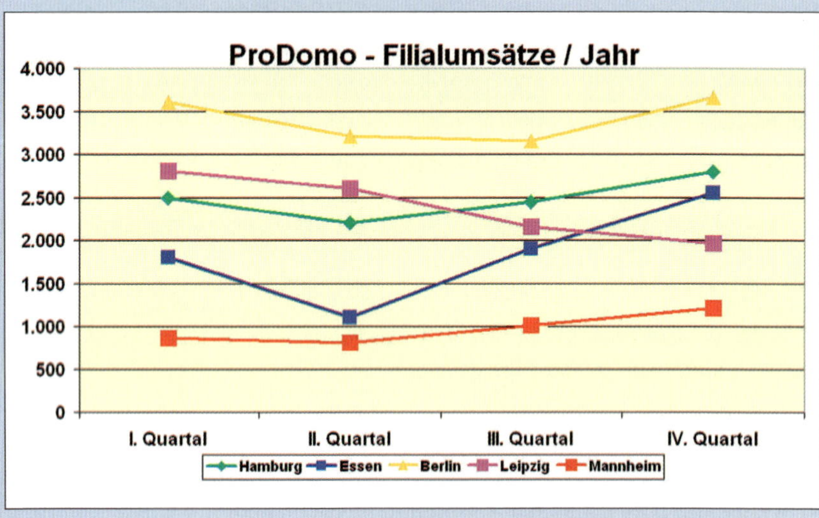

Abb. Liniendiagramm

Bei **Umsatzrückgängen** sind die **Ursachen** für diese Entwicklung zu untersuchen.

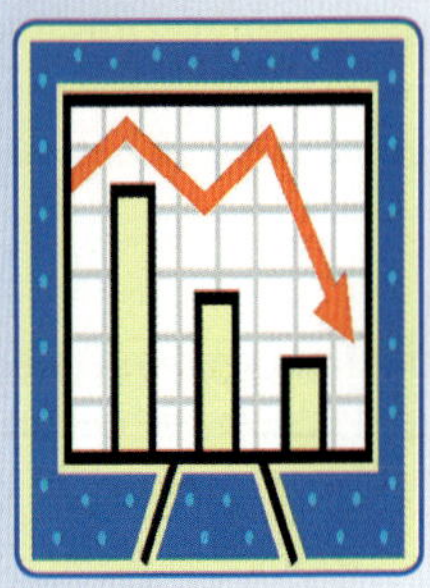

Umsatzrückgang – warum?!

- Ist der Umsatzrückgang darauf zurückzuführen, dass die Kunden das Warenangebot und/oder die Warenpräsentation und Warenplatzierung nicht attraktiv genug finden?
- Ist der Rückgang darauf zurückzuführen, dass die Kunden diesen Artikel infolge von Nachfrageänderungen und/oder Preissteigerungen insgesamt weniger nachfragen?

Soll-Ist-Vergleiche

In nahezu jedem Einzelhandelsbetrieb werden **Umsatzziele** vorgegeben. Die Planungen gehen dabei von Jahresumsätzen bis zu Tagesumsätzen. Das Warenwirtschaftssystem zeigt zu jedem Zeitpunkt, inwieweit die Umsatzvorgaben erfüllt sind. Ungewöhnliche Abweichungen müssen der Geschäftsleitung gegenüber begründet werden können.

Sie hat dann die Aufgabe Maßnahmen zu ergreifen, indem sie z. B. die Plandaten korrigiert, oder sie zeigt den Verkaufsmitarbeitern Wege, wie diese die Umsatzvorgaben erfüllen können.

Beispiel Umsatzplanung in der Drogerieabteilung des Merkur-Warenhauses

Merkur Fil. NB	Umsatzvergleich Plan- und Istwerte Abt. Drogerie			Monat: Oktober	
Warengruppe	**Planumsatz**	**Istumsatz**	**Abw.**	**Abw. %**	**Melden!**
Wasch- und Reinigungsmittel	21.200,00	18.450,00	– 2.750,00	– 12,97	ja
...	...	...			
Haarpflege	12.700,00	13.250,00	550,00	4,33	
...	...	...			
Dekorative Kosmetik	21.000,00	25.600,00	4.600,00	21,90	ja
...	...	...			
Babypflege	16.000,00	13.250,00	– 2.750,00	– 17,19	ja
...	...	...		...	

Betriebsvergleich

Eine erprobte **Methode** der betrieblichen **Steuerung** und **Kontrolle** stellt der **Betriebsvergleich** dar. Im Rahmen eines solchen Vergleichs erhält der Einzelhändler Informationen über seinen eigenen Leistungsstand im Vergleich zu anderen Unternehmen und kann so die Stärken und Schwächen im eigenen Unternehmen ausfindig machen.

Betriebsvergleiche führen das Institut für Handelsforschung der Universität zu Köln, der Einzelhandelsverband oder Einkaufsverbände für ihre Mitglieder durch.

Weit verbreitet ist der Informationsaustausch innerhalb einer Erfa-Gruppe.

In einer **Erfa-Gruppe** (Erfahrungsaustausch-Gruppe) treffen sich von der Branche und Sortiment vergleichbare Einzelhändler, die in der Regel keine unmittelbar konkurrierenden Unternehmen sind, um geschäftliche Erfahrungen auszutauschen. Dabei spielt der Austausch von betriebswirtschaftlichen Kennzahlen eine besonders bedeutende Rolle.

Wichtige **Voraussetzung** für einen Betriebsvergleich ist zum einen eine Vergleichbarkeit der Unternehmen *(Betriebsform, Sortiment, Standort)*. Zum anderen müssen für die verglichenen Kennzahlen auch einheitliche Definitionen herangezogen werden. Man muss sich z. B. darüber einigen, ob man Brutto- oder Nettowerte vergleicht.

Erst durch den Vergleich der eigenen Ergebnisse mit Zahlen aus anderen Unternehmen bzw. der Branche kann der Einzelhändler bewerten, ob und wie er erfolgreich arbeitet.

Beispiel Wenn im ersten Quartal die eigenen Umsätze um 4 % gegenüber dem Vorjahr gestiegen sind, besagt diese Zahl nicht allzu viel. Stieg der Umsatz in der Branche im gleichen Zeitraum um 2 %, bedeutet dies für den Einzelhändler, dass er mit seiner Leistung mehr als zufrieden sein kann.

Umsatzanalysen

Ein Warenwirtschaftssystem ermöglicht eine Vielzahl von Auswertungen (LF 3; Kap. 9.3). Zu den Auswertungen auf der Basis von Umsätzen zählen u. a.:

- Frequenzanalyse,
- Preislagenstatistik,
- Renner- und Penner-Analyse.

Frequenzanalyse

Frequenzanalysen geben wichtige Hinweise darauf, wie sich der Umsatz z. B. über einen Verkaufstag verteilt. Der gesamte Umsatz wird nach Uhrzeiten aufgelistet, ebenso die Zahl der Kunden. So können wichtige Informationen z. B. für den Personaleinsatz gewonnen werden. Es können auch Maßnahmen geplant werden um „tote" Zeiten aufzuwerten, z. B. durch Aktionen *(Verteilung von Warenproben, Verkostung)*. Problematisch bleibt allerdings, wie man trotz modernster Technik *(Frequenzzähler am Eingangsbereich)* ermitteln kann, wer nur Seh- und wer Kaufkunde ist.

Beispiel Frequenzanalyse in der Drogerieabteilung des Merkur-Warenhauses:

MERKUR Fil. NB						Frequenzanalyse Abt.: Drogerie Dienstag, 12.06... 19:35	
Gesamtkunden 267		Gesamtumsatz	3.885,63			Ø Umsatz/Kunde	14,55
von	bis	Umsatz	Anzahl	von	bis	Umsatz	Anzahl
09:00	10:00	300,55	25	14:00	15:00	347,00	20
10:00	11:00	455,23	23	15:00	16:00	255,25	15
11:00	12:00	258,00	18	16:00	17:00	458,22	27
12:00	13:00	558,50	32	17:00	18:00	558,25	44
13:00	14:00	325,18	27	18:00	19:00	369,45	36

Preislagenstatistik

Preislagenstatistiken stellen ein Bindeglied zwischen Einkauf und Verkauf dar. Zu bestimmten Terminen werden die verkauften Artikel einer bestimmten Warengruppe den Beständen gegenübergestellt. Die Gliederung erfolgt nach **Preislagenschwerpunkten**. Dabei handelt es sich um die Preislagen, die den höchsten Anteil am Gesamtumsatz der Warengruppe aufweisen.

Weichen nun die Umsatzanteile stark von den in der entsprechenden Preislage vorhandenen Beständen ab, muss es beim Wareneinkauf durch entsprechendes Bestellverhalten Korrekturen geben. Preislagenstatistiken empfehlen sich bei modischen Artikeln (Gefahr von Ladenhütern) und hochwertigen Gebrauchsgütern (Gefahr hoher Kapitalbindung).

Beispiel Schwerpunktpreislagen innerhalb einer Warengruppe

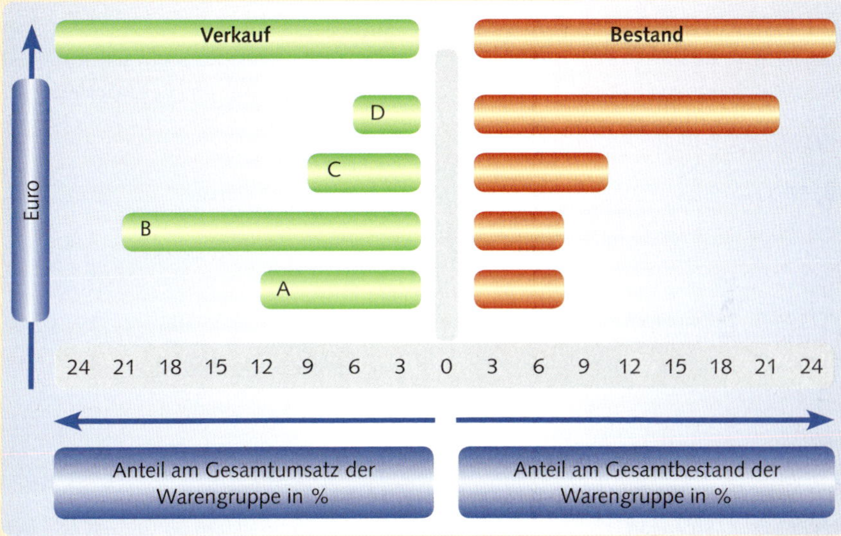

Renner- und Penner-Analyse

Umsatzauswertungen mit einem Warenwirtschaftssystem lassen auf Knopfdruck erkennen, welche Artikel eine hohe Umschlagshäufigkeit haben **(Renner)** und welche „wie Blei" in den Regalen liegen **(Penner)**. Damit keine Präsenzlücken auftreten, müssen die Schnelldreher rasch nachbestellt werden. Lücken im Sortiment schaden nicht nur kurzfristig, sondern auch längerfristig, da unzufriedene Kunden („die haben ja nie das, was ich suche") wegbleiben und zur Konkurrenz wechseln.

Artikel, die sich besonders schlecht verkaufen, binden dagegen Regal- und Lagerkapazitäten, die für andere Artikel Gewinn bringender zu verwenden wären. Renner- und Pennerlisten werden anhand von verkauften Mengen und den erzielten Umsätzen erstellt.

Diese Zahlen sind für die Einkaufsplanung und Sortimentsgestaltung von Bedeutung. In Geschäften, die entweder ganz oder teilweise auf Selbstbedienung umgestellt haben, helfen diese Listen eine optimale Platzierung zu erreichen. So kann schon eine Platzierung an einem anderen Regalplatz oder in einer verkaufsstarken Zone im Verkaufsraum zu erheblich besseren Umsätzen führen.

Die Auswahl der betreffenden Artikel lässt sich anhand der verkauften Menge und der damit erzielten Umsätze vornehmen. Es können z. B. die 10 umsatzstärksten Artikel einer Warengruppe in einem Monat ausgedruckt werden oder alle Artikel, die weniger als 200 € innerhalb eines Monats Umsatz erzielt haben.

Beispiel für eine „Renner-Penner“-Liste:

Merkur Fil. NB	**Schnelldreherliste**		**Monat: November**		**Stand: 07.11...**			
Abteilung: Sport- und Freizeit			Warengruppe: 317		Wander- und Regenbekleidung			
ANZEIGE: TOP 10 im Oktober (Umsatz > 2.000,00 €)								
Art. Nr.	Bezeichnung	Lieferant	Menge	Preis/St.	Umsatz	**Rang**	WE	letzter Verkauf am:
31755643	Kombijacke	Microtex	45	418,00	18.810,00	**1**	10.08.	26.10.
31755322	Schlupfanorak	Svenson	30	448,00	13.440,00	**2**	12.07.	21.10.
......	......	......	......	......	......	......	......	......
......	......	......	......	......	......	......	......	......
......	......	......	......	......	......	......	......	......
31788143	Stirnband	Svenson	145	19,90	2.755,00	**9**	11.10.	31.10.
31722211	Lappenkappe	Oelund	70	29,00	2.030,00	**10**	11.07.	30.10.

Merkur Fil. NB	**Schnelldreherliste**		**Monat: November**		**Stand: 07.11...**			
Abteilung: Sport- und Freizeit			Warengruppe: 317		Wander- und Regenbekleidung			
ANZEIGE: FLOP 10 im Oktober (Umsatz < 200,00 €)								
Art. Nr.	Bezeichnung	Lieferant	Menge	Preis/St.	Umsatz	**Rang**	WE	letzter Verkauf am:
31755443	Polaranzug	Arctica	0	1.299,00	0	**1**	20.07.	12.08.
31799889	Kotze	Loden Pfrim	0	225,00	0	**2**	20.07.	16.09.
......	......	......	......	......	......	......	......	......
......	......	......	......	......	......	......	......	......
......	......	......	......	......	......	......	......	......
31799771	Schlupfer	Ammersee	2	79,00	158,00	**9**	11.05.	28.09.
31731731	Regencape	Microtex	1	198,00	198,00	**10**	12.02	15.09.

Aktion

1. Warum ist es für ein Einzelhandelsunternehmen unerlässlich, die eigenen Umsätze zu überprüfen? Listen Sie fünf Argumente auf!

2. Im Stoffhaus Wagner arbeiten vier Verkäuferinnen. Im ersten Quartal haben sie folgende Umsätze erzielt:

1. Quartal	Verkäuferin Seidenbach	Verkäuferin Gerber	Verkäuferin Höfert	Verkäuferin Bruhn
Januar	15.500,00 €	14.640,00 €	12.540,00 €	11.850,00 €
Februar	12.565,00 €	14.500,00 €	16.250,00 €	11.230,00 €
März	20.280,00 €	9.720,00 €	15.750,00 €	7.580,00 €

a) Berechnen Sie mit einem Tabellenkalkulationsprogramm die Quartalsumsätze der einzelnen Verkäuferinnen.
b) Stellen Sie den Quartalsumsatz der vier Verkäuferinnen in einem Kreisdiagramm dar und berücksichtigen Sie neben den absoluten auch die prozentualen Werte.

3. In einem Textilkaufhaus haben sich die Umsätze der fünf Abteilungen wie folgt entwickelt:

Quartal	Herrenkonfektion	Damenoberbekleidung	Kinderbekleidung	Accessoires	Boutique Freestyle
I	15 %	30 %	17 %	22 %	16 %
II	16 %	27 %	17 %	22 %	18 %
III	15 %	26 %	20 %	18 %	21 %
IV	14 %	25 %	21 %	19 %	21 %

a) Bei welchen Abteilungen sind auffällige Entwicklungen erkennbar?
b) Listen Sie mindestens drei mögliche Ursachen für diese Entwicklungen auf!
c) Wie deuten Sie die Zahlen der Abteilung Accessoires, wenn Sie erfahren, dass diese Abteilung im Rahmen einer Umbaumaßnahme (Juni) vom Erdgeschoss in den 1. Stock verlegt wurde?

4. Betrachten Sie die folgenden Zahlen aus einem Betriebsvergleich:

Warengruppe	Aktivmarkt Peters, 1000 m², ländlicher Bereich		Aktivmarkt Hofer, 350 m², Kleinstadt		Aktivmarkt Karim, 450 m², Großstadt	
Jahr	2017	2018	2017	2018	2017	2018
Standard	73,87 %	71,49 %	71,41 %	70,39%	63,18 %	63,57 %
Obst/Gemüse	10,22%	11,63 %	6,06 %	6,65%	6,98 %	8,69 %
Fleisch/Wurst	12,67%	13,81 %	19,48 %	19,73%	26,56 %	24,60 %
Käse	3,22%	3,23 %	3,05 %	3,27%	3,28 %	3,14 %
Gesamt	100 %	100 %	100 %	100 %	100 %	100 %

a) Stellen Sie fest, wo starke Ähnlichkeiten und wo deutliche Unterschiede vorliegen!
b) Nennen Sie mögliche Ursachen für die Unterschiede!

5. Tanja Merkt ist als Abteilungsleiterin der Abteilung „Sportliche Dame" im Warenhaus Merkur für den Verkaufserfolg in ihrer Abteilung verantwortlich. Zurzeit macht ihr der hohe Bestand an Röcken Sorge. Sie denkt an eine Aktion und lässt sich dafür eine Preislagenliste dieser Warengruppe ausdrucken:

Merkur Fil. NB	**Preislagenstatistik von: 26.02...**				**Zeit: 26.01... bis 26.02...**			
Warengruppe: Röcke								
Preislage (€)	Menge	Anteil	Bestand	Altersgliederung Lagerbestände in Monaten (M.)				
von – bis	St.	%	St.		bis 3 M.	bis 6 M.	bis 12 M.	über 12 M.
0 – 99	35	13,36	55		25	12	6	12
100 – 149	44	16,79	15		5	2	2	6
150 – 199	28	10,69	45		16	22	3	4
200 –	8	3,05	32		1	8	8	15
Verkauf in Stück:	115			in Stück	47	44	19	37
	Bestand in Stück:		147	in %	31,97	29,93	12,93	25,17

Sie unterstützen Frau Merkt und analysieren für sie die vorliegende Liste. Machen Sie Vorschläge, wie eine Bestandsoptimierung zu erreichen ist.

5.2 Kennziffern – aktive Steuerung des Unternehmenserfolgs

Information

Kennziffern sind Zahlenangaben, die bestimmte Tatbestände im Betrieb oder auch außerbetrieblich beschreiben.

Kennziffern (auch Kennzahlen, Messzahlen und Schlüsselzahlen genannt) beziehen sich auf **Daten**, die in einen **sinnvollen Zusammenhang** gebracht werden. Sie spielen überall dort eine wichtige Rolle, wo im Rahmen der Kontroll- und Steuerungsaufgaben Plan- und Istwerte beurteilt werden sollen. Darüber hinaus bilden **Kennziffern** ein **Frühwarnsystem**, das den Einzelhändler rechtzeitig auf mögliche Gefahren und Fehlentwicklungen aufmerksam macht.

5.2.1 Erfolgsbezogene Kennziffern

▶ Wareneinsatz

Der **Wareneinsatz** ist der **Wert** der innerhalb eines Abrechnungszeitraumes *(Jahr, Monat)* verkauften **Waren** zum **Einstandspreis**.

Berechnung des Wareneinsatzes:

Warenbestand zu Beginn des Abrechnungszeitraumes (Anfangsbestand)	+	Wareneinkäufe während des Abrechnungszeitraumes	–	Warenbestand am Ende des Abrechnungszeitraumes (Schlussbestand)

Beispiel Der Einstandspreis für einen DVD-Recorder lautet über 120,00 €. Der Anfangsbestand beträgt 200 Stück. Während des Jahres werden 700 Geräte beschafft. Am Ende des Jahres beträgt der Bestand noch 150 Geräte.

Wareneinsatz → 200 + 700 – 150 = 750 Geräte → 90.000,00 €.

Die **Höhe** des **Wareneinsatzes** beeinflusst die **Ertragssituation** des Unternehmens. Je geringer die Aufwendungen des Einzelhändlers für seine Waren sind, desto besser für die Ertragssituation. In vielen Unternehmen wird den Einkäufern ein Limit bei der Warenbeschaffung gesetzt (vgl. Limitrechnung; LF 6). Es gehört in solchen Fällen zu den Aufgaben der Einkäufer, den tatsächlichen Wareneinsatz mit dem geplanten Wareneinsatz abzugleichen.

Rohgewinn (Rohertrag)

Der **Rohgewinn** eines Artikels ergibt sich aus der Differenz von Umsatz (Nettoverkaufspreis) und Wareneinsatz (Einstandspreis):

Rohgewinn = Umsatz – Wareneinsatz

Aus dem Rohgewinn sind noch die Handlungskosten *(Aufwendungen für Miete, Personal, Werbung)* zu decken. Der verbleibende Gewinnrest ist der **Reingewinn** (reicht der Rohgewinn nicht aus, um sämtliche Handlungskosten zu decken, entsteht ein Reinverlust).

Reingewinn = Rohgewinn – Handlungskosten

Es lässt sich leicht erkennen, dass die Reduzierung des Verkaufspreises eines Artikels, z. B. im Rahmen eines Sonderangebots, einen niedrigeren Rohgewinn zur Folge hat, wenn es nicht gelingt,

- entweder den Artikel zu entsprechend günstigeren Einstandspreisen zu beschaffen (Sonderkonditionen für Aktionen)
- oder den Absatz dieses Artikels entsprechend zu steigern.

Handelsspanne

Der Unterschied zwischen Nettoumsatz (Verkaufspreis) und Wareneinsatz (Einstandspreis) lässt sich auch in Prozenten ausdrücken. Man erhält dann die Handelsspanne, oder auch kurz „Spanne“ genannt.

$$\textbf{Handelsspanne} = \frac{\textbf{(Nettoverkaufspreis – Einstandspreis)} \cdot \textbf{100}}{\textbf{Nettoverkaufspreis}}$$

Die Handelsspanne wird auch als Entgelt des Einzelhändlers für seine Dienstleistungen bezeichnet. Im Rahmen von Betriebsvergleichen ist es interessant zu erfahren, wie die Abweichungen der eigenen Handelsspannen zu Mitbewerbern sind, um daraus Handlungsalternativen abzuleiten.

5.2.2 Umsatzbezogene Kennziffern

Kennziffern, die sich durch den **Verkauf ergeben**, liefern wichtige Hinweise zu den Leistungen des Personals *(Umsatz je Kunde und Zahl der Kunden)*, der Warenplatzierung *(Umsatz je m^2 Verkaufsfläche)* und zu den Kunden *(Durchschnittsumsatz, Art der Bezahlung)*.

Personalbezogene Kennziffern

(Quelle: Guido Adolphs)

Personalkosten gehören neben dem Wareneinsatz zu den größten Kostenblöcken im Einzelhandel. EDV-gestützte Warenwirtschaftssysteme liefern heute dem Einzelhändler Kennziffern, die es ihm ermöglichen, sowohl eine gute Verkaufsbereitschaft seines Geschäftes als auch einen effizienten Mitarbeitereinsatz zu gewährleisten. Sie liefern damit einen wichtigen Beitrag für die Geschäftsführung, die Personalkosten in Grenzen zu halten. **Personalkennziffern** liefern nicht nur die Basisdaten für den Personaleinsatz *(Pausen, Einsatz an Feiertagen, Ferien, Sonderverkäufe)*. Sie stellen auch Informationen darüber bereit, ob und ggf. in welcher Höhe Provisionen zu zahlen sind oder ob Mitarbeitergespräche wegen nicht zufrieden stellender Umsätze oder Leistungen (Kasse) erforderlich werden.

Durchschnittsumsatz je Verkäufer (DUV)	→	$\text{DUV} = \frac{\text{Umsatz}}{\text{Anzahl der Mitarbeiter im Verkauf}}$
Anzahl Kunden je Verkäufer (KV)	→	$\text{KV} = \frac{\text{Anzahl der Kunden}}{\text{Anzahl der Verkäufer}}$
Anzahl Kunden je Kasse (KK)	→	$\text{KK} = \frac{\text{Anzahl der Kunden}}{\text{Anzahl der Kassen}}$

Waren- und flächenbezogene Kennziffern

(Quelle: Kaufhof AG, Köln)

Eine besonders wichtige Kennziffer ist der Umsatz je Quadratmeter Verkaufsfläche. So können z. B. besonders verkaufsstarke oder verkaufsschwache Verkaufszonen identifiziert werden. Durch Umplatzierungen haben sich so schon oft erheblich bessere Umsätze erzielen lassen. Die Umsatzanteile je Warengruppe oder Artikel geben Aufschluss über deren Bedeutung im Sortiment. Werden diese Kennziffern über einen längeren Zeitraum beobachtet, geben sie wichtige Hinweise zur Sortimentsgestaltung.

Umsatz je m² Verkaufsfläche (UF)	→	$\text{UF} = \frac{\text{Umsatz}}{\text{Verkaufsfläche}}$
Umsatzanteil nach: ...		
– Filialen (UaFi)	→	$\text{UaFi} = \frac{\text{Umsatz (Filiale)} \cdot 100}{\text{Gesamtumsatz}}$
– Abteilungen (UaAb)	→	$\text{UaAb} = \frac{\text{Umsatz (Abteilung)} \cdot 100}{\text{Gesamtumsatz}}$
– Warengruppen (UaWG)	→	$\text{UaWG} = \frac{\text{Umsatz (Warengruppe)} \cdot 100}{\text{Gesamtumsatz}}$
– Artikel (UaAr)	→	$\text{UaAr} = \frac{\text{Umsatz (Artikel)} \cdot 100}{\text{Gesamtumsatz}}$

Kundenbezogene Kennziffern

Wenn der Durchschnittsumsatz je Kunde über einen längeren Zeitraum betrachtet wird, sind Rückschlüsse auf das Kaufverhalten möglich. Die Aussagekraft dieser Kennziffer wird dann größer, wenn ausreichend Daten über die Kunden vorhanden sind *(Alter, Geschlecht, Bildung, Neukunde, Stammkunde)*. Über Kundenkartensysteme ist eine entsprechende Analyse möglich.

© MEV Verlag GmbH

Durchschnittsumsatz je Kunde (DUK) →	$DUK = \frac{\text{Umsatz}}{\text{Anzahl der Kunden}}$
Anteil Verkäufe mit : ...	
– Barzahlung (VBZ) →	$VBZ = \frac{\text{Summe der Bons bar} \cdot 100}{\text{Gesamtumsatz}}$
– EC-cash (VEC) →	$VEC = \frac{\text{Summe der Bons EC} \cdot 100}{\text{Gesamtumsatz}}$
– Kreditkarte (VKrK) →	$VKrK = \frac{\text{Summe der Bons Kreditkarte} \cdot 100}{\text{Gesamtumsatz}}$
– Kundenkarte (VKuK) →	$VKuK = \frac{\text{Summe der Bons Kundenkarte} \cdot 100}{\text{Gesamtumsatz}}$

Aktion

1. In einem Warenhaus fand eine Italienische Woche statt. Die Unternehmensleitung erwartet von Anna Schwarz einen Bericht über den Erfolg dieser Aktion. Folgende Zahlen stehen zur Verfügung:

Filiale Neuburg – Auswertung „Italienische Woche“ in KW 22

Kennzahl	Essen u. Trinken	Mode	Unterhaltung
Verkaufsfläche	300 m^2	450 m^2	125 m^2
Wareneinsatz	514.500,00 €	1.323.000,00 €	220.000,00 €
Umsatz (netto)	686.000,00 €	2.011.500,00 €	360.000,00 €
Rohgewinn (netto)	?	?	?
Handelsspanne	?	?	?
UaAb	?	?	?
UF	?	?	?

Berechnen Sie die fehlenden Werte.

2. Ein Sportartikelfachmarkt unterhält drei Filialen.
Die Auszubildende Yvonne Kleiber hat von der Unternehmensleitung den Auftrag bekommen, folgende Kennzahlen zu berechnen:

	Filiale Tübingen	Filiale Ulm	Filiale Esslingen
Mitarbeiter	12	24	20
Verkaufsfläche	620 m²	1.152 m²	795 m²
Umsatz (netto)	6.200.000,00 €	13.850.000.00 €	8.120.000,00 €
Wareneinsatz	4.950.000,00 €	8.332.000,00 €	5.990.000,00 €
Rohgewinn (netto)	?	?	?
Handelsspanne	?	?	?
UF	?	?	?
DUV	?	?	?
UaFi	?	?	?

3. In der Abteilung „Junges Wohnen" der Wohnwelt GmbH sollen drei Vollzeitstellen gestrichen werden, da im Verhältnis zu den anderen Abteilungen eine personelle Überbesetzung vorliegt. Der Personalassistent Gerd Lippert erhält den Auftrag die Mitarbeiter auszusuchen, die unterdurchschnittliche Umsätze erzielen.

Wohnwelt GmbH Neuburg: Bericht Umsatzleistung
Verkaufsberater Junges Wohnen – Zeitraum: März–Mai

Berater/in	Zahl der Kunden	Umsatz in €	Anteil in % am Gesamtumsatz
Jonas Weigel	675	124.700,00	?
Daniela Roth	128	45.600,00	?
Funda Gül	650	165.400,00	?
Frank Hofmeier	880	145.700,00	?
Miriam Falcone	275	63.200,00	?
Rolf Braun	405	85.600,00	?
Petra Lauer	735	134.890,00	?
Conny Martini	685	112.800,00	?
Timo Schütt	818	155.700,00	?
Gesamt	5.251	1.033.590,00	100,00
Durchschnitt	583	114.843,33	?

a) Berechnen Sie die fehlenden Angaben.

b) Mit welchen Mitarbeitern muss Herr Lippert unangenehme Gespräche führen?

Preispolitische Maßnahmen durchführen und planen

9. Lernfeld

© MEV Verlag GmbH

▶ Inhalt

1 Preispolitik im Einzelhandel

1.1 Bedeutung des Preises als absatzpolitisches Instrument

Was muss ein Artikel kosten – was darf ein Artikel kosten?

Situation

Arbeitsaufträge

1. *Erläutern Sie, wie normalerweise ein Verkaufspreis ermittelt wird.*
2. *Was soll beim Verbraucher mit Aussagen wie „billig“, „sparen“ und durchgestrichenen Preisen für ein Eindruck erweckt werden?*
3. *Vergleichen Sie mit Ihren Erfahrungen aus Ihrem Betrieb und berichten Sie.*

Information

Preisgestaltung und Preisfestsetzung gehören zu den empfindlichsten Bereichen des Einzelhandelsmarketings, da der Preis direkt über den Umsatz und damit indirekt über den Gewinn mitentscheidet. Jedes Einzelhandelsunternehmen verfolgt gleichzeitig mehrere Ziele, ein so genanntes Zielbündel.

Neben Sach-, Sozial- und ökologischen Zielen spielen insbesondere wirtschaftliche Ziele eine Rolle, die zu einem erheblichen Teil mithilfe der Preispolitik erreicht werden sollen.

Ziel der Preisbildung

- **Erwirtschaften von Gewinn**
  - **Sicherung eines angemessenen Unternehmereinkommens, ausreichend Mittel zum Investieren**
- **Angemessene Rentabilität des eingesetzten Kapitals**
  - **Kalkulation der Waren oder Warengruppen in einer Höhe, dass sich das eingesetzte Kapital langfristig verzinst**
- **Ausweitung von Marktanteilen**
  - **Durch unterschiedliche Kalkulation einzelner Waren zusätzliche Marktanteile zu gewinnen oder zu erhalten**

Preise sind aus Sicht der Konsumenten **Informationen**, die sie wahrnehmen, verarbeiten und die ihr Verhalten beeinflussen. So dient der **Preis** als **Qualitätsmaßstab** bei den Waren, die der Kunde aufgrund unzureichender Kenntnisse hinsichtlich Material, Konstruktion und Funktion relativ schlecht beurteilen kann. Er neigt bei diesen Waren dazu, von der Preishöhe auf die Qualität von Angeboten zu schließen, nach dem Motto: Je teurer, desto besser, oder: Was nichts kostet, das taugt auch nichts. Dass diese Sichtweise mit der Realität nicht viel zu tun hat, zeigt z. B. die Stiftung Warentest monatlich aufs Neue! Der Preis kann aber auch als Verkaufsargument für sich betrachtet werden. Insbesondere **Waren** des **täglichen Bedarfs** *(Lebensmittel)* oder Artikel, bei denen die Konsumenten ein ausgeprägtes Preisinteresse oder eine persönliche Qualitätsvermutung besitzen *(DVDs, DVD-Player, Computer)* werden in erster Linie über einen **günstigen Preis** verkauft.

1.2 Rechtliche Grundlagen der Preispolitik

Bei der Gestaltung der Preise ist der Einzelhandel an teilweise sehr komplizierte und detaillierte Rechtsnormen gebunden. Verstöße gegen diese Rechtsvorschriften sind unerlaubte Handlungen; sie führen i. d. R. zu Schadenersatzansprüchen und können in bestimmten Fällen strafrechtlich verfolgt werden.

Die wichtigsten rechtlichen Vorschriften finden sich im Bürgerlichen Gesetzbuch (BGB), im Gesetz gegen unlauteren Wettbewerb (UWG), im Gesetz gegen Wettbewerbsbeschränkungen (GWB) sowie in der Preisangabenverordnung (PAngV).

Bürgerliches Gesetzbuch (BGB)

Wer Wucherpreise verlangt, begeht eine unerlaubte Handlung. Unter Wucher ist ein besonders grobes Missverhältnis zwischen Preis und der entsprechenden Gegenleistung bei Ausnutzung von Alter und Unerfahrenheit des Kunden zu verstehen. Was aber nun dieses „besonders grobe Missverhältnis" im Einzelfall genau bedeutet, wird häufig von Juristen geklärt werden müssen.

Gesetz gegen den unlauteren Wettbewerb (UWG)

Das generelle Prinzip der Freiheit der Preisgestaltung und der Kalkulation wird mit dem § 3 UWG dadurch eingeschränkt, dass **Preisunterbietungen** der Mitbewerber nicht in der Absicht stattfinden dürfen, Mitbewerber vom Markt zu verdrängen. Die Generalklausel des § 3 wird ergänzt durch das in § 5 UWG ausgesprochene **Irreführungsverbot**.

Beispiele für verbotene, weil den Kunden irreführende Angaben zu Preisen sind:

- Verwendung der Bezeichnung „Discountpreis", obwohl der Preis mindestens Fachgeschäftniveau erreicht hat.
- Ein Textilfachgeschäft wirbt: „Alles um 10 % reduziert", dabei trifft dies aber nur für wenige Warengruppen zu.
- Eine Supermarktkette wirbt mit „Dauertiefpreisen", obwohl der Preis auf dem Niveau der unverbindlichen Preisempfehlung des Herstellers liegt.

Erlaubt sind aber die Gegenüberstellungen jetziger Preise mit früheren Preisen. Allerdings muss der alte Preis auch tatsächlich über einen angemessenen Zeitraum für die gleiche Ware verlangt worden sein.

Die Gegenüberstellung mit künstlich hochgeschraubten alten Preisen **(Mondpreise)** ist verboten, da hier eine Preisherabsetzung vorgetäuscht wird, weil der (überhöhte) angegebene ursprüngliche Preis nie oder nur über einen kurzen Zeitraum erhoben wurde.

Abb. Zulässige Preisgegenüberstellung von aktuellem mit früherem Preis

Zulässig und in ihrer Werbewirksamkeit sehr hoch sind Preisgegenüberstellungen mit den **unverbindlichen Preisempfehlungen** der Hersteller (UVP), da diese für viele Kunden gewissermaßen eine Art Richtschnur bei der Preishöhe besitzen.

Abb. Zulässige Preisgegenüberstellung mit UVP des Herstellers

Generell sind außerdem Preisnachlässe und unentgeltliche Zugaben erlaubt, das UWG setzt aber einer zu großzügigen Rabattgewährung Grenzen.

Gesetz gegen Wettbewerbsbeschränkungen (GWB)

Das Gesetz untersagt Preisabsprachen zwischen den am Wettbewerb beteiligten Unternehmen (Preiskartell). Diese Regelung ist deshalb von besonderer Bedeutung, weil durch Preisabsprachen einzelner Wettbewerber die Preise künstlich nach oben geschaukelt werden können (horizontale Preisbindung).

Außerdem darf ein Hersteller einem Groß- oder Einzelhändler, an den er liefert, keine Vorschriften darüber machen, zu welchen Preisen die gelieferte Ware weiterzuverkaufen ist (vertikale Preisbindung).

Eine Ausnahme besteht beim Vertrieb von Verlagserzeugnissen wie Zeitungen, Zeitschriften und Büchern. Der Hersteller kann allerdings durch Preisempfehlungen großen Einfluss auf den Bruttoverkaufspreis des Einzelhändlers nehmen.

Zwar ist auch dies grundsätzlich verboten, aber hier gibt es als Ausnahme die **unverbindliche Preisempfehlung** eines Herstellers bei Markenwaren.

Dies sind Erzeugnisse, deren Lieferung in gleich bleibender oder verbesserter Güte von dem preisempfehlenden Unternehmen gewährleistet wird und die mit einem ihre Herkunft kennzeichnenden Merkmal (Firmen-, Wort- oder Bildzeichen) versehen sind.

Preisangabenverordnung (PAngV)

Der Einzelhandel ist durch die **Preisangabenverordnung** (PAngV) generell verpflichtet, die Waren oder Dienstleistungen, die er verkauft, auszuzeichnen. Die Klausel gilt unabhängig davon, ob sich die Ware im Geschäft, in Schaufenstern oder in Katalogen befindet. Um Kunden den Vergleich zwischen verschiedenen Händlern und Waren zu erleichtern, muss der Einzelhandel hinsichtlich der Auszeichnung bestimmte Kriterien beachten. So ist Konsumenten gegenüber der Preis inklusive Umsatzsteuer anzugeben (Bruttoverkaufspreis). Näheres zur Preisauszeichnung findet sich im Lernfeld Waren präsentieren.

1.3 Preisstrategien im Einzelhandel

Die Festlegung der Preislage bzw. des Preisniveaus ist eine weitreichende und grundlegende Entscheidung der Unternehmensleitung. Preislage und Preisniveau sollten zur Betriebsform passen und stets mit einer entsprechenden Ladengestaltung, Warenpräsentation, Preisoptik und Werbebotschaft in Einklang stehen.

Generell zu unterscheiden ist die **Hochpreis-** von der **Niedrigpreisstrategie**.

Preislage	Betriebsform	Ladengestaltung	Werbebotschaft
hoch	Spezial- und Fachgeschäft, Boutiquen	attraktiv, aufwändig, edel	Markenartikel in hoher Qualität
niedrig	Discounter, SB-Warenhäuser	einfach, funktionell, Kosten sparend	Dauertiefpreise, Sonderangebote

Häufig variieren die Preise einzelner Artikel, da diese von vielen Faktoren abhängen, die außerhalb des Einflussbereiches des Einzelhandelsbetriebs liegen.

Folgende **Faktoren** beeinflussen die **Preisgestaltung**:

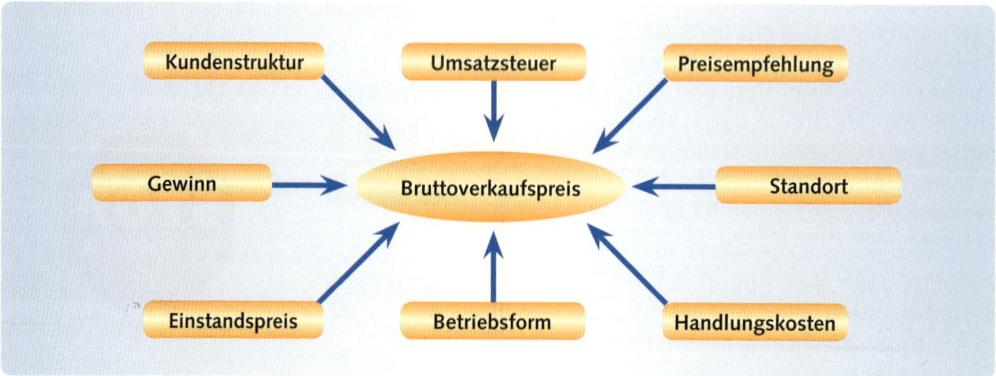

Abb. Einflussfaktoren auf den Bruttoverkaufspreis

Niedrigpreisstrategie

Für viele Kunden spielt der Preis eine oder gar die entscheidende Rolle bei der Entscheidung für eine bestimmte Ware. Nicht nur die bei vielen Kunden problematische wirtschaftliche Situation führt zu dieser Entscheidung, sondern auch eine schon länger anhaltende und weitverbreitete Konsumenteneinstellung, die sich durch Werbeslogans wie „Wir hassen teuer" oder „Hier spricht der Preis" zeigt.

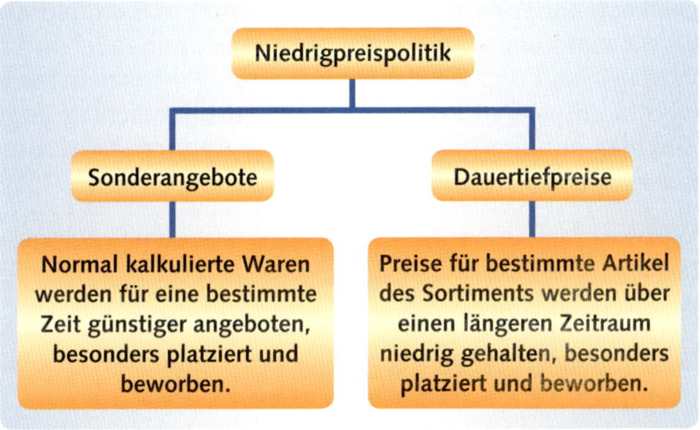

Grundsätzlich sollten Sonderangebote und Aktionen bei solchen Waren verwendet werden, von denen der Händler weiß, dass die Kunden preissensibel reagieren. Dies ist wiederum von den Preisvorstellungen der Verbraucher abhängig. Viele Konsumenten kennen die Preise von Kaffee, Waschmitteln oder Butter wesentlich genauer als die Preise von Mehl, Gewürzen oder Putzmitteln.

Hochpreisstrategie

Zur Hochpreisstrategie gehört es, nicht über den Preis zu sprechen. Vielmehr wird gegenüber den Kunden in den Vordergrund gestellt, was der hohe Preis signalisiert: Sie kaufen exklusive Ware oder besondere Spezialitäten mit einer entsprechenden Beratung und einem angemessenen Service.

Dabei wird ein Kundenverhalten angesprochen, das sich durch den Spruch „Man gönnt sich ja sonst nichts" zeigt. Gerade kleinere Einzelhandelsunternehmen, wie Fach- und Spezialgeschäfte, können sich durch eine Hochpreisstrategie Marktnischen sichern und sich von den in erster Linie über den Preis verkaufenden Großunternehmen absetzen.

1.4 Preisbildung im Einzelhandel

Viele Faktoren spielen eine Rolle bei der Klärung der Frage, wie der Verkaufspreis zustande kommt, mit dem die Ware ausgezeichnet wird. Eine Reihe dieser Faktoren kann der Einzelhändler selbst nicht beeinflussen *(Kaufkraft, Konjunktur, Steuern)*, andere dagegen schon *(Sortimentsgestaltung)*. Grundsätzlich kann man vier **Einflussbereiche** voneinander abgrenzen, die auf die **Preisbildung** einwirken.

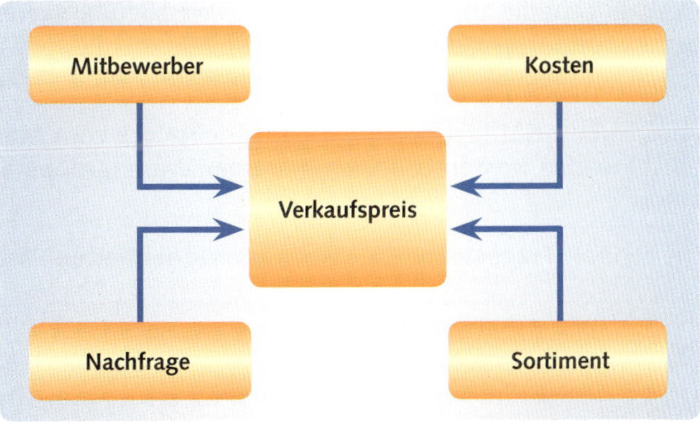

Abb. Einflüsse auf die Preisbildung

1.4.1 Kostenorientierte Preisbildung

Die **kostenorientierte Preisbildung** richtet sich an den **Kosten** aus, die eine Ware verursacht, bis sie vom Kunden erworben wird. Im Einzelhandel sind dies insbesondere die Kosten für den Wareneinkauf und die Handlungskosten *(Personalkosten, Ladenmieten, Steuern)*. In der **Praxis** wird häufig ein so genannter **Kalkulationszuschlag** angewendet, bei dem ein prozentualer Zuschlag auf den Einstandspreis vorgenommen wird, um den Bruttoverkaufspreis (Auszeichnungspreis) zu ermitteln.

Wichtig ist in diesem Zusammenhang, dass die Gewinne, die von Unternehmen im Einzelhandel gemacht werden, von Verbrauchern, aber auch von Mitarbeitern immer wieder falsch eingeschätzt werden.

Die zentrale **Fragestellung** der **kostenorientierten** Preisbildung lautet:

> Was muss ein Artikel mindestens kosten, damit der Einzelhändler die Kosten für den Wareneinkauf und seine Handlungskosten erwirtschaftet und einen angemessen Gewinn realisieren kann? Hierbei wendet der Einzelhändler die **Vorwärtskalkulation** (vom Einkaufspreis zum Verkaufspreis) an.

1.4.2 Konkurrenzorientierte Preisbildung

Der **Spielraum** für die eigene **Preisgestaltung** ist in der Praxis **eingeengt**.

Zum einen ist hierfür die häufig aufgedruckte unverbindliche Preisempfehlung des Herstellers verantwortlich. Insbesondere bei preissensiblen Waren wird ein Kunde nur schwer einsehen, dass er mehr als diesen Preis bezahlen soll.

Zum anderen zwingen die Preise der Mitbewerber den Händler häufig, sich an bestimmte Verkaufspreise zu halten und diese nicht zu überschreiten. Ein vergleichsweise zu hoher Preis kann dazu führen, dass die Ware nur schlecht verkauft wird, da die Konkurrenz die Ware günstiger anbietet.

Wenn nun im Hinblick auf Kunden und Konkurrenten der Preis ebenfalls gesenkt wird, kann vielleicht der Umsatz erhöht werden, allerdings besteht die Gefahr, dass nicht mehr alle Kosten gedeckt werden.

Deshalb geht die konkurrenzorientierte Preisbildung davon aus, dass die Preise aufgrund des beobachteten Verhaltens der Kunden und der Konkurrenz im jeweiligen Einzugsgebiet bereits festgelegt sind.

Kalkulieren heißt hier prüfen, ob angesichts des vom **Markt** vorgegebenen Preises und der entstehenden Kosten das Angebot einer Warengruppe oder eines Artikels sich überhaupt lohnt.

Die zentrale **Fragestellung** der **konkurrenzorientierten** Preisbildung ist:

> Was darf ein Artikel für den Einzelhändler im Einkauf höchstens kosten, wenn der Einzelhändler den Bruttoverkaufspreis nicht einfach ausweiten kann und Handlungskosten und Gewinnzuschläge nicht verändert werden können? Der Einzelhändler wendet hierbei die **Rückwärtskalkulation** (vom Verkaufspreis zum Einkaufspreis) an.

1.4.3 Nachfrageorientierte Preisbildung

Bei der nachfrageorientierten Preisbildung bildet die Bereitschaft der Kunden, welchen Preis sie zu zahlen bereit sind, den entscheidenden Orientierungspunkt zur Preisfestsetzung.

Die zentrale **Fragestellung** bei der **nachfrageorientierten** Preisbildung lautet für den Einzelhändler:

> ? Mit welchem Kaufverhalten reagieren meine Kunden auf unterschiedliche Preise?

Preisdifferenzierung

Eine Möglichkeit, durch unterschiedliche Preise das Nachfrageverhalten der Kunden zu beeinflussen, ist die **Preisdifferenzierung**. Der Einzelhändler verlangt dabei für im Prinzip gleiche Produkte unterschiedlich hohe Preise.

Die Möglichkeiten zur **Preisdifferenzierung** sind vielfältig und können auch kombiniert eingesetzt werden. Folgende **Arten** werden üblicherweise unterschieden:

Arten der Preisdifferenzierung	Erläuterung und Beispiele
räumlich 	Waren können in verschiedenen Gebieten – je nach Kaufkraft der Kunden und/oder Konkurrenzlage – zu unterschiedlichen Preisen angeboten werden *(Stadt/Land oder Vorort/City)*. Interessant ist diese Art der Preisdifferenzierung insbesondere für große Filialbetriebe, die so unterschiedliche Wettbewerbsverhältnisse ausnutzen können. **Beispiel** Da man Obst und Gemüse in einer Kleinstadt im Innenstadtbereich nur noch im dortigen Lebensmittelmarkt kaufen kann, werden dort höhere Preise verlangt als an Orten mit Mitbewerbern.
zeitlich 	Waren werden zu verschiedenen Zeiten zu unterschiedlichen Preisen verkauft. **Beispiele** Obst und Gemüse wird während der Erntezeit zu günstigeren Preisen verkauft als sonst. Auch am Ende einer Saison wird die Kaufbereitschaft durch Preisnachlässe „angekurbelt" *(Kauf einer Skiausrüstung im Frühjahr)*. Ganz neu auf dem Markt eingeführte und nachgefragte Waren werden dagegen zunächst zu relativ hohen Preisen verkauft *(PC und Unterhaltungselektronik)*. Dies liegt sowohl zu Anfang der Markteinführung am Fehlen einer kostengünstigen Massenproduktion, als auch daran, dass es eine Käuferschicht gibt, die bestimmte Waren als Erste nutzen möchte und dafür auch hohe Preise akzeptiert.

Arten der Preisdifferenzierung	Erläuterung und Beispiele
mengenmäßig 	Die Differenzierung der Verkaufspreise findet über die Verkaufsmengen statt. **Beispiele** Stückpreis eines Artikels ist in einer Großpackung günstiger, als in der Kleinpackung *(Toilettenpapier)*. Bei Damen- und Herrendüften sind die Preisunterschiede besonders groß. Weit verbreitet sind auch Angebote wie „nimm drei, zahle zwei!“
personell 	Die gleiche Ware wird unterschiedlichen Kundengruppen zu unterschiedlichen Preisen angeboten. **Beispiele** Einzelhändler geben Waren an Handwerker günstiger ab als an andere Kunden. Für Mitglieder von Vereinen werden Vorzugspreise gewährt *(Sportartikel)*. Inhaber einer Kundenkarte erhalten auf bestimmte Warengruppen einen Preisnachlass *(Kosmetikartikel)*.

Psychologische Preisgestaltung mithilfe der Preisoptik

Hersteller und Einzelhandel nutzen **psychologische Effekte** bei der Preisgestaltung, um den Verkaufspreis so festzulegen, dass dadurch die Verkaufszahlen positiv beeinflusst werden.

Preisschwelleneffekt

Kunden orientieren sich nach wissenschaftlichen Untersuchungen nicht an exakten Preisen, sondern greifen auf einige wenige **Preisstufen** im Sinne von „teuer“/“normal“/“billig“ zurück. Überschreitet der Preis die für einen bestimmten Kunden als **Preisobergrenze** angesehene Höhe, dann kauft er nicht, weil er den Preis für überhöht hält. Unterschreitet der Preis jedoch eine für den Kunden als **Preisuntergrenze** angesehene Höhe, dann kauft er ebenfalls nicht mehr. Aufgrund eines scheinbar sehr niedrigen Preises kommen solchen Kunden Zweifel an der Qualität der Ware und sie empfinden einen Kauf als Risiko.

Beispiel Bei Herrenhemden wird im Allgemeinen eine Preisspanne von 19€ bis 69€ als „normal“ empfunden. Wird ein Hemd unter 10€ angeboten, werden viele Kunden eine schlechte Qualität vermuten. Kostet das Hemd jedoch über 100€ ist für die meisten Kunden die obere Preisschwelle überschritten und sie sehen von einem Kauf ab. Für Kunden, die aber bereit sind diese Schwelle zu überschreiten, kann der Händler den Verkaufspreis auch auf 119€ oder 129€ festsetzen. Solche Kunden werden nämlich diesen Preis nicht viel höher als 100 € empfinden.

Infobox

Die Angst des Händlers vor Preiserhöhungen!

Preisschwellen spielen vor allem für Preiserhöhungen eine wichtige Rolle. Oft fürchten nämlich Hersteller und Händler, dass es bei Überschreitung von Preisschwellen zu einem erheblichen Absatzrückgang kommt. Aus diesem Grund wird in vielen Fällen nicht der Preis geändert, sondern einfach die Menge verringert. So wechselten viele Konfitürenhersteller vom 450 g Glas zum kleineren 340 g Glas. Dabei blieb der Preis gleich. Bei einem Verkaufspreis von 0,99€ pro Glas bedeutet dies eine versteckte Preiserhöhung von ca. 25 %.

Preisrundungseffekt

Viele Anbieter, besonders im Lebensmittelhandel, vertreten die Auffassung, dass ihre Preise nicht auf volle Euro- oder 10-Cent-Beträge (runde Preise) enden sollten. Üblich sind vielmehr sogenannte **„gebrochene Preise"** *(0,99 €; 9,99 €; 99 € usw.)*.

Von zehn im Lebensmitteleinzelhandel am häufigsten eingescannten Preisen weisen sieben die Endziffer 9 auf!

Für diese **Preistaktik** werden u. a. folgende **Gründe** angeführt:

- Bei einem Preis von z. B. 399 € ordnet der Kunde ihn eher dem 300 € Bereich als dem 400 € Bereich zu.
- Der Anbieter vermittelt den Eindruck, bei seiner Kalkulation alles herausgeholt zu haben, um dem Kunden ein besonders günstiges Angebot zu unterbreiten.

Eckartikeleffekt

Damit Kunden das gesamte Warensortiment als preisgünstig empfinden, genügt es wenige, aber dafür besonders günstige Artikel im Sortiment zu führen. Diese sogenannten **„Eckartikel"**, die für das Preisimage eine überdurchschnittliche Bedeutung haben, sind einerseits führende Markenartikel und andererseits Waren des täglichen Bedarfs *(Butter, Milch, Mehl usw.)* Sie werden von vielen Geschäften angeboten und sind daher von den Konsumenten gut vergleichbar.

Ziffernfolgeneffekt

Bei mehrstelligen Preisen empfinden Kunden Preise mit einer abfallenden Ziffernfolge als preisgünstiger *(3.432,00 €)* als aufsteigende Preise *(3.456,00 €)*.

Preisfärbungseffekt

Mit **Preisfärbung** bezeichnet man ein **optisches** Herausstellen der **Verkaufspreise**. Dabei findet sehr oft die Farbe Rot Verwendung, da sie allgemein als die Farbe für Preisreduzierungen gilt.

Schon **sprachliche Kennzeichnungen** wie z. B. „reduziert", „Sonderangebot" oder „Abholpreis" können den Abverkauf stark fördern. Sogenannte **Preisbrechersymbole** wie z. B. Blitze, Sterne oder Pfeile, erzeugen bei den Kunden den Eindruck, dass es sich bei diesen Angeboten um besonders preisgünstige Artikel handelt.

(Quelle: Oberpaur GmbH, Ludwigsburg)

1.4.4 Sortimentsorientierte Preisbildung

Der Einzelhändler muss nicht nur Preise für einzelne Waren finden, sondern für sein ganzes Sortiment. Wenn bei einigen Waren keine volle Kostendeckung durch den Verkaufspreis gelingt, weil die Konkurrenz die gleichen Artikel günstiger anbietet oder der Einzelhändler absichtlich niedriger kalkuliert, um den Kunden seine Preiswürdigkeit zu demonstrieren, dann muss er versuchen, diese Verluste durch entsprechend höhere Preise bei anderen Waren wieder hereinzuholen.

Dieses Verfahren nennt man **Mischkalkulation**. Den niedriger kalkulierten Artikel bezeichnet man als **„Ausgleichsnehmer"**, den höher kalkulierten Artikel als **„Ausgleichsgeber"**. Die Mischkalkulation dient der Anregung von Nachfrage und, wenn diese in Form von Sonderangeboten betrieben wird, auch dem Abbau von Lagerbeständen.

Möglichkeiten für eine Mischkalkulation am Beispiel Textilien

Warenart	Preisgestaltung des Händlers
Ware, die von vielen Händlern angeboten wird und deren Preis daher den Kunden bekannt ist.	Er passt sich an die Preisgestaltung der Mitbewerber an. Bei diesen Artikeln bestimmt der Markt aufgrund der Transparenz den Preis.
Aktionsware, die besonders günstig eingekauft wurde.	Hier gibt es zwei Möglichkeiten: Niedrige Kalkulation zu Werbezwecken oder eine höhere Kalkulation, um einen Kalkulationsausgleich zu erzielen.
Modische und hochmodische Artikel.	Sie verlangen eine höhere Kalkulation, weil mit hohen Preisabschriften zu rechnen ist, wenn die Ware nicht während der Saison verkauft wurde. Für manche Kunden signalisiert ein hoher Preis auch bestimmte Wertvorstellungen wie Qualität und Exklusivität.
Artikel, die der Händler am Ort exklusiv anbietet.	Hier ist eine höhere Kalkulation zum Ausgleich anderer Artikel möglich, da z. B. aufgrund eines Gebietsschutzes die Konkurrenzsituation fehlt. Das gleiche gilt beim Verkauf von Eigenmarken und „No-name"-Artikeln. Auch hier fehlt für den Kunden eine direkte Vergleichsmöglichkeit.

Infobox

Im Zusammenhang mit der Mischkalkulation wird in letzter Zeit immer häufiger über die Zulässigkeit von Angeboten unter Einstandspreisen diskutiert. Je nach Branche und Betriebsform werden häufig insbesondere Markenartikel des täglichen bzw. des periodischen Bedarfs, wie z. B. Lebensmittel und Drogerieartikel, Büro- und Schreibwaren, aber auch CDs und DVDs zeitweise unter dem Einstandspreis angeboten. Bekannte Markenartikel eignen sich deshalb hierfür, da der Kunde die üblichen Preise relativ gut kennt und diese als Vergleichsmaßstab verwendet. Allerdings hat der Gesetzgeber die Möglichkeiten des Verkaufs unter Einstandspreis durch eine Änderung im Gesetz gegen Wettbewerbsbeschränkungen stark eingeschränkt. Preise für Nahrungsmittel unter Einstandspreis sind grundsätzlich verboten. Vor allem kleine und mittlere Lebensmittelhändler sollen vor der Verdrängung durch die großen Discounter geschützt werden. Zudem soll die Versorgung im ländlichen Raum gesichert werden. Der Verkauf unter dem Einstandspreis ist nur noch in Ausnahmefällen erlaubt, etwa wenn die Ware zu verderben droht.

1.5 Weitere absatzpolitische Maßnahmen zur Preisgestaltung

Der vom Kunden verlangte Verkaufspreis lässt sich nicht nur durch die Kalkulation bestimmen, sondern der Einzelhändler kann zusätzlich absatzpolitische Maßnahmen treffen, die den Endpreis mitbestimmen.

Konditionenpolitik

Durch die vertragliche Ausgestaltung der Lieferungs- und Zahlungsbedingungen sind unterschiedliche Preisgestaltungen möglich.

Beispiel

- Beim Verkaufspreis für ein Sofa in einem Möbelhaus handelt es sich um einen „Mitnahmepreis“. Wünscht der Kunde eine Lieferung nach Hause, kann sich der Preis durch die Berechnung von Transportkosten erheblich erhöhen.
- Bei Barzahlung gewährt ein Einzelhändler 3 % Skonto, bei Anzahlung von 80 % des Verkaufspreises erhält der Kunde einen Preisnachlass von 5 %.

Kundendienstpolitik

Eine Beeinflussung des Verkaufspreises ist auch über Leistungen im Rahmen der Kundendienstpolitik möglich. Das Anbieten von waren-, zahlungs- und personenbezogenen Dienstleistungen ermöglicht eine Preisgestaltung, die einerseits für den Kunden einen Zusatznutzen bringt und es andererseits dem Einzelhändler erlaubt, so zu kalkulieren, dass er über das Anbieten der Dienstleistungen seine Ertragssituation verbessert.

Beispiel

- Möbelmontage *(Preis beträgt 10 % vom Warenwert zuzüglich Grundpauschale von 50,00 €)*,
- kostenpflichtiger Nähservice zum Nähen von Vorhängen,
- kostenpflichtige Service-Hotline,
- Ratenzahlungsmöglichkeit.

Rabattpolitik

Die Rabattgewährung ist ein Instrument für den Einzelhändler, über den Preis seinen Absatz zu steuern. Die Preisnachlässe werden i. d. R. bereits beim Kalkulieren des Verkaufpreises mit eingerechnet.

Beispiel

- **Mengenrabatt** → Wird eine bestimmte Menge überschritten, zahlt der Kunde den niedrigeren Preis für alle gekauften Artikel.
- **Einführungsrabatt** → Bei neuen Produkten sollen so schnell Kunden gewonnen werden.
- **Auslaufrabatt** → Bei veralteten Artikeln soll die Lagerräumung erleichtert werden.
- **Bonus** → Der Kunde erhält mengenabhängige nachträgliche Gutschriften oder Prämien *(Naturalrabatt, Sachprämien)*.
- **Personalrabatt** → preisreduzierte Waren für Angestellte
- **Treuerabatt** → für langjährige Kunden

Das UWG setzt einer zu „kreativen" Rabattgewährung allerdings Grenzen.

Eine oft angewandte Methode, Kunden zum Kauf mehrerer Waren zu bewegen, ist die **Preisbündelung**. Bei der reinen Preisbündelung wird nur das gesamte Warenpaket angeboten, d. h., ein Erwerb eines einzelnen Artikels ist nicht möglich *(Hemd nur mit Krawatte)*. Bei der gemischten Preisbündelung können sowohl Paket, als auch Einzelartikel erworben werden *(Ski-Set, bestehend aus Ski, Bindung und Stöcken)*. Dabei werden die einzelnen Produkte relativ hoch kalkuliert, während das Paket mit einem erheblichen Nachlass angeboten wird. Dadurch entsteht der Eindruck eines besonders günstigen Komplettangebotes. Die Folge ist meist, dass fast ausschließlich das Set erworben wird.

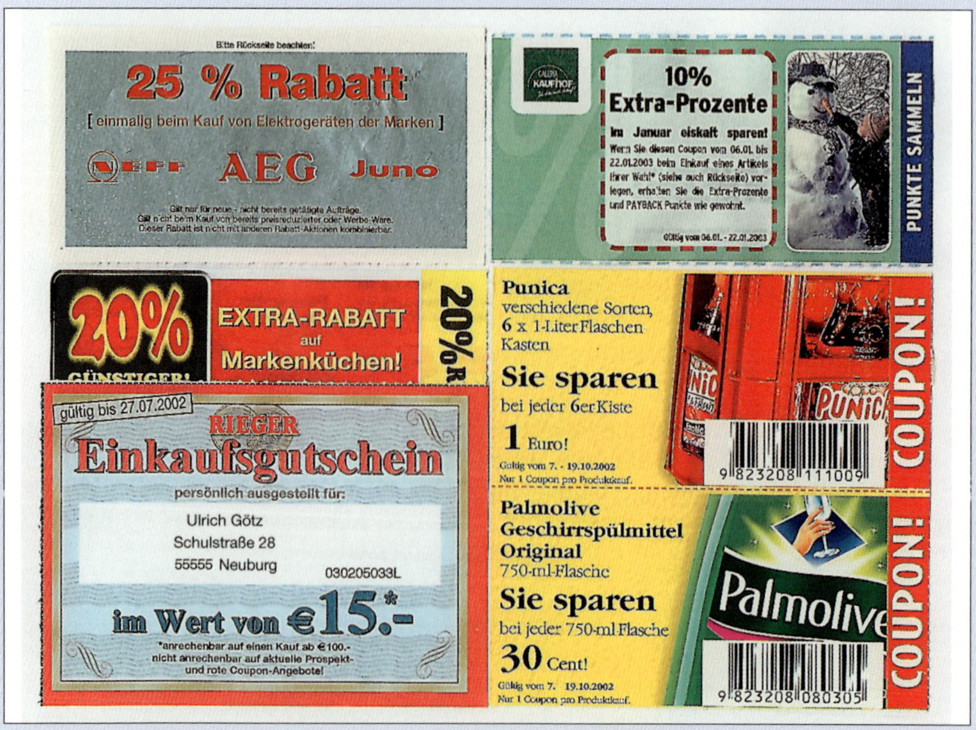

Abb. Beispiele für Couponing

Beim **Couponing** versuchen Unternehmen, Kunden über eine Rabattgewährung zu gewinnen und/oder zu binden. Dabei werden Rabattgutscheine (Coupons), die in Tageszeitungen, Zeitschriften oder Werbeträgern abgedruckt werden, beim Kauf vorgelegt und dem Kunden der darauf ausgewiesene Rabatt gewährt.

Zusätzlich zu dieser Art von Preisnachlässen gibt es für den Endverbrauchermarkt verschiedene übergreifende Treue-Sammelsysteme wie „Payback“ oder „Happy-Digits“. Der Vorteil für den Kunden ist hier, dass er mit einer Karte in verschiedenen Geschäften Treuepunkte sammeln kann.

Beim Erreichen einer bestimmten Bonuspunktzahl hat der Kunde die Möglichkeit, dafür Sachprämien *(Kinogutscheine, DVD-Player, Koffer)*, Einkaufsgutscheine oder Reisen zu erwerben.

Aktion

1. Nennen Sie drei Beispiele, die zeigen, dass Verbraucher häufig von der Höhe des Preises auf die Qualität der Ware schließen.
2. Listen Sie zehn Artikel auf, bei denen die Kaufentscheidung sehr stark durch den Preis beeinflusst wird.
3. Stellen Sie die Preislage Ihres Ausbildungsbetriebs anhand von fünf Artikeln vor und begründen Sie, warum diese Preislage für Ihr Geschäft gewählt wurde.
4. Welche Einflussfaktoren auf die Gestaltung des Verkaufspreises können vom Einzelhändler beeinflusst und welche nicht beeinflusst werden.
5. Untersuchen Sie die aktuellen Wochenangebote großer Lebensmittelanbieter auf Preisdifferenzierungen.
6. Das Sportfachgeschäft Action & Fun GmbH möchte durch Preisdifferenzierung den Umsatz erhöhen. Schlagen Sie drei Maßnahmen vor.
7. Bisher erzielte ein Einzelhändler bei einem Artikel, dessen Verkaufspreis 9,00 € beträgt, einen Wochenumsatz von 900,00 €. Für eine Woche senkte er den Preis auf 6,00 € je Stück. – Wie viel Stück muss er mindestens mehr verkaufen, damit sich diese Maßnahme lohnt? Rechnen Sie im Kopf.
8. Erläutern Sie den Begriff „Mischkalkulation“ anhand von Waren Ihres Ausbildungssortimentes. Nennen Sie „Ausgleichsgeber“ und „Ausgleichsnehmer“. Begründen Sie, warum die Mischkalkulation gerade im Einzelhandel (und weniger im Großhandel) eingesetzt wird.
9. Unterscheiden Sie die „unverbindliche Preisempfehlung“ von der „vertikalen Preisbindung“.
10. Überprüfen Sie mithilfe des UWG, ob folgende Werbeaussagen mit den gesetzlichen Vorschriften vereinbar sind:
    a) „Wir reduzieren! Handgeknüpfte indische Seidenteppiche von bisher 499 € auf jetzt unglaubliche 299 €! Sie sparen 200 €!“
    b) „Die neue CD vom Alpenland-Trio! Bei Multi-Vision 12,99 € – aber bei uns diese Woche zum Superpreis von 7,99 €!“

11. Was hat den Gesetzgeber wohl veranlasst, bei Verlagserzeugnissen eine Preisbindung zuzulassen? Informieren Sie sich dazu im Internet und bei Buch- und Zeitschriftenhändlern. Ist diese Ausnahmebestimmung Ihrer Meinung nach gerecht?

12. In einigen Einzelhandelsbetrieben wird die Payback-Card akzeptiert. Informieren Sie sich über diese Karte. Erläutern Sie, wie sich die Teilnahme bei Payback auf die Preisgestaltung auswirkt. Nennen Sie auch Vor- und Nachteile.

13. Ein Einzelhändler errechnet bei seiner Kalkulation einen Verkaufspreis von 100,15 €. Zu welchem Preis sollte er diesen Artikel anbieten?

14. Die Abbildung zeigt Ausschnitte aus Werbeanzeigen. Erläutern Sie, mit welchen Mitteln auf die Preiswürdigkeit der beworbenen Artikel hingewiesen wird.

2 Warenkalkulation

Wie kommt der Händler auf seine Kosten?

Situation

Um bei der aggressiven Preispolitik der Branchenriesen mithalten zu können, kalkuliert der Inhaber eines kleinen Fachgeschäfts für Radio und Fernsehen seine Preise so, dass sie möglichst immer unter denen der Konkurrenz liegen. Außerdem gibt er eine beträchtliche Summe für Werbung aus. Und tatsächlich: der Umsatz steigt erheblich. Doch nach wenigen Monaten kann der Händler weder Mitarbeiter noch Lieferanten mehr bezahlen.

Arbeitsauftrag

Was hat der Einzelhändler falsch gemacht?

2.1 Bedeutung der Kalkulation für einen Einzelhandelsbetrieb

Information

Jedem Einzelhändler entstehen durch Einkauf, Lagerung und Verkauf seiner Waren Kosten. Diese Kosten will der Einzelhändler über den Verkaufspreis der Waren decken. Aber auch in der Preispolitik des Unternehmens spielt die Kalkulation eine wichtige Rolle. Im Falle bestehender Marktpreise dient die Kalkulation vor allem zur Überprüfung, ob diese Preise von den Kunden akzeptiert werden und welche Preisuntergrenzen noch vertretbar sind. Allerdings nimmt in vielen Branchen *(Textil, Lebensmittel)* der Anteil der vom Händler selbst kalkulierten Waren seit Jahren ab, da sehr oft Markenware mit unverbindlich empfohlenen Verkaufspreisen der Hersteller das Sortiment bestimmen. Somit gibt in diesen Fällen der Hersteller die Kalkulationsvorgabe für den Einzelhändler.

Ziele der Kalkulation

Ziele		
Gewinnorientierung	**Kostendeckung**	**Marktorientierung**
Der Einzelhändler versucht so zu kalkulieren, dass mit dem erzielten Gewinn sowohl ein angemessenes Unternehmereinkommen gesichert ist und dazu noch genügend Investitionsmittel zur Verfügung stehen.	Der Einzelhändler kalkuliert Teile des Sortiments so, dass mindestens immer die Kosten verdient werden. Der Betrieb kann dann auch noch existieren, wenn der Unternehmer in diesem Sortimentsteil keinen Gewinn erzielt.	Der Einzelhändler rechnet zeitweise oder bei bestimmten Warengruppen mit einer niedrigeren Kalkulation, um zusätzliche Marktanteile zu gewinnen, sich als preiswerter Anbieter zu profilieren oder sich an empfohlene Verkaufspreise zu halten.

Kalkulationsverfahren

Kalkulation heißt **Preisberechnung**. Im Handel findet die **Zuschlagskalkulation** Anwendung. Dabei werden die Kosten, die man den einzelnen Waren nicht direkt zurechnen kann **(Handlungskosten)**, mithilfe von Zuschlagssätzen in der Kalkulation berücksichtigt. Dazu zählen z. B. die Kosten für Personal, Miete, Abschreibungen und Energie. Im Gegensatz dazu stehen die **Warenkosten** in Form der Einkaufspreise und diejenigen Kosten, die direkt auf die einzelnen Waren entfallen *(Bezugskosten, Verpackungskosten)*. Je nach Zielsetzung sind verschiedene Verfahren möglich:

Im **Einzelhandel** findet das **„Brutto-Netto-Verfahren"** Anwendung, d. h. alle Preise enthalten bis einschließlich dem Nettoverkaufspreis keine Umsatzsteuer. Diese stellt für den Einzelhändler keinen Kostenbestandteil, sondern einen durchlaufenden Posten dar. Daher enthält erst der Bruttoverkaufspreis (Ladenpreis) je nach Warenart den Umsatzsteueranteil von 19 % bzw. 7 %.

Kalkulationsverfahren		
Vorwärtskalkulation (Progressive Kalkulation)	**Rückwärtskalkulation (Retrograde Kalkulation)**	**Differenzkalkulation**
Ausgehend vom Einkaufspreis (Listenpreis) wird der Verkaufspreis ermittelt. Bei diesem Verfahren werden eventuelle vom Lieferanten gewährte Abzüge, alle Kosten und ein angemessener Gewinn berücksichtigt.	Bei der Rückwärtskalkulation geht der Händler von einem bestehenden Verkaufspreis aus (Mitbewerber, Empfehlung des Herstellers). Vom Verkaufspreis werden sämtliche Positionen abgezogen um einen vertretbaren Einstandspreis zu ermitteln.	Die Differenzkalkulation stellt eine Kombination aus Vorwärts- und Rückwärtskalkulation dar. Wenn sowohl der Einstands- als auch der Verkaufspreis feststehen, kann ermittelt werden, ob ein für den Händler angemessener Gewinn verbleibt.

2.2 Kalkulationsschema bei Vorwärtskalkulation: vom Einkaufspreis zum Verkaufspreis

Information

Kalkulationsschema

Zum Ausrechnen der Verkaufspreise dient ein Schema, das bei allen Kalkulationsverfahren Anwendung findet. Die Reihenfolge der einzelnen Kalkulationsschritte ist unbedingt einzuhalten, da sonst fehlerhafte Preise ermittelt werden. Bis auf Kundenrabatt und Kundenskonto, stellt der berechnete Preis den reinen Grundwert (G) für den nächsten Rechenschritt dar.

Die Kalkulation erfolgt in zwei Stufen:

Bezeichnung	Ziel	Grundlage
1. Bezugskalkulation	Ermittlung des **Einstandspreises** (Preis der Ware bei Anlieferung)	Zahlungs- und Lieferungsbedingungen aus dem Kaufvertrag.
2. Verkaufskalkulation	Ermittlung des **Verkaufspreises** (Auszeichnungspreis im Geschäft)	Zahlen aus der Buchhaltung und der Kostenrechnung.

Die Zusammensetzung des Verkaufspreises

Bezugs-kalkulation	**Listenpreis (Einkaufspreis)**		Er ist die Ausgangsbasis für die Kalkulation und erscheint im Angebot (Preis**liste**) des Lieferanten.
	Zieleinkaufspreis	–	Vermindert um Preisnachlässe, z. B. aufgrund Abnahme größerer Mengen. Er ist zu bezahlen, wenn Zahlungs**ziel** in Anspruch genommen wurde.
	Bareinkaufspreis	–	Vermindert um prozentualen Nachlass als Prämie für Zahlung innerhalb einer gesetzten **Bar**zahlungsfrist (Skonto).
	Einstandspreis (Bezugspreis)	+	Vermehrt um die Kosten des Warenbezugs (Transport, Versicherung, Verpackung). Wert der Ware beim Erreichen des Handelsbetriebes.
Verkaufs-kalkulation	**Selbstkostenpreis**	+	Vermehrt um die Handlungskosten (Kosten des Geschäftsbetriebs). Bei Verkauf zu diesem Preis wird weder Gewinn noch Verlust erzielt.
	Nettoverkaufspreis	+	Vermehrt um Gewinnzuschlag
	Bruttoverkaufspreis (Ladenpreis)	+	plus Umsatzsteuer

2.3 Kalkulation des Bareinkaufspreises

Situation

Sabrina Hesser erhält von Eur-O-Mod eine neue Warenlieferung und zwar Hosen und Pullover zu einem Rechnungspreis (= Einkaufspreis) von 800,00 €. Als Rabatt werden 20 % gewährt, bei Zahlung innerhalb 10 Tage können 2 % Skonto abgezogen werden.

Arbeitsauftrag

Über welchen Betrag stellt Frau Hesser ihre Überweisung aus, wenn sie alle Zahlungsvorteile nutzen will?

Information

▶ Kalkulation des Bareinkaufspreises unter Berücksichtigung von Wertabzügen

Lösung mit Preisabzügen:

❶ Kalkulation :

	Einkaufspreis		800,00 €
–	Liefererrabatt	20 %	160,00 €
=	Zieleinkaufspreis		640,00 €
–	Liefererskonto	2 %	12,80 €
=	Bareinkaufspreis ❷		627,20 €

Lösungsschritte

1. Lösungsschema aufstellen,
2. Bareinkaufspreis berechnen nach vorgegebenem Kalkulationsschema mithilfe der Prozentrechnung.

! Wenn nötig Zwischenergebnisse kaufmännisch runden.

Wertabzüge

In vielen Fällen gewähren Lieferanten auf den Einkaufspreis einen Nachlass, der vom Rechnungsbetrag abgezogen werden darf.

Rabatt, ein meist prozentualer Abzug vom Rechnungsbetrag aus unterschiedlichen Gründen:

Mengenrabatt →	bei Abnahme größerer Mengen
Treuerabatt →	für langjährige Kunden
Sonderrabatt →	bei Aktionen, Jubiläen, Produkteinführung
Personalrabatt →	für Betriebsangehörige und deren Angehörigen
Wiederverkäuferrabatt →	bei Markenartikeln, die vom Hersteller zum von ihm empfohlenen Verkaufspreis berechnet werden. Der Einzelhändler darf davon den Rabatt abziehen und erhält so seinen Einstandspreis.
Naturalrabatt →	in Form von Ware gewährter Nachlass *(Draufgabe: 10 Stück bestellt und bezahlt, 11 Stück erhalten; Dreingabe: 10 St. bestellt und erhalten aber nur 9 St. bezahlt).*

Skonto ist ein Nachlass, der für vorzeitige Zahlung innerhalb einer vom Lieferanten eingeräumten Frist (Zahlungsziel) gewährt wird *(„… Zahlung bitte innerhalb 30 Tage netto oder innerhalb 8 Tage abzüglich 2 % Skonto …“).*

Kalkulationsschema zur Berechnung des **Bareinkaufspreises:**

  Einkaufspreis
– Liefererrabatt
= Zieleinkaufspreis
– Liefererskonto
= **Bareinkaufspreis**

! Bei allen Kalkulationsaufgaben immer zuerst das Kalkulationsschema aufstellen und dann erst die Zahlenangaben aus der Aufgabenstellung übernehmen!

Aktion

1. Der Fruchthof Klein erhält heute 200 kg Äpfel der Sorte Elstar, das Kilo zu 0,45 €. Der Lieferant gewährt Rabatt 15 % und bei Zahlung innerhalb einer Woche 3 % Skonto. Berechnen Sie den Bareinkaufspreis.
2. Auszug aus einem Angebot des Einkaufsverbandes Euro-Sport:
„… Für diese einmalige Sonderaktion gewähren wir 25 % Rabatt für unsere Mitglieder …“
Bernd Heller zieht beim Ausgleich der Rechnung noch einen Skontobetrag von 2,5 % (= 45,00 €) ab. Wie viel € betragen Zieleinkaufspreis, Listeneinkaufspreis und der Bareinkaufspreis?

3. Der Buchgroßhandel Ambreit bietet in seinen Allgemeinen Geschäftsbedingungen folgende Konditionen:

   „... Bei Abnahme von 200 und mehr Exemplaren bieten wir 12 % Händlerrabatt sowie bei Zahlung innerhalb 14 Tage 2 % Skonto. Wahlweise erhalten Sie ab 200 Stück einen Naturalrabatt in Form einer Dreingabe von 14 Büchern je hundert Exemplare."

   Welche Kondition ist günstiger, wenn die Schiller-Buchhandlung in Neuburg 200 Exemplare eines Kochbuches zum Einkaufspreis von 15,00 € bestellen möchte?

4. Auf den Listeneinkaufspreis des Jeans-Herstellers Yopi von 4.600,00 € erhält der Herrenausstatter Mann-o-Mann einen Rabatt von 920,00 € und eine Skontogewährung in Höhe von 110,40 €. Wie viel Prozent betragen Rabatt und Skonto?

2.4 Kalkulation des Einstandspreises (Bezugspreis)

Situation

Aufgrund des folgenden Angebots bestellt Herr Heller vom Sportfachgeschäft Action & Fun GmbH bei der Far-East-Import GmbH 60 Paar Skistiefel zu den Angebotsbedingungen.

Arbeitsauftrag

Wie hoch ist der Einstandspreis für 1 Paar Skistiefel, wenn Herr Heller die Rechnung 14 Tage nach Erhalt begleicht?

Far-East-Import GmbH – Porschestraße 12 – 70034 Stuttgart

Action & Fun GmbH
Am Markt 1
55555 Neuburg

ANGEBOT

Stuttgart, ..,..,..

Sehr geehrter Herr Heller,

vielen Dank für Ihre gestrige telefonische Anfrage. Wir können Ihnen sofort lieferbar anbieten:
Ski-Stiefel jeweils in den Größen 39 bis 44. Nähere Informationen zur Ware entnehmen Sie bitte der beiliegenden Produktinformation.
Unsere Liefer- und Zahlungsbedingungen:
Netto-Listenpreis ab Lager Stuttgart: 125,75 €/Paar
Mindestbestellmenge je Größe 10 Paar
Mengenrabatt: 15 % bei Abnahme von mindestens 60 Paar
Zahlungsbedingungen: 3 % Skonto bei Zahlung innerhalb 14 Tage nach Rechnungserhalt; sonst 60 Tage netto.
Bezugskosten: Für Verpackung und Versand erheben wir einen Zuschlag von 2,75 € je Paar.

Wie freuen uns auf Ihre Bestellung

Mit freundlichen Grüßen

Koslowski

Geschäftsführer: Albert Koslowski u. Ottmar Heinle, Handelsregister Stuttgart , HRB 225667

Information

Nach der gesetzlichen Regelung trägt der Käufer die Kosten des Warenversands und der Versandpackung. Die Kosten können aber auch vom Verkäufer (Lieferung frei Haus), dem Käufer (Lieferung ab Werk) oder beiden anteilmäßig übernommen werden. Je nach den Angebotsbedingungen sind sie in der Kalkulation zu berücksichtigen. Zu den **Bezugskosten** zählen z. B.: Versandpackung, Fracht und Versicherungsprämien für eine Transportversicherung.

! Wenn mit einer Lieferung verschiedene Waren zugestellt werden, sind die für die Gesamtlieferung anfallenden Bezugskosten anteilmäßig zu verteilen.

Lösung mit Berücksichtigung von Bezugskosten

❶ Kalkulation :

	Einkaufspreis		7.545,00 €
–	Liefererrabatt	15 %	1.131.75 €
=	Zieleinkaufspreis		6.413.25 €
–	Liefererskonto	3 %	192,40 €
=	Bareinkaufspreis ❷		6.220,85 €
+	Bezugskosten: 2,75 € · 60 Paar ❸		165,00 €
=	Einstandspreis für 60 Paar ❹		6.385,85 €
	→ Einstandspreis für 1 Paar ❺		106,43 €

Lösungsschritte

1. Lösungsschema aufstellen.
2. Bareinkaufspreis berechnen (Mengenabzüge u. U. beachten!).
3. Bezugskosten für die gesamte Warensendung berechnen.
4. Einstandspreis für die gesamte Warensendung berechnen.
5. Einstandspreis für 1 Einheit (Paar) berechnen.

! Wenn nötig Zwischenergebnisse kaufmännisch runden.

Kalkulationsschema zur Berechnung des **Einstandspreises**:

	Einkaufspreis
–	Liefererrabatt
=	Zieleinkaufspreis
–	Liefererskonto
=	Bareinkaufspreis
+	**Bezugskosten**
=	**Einstandspreis (Bezugspreis)**

Aktion

1. Haushaltwaren Offermann erhält eine Warensendung von 25 Edelstahltöpfen von der BMF AG. Für 1 Topf beträgt der Listeneinkaufspreis 35,45 €.
   BMF gewährt 5 % Rabatt und 2 % Skonto. Für Verpackung und Transport werden 125,45 € berechnet. Berechnen Sie den Einstandspreis für die gesamte Lieferung und für einen Topf.

2. Die Elektroabteilung des Warenhauses Merkur benötigt 40 Espressomaschinen. Dem Einkäufer Herrn Greiner liegen drei Angebote vor:

Lieferer	Braun GmbH	Elektro-Vision AG	Rehm OHG
Einkaufspreis/St.	52,00 €	56,00 €	42,00 €
Rabatt	5 %, bei Abnahme von mehr als 50 Stück 15 %	6,00 € je Stück bei sofortiger Zahlung nach Rechnungserhalt.	20 %
Skonto	1,5 %	–	3 % bei Barzahlung
Mindestabnahme	–	–	50 Stück
Bezugskosten	80,00 € für die gesamte Sendung	je Stück 1,60 €	keine

   Herr Greiner will sich für das preislich günstigste Angebot entscheiden. Merkur bezahlt seine Rechnungen sofort nach Erhalt. Weisen Sie rechnerisch nach, welches das günstigste Angebot ist.

3. Die Neuburger Weinkellerei möchte künftig neben Weinen auch Spirituosen ihren Kunden anbieten. Von einer badischen Brennerei liegt folgendes Angebot über Schwarzwälder Kirschwasser vor:

   50 Kunststoffkästen zu je 24 Flaschen pro Kasten. Ab Brennerei Breisach kostet eine Flasche 12,75 €. Der Hersteller bietet 12,5 % Rabatt und 2,5 % Skonto. Die Frachtkosten betragen 3,5 % vom Bareinkaufspreis. Für Verpackung und Versicherung werden je Kasten 2,50 € in Rechnung gestellt.

   a) Wie hoch ist der Einstandspreis je Flasche?

   b) Auf welchen Betrag sinkt der Einstandspreis der gesamten Sendung, wenn bei Rückgabe der Transportkästen die gesamten Frachtkosten und die Hälfte der Verpackungs- und Versicherungskosten gutgeschrieben werden?

4. Sabine, Auszubildende bei Haushaltwaren Offermann, findet unter den Schriftstücken, die sie ablegen soll, folgende Notiz ihres Chefs:

   „Letzte Lieferung von 10 Speiseservicen der Fa. Rosenstolz ohne Fehler. Rabatt 400,00 €, Skonto 3 % = 36,00 €. Günstige Frachtkosten, diesmal nur 37,20 € berechnet."

   Berechnen Sie auf Grund dieser Angaben:

   a) Zieleinkaufspreis, b) Einkaufspreis, c) Liefererrabatt in Prozent d) Einstandspreis.

5. Das Gartencenter Grünland bezieht von einer Samengroßhandlung 320 kg Rasensamen „Sport" zu 2,50 € je kg und 80 kg Rasensamen „Duro" zu 2,50 € je $^1/_2$ kg. Für die gesamte Sendung wurden 97,20 € Fracht und 42,45 € Transportversicherung berechnet. Wie hoch ist der Einstandspreis für ein 2,5-kg-Paket jeder Sorte?

2.5 Kalkulation der Selbstkosten

Situation

Der Listenpreis des Fahrradherstellers Radial für sein Modell „Giro-Sprint" beträgt 742,11 €. Zum Händlerrabatt von 12 % kommen bei Barzahlung noch 2 % Skontoabzug hinzu. Die Bezugskosten betragen pro Rad 16,00 €. Herr Heller von der Action & Fun GmbH legt der weiteren Kalkulation Handlungskosten in Höhe von 25 %, bezogen auf den Einstandspreis, zu Grunde.

Arbeitsauftrag

Wie hoch sind seine Selbstkosten?

Information

Lösung:

	Einkaufspreis		742,11 €
–	Liefererrabatt	12 %	89,05 €
=	Zieleinkaufspreis		653,06 €
–	Liefererskonto	2 %	13,06 €
=	Bareinkaufspreis		640,00 €
+	Bezugskosten		16,00 €
=	Einstandspreis		656,00 €
+	Handlungskostenzuschlag	25 %	164,00 €
=	Selbstkosten		820,00 €

Lösungsschritte

1. Lösungsschema aufstellen.
2. Bis zum Einstandspreis kalkulieren.
3. Handlungskostenzuschlag in € auf Basis des Einstandspreises berechnen.
4. Selbstkosten berechnen.

Handlungskosten

Die Ermittlung des Einstandspreises gibt dem Einzelhändler darüber Auskunft, was ihn die Waren kosten, bis sie bei ihm eingelagert und den Kunden zum Kauf angeboten werden. Während der Lagerung und Präsentation fallen weitere betriebliche Aufwendungen an, die als **Handlungskosten** bezeichnet werden.

Die Handlungskosten entnimmt der Einzelhändler aus seiner Buchführung.

Übersicht zu Handlungskosten im Einzelhandel:

Kostenarten:	Beispiele
Personalkosten	Gehälter und Löhne der Mitarbeiter, Sozialversicherungsbeiträge.
Miete	Mietzahlungen für Nutzung fremder Grundstücke und Gebäude.
Sachkosten für Geschäftsräume	Heizung, Kühlung, Beleuchtung, Reinigung.
Werbung	Dekoration im Schaufenster und Verkaufsraum, Anzeigen.
Steuern und Abgaben	Gewerbesteuer, Gebühren für Entsorgung, IHK-Beitrag.
Sonstige Kosten	Büromaterial, Porto, Steuerberatungskosten.

Eine direkte Zurechnung dieser Kosten auf einen einzelnen Artikel ist nicht möglich, da man nicht feststellen kann, wie groß der Anteil der einzelnen Kosten je Artikel ist. Daher werden die Handlungskosten in einen prozentualen Zuschlag umgerechnet, der dann auf den Einstandspreis der Waren aufgeschlagen wird. Dieser Zuschlag wird als **Handlungskostenzuschlag** (HKZ) bezeichnet.

Berechnung des Handlungskostenzuschlagssatzes

Beispiel mit Lösung:

Bei der Action & Fun GmbH kalkulierte bisher mit einem Handlungskostenzuschlag von 35 %. Herr Heller möchte überprüfen, ob eine Korrektur aufgrund der neuesten Zahlen notwendig ist. Dazu dienen ihm die Zahlen des abgelaufenen Geschäftsjahres aus der Buchführung. Wie viel Prozent beträgt aufgrund dieser Zahlen der Handlungskostenzuschlag?

Kontenbezeichnung	Betrag in €
Aufwendungen für Waren (= Wareneinsatz → verkaufte Ware zum Einstandspreis)	2.550.000,00
Löhne	100.000,00
Gehälter	400.000,00
Abgaben Arbeitgeberanteil zur Sozialversicherung	200.000,00
Abschreibungen	150.000,00
Miete Geschäftsräume	50.000,00
Büromaterial	15.000,00
Werbung	50.000,00
Versicherungen	20.000,00
Beiträge	15.000,00
Betriebliche Steuern	20.000,00

Summe der Handlungskosten: ❶ 1.020.000,00 €
Wareneinsatz ❷ 2.550.000,00 €

2.550.000,00 ≙ 100 %
1.020.000,00 ≙ x %

$$x = \frac{1.020.000,00 \cdot 100}{2.550.000,00} = 40\ \%$$ ❸

Lösungsschritte

1. Summe der Handlungskosten ermitteln.
2. Ermittlung des Wareneinsatzes.
3. Mithilfe des Dreisatzes den prozentualen Anteil der Handlungskosten am Wareneinsatz berechnen.

Formel zur Berechnung des Handlungskostenzuschlags:

$$\textbf{Handlungskostenzuschlagssatz} = \frac{\text{Handlungskosten} \cdot 100}{\text{Wareneinsatz}}$$

Der HKZ kann nur dann sinnvollerweise als Kalkulationsgrundlage dienen, wenn sich über mehrere Abrechnungsperioden die Sortimentszusammensetzung und der Anteil der zu kalkulierenden Artikel am Gesamtsortiment nicht einschneidend ändern. Ist dies doch der Fall, muss der HKZ neu berechnet werden.

Kalkulationsschema zur Berechnung der **Selbstkosten**:

	Einkaufspreis
–	Liefererrabatt
=	Zieleinkaufspreis
–	Liefererskonto
=	Bareinkaufspreis
+	Bezugskosten
=	Einstandspreis
+	**Handlungskostenzuschlag**
=	**Selbstkosten**

Aktion

1. Berechnen Sie den Handlungskostenzuschlagssatz.

	Wareneinsatz in €	Handlungskosten in €
a)	540.000,00	162.000,00
b)	40.000.000,00	12.000.000,00
c)	644.000,00	161.000,00
d)	810.000,00	162.020,00

2. Die Buchhaltung von Haushaltwaren Offermann liefert folgende Zahlen:

Aufwendungen für Waren (Wareneinsatz)	204.000,00 €
Personalkosten u. soz. Aufwendungen	34.200,00 €
Miete für Geschäftsräume	17.600,00 €
Werbung und Dekoration	4.260,00 €
Abschreibung auf Sachanlagen	6.350,00 €
Aufwendungen für Kommunikation	4.700,00 €
Betriebliche Steuern	4.800,00 €

   Berechnen Sie den Handlungskostenzuschlagssatz.

3. Bei Hesser Moden wird mit einem HKZ von 35 % kalkuliert. Der Wareneinsatz betrug in der letzten Rechnungsperiode 595.000,00 €. Wie viel € betragen die Handlungskosten?

4. Bisher kalkulierte man im Möbelhaus Ambiente mit einem HKZ von 25 %. Um im Wettbewerb besser bestehen zu können, sollen die Kosten reduziert werden und man will den HKZ um 5 % senken. Um wie viel € mehr müssen künftig Waren zum Einstandspreis verkauft werden, damit der angestrebte HKZ erreicht werden kann? Der letztjährige Wareneinsatz betrug 12.000.000,00 €.

5. Der Baumarkt All-Bau kalkuliert einen Benzinrasenmäher mit einem Handlungskostenzuschlag von 30 %. Wie hoch ist der Selbstkostenpreis aufgrund folgender Angebotsbedingungen?
   Listeneinkaufspreis je Stück 198,00 €, Rabatt 12 %, Skonto 3 %, Bezugskosten 1,5 % des Einkaufspreises.

6. Die Multi-Vision AG bezieht für ihre 80 Filialen 5.000 Flachbildschirme zu einem Listenpreis von je 236,00 €. Der Lieferant gewährt 5 % Sofortrabatt und bei Zahlung innerhalb 8 Tage 2,5 % Skonto. Für Verpackung und Fracht werden pro Bildschirm 4,00 € in Rechnung gestellt. Die Transportversicherung für die gesamte Sendung beläuft sich auf 0,75 % des Gesamteinkaufspreises. Die Multi-Vision AG legt bei der Kalkulation der Selbstkosten einen Handlungskostenzuschlag von 24,5 % zugrunde. Wie hoch sind die Selbstkosten je Flachbildschirm?

2.6 Kalkulation des Bruttoverkaufspreises (Ladenpreis)

Situation

Herr Heller darf als einziger Fachhändler im Kreis Neuburg Fahrräder der Marke Radial verkaufen. Die Nachfrage nach diesen Rädern ist sehr hoch, so dass Herr Heller beschließt, einen höheren Gewinnzuschlag als sonst üblich bei der Kalkulation einzurechnen. Er rechnet mit einem Gewinnzuschlag von 25 %. Außerdem sind noch 19 % Umsatzsteuer bei der Ermittlung des Verkaufspreises zu berücksichtigen.

Arbeitsauftrag

Zu welchem Preis bietet Herr Heller das Modell „Giro-Sprint“ an, wenn die Selbstkosten 820,00 € betragen?

Information

Lösung:

Selbstkosten			820,00 €
+ Gewinnzuschlag	25 %	❶	205,00 €
= Nettoverkaufspreis			1.025,00 €
+ Umsatzsteuer	19 %	❷	194,75 €
= Bruttoverkaufspreis (Ladenpreis)			1.219,75 €

Lösungsschritte

1. Gewinnzuschlag auf Basis der Selbstkosten berechnen.
2. Umsatzsteuer auf Basis des Nettoverkaufspreises ermitteln.

Gewinnzuschlag

Wenn ein Einzelhändler seinen Kunden die Waren zum Selbstkostenpreis anbieten würde, dann wären nur die betrieblich bedingten Kosten gedeckt. Der Einzelhändler hat aber dem Unternehmen seine Arbeitskraft und Eigenkapital zur Verfügung gestellt. Falls sich Umsatzerwartungen nicht erfüllen, kann durch Verluste das Eigenkapital aufgezehrt werden, deshalb ist auch das unternehmerische Risiko in der Kalkulation zu berücksichtigen. Daher ist jeder Unternehmer bestrebt einen angemessenen Gewinn zu erzielen.

Bestandteile des Gewinnzuschlags		
Kapitalverzinsung	**Unternehmerlohn**	**Risikoprämie**
Sie sollte mindestens so hoch sein, wie der Zins für mittel- bis langfristige Anleihen, der bei einem Kreditinstitut zu erzielen wäre.	Vergütung für die vom Einzelhändler erbrachte Arbeitsleistung im Geschäft, sofern kein Gehalt wie bei Kapitalgesellschaften bezogen wird.	Wer selbstständig ist, kann nicht mit regelmäßigen Einkünften rechnen und auch die Anlage von Eigenkapital birgt Risiken. Über den Gewinn soll dieses Risiko abgedeckt werden.
Der Gewinnzuschlag wird als Prozentsatz auf die Selbstkosten zugeschlagen.		

Sind der geplante Gewinn und die Selbstkosten bekannt, kann der Gewinnzuschlag mithilfe folgender Formel berechnet werden:

$$\text{Gewinnzuschlag} = \frac{\text{Gewinn} \cdot 100}{\text{Selbstkosten der verkauften Waren}}$$

Umsatzsteuer

Jeder Einzelhändler ist gesetzlich verpflichtet seine Waren einschließlich Umsatzsteuer auszuzeichnen. Diese beträgt 19 % bzw. bei einigen Waren wie Lebensmitteln und Druckerzeugnissen 7 %. Die erhobenen Steuerbeträge werden monatlich an das Finanzamt abgeführt.

Kalkulationsschema zur Berechnung des **Bruttoverkaufspreises**

	Einkaufspreis
–	Liefererrabatt
=	Zieleinkaufspreis
–	Liefererskonto
=	Bareinkaufspreis
+	Bezugskosten
=	Einstandspreis
+	Handlungskostenzuschlag
=	Selbstkosten
+	**Gewinnzuschlag**
=	**Nettoverkaufspreis**
+	**Umsatzsteuer**
=	**Bruttoverkaufspreis**

Aktion

1. Die Selbstkosten in der Warengruppe Uhren betrugen im Uhren- und Schmuckfachgeschäft Bessler letztes Jahr 400.000,00 € und es wurde mit einem Gewinnzuschlag von 20 % kalkuliert. Herr Bessler möchte seinen Unternehmerlohn erhöhen. Mit welchem Gewinnzuschlag ist künftig zu kalkulieren, wenn die folgenden Angaben zugrunde gelegt werden:
   - Verzinsung des Eigenkapitals: 8 % von 200.000,00 €
   - Unternehmerlohn: 12 mal 3.500,00 €
   - Risikoprämie: 10 % der jährlichen Selbstkosten.

2. Wie viel Prozent beträgt der Gewinnzuschlag?

	Selbstkosten	Nettoverkaufspreis
a)	1.230,00 €	1.353,00 €
b)	56.980,00 €	68.850,00 €
c)	610,00 €	683,20 €

3. Der All-Bau wird eine Schlagbohrmaschine zu 180,00 € angeboten. Der Liefererrabatt beträgt 25 %, Liefererskonto 3 %. Zu welchem Bruttoverkaufspreis kann der Baumarkt diese Maschine seinen Kunden anbieten, wenn er mit 1,75 € Bezugskosten je Maschine, 25 % HKZ, 5 % Gewinnzuschlag und 19 % Umsatzsteuer kalkuliert?

4. Der Textil-Markt GmbH liegt ein Angebot über Herren-Pullover aus schottischer Hochlandwolle vor. Der Listeneinkaufspreis je Stück beträgt 48,00 €. Bei einer Abnahme von mindestens 100 Stück gibt es 15 % Mengenrabatt. Bei Bezahlung innerhalb 14 Tage können 3 % Skonto abgezogen werden. An Bezugskosten fallen 34,75 €/100 Stück an. Zu welchem Preis (auf volle € runden!) kann ein Pullover verkauft werden, wenn 200 Stück bestellt werden und mit einem HKZ von 20 %, einem Gewinnzuschlag von 12 % und 19 % Umsatzsteuer gerechnet wird?

5. Die Wohnwelt GmbH lässt sich von mehreren Herstellern Angebote über Schreibtische für Kinder und Jugendliche für eine Sonderaktion zum Schuljahresanfang geben. Dem Angebot der Firma Büro-Komplett GmbH aus Cottbus sind folgende Angaben zu entnehmen:

Listeneinkaufspreis je Tisch:	188,00 €
Mengenrabatt:	– bei Abnahme von mindestens 20 Stück: 10 % – bei Abnahme von mindestens 60 Stück: 20 %
Skonto:	30 Tage netto oder innerhalb 10 Tage 4 % Skonto.
Fracht:	2,00 % vom Listeneinkaufspreis, bei Abnahme von mindestens 50 Stück erfolgt die Zustellung frei Haus.

   a) Ermitteln Sie den Einstandspreis je Tisch bei einem erwarteten Verkauf von 30 Tischen und 60 Tischen.

   b) Zu welchem Verkaufspreis kann 1 Tisch angeboten werden, wenn beim Lieferanten 60 Tische bestellt wurden und der Handlungskostenzuschlag von 22 %, ein Gewinnzuschlag zu 8 % und die Umsatzsteuer zu berücksichtigen sind?

6. Der Elektrofachmarkt Jupiter hat in sein Sortiment eine neue Espressomaschine aufgenommen. Der Hersteller gewährt bei einer Bestellung von mindestens 100 Maschinen 15 % Rabatt auf den Listenpreis von 480,00 € je Stück. Außerdem können bei Zahlung innerhalb von 10 Tagen 3 % Skonto berücksichtigt werden. Für die Fracht werden pauschal 120,00 € in Rechnung gestellt. Zu welchem Bruttoverkaufspreis kann man bei Jupiter die Espressomaschine anbieten, wenn 100 Stück bestellt werden sollen und die Rechnung unter Skontoausnutzung beglichen werden soll?

7. Eine Eingangsrechnung über 1.000,00 € wird nach Abzug von Skonto mit 960,00 € durch eine Überweisung an den Lieferanten bezahlt. Der Einzelhändler kalkuliert mit 25 % Handlungskosten und mit einem Gewinnzuschlag von 6,25 %. Die bestellten Artikel unterliegen dem vollen Mehrwertsteuersatz.
   a) Wie viel Prozent Skonto wurden gewährt?
   b) Über welchen Betrag lauten die Handlungskosten?
   c) Wie viel € betragen der Nettoverkaufspreis und der Bruttoverkaufspreis?

8. Das Bäderstudio Bad-Profi bezieht 6 Rundbadewannen zum Stückpreis von 380,00 €. Der Lieferant bietet 15 % Rabatt und bei sofortiger Zahlung 4 % Skonto. Für die Gesamtlieferung werden 180,00 € Bezugskosten in Rechnung gestellt. Zu welchem Preis kann das Bäderstudio 1 Badewanne verkaufen, wenn es mit 18 % Gewinn, 30 % Handlungskosten und 19 % Umsatzsteuer kalkuliert. Bitte Ergebnis auf volle € aufrunden.

9. Ein Vertreter der Firma Cormoran macht Herrn Reinbach folgendes Angebot über Schulfüller zum Schulanfang:
   Sonderposten (50 Stück) des Modells Easyplus einschließlich Plastiketui zu 250,00 €. Die Lieferung erfolgt kostenlos und es werden bei Abnahme von 100 Stück 10 % Rabatt sowie zusätzlich bei Barzahlung 2 % Skonto gewährt. Zu welchem Preis kann Herr Reinbach einen Füller anbieten, wenn er 300 Stück bestellt, mit 25 % Handlungskosten, 15% Gewinnzuschlag und 19 % Umsatzsteuer kalkuliert?

2.7 Kalkulation des Bruttoverkaufspreises mit Kundenskonto und Kundenrabatt

Situation

Herr Heller bietet seit kurzem langjährigen Kunden und den Mitgliedern der Neuburger Sportvereine einen Kundenrabatt von 10 % sowie den Inhabern der Neuburger-Citykarte einen Barzahlungsnachlass von 2 %. Der Barverkaufspreis (bisher Nettoverkaufspreis) des Sportrades „Giro-Sprint" beträgt 1.025,00 €.

Arbeitsauftrag

Zu welchem Preis kann das Fahrrad angeboten werden, wenn noch 19 % Umsatzsteuer zu berücksichtigen sind?

Information

Bei der Berechnung von Kundenskonto und Kundenrabatt muss die Prozentrechnung „im Hundert" (verminderter Grundwert) angewandt werden, da die Preisabzüge aus der Sicht des Kunden zu betrachten sind, der vom Ladenpreis als Bezugsgröße (= 100 %) ausgeht. Zuerst wird der Kundenskonto, dann der Kundenrabatt berechnet. Zum Schluss ist noch die Umsatzsteuer einzurechnen.

Lösung:

Berechnung von:

Kundenskonto				**Kundenrabatt**			
Barverkaufspreis	98 %	≙	1.025,00 €	Zielverkaufspreis	90 %	≙	1.045,92 €
Kundenskonto	2 %	≙	x €	Kundenrabatt	10 %	≙	x €

$x = \frac{1.025{,}00 \cdot 2}{98} = \underline{\underline{20{,}92\ €}}$ ❷

$x = \frac{1.045{,}92 \cdot 10}{90} = \underline{\underline{116{,}21\ €}}$ ❸

	Selbstkosten		820,00 €		
+	Gewinnzuschlag	25 % v. H.	205,00 €		
=	Barverkaufspreis ❶		1.025,00 €	→ 98 %	
+	Kundenskonto	2 % i. H.	20,92 €	→ 2 % ❷	
=	Zielverkaufspreis		1.045,92 €	→ 100 %	→ 90 %
+	Kundenrabatt	10 % i. H.	116,21 €		→ 10 % ❷
=	Nettoverkaufspreis		1.162,13 €	→ 100 %	→ 100 %
+	Umsatzsteuer	19 % v. H.	220,80 €	→ 19 % ❹	
=	**Bruttoverkaufspreis (Ladenpreis)** ❺		1.382,93 €	→ 119 %	

Lösungsschritte

1. Barverkaufspreis stufenweise nach Kalkulationsschema berechnen.
2. Kundenskonto im Hundert berechnen, dabei beachten: Barverkaufspreis = verminderter Grundwert.
3. Kundenrabatt im Hundert berechnen, dabei beachten: Zielverkaufspreis = verminderter Grundwert.
4. Umsatzsteuer vom Hundert des Nettoverkaufspreises berechnen.
5. Bruttoverkaufspreis berechnen.

Die Differenz zwischen Verkaufspreis und Einstandspreis wird als **Rohgewinn**, bzw. **Rohertrag** bezeichnet. Dabei sind Brutto-Rohgewinn (Bruttoverkaufspreis – Einstandspreis) und Netto-Rohgewinn (Nettoverkaufspreis – Einstandspreis) zu unterscheiden.

Der Netto-Rohgewinn fällt umso geringer aus, je größer die Erlösschmälerungen (Kundenskonto, Kundenrabatt) sind. **Der Rohgewinn darf nicht mit dem Reingewinn verwechselt werden, der sich aus dem Unterschied von Barverkaufspreis und Selbstkosten ergibt!**

Kalkulationsschema zur Berechnung des **Bruttoverkaufspreises mit Kundenrabatt und Kundenskonto**.

	Einkaufspreis
	:
	:
=	Selbstkosten
+	Gewinnzuschlag
=	**Barverkaufspreis**
+	**Kundenskonto (i.H.)**
=	**Zielverkaufspreis**
+	**Kundenrabatt (i.H.)**
=	**Nettoverkaufspreis**
+	**Umsatzsteuer**
=	**Bruttoverkaufspreis**

Aktion

1. Bei Omnia Discount werden für das Weihnachtsgeschäft unter anderem auch Schokoladen-Nikoläuse beschafft. Der Hersteller Alpdora bietet neben 50 % Händlerrabatt zusätzlich 2 % Liefererskonto. Der Listeneinkaufspreis beträgt für 100 Stück 258,00 € und die Bezugskosten je 1.000 Stück 13,60 €. Bei Omnia Discount rechnet man mit einem Handlungskostenzuschlag von 15 %, einem Gewinnzuschlag von 9 % und es sind neben der Umsatzsteuer von 7 % noch ein Kundenskonto von 2 % und ein Kundenrabatt von 10 % zu berücksichtigen. Es ist von einer Beschaffungsmenge von 10.000 Schokoladenfiguren auszugehen. Zu welchem Preis kann ein Weihnachtsmann im Laden angeboten werden?

2. Die Sportabteilung im Warenhaus Merkur bezieht 250 Snowboards zum Einkaufspreis von 142,50 € je Brett. Der Hersteller bietet 25 % Liefererrabatt und 3 % Liefererskonto. An Bezugskosten sind zu berücksichtigen: Fracht 98,70 €, Transportversicherung 138,00 €. Zu welchem Ladenpreis kann ein Snowboard angeboten werden, wenn mit 30 % HKZ, 12,5 % Gewinnzuschlag, 2,5 % Kundenskonto, 20 % Kundenrabatt und 19 % Umsatzsteuer kalkuliert wird?

3. Der Verkauf eines in großen Mengen erworbenen Champagners verläuft in den Lebensmittelabteilungen der Merkur-Warenhäuser sehr schleppend. Daher will man zu Silvester in einer Sonderaktion die Bestände abbauen. Für eine Flasche wird ein Selbstkostenpreis von 6,50 € zugrunde gelegt. Als Gewinn werden 4 % veranschlagt, 15 % Aktionsrabatt und 2 % Kundenskonto sowie 19 % Umsatzsteuer sind zu berücksichtigen. Zu welchem Ladenpreis kann die Flasche Champagner angeboten werden?

4. Der Bruttoverkaufspreis eines Note-Books beträgt einschließlich 19 % Umsatzsteuer 1.111,00 €. Die Selbstkosten betragen 895,00 €. Wie viel Prozent Gewinn werden erzielt?

5. Bei der Wohnwelt GmbH werden in der Kalkulation auch Verkäuferprovisionen mit einkalkuliert. Die Selbstkosten für eine Einbauküche betragen 2.977,20 €. Für wie viel € wird die Küche angeboten, wenn bei der Kalkulation zu berücksichtigen sind:

   Gewinnzuschlag 10 %, Verkäuferprovision 8 %, Kundenskonto 3 %, Kundenrabatt 10 %?

   Lösungshinweis: Der Zielverkaufspreis ist gemeinsamer Grundwert für die Berechnung von Verkäuferprovision und Kundenskonto!

6. Die Neuburger Weinkellerei bezieht von französischen Winzern 4.200 Liter „Vin de Table" zu einem Literpreis von 1,25 €. Es werden 10 % Liefererrabatt gewährt, die Bezugskosten betragen 225,00 €. Nach dem Umfüllen vom Tankwagen in die Kellereitanks werden 4.180 Liter gemessen. Die Kellerei rechnet beim Abfüllen in 1-Liter-Flaschen mit einem Abfüllverlust von 1 %. Die Materialkosten pro Flasche sowie deren Etikettierung werden mit 45 Euro-Cent veranschlagt. Der HKZ beträgt 25 %, der Gewinnzuschlag 10 %. Es sind 2 % Kundenskonto, 10 % Kundenrabatt und die gesetzliche Umsatzsteuer zu berücksichtigen. Zu welchem Preis kann eine 1-Liter-Flasche angeboten werden?

7. Beim Einkauf einer Ware betragen der:

Listeneinkaufspreis	2.440,00 €
Zieleinkaufspreis	2.147,20 €
Bareinkaufspreis	2.098,89 €

   Berechnen Sie:

   a) Lieferantenrabatt und Lieferantenskonto in Prozent.
   b) Einstandspreis bei Bezugskosten von 1,75 % des Bareinkaufspreises.
   c) Selbstkosten bei einem HKZ von 20 %.
   d) Barverkaufspreis bei einem Gewinnzuschlag von 15 %.
   e) Bruttoverkaufspreis bei 10 % Kundenrabatt und 19 % Umsatzsteuer.

8. Herrn Heller von Action & Fun liegt ein preislich interessantes Angebot für eine Out-Door-Jacke aus Mikrofaser vor:

Listeneinkaufspreis	84,00 €
Lieferantenrabatt	ab 10 Stück 5 %, ab 25 Stück 10 %, ab 50 Stück 20 %
Lieferantenskonto	Bei Zahlung innerhalb 10 Tagen 2 %, sonst 30 Tage netto
Bezugskosten	1,50 € je Stück, 1,20 € ab 10 Stück, 1,05 € ab 25 Stück, 0,85 € ab 50 Stück

   a) Herr Heller plant 40 Jacken zu beschaffen. Berechnen Sie den Einstandspreis für 1 Jacke.
   b) Berechnen Sie den Barverkaufspreis für 1 Jacke, wenn Herr Heller mit einem HKZ von 40 % rechnet. Zur Ermittlung des Gewinnzuschlags greift Herr Heller auf Zahlen des vergangenen Jahres zurück. Seine Umsatzerlöse (netto) beliefen sich auf 728.460,00 €; diesen standen Selbstkosten in Höhe von 647.520,00 € gegenüber.
   c) Kalkulieren Sie den Auszeichnungspreis für 1 Jacke bei 2 % Kundenskonto, 10 % Kundenrabatt und Berücksichtigung der Umsatzsteuer.

9. Mithilfe eines einmal mit einem Tabellenkalkulationsprogramm erstellten Kalkulationsschemas, können Vorwärtskalkulationen schnell durchgeführt werden. Erstellen Sie eine Tabelle nach folgendem Muster:

	A	B	C	D	E
1	**Vorwärtskalkulation**	**Eingabebereich**		**Ausrechnung**	
2					
3	Kalkulationsschema	Wert	Bez.	Wert	
4					
5	LISTENEINKAUFSPREIS		€		€
6	- Lieferrabatt		%		€
7	= Zieleinkaufspreis				€
8	- Liefererskonto		%		€
9	= Bareinkaufspreis				€
10	+ Bezugskosten		€		€
11	= Einstandspreis				€
12	+ HKZ		%		€
13	= Selbstkosten				€
14	+ Gewinnzuschlag		%		€
15	= Barverkaufspreis				€
16	+ Kundenskonto		%		€
17	= Zielverkaufspreis				€
18	+ Kundenrabatt		%		€
19	= Nettoverkaufspreis				€
20	+ Umsatzsteuer		%		€
21	BRUTTOVERKAUFSPREIS				€

Berechnen Sie mithilfe des Tabellenkalkulationsprogramms den Bruttoverkaufspreis einer Ware aufgrund folgender Werte:

Listeneinkaufspreis	156,00 €
Liefererrabatt	40 %
Liefererskonto	3 %
Bezugskosten	4,50 €
HKZ	25 %
Gewinnzuschlag	5 %
Kundenskonto	2 %
Kundenrabatt	10 %
Umsatzsteuer	19 %

2.8 Kalkulatorische Rückrechnung

Situation

Wegen starker Konkurrenz der Fachmärkte und Warenhäuser kann das kleine Elektrofachgeschäft Seybold einen Waschvollautomaten vom Marktführer Wiele zu höchstens 405,10 € verkaufen. Die Großhandlung Elgro KG bietet einen Listenpreis pro Stück von 245,00 €.

Arbeitsauftrag

Kann Herr Seybold auf dieses Angebot eingehen, wenn der Großhändler 15 % Rabatt und 3 % Skonto gewährt sowie Bezugskosten von 10,00 € je Maschine berechnet? Seybold kalkuliert seine Verkaufspreise mit 25 % Handlungskostenzuschlag, 12 % Gewinn, einem Kundenskonto von 2 % und einem Kundenrabatt von 10 %. Die Umsatzsteuer ist mit 19 % zu berücksichtigen.

Information

Lösung:

①	Position	%	€	②		
	Einkaufspreis		**243,42 €**	←	100 %	
	– Liefererrabatt	15 %	36,51 €		15 %	
	Zieleinkaufspreis		206,91 €		③ G_- 85 %	100 %
	– Liefererskonto	3 %	6,21 €			3 %
	Bareinkaufspreis		200,70 €			③ G_- 97 %
	+ Bezugskosten	④	10,00 €			
	Einstandspreis		210,70 €		100 %	
	+ Handlungskostenzuschlag	25 %	52,68 €		25 %	
	Selbstkosten		263,38 €		③ G_+ 125 %	100 %
	+ Gewinnzuschlag	14 %	36,87 €			14 %
	Barverkaufspreis		300,25 €		98 %	③ G_+ 114 %
	+ Kundenskonto	2 %	6,13 €		2 %	
	Zielverkaufspreis		306,38 €		③ G 100 %	90 %
	+ Kundenrabatt	10 %	34,04 €			10 %
	Nettoverkaufspreis		340,42 €		100 %	③ G 100 %
	+ Umsatzsteuer	19 %	64,68 €		19 %	
	Bruttoverkaufspreis		**405,10 €**	→	③ G_+ 119 %	

Lösungsschritte

1. Kalkulationsschema aufstellen.
2. Rückwärts von unten nach oben rechnen.
3. Auf den richtigen Grundwert achten:
   G = reiner Grundwert, G_+ = vermehrter Grundwert,
   G_- = verminderter Grundwert
4. Wenn Bezugskosten wertmäßig angegeben sind, dann vom Einstandspreis abziehen, wenn sie als Prozentsatz des Bareinkaufspreises angegeben sind, dann ist der Einstandspreis = vermehrter Grundwert.

! Probe: Durch Vorwärtskalkulation Ergebnis überprüfen.

Preispolitische Bedeutung der Rückwärtskalkulation

In der Praxis setzen Einzelhändler häufig ihre Verkaufspreise nicht selbst fest. Eine gewisse **Preisobergrenze** bildet besonders bei Markenartikeln die (aufgedruckte) **unverbindliche Preisempfehlung** des Herstellers. Ein Kunde wird schwer einsehen, dass er mehr als diesen Preis bezahlen soll. Vor allem der Druck des Marktes – insbesondere die jeweilige **Konkurrenzsituation** am Standort – zwingen den Händler wiederholt, sich an bestimmte Verkaufspreise zu halten und diese nicht zu überschreiten. Deshalb muss er feststellen, ob der Marktpreis ausreicht, um den Wareneinsatz sowie die Handlungskosten, die Preisnachlässe und den Gewinn abzudecken. Dazu dient die Rückwärtskalkulation (retrograde Kalkulation). Damit wird der noch gerade **wirtschaftlich** zu vertretende **Listeneinkaufspreis** ermittelt.

Aktion

1. Wegen starker Konkurrenz durch Fachmärkte und Internet-Anbieter kann das Neuburger Foto-Center eine Digitalkamera nicht zum empfohlenen Verkaufspreis von 399,00 €, sondern nur für 299,00 € anbieten.
   a) Wie viel Prozent beträgt der Preisunterschied zum empfohlenen Verkaufspreis des Herstellers?
   b) Zu welchem Einkaufspreis kann der Händler dieses Gerät höchstens einkaufen, wenn er mit 5 % Kundenrabatt, 2 % Kundenskonto, 10 % Gewinnzuschlag und 15 % HKZ kalkuliert? Der Lieferant bietet 30 % Wiederverkäuferrabatt, 4 % Skonto bei Sofortzahlung und liefert frei Haus. Die Umsatzsteuer von 19 % ist zu berücksichtigen.

2. Katrin Heinrichs, Inhaberin eines Küchenstudios, beabsichtigt auf der Kölner Möbelmesse neue Lieferanten für exklusive Einbauküchen zu finden. Aufgrund der starken Konkurrenz am Ort lassen sich solche Küchen bis höchstens 12.000,00 € (einschließlich 19 % USt.) verkaufen. Vor den Messegesprächen will Frau Heinrichs den noch für sie akzeptablen Listeneinkaufspreis für solche Küchen ermitteln. Sie geht dabei von folgenden Kalkulationsdaten aus, die sie bisher bei der Bestimmung der Verkaufspreise zugrunde legte.

Lieferantenskonto	2 %
Bezugskosten je Küche	ca. 150,00 €
Handlungskostenzuschlag	30 %
Gewinnzuschlag	15 %
Kundenrabatt	10 %
Kundenskonto	2 %

   a) Ermitteln Sie den noch aufwendbaren Listeneinkaufspreis.
   b) Wenn Frau Heinrichs auf Gewinn verzichtet, welcher Listeneinkaufspreis ist dann noch akzeptabel?
   c) Frau Heinrichs entschied sich auf der Messe für die Möbelfirma Rotberger, die bereit ist einen Lieferantenrabatt von 20 % einzuräumen und Frau Heinrichs einen Gewinn von 5 % ermöglicht. Wie hoch ist bei diesen Konditionen der Listeneinkaufspreis?

3. Lebensmitteleinzelhändler Manz möchte eine Hausmischung feiner Pralinen in sein Sortiment aufnehmen. Als Verkaufspreis sind 5,99 € einschließlich 7 % Umsatzsteuer für eine 400 g Packung vorgesehen. Kann Herr Manz das Angebot der Schokoland akzeptieren, die einen Listeneinkaufspreis von 10,40 € je kg anbietet? Zur Bestimmung des noch vertretbaren Einkaufspreises sind zu berücksichtigen:

Lieferantenrabatt	15 %
Lieferantenskonto	3 %
Bezugskosten je Packung	0,25 €
Kosten für Verpackung und Abfüllen je Packung	0,50 €
Handlungskostenzuschlag	30 %
Gewinnzuschlag	10 %

4. Die Rheintalsektkellerei bietet der Weinhandlung Oppenheimer Piccolosekt im 6er-Pack zu einem empfohlenen Verkaufspreis von 12,45 € an. Laut Angebot beträgt der Einkaufspreis für den 6er-Pack 9,75 €. Es werden 5 % Liefererrabatt und 2 % Skonto angeboten.
Kann die Weinhandlung auf dieses Angebot eingehen, wenn pro Pack noch 0,32 € für Transport, Versicherung und Verpackung dazukommen?
Oppenheimer kalkuliert mit folgenden Daten: HKZ 25 %, Gewinn 7 %, Umsatzsteuer 19 %.
Lösungshinweis: Zuerst mit Vorwärtskalkulation den Bareinkaufspreis errechnen und dann mit der Rückwärtskalkulation den aufwendbaren Bareinkaufspreis.

5. Wie viel Liefererrabatt in € und in % muss der Boutique La Moda eingeräumt werden, wenn ein Hosenanzug aus Wettbewerbsgründen für 228,00 € verkauft werden soll und der Einkaufspreis beim Hersteller 172,87 € betrug? Das Modegeschäft kalkuliert mit Bezugskosten von 4,00 € je Mantel, einem HKZ von 25 %, einem Gewinnzuschlag von 6 % und 19 % Umsatzsteuer.

6. Übernehmen Sie aus der Aufgabe 9 von Seite 266 das Kalkulationsschema und lösen Sie die folgenden Aufgaben mithilfe Ihres Tabellenkalkulationsprogramms. Natürlich ändern sich bei der Rückwärtskalkulation die Formeln in der Spalte D des Kalkulationsschemas und müssen daher an die retrograde Kalkulation angepasst werden!
   a) Wegen der starken Konkurrenz im benachbarten Einkaufszentrum muss Bernd Heller von Action & Fun GmbH ein Surfbrett für 995,00 € anbieten.
   Zu welchem Einkaufspreis kann er das Brett höchstens einkaufen, wenn er mit 5 % Kundenrabatt, 2 % Kundenskonto, 10 % Gewinnzuschlag, einem HKZ von 15 % sowie Bezugskosten von 18,00 € je Brett rechnet. Außerdem sind noch 4 % Liefererskonto, 30 % Lieferantenrabatt und 19 % Umsatzsteuer zu berücksichtigen.
   b) Berechnen Sie mit dem Tabellenkalkulationsprogramm die Einkaufspreise für Fahrräder, die gleich wie bei Teilaufgabe a) kalkuliert werden und für die folgende Verkaufspreise und Bezugskosten gelten:

Artikel	City-Rad Amsterdam	Sportrad Tourixx 100
Verkaufspreis	750,00 €	880,00 €
Bezugskosten	15,00 €	15,00 €

   c) Bernd Heller kalkuliert künftig wie folgt: Liefererrabatt 12 %, Liefererskonto 1,5 %, HKZ 25 % und Kundenrabatt 2 %. Welche Einkaufspreise ergeben sich auf Grund dieser Änderungen?

2.9 Differenzkalkulation

Situation

Im Rahmen der Aktion „Winter ade!“ bietet die Eur-O-Mod ihren Mitgliedern einen leichten Wollanzug zu 198,00 € an. Die Einzelhändler sollen den Anzug mit 339,00 € auszeichnen. Die Lieferbedingungen des Einkaufsverbandes sehen einen Liefererrabatt von 15 % und 2,5 % Skonto vor. Die Bezugskosten betragen je Anzug 1,80 €.

Beim Neuburger Herrenausstatter Carl & Hagemann will man diesen Anzug nur dann ins Sortiment aufnehmen, wenn mindestens 10 % Gewinn erzielt werden können. Das Unternehmen kalkuliert mit einem Handlungskostenzuschlagssatz von 25 % und gewährt neben 3 % Kundenskonto seinen Stammkunden einen Kundenrabatt von 20 %. Die Umsatzsteuer ist mit 19 % zu berücksichtigen.

Information

Lösung:

(1) Kalkulationsschema; (2) vorwärts bis zu den Selbstkosten; (3) rückwärts vom Bruttoverkaufspreis

Kalkulationsschema	%	€	Grundwert	Grundwert
Einkaufspreis		**198,00 €**	(3) G 100 %	
– Liefererrabatt	15 %	29,70 €	15 %	
Zieleinkaufspreis		168,30 €	85 %	(3) G 100 %
– Liefererskonto	2,5 %	4,21 €		2,5 %
Bareinkaufspreis		164,09 €		97,5 %
+ Bezugskosten		1,80 €		
Einstandspreis		165,89 €	(3) G 100 %	
+ Handlungskostenzuschlag	25 %	41,47 €	25 %	
Selbstkosten		207,36 €	125 %	
+ Gewinnzuschlag		**13,70 €**	(4)	
Barverkaufspreis		221,06 €	97 %	
+ Kundenskonto	3 %	6,84 €	3 %	
Zielverkaufspreis		227,90 €	(3) G 100 %	80 %
+ Kundenrabatt	20 %	56,97 €		20 %
Nettoverkaufspreis		284,87 €	100 %	(3) G 100 %
+ Umsatzsteuer	19 %	54,13 €	19 %	
Bruttoverkaufspreis		**339,00 €**	(3) G_+ 119 %	

(5) Berechnung des Gewinnzuschlagssatzes:

207,36 € ≙ 100 %
13,70 € ≙ x %

$$x = \frac{100 \cdot 13{,}70}{207{,}36} = \mathbf{6{,}61\ \%}$$

Lösungsschritte

1. Kalkulationsschema aufstellen.
2. Vorwärts bis zu den Selbstkosten rechnen.
3. Rückwärts bis zum Barverkaufspreis rechnen, dabei auf den richtigen Grundwert achten: G = reiner Grundwert, G_+ = vermehrter Grundwert.
4. Gewinn als Differenz zwischen Barverkaufspreis und Selbstkosten in € berechnen.
5. Mit Dreisatz Gewinn in Gewinnzuschlag in Prozent umrechnen.

Die **Differenzkalkulation** wird dann angewendet, wenn sowohl der **Einkaufs-**, als auch der Auszeichnungspreis einer Ware **feststehen**. Dies ist dann z. B. der Fall, wenn Einkaufsverbände ihren Mitgliedern Aktionswaren anbieten oder wenn die Marktlage sowie unverbindliche Preisempfehlungen keine selbstbestimmten Bruttoverkaufspreise zulassen. Der Händler muss dann überprüfen, ob bei den vorgegebenen Preisen ein für ihn angemessener Gewinn erzielt werden kann. Dieser Gewinn ergibt sich aus der Differenz zwischen Netto- bzw. Barverkaufspreis und den Selbstkosten, daher die Bezeichnung Differenzkalkulation.

Die Ermittlung dieses Unterschiedsbetrages erfolgt in zwei Schritten:

1. Vorwärtskalkulation bis zu den Selbstkosten.
2. Rückwärtskalkulation vom Bruttoverkaufspreis zum Netto- bzw. Barverkaufspreis.

In der Praxis ist häufig der vom Lieferanten empfohlene Verkaufspreis für den Kunden gleichzeitig der Listeneinkaufspreis für den Einzelhändler. In solchen Fällen darf der Einzelhändler einen Wiederverkäuferrabatt abziehen, der so groß sein sollte, dass er alle Kosten und Erlösschmälerungen abdeckt.

Beispiel Bruttoverkaufspreis einer Kühl-Gefrierkombination = 475,00 €
Listeneinkaufspreis = 475,00 € abzüglich Wiederverkäuferrabatt von 45 %.

Lösung:

1. Zuerst Umsatzsteueranteil aus dem Bruttoverkaufspreis herausrechnen:

$$\left.\begin{array}{l} 119\,\% \mathrel{\widehat{=}} 475{,}00\ € \\ 100\,\% \mathrel{\widehat{=}} \quad x \quad € \end{array}\right\} \quad x = \frac{475{,}00 \cdot 100}{119} = 399{,}16\ €$$

2. Mit diesem Preis (399,16 €) die Vorwärtskalkulation bis zu den Selbstkosten vornehmen.

Einkaufspreis – Liefererrabatt 45 %	399,16 € 179,62 €
Zieleinkaufspreis Selbstkosten	219,54 € ↓ ....

Aktion

1. Bei Elektro-Seybold wird eine Kaffeemaschine zu 88,00 € angeboten. Es wurde mit 12 % Handlungskosten und 5 % Kundenrabatt kalkuliert. Die Umsatzsteuer beträgt 19 %. Die Elgro KG lieferte mit 20 % Liefererrabatt bei einem Listenpreis von 48,75 €. Welchen Gewinn erzielt die Seybold KG in € und Prozent?

2. Die Reinbach GmbH bezieht im Auftrag der Medi-Soft AG 10 Karton Druckerpapier mit je 40 Paketen. Mit dem Kunden ist ein Bruttoverkaufspreis je Paket von 2,85 € vereinbart worden. Der Lieferant Copy-Data gewährt auf diesen Preis einen Wiederverkäuferrabatt von 35 %. Welchen Gewinn erzielt die Reinbach GmbH bei diesem Geschäft, wenn die Lieferung frei Haus erfolgt, ein HKZ von 20 % und 19 % Umsatzsteuer zu berücksichtigen sind?

3. Die Solana GmbH beliefert nur Händler, wenn sie sich an ihre empfohlenen Verkaufspreise halten. Das Sauna-Modell Finnlandia wird zum Verkaufspreis von 2.280,00 € einschließlich 19 % Umsatzsteuer angeboten. Welcher Gewinn in € und Prozent bleibt einem Händler, wenn er wie folgt kalkuliert:

   Wiederverkäuferrabatt 40 %, Liefererskonto 2 %, Bezugskosten 85,00 €, HKZ 20 %, Kundenskonto 1,5 %, Kundenrabatt 10 %.

4. Die Textil-Markt GmbH erhält aus einem Resteverkauf 240 Herrenhemden dutzendweise abgepackt, zum Preis von 216,00 € je Dutzend. Der Lieferant gewährt 12 % Mengenrabatt und 2 % Skonto. Für Lieferung und Verpackung sind 74,85 € zu bezahlen. Ein Herrenhemd soll im Verkauf 27,75 € kosten.

   a) Wie hoch ist der Gewinn in € und Prozent für ein Hemd, wenn der HKZ 35 % beträgt und 19 % Umsatzsteuer zu berücksichtigen sind?

   b) Wegen kleiner Farbfehler bleiben 20 der Hemden zunächst unverkäuflich und werden dann auf 15,00 € je Stück reduziert. Beurteilen Sie dies.

5. Erstellen Sie ein Kalkulationsschema für eine Differenzkalkulation mit Ihrem Tabellenkalkulationsprogramm.

   a) Ermitteln Sie Gewinn und Gewinnzuschlag bei folgenden Angaben:

Einkaufspreis	→	400,00 €
Liefererrabatt	→	12,00 %
Liefererskonto	→	2,00 %
Bezugskosten	→	16,00 €
HKZ	→	15,00 %
Kundenskonto	→	2,00 %
Kundenrabatt	→	10,00 %
Umsatzsteuer	→	19,00 %
kalkulierter Verkaufspreis	→	690,58 €

   b) Welche Auswirkung ergibt sich auf Gewinn und den Gewinnzuschlag, wenn sich bei den Kunden nur ein Verkaufspreis von 609,00 € durchsetzen lässt?

6. Bernd Heller hat für ein paar Carving-Ski der Marke Blizzard als Verkaufspreis 245,00 € kalkuliert. Wegen sehr großer Nachfrage nach diesen Skiern, muss Herr Heller 100 Paar nachbestellen. Zwar bleibt der bisherige Listeneinkaufspreis in Höhe von 135,60 € je Paar unverändert, jedoch müssen 150,00 € Bezugskosten für diese Nachbestellung bezahlt werden. Außerdem entfällt der bisherige Liefererrabatt in Höhe von 10,00 %. Wie viel Gewinn in € und in Prozent erzielt Herr Heller für seine nachgeorderte Ware? Bei der Kalkulation sind noch zu berücksichtigen: Handlungskostenzuschlag von 30 %, ein Liefererskonto von 3 % und die Umsatzsteuer von 19 %.

2.10 Verkürzte Kalkulationsverfahren

Die schrittweise Ermittlung des Bruttoverkaufspreises ist mitunter zeitaufwändig. In der Praxis behilft man sich bei der Preisfestsetzung oft mit Faustregeln, um das Problem zu lösen, z. B. mit branchenüblichen (einheitlichen) Aufschlägen, die – je nach Branche – sehr unterschiedlich sein können. Der Einzelhändler fasst hierbei die verschiedenen Zuschläge für Handlungskosten, Gewinn und Umsatzsteuer zusammen.

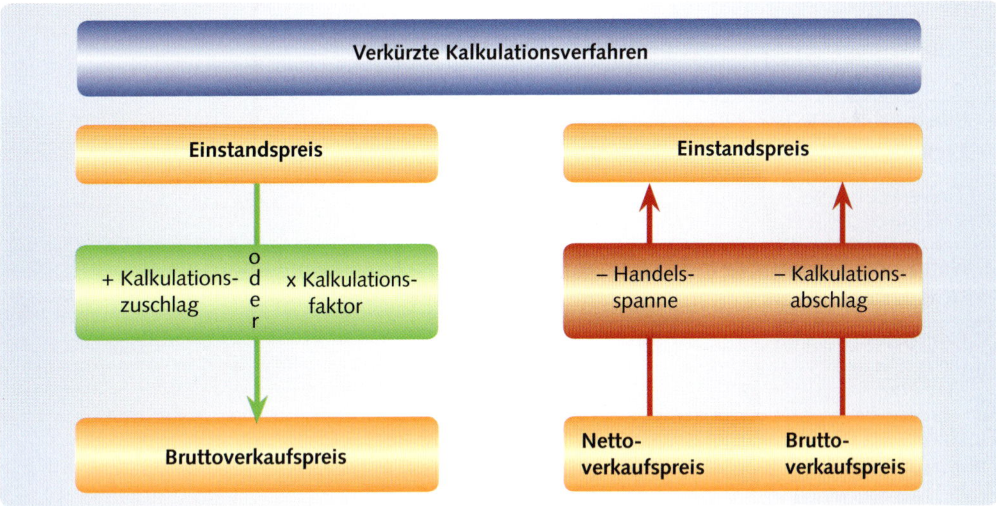

2.11 Verkürzte Vorwärtskalkulation mit Kalkulationszuschlag und Kalkulationsfaktor

Situation

Sabrina Hesser berechnet die Verkaufspreise für alle Artikel der Warengruppe Damenoberbekleidung stets mit 20 % Handlungskostenzuschlag, 10 % Gewinnzuschlag, 2 % Kundenskonto und 5 % Kundenrabatt.

Arbeitsauftrag

Wie kann sich Sabrina Hesser die Kalkulation der Verkaufspreise erleichtern?

Information

Kalkulationszuschlag in Prozent

Wenn man den Handlungskostenzuschlag, den Gewinnzuschlag, Kundenskonto und Kundenrabatt sowie die Mehrwertsteuer zu einem **einheitlichen Zuschlag** zusammenfasst, lässt sich die Kalkulation erheblich vereinfachen. Dieser **Zuschlag** wird auf den Einstandspreis aufgeschlagen und ergibt den Ladenverkaufspreis einschließlich Umsatzsteuer (7 % bzw. 19 %).

Beispiel

Einstandspreis	≙	100,00 €	Ladenverkaufspreis = 168,72 €
Kalkulationszuschlag	≙	68,72 %	

Lösung:

Einstandspreis	①	=	100,00 €
+ Handlungskostenzuschlag 20 %		=	20,00 €
= Selbstkosten		=	120,00 €
+ Gewinnzuschlag 10 %		=	12,00 €
= Barverkaufspreis		=	132,00 €
+ Kundenskonto 2 %		=	2,69 €
= Zielverkaufspreis		=	134,69 €
+ Kundenrabatt 5 %		=	7,09 €
= Nettoverkaufspreis		=	141,78 €
+ Umsatzsteuer 19 %		=	26,94 €
= Bruttoverkaufspreis	②	=	168,72 €

③ 68,72 €

④

Einstandspreis	≙	100,00 € →	100 %
Differenzbetrag	≙	68,72 € →	x %

$$x = \frac{100 \cdot 68{,}72}{100} = \underline{\underline{68{,}72\ \%}}$$

Lösungsschritte

1. Wenn nur die Zuschlagssätze bekannt sind, dann mit 100,00 € (= 100 %) als Ausgangspreis rechnen. (Wenn Bruttoverkaufspreis und Einstandspreis bekannt sind, wird der Kalkulationszuschlag mit der Formel errechnet.)
2. Mithilfe der Zuschlagssätze den Bruttoverkaufspreis errechnen.
3. Differenz zwischen Bruttoverkaufspreis und Einstandspreis ermitteln = Kalkulationszuschlag in €.
4. Mit Dreisatzrechnung den Differenzbetrag in einen Prozentsatz umrechnen = Kalkulationszuschlag in Prozent.

! Bei einem Einstandspreis von 100,00 € sind Kalkulationszuschlag in € und Prozent identisch.

Formel zur Berechnung des Kalkulationszuschlags:

$$\textbf{Kalkulationszuschlag} = \frac{\textbf{(Bruttoverkaufspreis – Einstandspreis)} \cdot \textbf{100}}{\textbf{Einstandspreis}}$$

! Die Differenz zwischen Bruttoverkaufspreis und Einstandspreis wird als **Rohgewinn brutto** bzw. **Rohertrag brutto** bezeichnet. Daher kann der **Kalkulationszuschlag** auch als **Rohgewinnzuschlag** bezeichnet werden.

Kalkulationsfaktor

Anstelle eines Zuschlagsatzes kann der **Bruttoverkaufspreis** auch durch Multiplikation des Einstandspreises mit dem **Kalkulationsfaktor** berechnet werden. Dabei handelt es sich um eine **Vervielfältigungszahl**, die sämtliche Zuschläge beinhaltet. Man erhält den Kalkulationsfaktor, wenn man den Bruttoverkaufspreis einer Ware durch den Einstandspreis dividiert.

Beispiel

Einstandspreis ≙ 100,00 €
Bruttoverkaufspreis ≙ 168,72 €

$$\text{Kalkulationsfaktor} = \frac{68{,}72}{100{,}00} = \underline{\underline{1{,}6872}}$$

(Probe: 100,00 € · 1,6872 = 168,72 €)

Formel zur Berechnung des Kalkulationsfaktors:

$$\textbf{Kalkulationsfaktor} = \frac{\textbf{Bruttoverkaufspreis}}{\textbf{Einstandspreis}}$$

In der Praxis wird meist anstelle des Kalkulationszuschlages mit dem Kalkulationsfaktor gerechnet, da so die Ausrechnung des Verkaufspreises einfacher ist.

Um einen Kalkulationszuschlag in einen Kalkulationsfaktor umzurechnen, verwendet man folgende Formel:

$$\text{Kalkulationsfaktor} = \frac{\text{Kalkulationszuschlag in \%} + 100\,\%}{100\,\%}$$

Aktion

1. Berechnen Sie Kalkulationszuschlag und Kalkulationsfaktor. Um möglichst genaue Ergebnisse zu erzielen, sollte der Kalkulationsfaktor mit 4 Stellen nach dem Komma angegeben werden.

	Einstandspreis in €	Bruttoverkaufspreis in €
a)	278,95	425,99
b)	0,28	0,98
c)	2.588,00	3.455,00
d)	14,75	22,75
e)	3,65	5,69
f)	1,45	3,00

2. Berechnen Sie den Kalkulationszuschlag und den Kalkulationsfaktor. Verwenden Sie einen Einstandspreis von 100,00 €.

	Artikel A	Artikel B	Artikel C	Artikel D
Handlungskostenzuschlag	25 %	35 %	15 %	20 %
Gewinnzuschlag	12,5 %	10 %	5 %	8 %
Kundenskonto	–	2 %	3 %	1,5 %
Kundenrabatt	10 %	–	15 %	5 %
Umsatzsteuer	19 %	7 %	19 %	19 %

3. Berechnen Sie den Bruttoverkaufspreis:

	Einstandspreis in €	Kalkulationszuschlag bzw. Kalkulationsfaktor
a)	2.235,00	88 %
b)	1,88	1,456
c)	455,86	125 %
d)	68,75	45 %
e)	12.645,20	2,33
f)	879,00	1,80

4. Die Leuchtenabteilung der Wohnwelt GmbH erhält 80 Tischleuchten zu 49,95 € je Stück sowie 50 Wandleuchten, das Stück zu 39,75 €. Die Bezugskosten für die gesamte Lieferung betragen 110,50 €. Der Lieferant gewährt neben 4 % Skonto bei sofortiger Zahlung noch 15 % Lieferantenrabatt.

   Zu welchem Bruttoverkaufspreis kann eine Tisch- bzw. Wandleuchte angeboten werden, wenn
   - die Bezugskosten anteilig auf 1 Leuchte zu verteilen sind,
   - sofort bezahlt wird,
   - für Tischleuchten mit einem Kalkulationszuschlag von 85 % und für Wandleuchten mit einem Kalkulationsfaktor von 1,664 gerechnet wird?

5. Bei Mode-Hesser wird ein Kostüm einschließlich Umsatzsteuer zu 298,00 € angeboten. Sabrina Hesser kalkulierte diesen Preis mit einem Kalkulationsfaktor von 2,25. Wie viel € beträgt der Einstandspreis?

6. Die Geschenkboutique Zeitgeist erhält 50 Duftkerzen zu je 3,75 € zuzüglich 5 Stück ohne Berechnung geliefert. Es können 2 % Skonto abgezogen werden. Zu welchem Preis kann eine Kerze bei einem Kalkulationsfaktor von 1,65 angeboten werden?

7. Das Handarbeitsgeschäft Woll-Stoff bestellt über den Großhandel 1,5 kg Sockenwolle, Kilopreis 29,75 €. Der Rechnungsbetrag wird per Lastschrift eingezogen, deshalb werden 4 % Skonto gewährt. Die Versandkosten betragen 5,50 €.

   a) Wie viele Knäuel zu 50 g können angeboten werden?

   b) Was kostet ein Knäuel Sockenwolle, wenn mit einem Kalkulationszuschlag von 130 % gerechnet wird?

2.12 Verkürzte Rückwärtskalkulation mit Kalkulationsabschlag und Handelsspanne

Situation

Etwa ein Drittel der Damenoberbekleidung in Sabrina Hessers Modegeschäft stammt von namhaften deutschen und internationalen Herstellern. In den meisten Fällen bestehen die Hersteller dieser Markenartikel auf die Einhaltung ihrer empfohlenen Verkaufspreise.

Arbeitsauftrag

Wie kann Frau Hesser schnell und einfach berechnen, ob ihre Kosten durch die Einkaufspreise der Hersteller gedeckt sind, wenn sie normalerweise mit 20 % Handlungskostenzuschlag, 10 % Gewinnzuschlag, 2 % Kundenskonto und 5 % Kundenrabatt kalkuliert?

Information

Kalkulationsabschlag

Der Kalkulationsabschlag dient zur **Vereinfachung** der **kalkulatorischen Rückrechung**. Er ist ein auf den Bruttoverkaufspreis bezogener Prozentsatz und beinhaltet die Differenz zwischen dem Einstandspreis und dem Bruttoverkaufpreis in €. Dieser **Prozentsatz** gibt an, wie viel Prozent vom Bruttoverkaufspreis abzuziehen sind, um den Einstandspreis zu erhalten. In der **Praxis** wird je nach Warengruppe mit einem **festen Abschlag** kalkuliert, der auf der Basis der Kalkulationsdaten ermittelt wird.

Lösung:

Einstandspreis	=	59,27 €
+ Handlungskostenzuschlag 20 %	=	11,85 €
= Selbstkosten	=	71,12 €
+ Gewinnzuschlag 10 %	=	7,11 €
= Barverkaufspreis	=	78,23 €
+ Kundenskonto 2 %	=	1,60 €
= Zielverkaufspreis	=	79,83 €
+ Kundenrabatt 5 %	=	4,20 €
= Nettoverkaufspreis	=	84,03 €
+ Umsatzsteuer 19 %	=	15,97 €
= Bruttoverkaufspreis ❶	=	100,00 €

❷

❸ 40,73 €

❹

Bruttoverkaufspreis	≙	100,00 €	→	100 %
Differenzbetrag	≙	40,73 €	→	x %

$$x = \frac{100 \cdot 40{,}73}{100} = \underline{\underline{40{,}73\ \%}}$$

Lösungsschritte

1. Wenn nur die Zuschlagssätze bekannt sind, dann mit 100,00 € (= 100 %) als Bruttoverkaufspreis rechnen. (Wenn Bruttoverkaufspreis und Einstandspreis bekannt sind, wird der Kalkulationsabschlag mit der Formel errechnet.)
2. Mithilfe der Zuschlagssätze rückwärts den Einstandspreis errechnen.
3. Differenz zwischen Bruttoverkaufspreis und Einstandspreis ermitteln = Kalkulationsabschlag in €.
4. Mit Dreisatzrechnung den Differenzbetrag in einen Prozentsatz umrechnen = Kalkulationsabschlag in Prozent.

! Bei einem Bruttoverkaufspreis von 100,00 € sind Kalkulationsabschlag in € und Prozent identisch.

Formel zur Berechnung des Kalkulationsabschlags:

$$\textbf{Kalkulationsabschlag} = \frac{\textbf{(Bruttoverkaufspreis – Einstandspreis)} \cdot \textbf{100}}{\textbf{Bruttoverkaufspreis}}$$

Da Kalkulationsaufschlag und Kalkulationsabschlag das Gleiche beinhalten, aber auf verschiedener Basis errechnet werden, lassen sie sich gegenseitig umrechnen.

Beispiel Kalkulationsaufschlag 70 %

Umrechnung von Kalkulationsaufschlag in Kalkulationsabschlag
$\frac{\text{Kalkulationsaufschlag in \%} \cdot 100}{\text{Kalkulationsaufschlag in \%} + 100} \rightarrow \frac{70 \cdot 100}{70 + 100} = \mathbf{41{,}18\ \%}$

Umrechnung von Kalkulationsabschlag in Kalkulationsaufschlag
$\frac{\text{Kalkulationsabschlag in \%} \cdot 100}{100 - \text{Kalkulationsabschlag}} \rightarrow \frac{41{,}18 \cdot 100}{100 - 41{,}18} = \mathbf{70\ \%}$

Handelsspanne

Die Handelsspanne ist ein **Abschlag**, der sich auf den **Nettoverkaufspreis** bezieht. Sie wird als **Prozentsatz** vom Nettoverkaufspreis abgezogen, man erhält dann den Einstandspreis. Die Berechnung erfolgt wie beim Kalkulationsabschlag, nur ist in diesem Fall der Nettoverkaufspreis Ausgangspunkt der Berechnungen.

Beispiel

Nettoverkaufspreis	=	84,03 €
– Einstandspreis	=	59,27 €
Differenz	=	24,76 €

Umrechnung des Differenzbetrages in Prozentsatz (Handelsspanne) bezogen auf den Nettoverkaufspreis:

$$\left.\begin{array}{lcr} 84{,}03\ € & = & 100\ \% \\ 24{,}76\ € & = & x\ \% \end{array}\right\}\quad x = \frac{100 \cdot 24{,}76}{84{,}03} = \underline{\underline{\mathbf{29{,}47\ \%}}}$$

Die Handelsspanne beträgt 29,47 %.

Formel zur Berechnung der Handelsspanne:

$$\textbf{Handelsspanne} = \frac{\textbf{(Nettoverkaufspreis – Einstandspreis)} \cdot \textbf{100}}{\textbf{Nettoverkaufspreis}}$$

! In der Praxis wird die Handelsspanne besonders bei Betriebsvergleichen als Kenn- und Vergleichsziffer verwendet. In der amtlichen Statistik wird die Handelsspanne für ganze Branchen dargestellt und als Rohertrag (prozentuales Verhältnis von Rohertrag zu Umsatz) bezeichnet.

Aktion

1. Berechnen Sie den Kalkulationsabschlag und die Handelsspanne bei folgenden Artikeln, die alle mit 19 % Umsatzsteuer zu rechnen sind.

	Artikel A	Artikel B	Artikel C	Artikel D
Einstandspreis	120,00 €	20,00 €	4.890,00 €	12,75 €
Nettoverkaufspreis	186,00 €	40,00 €	7.198,00 €	18,75 €

2. Berechnen Sie nach folgenden Angaben den Kalkulationsabschlag, die Handelsspanne und den noch möglichen Einstandspreis.

	HKZ	Gewinnzuschlag	Kundenskonto	Kundenrabatt	Umsatzsteuersatz	Bruttoverkaufspreis
a)	25 %	10 %	–	–	7 %	145,00 €
b)	40 %	15 %	2 %	15 %	19 %	898,00 €
c)	15 %	5 %	–	10 %	7 %	7,65 €
d)	55 %	12 %	3 %	30 %	19 %	1.585,00 €

3. Der Auszeichnungspreis eines Herrenhemdes beträgt einschließlich Mehrwertsteuer 69,90 €. Die Textil-Markt GmbH rechnet mit einer Handelsspanne von 42 %. Wie viel € beträgt der Einstandspreis?

4. Die Textil-Markt GmbH bezieht einen größeren Posten Jeans zu einem Einstandspreis je Hose von 36,40 €. Das Unternehmen kalkuliert mit einem HKZ von 38 %, 8 % Gewinn und 19 % USt.
   a) Wie viel Prozent beträgt der Kalkulationsabschlag?
   b) Ein Markenlieferant bietet Jeans zu einem empfohlenen Verkaufspreis von 69,90 € an. Kann die Textil-Markt GmbH mit dem Kalkulationsabschlag aus Aufgabe a) einen Einstandspreis von 40,00 € akzeptieren?

5. Haushaltwaren Offermann möchte seinen Kunden anlässlich des 100-jährigen Firmenjubiläums ein handbemaltes Speiseservice mit Neuburger Motiven zu einem Preis von 590,00 € anbieten. Das Fachgeschäft kalkuliert mit 60 % Handlungskosten, 10 % Gewinnzuschlag, 6 % Jubiläumsrabatt und 19 % Umsatzsteuer.
   Die Rosenberger Manufaktur liefert frei Haus und gewährt neben 2 % Skonto einen Treuerabatt von 10 %.
   a) Welchen Listeneinkaufspreis kann Haushaltswaren Offermann höchstens bezahlen, wenn sie den Skonto ausnutzt?
   b) Mit welchem Kalkulationszuschlag rechnet das Geschäft?
   c) Welcher Handelsspanne entspricht dies?

6. Die Mode-Boutique La Moda kalkuliert hochmodische Artikel mit einem Kalkulationsaufschlag von 160 % und Artikel des Standardsortiments mit 120 %. Welchen Kalkulationsabschlägen entspricht dies?

7. Der Kalkulationszuschlag bei Computermonitoren betrug bisher beim Fachmarkt Multi-Vision 30 %. Aufgrund eines knappen Angebots sind die Einkaufspreise in kurzer Zeit um 20 % gestiegen, die Verkaufspreise können aber wegen des starken Wettbewerbsdrucks nur um 10 % erhöht werden. Wie groß ist der neue Kalkulationsabschlag?

Besondere Verkaufssituationen bewältigen

10. Lernfeld

(Quelle: IKEA)

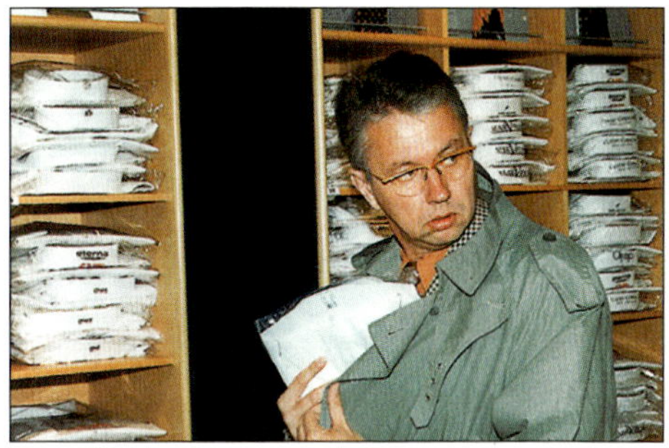

© J. Beck

© J. Beck

© Guido Adolphs

▸ Inhalt

1 Kundenverhalten

1.1 Trends im Kundenverhalten

100 Kunden, 1000 Wünsche!

Situation

Arbeitsauftrag

Welche Problematik wird mit dieser Darstellung angesprochen?

Information

Das **Einkaufs-** und **Konsumverhalten** der Kunden im Einzelhandel hat sich in den letzten Jahren **stark gewandelt**. Ein **Kennzeichen** sind schnell wechselnde **Verbrauchergewohnheiten**, die zu einem immer unberechenbareren Kundenverhalten führen. Will der Einzelhändler darauf angemessen und erfolgreich reagieren, muss er die **Ursachen** für den **Wandel** des **Verbraucherverhaltens** kennen und daraus sein Verhalten den Kunden gegenüber ableiten. **Ziel** aller seiner **Bemühungen** muss sein, dass sich die Kunden bei ihm wohl fühlen, zufrieden gestellt werden und gerne wiederkommen.

Wandel des Verbraucherverhaltens

Ursachen	Auswirkung auf den Handel
• Die Altersstruktur verändert sich (2020 werden ca. 30 % der Bundesbürger älter als 60 Jahre sein).	Senioren werden zu einer der wichtigsten Zielgruppen, bei Kindern und Jugendlichen verschärft sich der Wettbewerb (Geburtenrückgang).
• Die Zahl kleiner Haushalte steigt weiter. Schon heute beträgt der Anteil der Ein- und Zweipersonenhaushalte über 60 %. • Der Anteil berufstätiger Frauen wird weiter zunehmen.	Die Bedeutung von Convenience-Produkten (Bequemlichkeit) wird weiter steigen *(Fertiggerichte, TK-Kost, Haushaltsgeräte)*, mangels Zeit eine lohnende Zielgruppe für Electronic-shopping.
• Durch ein höheres Bildungsniveau und verstärkte Nutzung der Informationsmöglichkeiten *(Multimedia, Preisagenturen)* sind die Verbraucher sehr gut informiert.	Die Kunden werden kritischer, wollen neutrale Informationen, vergleichen verstärkt Preise *(erhöhte Preistransparenz)*.
• Individualität, Selbstverwirklichung und der Wunsch nach Anerkennung nehmen zu. *(Man ist, was man isst; sage mir, welche Uhr du trägst und ich sage dir, wer du bist).* Der eher langweiligen und eintönigen Arbeitswelt vieler Konsumenten wollen diese durch eine erlebnisbetonte Lebensführung entfliehen. Wer es sich leisten kann, wird viel Geld zur Erfüllung exklusiver und ausgefallener Wünsche ausgeben. Andererseits werden diese Kunden einen Teil ihrer Waren des täglichen Bedarfs beim Discounter kaufen („gespaltener" Konsument).	Die Verbraucherwünsche werden sich stark differenzieren. Die Bindung an Preislagen und die Treue zu bestimmten Marken oder Geschäften nimmt ab. Nischenanbieter für die Wünsche von Minderheiten nehmen zu. Der Kunde wird anspruchsvoller und wählerischer. Durch den Konsum drückt der Verbraucher einen bestimmten Lebensstil aus. Aber nicht nur der Konsum, auch das Einkaufen selbst soll ein Erlebnis sein. Dem passt sich der Handel durch entsprechende Sortimente und deren wirkungsvolle Präsentation an. Diesem Erlebnishandel steht auch in Zukunft der Versorgungshandel gegenüber, bei dem der Preis die entscheidende Rolle spielt.
• Immer mehr Verbraucher achten auf die Erhaltung ihrer Gesundheit *(Naturkost, ökologisch einwandfreie Textilien)*. Man will aber nicht nur gesund leben, sondern auch stets „fit" sein und in der Freizeit Spaß haben.	Der Handel wird seine Sortimente noch stärker auf die Bedürfnisse dieser Verbrauchergruppe abstellen. Für solche Waren bezahlt der Kunde auch mehr. Fitness- und Wellnessprodukte liegen im Trend. Guter Markt für alles, was mit „Erlebnis" zu tun hat *(Extremsport)*.
• Zunehmend machen Verbraucher ihre Kaufentscheidung davon abhängig, inwieweit Umweltgesichtspunkte berücksichtigt werden.	Bei der Sortimentsgestaltung werden folgende Fragen zunehmend eine Rolle spielen: Ist die Ware umweltgerecht produziert worden, sind die Materialien schadstofffrei, ist die Ware nach Gebrauch recycelbar, kann auf Verpackung verzichtet werden?
• Für Verbraucher, die mit dem Computer aufgewachsen sind, wird Electronic-shopping alltäglich werden.	Nicht nur die Großen *(Versender, Warenhäuser)*, auch kleinere Betriebe werden einen Teil ihrer Umsätze auf elektronischem Weg erzielen.
• Die Zahl der Konsumenten wird steigen, die aufgrund wirtschaftlicher und persönlicher Gegebenheiten *(Arbeitsmarktsituation, Altersversorgung, allein erziehende Mütter und Väter, kinderreiche Familien)* Einkommensverluste hinnehmen müssen.	Discounter, die Waren zu günstigen Preisen *(Lebensmittel, Textilien, Möbel)* anbieten, werden ihre Stellung am Markt nicht nur behaupten, sondern ausbauen können.

König Kunde

Kunden und Beschäftigte im Einzelhandel sind freie Bürger. Im Handel gibt es weder Könige noch Untertanen. Dennoch wird der Leitsatz **„Der Kunde ist König"** immer wieder gebraucht. Was ist damit gemeint?

Auf keinen Fall ist der Begriff „König" wörtlich zu nehmen. Denn dann hätte der Kunde immer Recht. Seine Wünsche gingen über alles und das Verkaufspersonal müsste ihm „untertänig" dienen.

Der Begriff „König Kunde" weist darauf hin, dass kein Einzelhandelsgeschäft ohne Kunden existieren kann.

In den meisten Fällen haben Kunden die Möglichkeit, zwischen vielen Einkaufsstätten zu wählen, und sie werden dorthin gehen, wo sie sich am besten aufgehoben fühlen.

Deshalb muss sich jeder Einzelhandelsbetrieb mit seiner möglichen Kundschaft auseinander setzen:

- Wer gehört zu meinem Kundenkreis?
- Wie kann ich neue Kunden gewinnen?
- Wie kann ich mich auf meine Kunden einstellen?
- Wie kann ich Kunden dauerhaft an mich binden?

Zielgruppe

Kaum ein Einzelhandelsbetrieb wendet sich an alle Konsumenten. Das **Sortiment** spricht immer nur einen bestimmten Kreis **möglicher** Kunden an, der als **Zielgruppe** bezeichnet wird.

Beispiele

- Fachgeschäft für Brautmoden im Zentrum von München: Zielgruppe sind heiratswillige Frauen (und gelegentlich ihre Mütter) aus der Region München und darüber hinaus.
- Gemüsestand auf dem Wochenmarkt in Magdeburg: Zielgruppe sind Hausfrauen (und nur wenige Männer) aus Magdeburg, die gern Frischware auf dem Markt kaufen.

Zur **Beschreibung** einer **Zielgruppe** muss man immer mehrere **Gesichtspunkte** hinzuziehen.

Das ist in manchen Fällen aufwändig, aber nur wer seine Zielgruppe kennt, kann mögliche Kunden ansprechen und für sein Geschäft gewinnen. Die folgende Übersicht zeigt, wie man Kunden-Zielgruppen nach verschiedenen Gesichtspunkten erfassen kann.

Merkmale	Beispiele
Geschlecht →	Frauen und Mädchen, Männer und Jungen.
Lebensabschnitt →	Kinder, Jugendliche, Berufstätige, Senioren.
Einkaufsverhalten →	Stammkunden, Gelegenheitskunden, Spontan- oder Laufkunden, Seh- oder Testkunden.
Anspruch an Beratung und Bedienung →	Bedienungskunden, Selbstbedienungskunden.
Einschätzung durch das Verkaufspersonal →	Pflegeleichte, hilfsbedürftige, problematische Kunden.
Besondere Motive oder Eigenarten →	Schnäppchenjäger, Modemuffel, Umweltfans, Sammlertypen, Modefetischisten, Verschwender, Trendfreaks, Genussmenschen, Gesundheitsapostel ... und viele andere.

Mithilfe der oben beschriebenen Merkmale wird die Hauptkunden-Zielgruppe des Geschäftes abgegrenzt und bestimmt. Die Eigenschaften und das Verhalten dieser Zielgruppe bestimmen maßgeblich den Umgang des Verkaufspersonals mit diesen Kunden.

Aktion

1. Worin sehen Sie die Ursachen für den sich immer schneller vollziehenden Wandel im Verbraucherverhalten?

2. Beschreiben Sie anhand der vorgegebenen Gesichtspunkte die Zielgruppe für:
   a) einen Computer-Laden im Niedrigpreis-Sektor mit Standort Industriegebiet,
   b) ein Fachgeschäft für Sanitäts- und Pflegebedarf in einer kleinen Kreisstadt,
   c) einen Herrenausstatter im Stadtzentrum (1A-Lage),
   d) das Tattoo- und Piercing-Studio „Whow!“ im Ladenzentrum eines Stadtteils,
   e) den Versender von Spezialzubehör für das Tuning von Honda-Modellen.

   Nennen Sie weitere Gesichtspunkte für die Zielgruppenbildung, wenn die oben genannten nicht ausreichen.

3. Stellen Sie fest, ob es eine Zielgruppenbeschreibung für die Kunden Ihres Ausbildungsbetriebs (bzw. der entsprechenden Abteilung) gibt.

   Überprüfen Sie diese oder fertigen Sie eine kurze Beschreibung an.

4. Berichten Sie über Verkaufssituationen, in denen Sie das Verhalten Ihrer Kunden als ausgesprochen unangenehm und negativ empfunden haben. Wie haben Sie darauf reagiert?

5. Bei welchen Betriebs- und Verkaufsformen spielt die Eigenart einer Zielgruppe keine oder eine nur geringe Rolle?

1.2 Kundenpflege und Kundenbindung

Früher hatten viele Einzelhandelsbetriebe einen festen Kundenstamm und konnten sich auf die regelmäßige Wiederkehr ihrer Stammkunden verlassen. Das ist heute in den meisten Fällen nicht mehr so: Das Warenangebot ist in vielen Fällen ähnlich und bei Markenware gut vergleichbar. Die Kunden sind durch die Medien informiert und kennen das Angebot mehrerer Einkaufsstätten. Sie sind mobil und können auch entfernte Läden aufsuchen. Deshalb muss sich jeder Einzelhändler überlegen, wie er Kunden dauerhaft gewinnen und die Beziehung pflegen kann: **Kundenpflege** und **Kundenbindung** werden zu „strategischen Faktoren" im Einzelhandel.

Beispiel Erzeugung von Kundenbindung beim Verkauf eines Fernsehgerätes

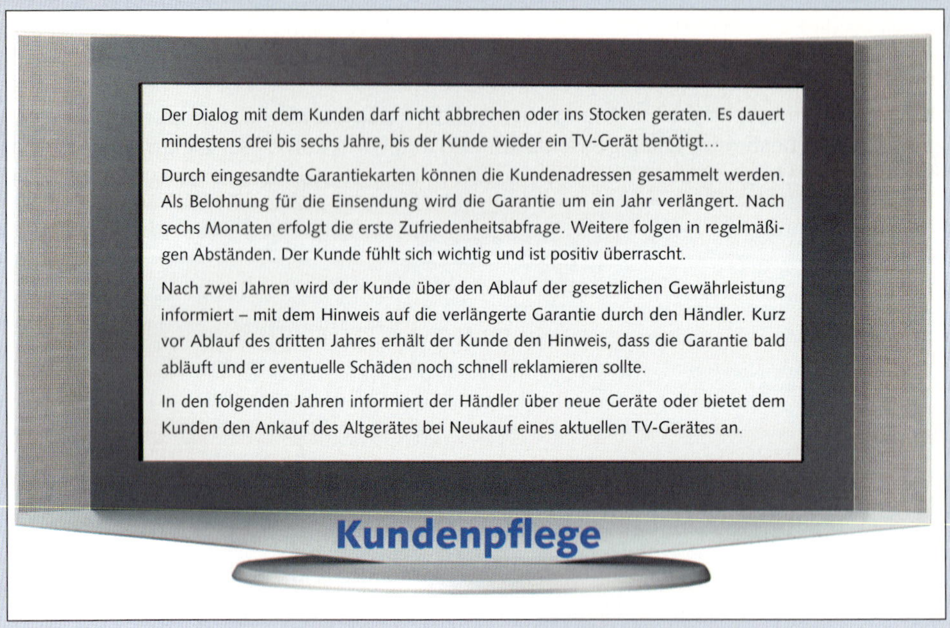

(Quelle: businessvillage.de)

Kundenpflege mit dem **Ziel** der **Kundenbindung** kann über verschiedene **Maßnahmen** erfolgen:

- intensive persönliche Werbung,
- dauerhafte Kommunikation und Betreuung,
- besondere Service-Angebote,
- Angebot von Spezialitäten und Besonderheiten,
- Abstimmung des Sortiments auf gezielte Bedarfe,
- individuelle Beratung und Betreuung,
- großzügiger Umtausch und Kulanz,
- Finanzierung und Preisgestaltung.

Maßnahmen der Kundenpflege bieten sich in allen Fällen an, bei denen besondere Verkaufssituationen zu bewältigen sind. Wenn Kunden unsicher sind, sich im Stress befinden oder sich geärgert haben, bieten sich besondere Chancen für die Profilierung der Einkaufsstätte.

Aktion

1. Notieren Sie je drei Argumente aus Sicht
   a) des Unternehmers,
   b) der Beschäftigten,
   warum Kundenbindung eine große Bedeutung im Einzelhandel hat.
2. Erstellen Sie einen Plan für intensive Kundenpflege an einem Bereich Ihres Ausbildungssortiments. Orientieren Sie sich dabei an dem Beispiel „Verkauf eines TV-Gerätes". Listen Sie die Maßnahmen auf.
3. Jedes Jahr wird in Deutschland die Kundenzufriedenheit durch eine Studie der ServiceBarometer AG in München ermittelt, die 21 Branchen untersucht. Grundlage für das Datenmaterial ist eine Telefonbefragung von ca. 21.000 Personen, denen folgende Frage gestellt wurde: „Wie zufrieden sind Sie mit den Leistungen von diesem (hauptsächlich genutzten) Anbieter insgesamt? Sind Sie vollkommen zufrieden, sehr zufrieden, zufrieden, weniger zufrieden oder unzufrieden?"

   Für den Wirtschaftsbereich Handel wurden die in der folgenden Grafik dargestellten Werte ermittelt:

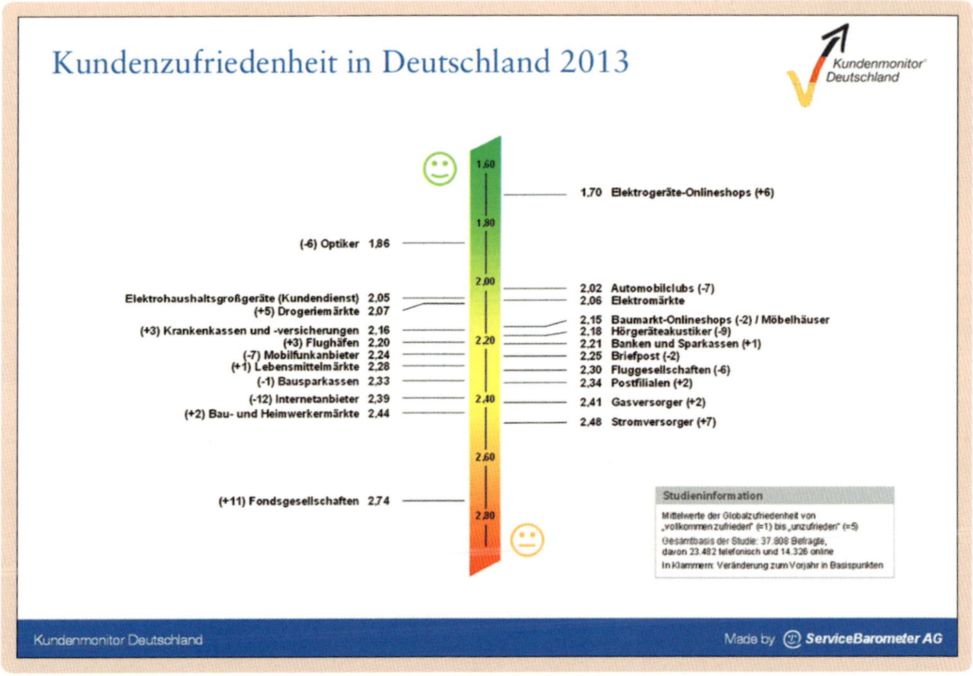

   Werten Sie diese Grafik unter folgenden Fragestellungen aus:
   a) Beschreiben Sie die Grafik.
   b) Welche Aussage lässt sich zur Kundenzufriedenheit insgesamt treffen?
   b) Welche Besonderheiten sind Ihnen aufgefallen?

1.3 Kundengruppen

Bei der **Beschreibung** von Kundengruppen untersucht man die **Persönlichkeitsmerkmale** der Kunden. Eine **Kundengruppe** zeichnet sich dadurch aus, dass sie sich beim Einkaufen auf eine bestimmte Art und Weise **verhält**.

Wenn das Verkaufspersonal dieses besondere Verhalten erkennt, deutet und angemessen darauf reagiert, erleichtert dies das Verkaufsgespräch. Gleichzeitig erhöhen sich dadurch die Chancen um zu einem erfolgreichen Verkaufsabschluss zu kommen.

Frauen und Männer als Kunden

Untersuchungen belegen: **Frauen** und **Männer** zeigen ein **unterschiedliches** Einkaufsverhalten. **Pauschale** Aussagen „Frauen kaufen eher gefühlsmäßig" oder „Männer haben bei technischen Produkten das größere Sachverständnis", wie man sie noch vereinzelt in Schulbüchern bzw. alten Ratgebern zum erfolgreichen Verkaufen findet, sollte man allerdings schnellstmöglich **vergessen**.

Die in den letzten zwanzig Jahren erfolgte Veränderung in der Rollenverteilung zwischen Mann und Frau hat zu einem veränderten Einkaufsverhalten geführt. So kauft heute fast die Hälfte aller Männer unter 40 Jahren auch Lebensmittel für ihre Familie ein. Diese Männer kennen sehr wohl die Preise für Eier und Butter. Und die zunehmende Zahl der Single-Haushalte führt dazu, dass Frauen sich im Baumarkt genauso gut wie Männer auskennen, und diese im Übrigen oft eifrige Leser der Wochenangebote der großen Discounter sind.

Der **hauptsächliche** Unterschied liegt vor allem in der **Art** des **Einkaufens** und weniger darin, **was** man einkauft. Wenn Sie Ihr Verhalten beim Umgang mit Kunden und bei der Beratung darauf abstimmen, dann erhöhen sich Ihre Verkaufschancen.

Folgende **Besonderheiten** sind (mit aller Vorsicht) zu **beachten**:

1. **Männer** kaufen (meist) gezielt ein. Wenn sie z. B. ein Paar Schuhe brauchen und stellen fest, dass die Anprobierten passen, dann werden diese sofort gekauft. Überlegungen, ob ein Schuh mit farbigen Riemchen oder einer Messingschnalle besser passen würde, sind eher bei **Frauen** anzutreffen.
2. **Frauen** nehmen sich zum Einkaufen mehr Zeit als **Männer**. Man könnte sagen: „Frauen shoppen, Männer machen Besorgungen!"
3. **Frauen** kaufen gerne in Begleitung anderer Frauen ein. **Männer** bevorzugen es dagegen alleine einzukaufen.
4. **Frauen** sind beim Kauf häufig kritischer als **Männer**. Dies bezieht sich sowohl auf die Ware, aber auch auf den Preis und nicht selten auf das Verkaufspersonal. **Männer** haben dagegen oft keine klare Preisvorstellung und sind bereit auch höhere Preise zu bezahlen, nur damit sie schnell den Einkauf beenden können.

Zu all diesen geschlechtsspezifischen Aussagen zum Einkaufsverhalten kann man allerdings auch immer **Gegenteiliges** anführen: Eine allein erziehende und berufstätige Mutter hat wohl selten Zeit zum ausgiebigen Shoppen, und der männliche Technikfreak kennt natürlich bei Computerzubehör und Unterhaltungselektronik die Preise ganz genau.

Der Dauerredner

Solche Kunden haben aus sehr unterschiedlichen Gründen *(Einsamkeit, Geschwätzigkeit, mangelnde Anerkennung, Wunsch nach Zuwendung)* ein großes **Mitteilungsbedürfnis**. Als Verkäufer ist man das ideale „Opfer", denn der Kunde weiß sehr genau, dass man ihm nicht entkommen kann und zuhören muss.

Die angemessene **Verkäuferreaktion**: Aufmerksam zuhören und dem Kunden nicht ins Wort fallen; auf einen günstigen Zeitpunkt warten, um die Gesprächsführung selbst zu übernehmen und das Gespräch auf den eigentlichen Kaufwunsch des Kunden zu bringen.

Eine gute Möglichkeit den Redefluss zu stoppen, ist den Kunden namentlich anzusprechen. In den meisten Fällen führt dies auf Grund der unerwarteten Ansprache mit dem Namen zu einem Innehalten, das Sie als Verkäufer nutzen können. Auch das Stellen von Rückfragen an den Kunden ist eine erprobte Methode von Verkaufsprofis, die im Gespräch die Führung übernehmen möchten.

Beispiel

Kundin:	„ … und wie ich schon sagte, haben wir dann noch…"
Verk.:	„Frau Meier, wirklich interessant, was Sie da erzählen!"
Kunde:	„Wenn ich doch nicht immer diese furchtbare Atemnot hätte!"
Verk.:	„Haben Sie das auch nachts?"

Der Besserwisser

Diese Kunden meinen, dass nur sie wissen, was „Sache" ist. Ein kompetenter Verkäufer merkt schnell, ob solche Kunden über ein echtes Fachwissen verfügen oder nur aus übertriebenem **Geltungsbedürfnis** den Fachmann vorgeben. Auch wenn es vielleicht schwer fällt: Da solche Kunden einen starken Wunsch nach Anerkennung haben, sollen sie diese von den Verkäufern bekommen. Man stimmt ihnen soweit wie möglich zu und kann dabei sogar ihr echtes oder vermeintliches Fachwissen anerkennend würdigen *(„Das ist aber interessant, jetzt habe ich wieder was dazu gelernt!")*. Denken Sie immer daran: Sie wollen „Wiederkommen" verkaufen und Kunden, die sich in ihrer Persönlichkeit besonders gewürdigt fühlen, werden schnell zu Stammkunden in Ihrem Geschäft.

Der Misstrauische

Misstrauische Kunden kann man oft schon an ihrem **Gesichtsausdruck** erkennen. Der Blick ist skeptisch, die Stirn in Falten gelegt und ein verkniffener Mund signalisiert: Dir Verkäufer glaube ich schon mal gar nichts! Misstrauische Kunden reden wenig, prüfen dafür aber die Waren besonders genau. An der Art der **Fragen** lässt sich diese Kundengruppe ebenfalls schnell identifizieren *(„Sind Sie sich auch wirklich sicher, dass….?"; „Ist das auch wirklich frisch?")*.

Als **Verkäufer** kommt man mit diesen Kunden am ehesten klar, wenn man sie durch die **Ware** selbst überzeugt. Man gibt sie ihnen in die Hand und lässt sie selbst ausprobieren und prüfen.

Hinweise auf **Garantie** und **Umtauschmöglichkeiten** helfen, das Misstrauen abzubauen, das sehr oft seine Ursache in negativen Erfahrungen bei früheren Einkäufen hat.

Der Sparsame

Für den **sparsamen Kunden** sind **preiswerte** Angebote das **Wichtigste**. Es gibt allerdings nicht **den** sparsamen Kunden, sondern der Wunsch nach günstigen Produkten kann sehr unterschiedliche Gründe haben, auf die der Verkäufer situationsgerecht reagieren sollte. So gibt es **Kunden**, die auf Grund ihrer wirtschaftlichen Lebenssituation nur sehr **wenig** Geld zur Verfügung haben. Andere sind ausgesprochene **„Schnäppchenjäger"** und freuen sich über jedes Sonderangebot, auch wenn sie die Ware gar nicht benötigen. Eine dritte Gruppe sind die echten **„Geizhälse"**. Dies sind Kunden, die sparsam einkaufen wollen, obwohl sie sich mehr leisten könnten.
Besonders problematisch sind solche Kunden, die im Preis reguläre Ware durch **Preisfeilscherei** günstiger kaufen möchten.

Verkäuferreaktion: Kunden, die wirklich wenig Geld zur Verfügung haben, dürfen auf keinen Fall spüren, dass der Verkäufer ihre finanzielle Situation erkannt hat. Man weist sie auf preisgünstige Angebote hin oder zeigt ihnen Artikel, die z. B. als Rest- oder Einzelposten reduziert wurden.
Den Schnäppchenjäger stellt man damit zufrieden, wenn ihm bestätigt wird, wie günstig er doch wieder eingekauft habe.
Inwieweit man auf Kunden eingeht, die Preise herunterhandeln wollen, hängt von der jeweiligen Geschäftspolitik des Unternehmens ab.
Grundsätzlich sollte jedoch gelten: Reguläre Ware ist ihren Preis wert!

Der Arrogante

Zu den unangenehmsten Kundeneigenschaften zählen Arroganz und anmaßendes Verhalten. Solche Kunden erwarten besonders viel **Aufmerksamkeit** und stellen sich gerne in den **Mittelpunkt**. Sie glauben etwas Besseres zu sein und lassen dies das Verkaufspersonal deutlich spüren. Sehr oft wollen sie besonders hochwertige, modische und exklusive Artikel. Man erkennt diese Kunden an einem häufig „hochnäsigen" Gesichtsausdruck und Äußerungen wie „So was kommt für mich doch nicht infrage! Haben Sie denn nichts Besseres?"

Bei diesen für **Verkäufer** manchmal nur schwer zu ertragenden Kunden gilt: Gehen Sie auf ihre Eigenarten ein und schmeicheln Sie ihnen, in dem sie ihrem Geltungsbedürfnis entgegenkommen *(„Das hier zeige ich nur besonderen Kunden wie Ihnen!")*. Betonen Sie bei der Warenpräsentation das Besondere und Exklusive. Wenn solche Kunden das Gefühl haben, in Ihrem Geschäft eine bevorzugte Behandlung zu bekommen, werden sie zu meist problemlosen Stammkunden, die Ihrem Unternehmen hohe Umsätze garantieren.

Der Unentschlossene

Unentschlossene Kunden erwarten vom Verkaufspersonal zusätzlich zur Beratung konkrete **Entscheidungshilfen**. Ihr Verhalten kann durch **mangelnde Erfahrung** mit den vorgelegten Waren oder durch **mangelndes Selbstvertrauen** bestimmt sein. Um den Verkaufsvorgang **abzukürzen**, sollte man die Auswahl geschickt einschränken und den Nutzen der Ware anschaulich (mehrere Sinne ansprechen!) darstellen. Deswegen empfiehlt es sich bei diesen Kunden auch die Zahl der vorgelegten Artikel von vornherein zu **begrenzen** („Wer die Wahl hat, hat die Qual!").

Hinweise auf **Umtausch** oder die Möglichkeit die Ware zur **Auswahl** mit nach Hause nehmen zu können, helfen diesen Kunden bei der Entscheidungsfindung. Auf keinen Fall sollte man diese Kunden zum Kauf überreden. Auch Äußerungen des Verkäufers wie „dies wird gerne gekauft" oder „ich selbst würde ja das hier kaufen", sind nicht wirklich hilfreich, da sie die kundenspezifische Nutzenerwartung an die Ware nicht berücksichtigen.

Voraussetzungen im Umgang mit problematischen Kunden

So geht's leichter!

Einfühlungsgabe

Besonnenheit

Gelassenheit

Fachwissen

Unter den vielen Kunden, die vom Verkaufspersonal tagtäglich bedient und beraten werden, sind die meisten sicher freundlich und aufgeschlossen. Um **„Problemkunden"** gekonnt zu beraten, sollten Verkäuferinnen und Verkäufer die in der folgenden Tabelle beschriebenen **Verhaltensweisen** berücksichtigen.

Eigenschaften des Verkäufers	Bedeutung und Auswirkung auf die Beratung
Einfühlungsgabe →	Kompetente Verkäufer können sich schnell in die Vorstellungswelt der Kunden einfühlen. Sie erkennen deren Einkaufsproblem und argumentieren darauf nutzenbezogen.
Besonnenheit →	Kunden, deren Verhalten vom Verkäufer als störend und unangenehm empfunden wird, darf man dies niemals spüren lassen.
Gelassenheit →	Kaufentscheidungen der Kunden benötigen oft Zeit. Viele Kunden kommen ohne bestimmte Kaufwünsche ins Geschäft. Erst in der Beratung konkretisiert sich ihr Bedarf. Nicht zu vergessen ist die Sorge vieler Kunden, ob der Preis auch den Nutzen rechtfertigt.
Fachwissen →	Warenbezogene Informationen unterstützen die Beratung. Dazu ist Fachwissen des Verkaufspersonals unerlässlich.

Verhaltensstrategien im Umgang mit problematischen Kunden

Da jeder Kunde anders ist und daher individuelle Vorstellungen, Erwartungen und Vorkenntnisse in das Beratungsgespräch mit einbringt, muss sich der Verkäufer in jedem Beratungsgespräch neu auf einen Kunden einstellen.

Dabei ist es sinnvoll sich eine bestimmte **„Behandlungsstrategie"** – ähnlich wie ein Arzt beim Patienten – anzueignen.

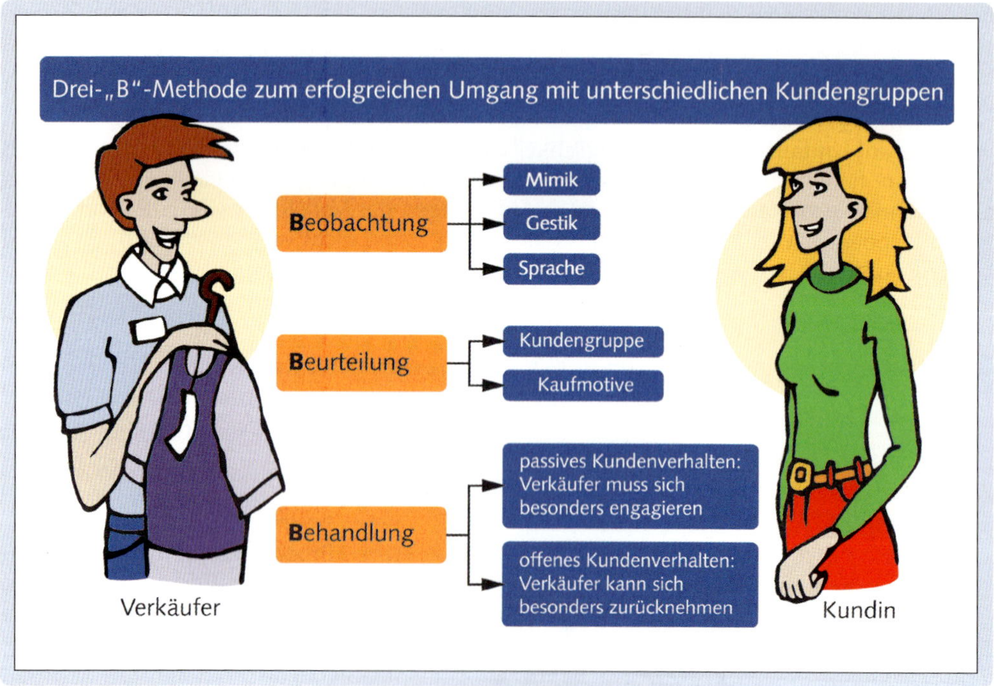

Aktion

1. Aus einem Verkaufskundebuch aus den 60er Jahren des vorigen Jahrhunderts für Lehrlinge im Einzelhandel:
   - „Ein Verkäufer muss auch akzeptieren, dass Frauen nach langem Suchen nichts Passendes finden. Sie sind in dieser Beziehung unberechenbar, während Männer meistens eine feste Kaufabsicht haben."
   - „Männer sind leichter als Frauen zu bedienen. Frauen wollen im Mittelpunkt stehen und verlangen besondere Aufmerksamkeit."

   Beurteilen Sie diese Aussagen.

2. Bewerten Sie folgende Aussage eines alten „Verkaufsprofis": „Ob Kunden Geld haben oder nicht, kann ich schon am Äußeren erkennen!"

3. Welche der im Informationsteil beschriebenen Kundengruppen begegnen Ihnen häufig im Verkauf? Berichten Sie, wie Sie sich diesen Kunden gegenüber verhalten.

4. Führen Sie ein kleines Rollenspiel in der Klasse mit schwierigen Kunden durch. Zeichnen Sie mit der Kamera auf und beurteilen Sie die Reaktion des Verkäufers.

   Rolle Verkäufer: Sie begegnen Ihren Kunden freundlich und unvoreingenommen. Sie lassen sich nicht provozieren und reagieren sachlich und gelassen.

   Rolle Kunden: A) Kunde ist arrogant – B) Kunde ist unentschlossen – C) Kunde ist ein Besserwisser.

5. Welche Kundengruppen können Sie auf Grund der folgenden Äußerungen erkennen? Formulieren Sie außerdem jeweils eine passende Antwort, die das Gespräch weiterbringt.
   - „Sind Sie sicher, dass ich mit so einem preiswerten Gerät in Beton bohren kann? Da bricht doch bestimmt der Bohrer ab!“
   - „Zeigen Sie mir bitte die neuen Espressoautomaten. Aber speisen Sie mich nicht mit Billiggeräten ab. Ich lege Wert auf Qualität.“
   - „Wissen Sie, als ich mir meine erste Spiegelreflexkamera gekauft habe, das war schon 1985, da habe ich Sachen erlebt, also, das muss ich Ihnen jetzt mal erzählen ...“

1.4 Konsumententypen

Bei **Konsumententypen** steht die Betrachtung der **Einkaufsgewohnheiten** im Mittelpunkt. Diese Typen sind für die Beschreibung von Zielgruppen gut geeignet und haben somit praktischen Nutzen für einen **Einzelhändler**, der das **Sortiment** und die **Marketing-Strategie** auf seine **Zielgruppe** abstimmen möchte. Allerdings gelten diese Einteilungen nicht auf Dauer, sie müssen von Zeit zu Zeit überprüft werden.

Abb. Typenbeschreibungen für Bekleidungsstile

Die **Festlegung** solcher Konsumententypen wird von **Konsumforschern** vorgenommen, die mithilfe von wissenschaftlich fundierten Untersuchungen das Konsumverhalten und die **Lebensgewohnheiten** einer bestimmten **Zielgruppe** erforschen. Dies geschieht meist für eine bestimmte Branche.

So ordnet z. B. die GFK (Gesellschaft für Konsumforschung) Frauen neun Konsumentinnentypen in der Textilbranche zu (vgl. folgende Tabelle).

Konsumententyp	Beschreibung
Typ 1: **Die Fraulich-Zurückhaltende (16 %)**	Sie bevorzugen es einfach und preisgünstig. Modische Trends lehnen sie ebenso ab wie sportlich-lässige Kleidung.
Typ 2: **Die Korrekte (7,8 %)**	Diese überwiegend älteren Damen bevorzugen einen klassischen und eher schlichten Bekleidungsstil. Sie sind damenhaft und zurückhaltend in ihrem Auftreten.
Typ 3: **Die Sportlich-Zweckmäßige (18,5 %)**	Der hohe Anteil sagt bereits, dass es sich hierbei um den beliebtesten Kleidungsstil handelt. Über 6 Mio. Frauen rechnet die GfK diesem Stil zu. Es ist die lässige, sportliche und zweckmäßige Garderobe, die hier bevorzugt wird. Flott und schick, aber ohne modische Extravaganzen.
Typ 4: **Die Anspruchsvoll-Exklusive (6,8 %)**	Klassisch, elegant und von bester Qualität. Das ist der Anspruch dieser Frauen. Ab 30 aufwärts wird hier Stil gefragt und dafür wird viel Geld ausgegeben.
Typ 5: **Die Weiblich-Charmante (10,5 %)**	Die Kundin möchte vor allem feminine, verführerische und figurbetonte Mode tragen. In der Altersgruppe von 30 bis 49 Jahren sind diese Kundinnen zu finden.
Typ 6: **Die Modeorientierte-Außengeleitete (9,1 %)**	In ihren Schränken herrscht ein ständiger Wandel. Sie wollen wirken und suchen gezielt modische Kleidung.
Typ 7: **Die Unkonventionelle (13,1 %)**	Sie unterwirft sich keinem Modediktat. Nicht zeitlos, schlicht oder unauffällig sucht sie, sondern modisch, aber nach ihren eigenen Vorstellungen. Es ist ein schwer zu greifendes Klientel.
Typ 8: **Die junge Sportlich-Modische (9,3 %)**	Sie sind unternehmungslustig und sportlich. Um die junge modische Wirkung zu unterstreichen, muss ihre Kleidung sportiv und lässig sein. Sie sind bevorzugt Jeansträgerinnen. Gekauft wird im niedrigen Preissegment. Ihre Ausgaben sind eher unterdurchschnittlich.
Typ 9: **Die junge Modisch-Amüsante (8,8 %)**	In dieser Gruppe finden sich über 3 Mio. Teens und Twens wieder. Ihre Kleidung soll das Weibliche unterstreichen. Auch hier wird nur unterdurchschnittlich Geld für Mode ausgegeben, aber trendy muss die Kleidung sein.

(Quelle: verdi, Bundesfachgruppe Einzelhandel)

Für den **Einzelhändler** liegt die **Bedeutung** der **Konsumententypen** in erster Linie nicht im alltäglichen Verkaufsgeschäft.

Kein Kunde lässt auf den ersten Blick erkennen, um welchen Konsumententyp es sich bei ihm handelt!

Vielmehr liegt die Bedeutung für den Händler darin, dass er seine **Ist-Zielgruppe** genauer analysiert und u. U. sein **Sortiment** anpassen muss.

Es ist auch möglich, dass er durch eine Änderung seines Sortiments neue Zielgruppen für sein Geschäft gewinnen möchte, von denen er annimmt, dass sie auf längere Sicht für sein Unternehmen Erfolg versprechen.

Untersuchungen zum Konsumentenverhalten sind auch deshalb von großer Bedeutung, weil sie gesellschaftliche Trends deutlich machen. So kann der Einzelhändler auf Grund dieser Informationen sein Warenangebot rechtzeitig an zu erwartende Veränderungen im Kaufverhalten anpassen.

Aktion

1. Welche Kleidungstypen können Sie bei Ihren Mitschülerinnen und Mitschülern feststellen?
2. Suchen Sie im Internet nach Kunden- und Konsumententypen. Geben Sie bei einer Suchmaschine die Begriffe „Kundentypen", „Konsumententyp" und „Lifestyle-Typen" ein. Nennen Sie drei gefundene Einteilungen und geben Sie an, nach welchen Gesichtspunkten diese vorgenommen wurden.
3. Schätzen Sie ein, welche der gefundenen Einteilungen einen praktischen Nutzen für den Handel haben können. Begründen Sie Ihre Einschätzung.
4. Ordnen Sie den jeweiligen Konsumententypen die Ihrer Meinung nach dazu passenden Waren bzw. Dienstleistungen zu. Bilden Sie Gruppen und vergleichen Sie Ihre Ergebnisse durch eine Präsentation vor der Klasse.

Konsumententyp	**Waren/Dienstleistungen**						
	Auto	Bekleidung	Möbel	Reisen	Lebensmittel	Presseerzeugnisse	Kosmetik
Umweltbewusster	?	?	?	?	?	?	?
sozialer Aufsteiger mit Familie	?	?	?	?	?	?	?
spontaner, sportlich aktiver Single	?	?	?	?	?	?	?
traditionsbewusster Pensionär	?	?	?	?	?	?	?

1.5 Kinder und Jugendliche als Kunden

Kinder sind Kunden von heute und morgen

Kinder und Jugendliche werden häufig als Kunden nicht ernst genommen, weil sie nur beschränkt geschäftsfähig sind. Außerdem wird häufig unterstellt, dass sich Erwachsene am Verhalten junger Kunden stören. Solche Einstellungen verkennen die Bedeutung der jungen Kunden.

Kinder verfügen nicht nur über eigene Mittel, die sie zum Einkauf von Waren einsetzen, sie beeinflussen auch die Kaufentscheidung ihrer Eltern in vielen Fällen. Außerdem werden negative Erfahrungen von Kindern nachhaltig gespeichert. Noch Jahre später kann eine Ablehnung gegen bestimmte Einkaufstätten bestehen, weil diese mit unangenehmen Erinnerungen verbunden sind.

Abb. Die Bedeutung der Kinder bei Kaufentscheidungen

Kinder können ihre Eltern auch durch Nörgeln und Quengeln vom Einkauf abhalten, wenn sie sich langweilen. Die genervten Eltern brechen dann ihren Einkaufsbummel ab und mögliche Einkäufe unterbleiben. So gibt es z. B. schon viele Einrichtungshäuser, die einen Hort mit interessanten Spielmöglichkeiten für Kinder eingerichtet haben. Der Aufwand zahlt sich aus, weil die Eltern ungestört einkaufen können. Auch in kleineren Betrieben können Sie auf Kinder eingehen und ihnen Spielmöglichkeiten bieten:

- Spielecke mit Rutsche, Kriechtunnel oder Kinderhäuschen,
- Spieltisch mit Malstiften oder Bilderbüchern,
- Spielkiste mit Stofftieren, Modellautos oder Bausteinen,
- Warenproben und Werbegeschenke.

Beachten Sie beim Verkauf an Kinder die gesetzlichen Regelungen zur Geschäftsfähigkeit und zum Jugendschutz!

Genauso wichtig wie die Beachtung der rechtlichen Vorschriften ist Ihre Einstellung und Ihr Verhalten gegenüber kleinen und jungen Kunden. Sie sollten die folgenden Grundsätze gegenüber Kindern berücksichtigen:

- Behandeln Sie Kinder genauso gerecht und zuvorkommend wie erwachsene Kunden!
- Berücksichtigen Sie die mangelnde Erfahrung der kleinen Kunden, gehen Sie auf ihre Probleme ein und argumentieren Sie altersbezogen!
- Leisten Sie Ihren jüngsten Kunden freundliche Hilfestellung und achten Sie auf die Sicherung der gekauften Ware und des Wechselgeldes!

Jugendliche – eine immer wichtigere Zielgruppe

Jugendliche verfügen über eine monatlich mehrere hundert Millionen Euro umfassende **Kaufkraft**. Auf Grund des in ihrer Altersgruppe besonders hohen TV-Konsums werden sie durch Werbung stark in ihrem Einkaufsverhalten beeinflusst. **Typisch** ist für diese Kundengruppe ein ausgeprägtes **Markenbewusstsein**, das von Bekleidung, über Schuhe und Kosmetik bis zum Handy reicht.

Die Jugend als einheitliche Zielgruppe gibt es allerdings nicht. Während „junge" Jugendliche (12- bis 15-Jährige) häufig bei ihren Kaufentscheidungen Unterstützung wünschen, kennen sich Ältere besser aus. Sie halten sich selbst für reifer und empfinden z. B. im Vorwahlsystem eine Kontaktaufnahme durch das Verkaufspersonal oft als störend, aufdringlich und unangenehm.

Konsumieren will gelernt sein[1]

Jugendliche genießen es, selbstständig Einkaufsentscheidungen treffen zu können. Gleichzeitig sind sie aber auch unsicher, ob sie die richtige Entscheidung getroffen haben.

So fragen sich viele Jugendliche z. B.:

- Welche Klamotten sind die richtigen?
- Welches Styling passt zu meinem Typ?
- Welche Foodprodukte „darf" man essen?
- In welchem Geschäft bekomme ich das meiste für mein Geld?

Deswegen wünschen sich viele Anleitung und Hilfestellung und orientieren sich an dem, was andere Jugendliche haben und was in den Medien zu sehen ist.

Wer Jugendliche zu seinen Kunden zählt, sollte deshalb auch über deren Mediennutzung Bescheid wissen.

Der weitaus größte Teil der Jugendlichen kauft bei großen und bekannten Geschäften *(H&M 32 %, New Yorker 18 %, Karstadt 12 %)*. Kleine Geschäfte, die Jugendliche kaum kennen, tun sich hier sehr schwer.

1 Die Ausführungen in diesem Kapitel stützen sich auf eine Studie der Bauer Media KG zu Marken und Trends bei Jugendlichen (BRAVO Faktor Jugend 10).

Über 75 % der Jugendlichen bevorzugen **Markenartikel** beim Kauf von Sportswear, Schuhen und Bekleidung.

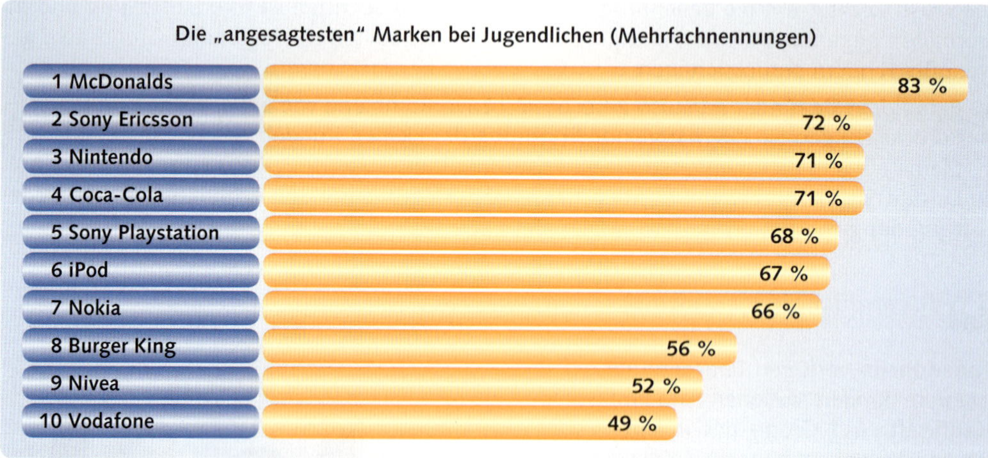

Quelle: „Bravo" Faktor Jugend 10

Für den Verkauf bedeutet dies, dass der Einzelhändler bei der Sortimentszusammenstellung und Beratung darauf achten sollte.

Verhalten des Verkaufspersonals gegenüber Jugendlichen

Wer in Jugendlichen beim Bummeln durch ein Geschäft sofort potenzielle Ladendiebe sieht und dies ihnen auch gegenüber zum Ausdruck bringt, muss sich nicht wundern, wenn sich der Altersdurchschnitt seiner Kundschaft nach oben bewegt.

Jugendliche Kunden wollen genau so ernst genommen werden wie Erwachsene. Sie erkennen sehr schnell, ob man ihnen etwas aufdrängen will – in der Annahme, ihnen fehlt die Erfahrung – oder ob man auch bei ihnen ihr Kaufproblem ernsthaft lösen möchte.

Da **Jugendliche** sich sehr stark am **Verhalten** ihrer **Altersgruppe** orientieren („peer-group"), ist es notwendig, sich in ihre Lebens- und Erfahrungswelt hinein versetzen zu können. Viele Einzelhändler haben dies erkannt und bemühen sich junges Verkaufspersonal in den entsprechenden Abteilungen *(Young-Fashion)* einzusetzen und die Abteilungen auf diese Kundengruppe bezogen zu gestalten *(Farben, Musik, offene Präsentation)*.

Im Vordergrund des **Verkaufsgesprächs** sollte die **Wirkung** der **Ware** stehen und nicht unbedingt Qualität, Preis-Leistungs-Verhältnis oder Garantieleistungen.

Beauty, Styling und Fashion sind ein Grundbedürfnis für Jugendliche.

Pflege dient der Stärkung des Selbstbewusstseins, Bekleidung prägt die eigene Persönlichkeit und das Styling schafft Individualität und Abgrenzung. An- und Ausprobieren sind daher besonders wichtig, weil man noch nicht seine eigene Persönlichkeit gefunden hat. Auch darauf sollte im Verkauf geachtet werden.

Aktion

1. Sie haben die Möglichkeit ein Geschäft speziell für junge Kunden zu eröffnen. Stellen Sie Ihr Sortimentskonzept sowie die Ladengestaltung der Klasse vor.
2. Wie gehen Sie in Ihrem Ausbildungsbetrieb auf Kinder und jugendliche Kunden ein? Was müssen Sie beim Verkauf bestimmter Waren beachten? Bereiten Sie ein Kurzreferat vor.
3. Formulieren Sie mithilfe der „Kopfstandmethode" fünf Verhaltensweisen eines Verkäufers, die dazu führen, dass Jugendliche dieses Geschäft künftig auf jeden Fall meiden werden!
4. Zeigen Sie an drei Beispielen, wie sich das Einkaufsverhalten von Kindern und Jugendlichen gegenüber Erwachsenen unterscheidet.
5. Warum spielen Markenartikel für viele Jugendliche eine so große Rolle?

1.6 Ältere Menschen als Kunden

Senioren – eine verschiedenartige Zielgruppe im Einzelhandel

Der **Anteil** der älteren Bevölkerung nimmt immer mehr zu. Im Jahr 2040 werden fast 40 % sechzig Jahre und älter sein. Außerdem steigt die **Lebenserwartung** pro Jahrzehnt um drei Jahre. Im Gegensatz zum Jugendlichen, der dies gerade mal vier bis sechs Jahre ist, umfasst die Gruppe der älteren Menschen vier Lebensjahrzehnte. Da gibt es die „Generation 50+", die „Bestagers" und die „Hochbetagten" mit einem immer größer werdenden Anteil an Hundertjährigen.

(Foto: Guido Adolphs)

Auch die **Kaufkraft** ist sehr unterschiedlich. So gibt es wohlhabende Rentnerehepaare, bei denen die Kinder aus dem längst bezahlten Haus sind und die mit der Alters- und Betriebsrente mehr als gut leben können. Zu den Kunden zählen aber auch Frauen und Männer, die mit sehr geringen Renten gerade mal ihr Existenzminimum sichern können. Eine solch verschiedenartige Gruppe ist unter den Kunden sonst nicht zu finden. Einerseits z. B. den Siebzigjährigen, der „fit wie ein Turnschuh" jeden Morgen joggen geht, und andererseits den sechzigjährigen Schwerhörigen oder Gehbehinderten. Vom **Verkaufspersonal** wird bei der Bedienung und Beratung von älteren Menschen daher besonders viel verlangt.

Geschäfts- und Sortimentsgestaltung bei vorwiegend älteren Kunden

- Helle Verkaufsräume mit viel Licht,
- altersgerecht eingerichtet *(Sitzgelegenheiten mit hoher Sitzhöhe)*,
- statt Stufen Rampen, Fahrstühle für obere Etagen,
- Hinweisschilder in großer Schrift,
- Verzicht auf dauerndes Umplatzieren einzelner Warengruppen,
- gut erreichbare Regalplätze mit leicht lesbarer Beschriftung,

- Verzicht auf dauernde Musikberieselung,
- Markenqualität und kleine Packungsgrößen,
- auf die Altersgruppe bezogene Artikelauswahl *(fettarme oder diätetische Lebensmittel, spezielle Hygieneartikel)*.

Spezielle Serviceleistungen für ältere Kunden

Auf Grund von krankheitsbedingten Beschwerden sind ältere Menschen oft in besonderem Maße auf **Serviceangebote** angewiesen. Besonders wichtig sind Zustell- und Abholserviceleistungen *(Lebensmittel, Reparaturen an elektrischen Geräten, Aufbau von Möbeln, Anschluss von Elektrogroßgeräten)* sowie Hilfen beim Einpacken an der Kasse.

Infobox

Senioren – im Visier des Handels

Generation 60plus: Sie ist kaufkräftig. Ihr Anteil an der Bevölkerung wächst rasant. Händler umgarnen sie – mit Lupen, Sitzecken und Spezialprodukten.

Chemnitz/Hamburg – Die Zukunft des deutschen Handels beginnt in Chemnitz. Im Flemminggebiet, einem Stadtteil mit einförmigen Mietshäusern und eher geringer Kaufkraft, steht ein blau-gelber Zweckbau von Edeka, der sich äußerlich kaum von den sonstigen Märkten des größten deutschen Lebensmittelhändlers unterscheidet.

Doch dieser Markt ist ein Pilotprojekt: Im Inneren sind die Gänge breiter, die Preisschilder größer als sonst bei Edeka üblich. Zwischen Rotwein und Backstation steht eine Ruhebank und wenn die Kunden den dicken, roten Serviceknopf drücken, kommt einer von 15 Mitarbeitern herbeigeeilt, um sie zu beraten.

Am auffälligsten im „Supermarkt der Generationen" sind aber die Lupen, die an manchen Regalen baumeln und mit denen sich auch noch die winzigste Zutatenliste auf

Jogurtbechern oder Marmeladen entziffern lässt. „Die Lupen sind bei den Verbrauchern viel besser angekommen, als wir zunächst vermutet haben", sagt Marktleiterin Ellen Rübsam.

(Quelle: Hamburger Abendblatt)

Verhalten des Verkaufspersonals

Ältere Menschen möchten so bedient und beraten werden wie andere Kunden auch. Ein Hinweis auf ihr Alter und damit verbundene Beschwerden oder Einschränkungen verbietet sich. Ein **Verkaufsgespräch** mit älteren Menschen dauert meist etwas länger als sonst üblich. Verständnis und Geduld sind selbstverständlich. Dies sollte auch besonders vom **Kassenpersonal** beachtet werden, wenn ältere Menschen Schwierigkeiten bei der Geldübergabe haben *(Sehschwäche)*. Ein gut gemeintes „Geben Sie mir doch Ihren Geldbeutel, ich hol mir das Kleingeld passend" ist entwürdigend und sollte nur auf Wunsch des Kunden vorgenommen werden!

Für Senioren zählt beim Einkauf in erster Linie die **Qualität** der Ware. Dafür sind sie bereit, auch etwas mehr Geld auszugeben. Dies ist besonders dann der Fall, wenn sie vom Gebrauchswert des Produkts überzeugt sind. Dabei lassen sie sich am ehesten mit sachlichen, ehrlichen und genauen Informationen überzeugen. Wer sich mit den Anforderungen der älteren Kunden auseinander setzt, wird auch bald die passenden Produkte und Argumente finden!

Beispiel **Die altersgerechte Küche:**

Alle unteren Staubereiche als Schubladen mit Vollauszügen, Spülbeckenarmatur mit herausziehbarem Brauseschlauch, niedrig gehängte Oberschränke, größere Arbeitsplattentiefe, Backofen mit ausziehbaren Rosten hoch eingebaut, Kochflächen nebeneinander, großer Vorratsschrank mit Vollauszug.

So wie Jugendliche gerne von Gleichaltrigen beraten werden wollen, gilt dies auch für ältere Menschen. Nehmen Sie es einem älteren Kunden nicht übel, wenn er nach einem älteren Verkäufer fragt.

Aktion

1. Nennen Sie drei Gründe, warum ältere Kunden für den Einzelhandel immer wichtiger werden.
2. Zeigen Sie an einem Beispiel unterschiedliches Kaufverhalten von Senioren und Jugendlichen.
3. Entwerfen Sie in der Lerngruppe eine Checkliste mit zehn Gesichtspunkten zur Gestaltung von altersgerechten Verkaufsräumen. Stellen Sie diese Liste in der Klasse vor und vergleichen Sie mit den anderen Lerngruppen.
4. Untersuchen Sie Ihren Ausbildungsbetrieb anhand der Liste aus Aufgabe 3 auf „Alterstauglichkeit"!
5. Sie haben vor, ein Geschäft speziell mit Produkten für Senioren zu eröffnen. Entwickeln Sie ein dazu passendes Sortimentskonzept.
6. In Werbespots mit der Zielgruppe „Senioren" kommen häufig folgende Begriffe vor: Vitalität, Lebensfreude, Gesundheit, Sicherheit, Vorsorge. Nennen Sie Produkte, die sich mit diesen Begriffen verbinden lassen.
7. Fragen Sie in der Familie und im Bekanntenkreis ältere Menschen nach ihren Einkaufsgewohnheiten und ihren Erfahrungen im Einzelhandel. Erstellen Sie dazu ein Plakat.

1.7 Ausländer als Kunden

Über sieben Millionen Migranten leben dauerhaft in Deutschland. Diese ca. 9 % der Gesamtbevölkerung bieten große Umsatzmöglichkeiten für die Einzelhandelsbetriebe, die sich darauf einstellen.

Gerade unter Ausländern spricht es sich schnell herum, wo auf ihre Wünsche und Bedürfnisse angemessen reagiert wird.

Die Konsumwünsche der Ausländer werden häufig auch von der Allgemeinheit aufgegriffen und sind damit Vorläufer einer breiten Nachfrage.

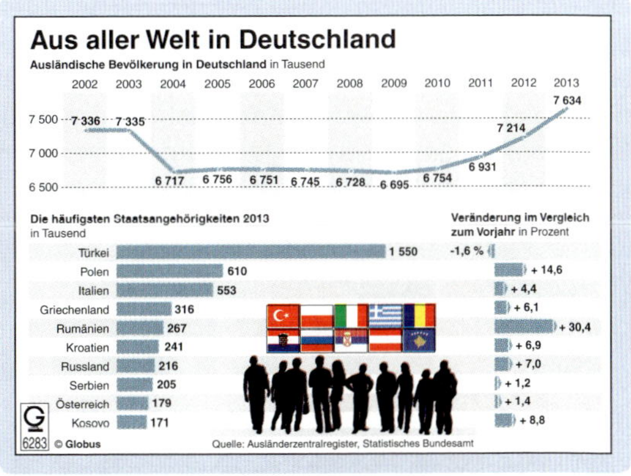

Denken Sie daran: Viele Waren sind ursprünglich ausländischer Herkunft!

Ein ABC ursprünglich ausländischer Waren:

Angorawolle, Bidet, Calamares, Douglasfichte, Espresso, Futon, Gyros, Halwa, Ikone, Jogurt, Kajak, Lasso, Mokka, Niblick, Oregano, Pizza, Queue, Retsina, Spagetti, Tabasco, Ulster, Vinaigrette, Whisky, Xerographie, Yuccapalme, Zaziki.

Beachten Sie bei Bedienung und Beratung ausländischer Kunden die folgenden Punkte:

- **Sortiment anpassen!**
  Bei einem großen Ausländeranteil an den Kunden *(Türken, Italiener)* lohnt es sich für den Einzelhändler sein Sortiment um solche Waren zu erweitern, die von den ausländischen Kunden häufig nachgefragt werden.
- **Fremdes akzeptieren!**
  Akzeptieren Sie ungewohnte Verhaltensweisen, fremde Sitten und einen anderen Geschmack. Gehen Sie auf ungewöhnliche Kundenwünsche ein. Bleiben Sie dabei freundlich und machen Sie sich nicht über Personen lustig, die sich in Ihren Augen ungewöhnlich verhalten!
- **Hilfsbereitschaft signalisieren!**
  Andere Umgebung schafft Unsicherheit und erschwert die Orientierung. Deshalb sind Ausländer besonders auf Hilfe angewiesen. Sprechen Sie diese Kunden von sich aus an, und zeigen Sie Ihre Bereitschaft zur Hilfestellung!
- **Angemessen kommunizieren!**
  Verfallen Sie nicht in ein gebrochenes Deutsch, wenn Sprachprobleme auftreten *(„Was du wollen?“)*. Sprechen Sie langsam, deutlich und reden Sie erwachsene Ausländer – wie alle Kunden – mit „Sie“ an. Achten Sie bei der Warenvorlage darauf, besonders intensiv die Sinne der Kunden anzusprechen!

Die englische Sprache entwickelt sich bei der internationalen Verständigung immer mehr zum bevorzugten Kommunikationsmittel. Besucher aus fremden Ländern verfügen meistens über einen Grundwortschatz Englisch und können sich in dieser Sprache verständigen. Einzelhandelsbetriebe mit solchen Kunden sollten mindestens über eine Fachkraft verfügen, die in Englisch Kontakt zu diesen Kunden aufnehmen kann. Wenn Sie diese Aufgabe übernehmen, können Sie sich unentbehrlich machen!

Some basics for shop assistants

Angebot →	offer	Münze →	coin
anprobieren →	to try on	Packung →	packet
Artikel →	article	Pflege →	care
Bargeld →	cash	Preisnachlass →	price reduction
Beschwerde →	complaint	Qualität →	quality
billig →	cheap	Quittung →	receipt
Bitteschön →	here you are	Rabatt →	discount
Dankeschön →	thank you	Rechnung →	bill, invoice
Das kostet →	it costs	Regal →	shelf
Eingang →	entry	Reklamation →	customer complaint
Einkaufswagen →	caddy/trolley	Reparatur →	repair
Es tut mir Leid →	I'm sorry	Schaufenster →	shop window
Geld →	money	Skonto →	cash discount
Geldschein →	note/bill	Sonderangebot →	special offer
Geschäftsführer →	manager	teuer →	expensive
Hersteller →	manufacturer	Tragetüte →	carrier bag
Kasse →	checkout	unterschreiben →	to sign
Kassenbon →	sales slip	Unterschrift →	signature
Kreditkarte →	credit card	Verfallsdatum →	expiry date
Kunde →	customer	Verkäufer →	shop assistant
lieferbar →	available	Wechselgeld →	change
Marke →	brand	Zahlung →	payment

Aktion

1. Geben Sie an, welche Ausländer zu Ihren Kunden gehören. Notieren Sie, wie Sie sich auf die Beratung und Bedienung dieser Kunden besonders einstellen können.
2. Klären Sie alle Begriffe aus dem „ABC ursprünglich ausländischer Waren". Benutzen Sie ein Wörterbuch. Fügen Sie möglichst zu jedem Buchstaben eine weitere ehemals ausländische Ware hinzu.
3. Welche Probleme können sich bei der Bedienung ausländischer Kunden ergeben?
4. Welche Erfahrungen haben Sie selbst als Kunden im Ausland gemacht?
5. Entwerfen Sie in Partnerarbeit ein kleines Verkaufsgespräch in Englisch, üben Sie es ein und führen Sie das Ergebnis in der Klasse vor.
6. Notieren Sie sich Begrüßungs- und Abschiedsgrußformeln in den Sprachen, die Schülerinnen und Schüler in Ihrer Klasse sprechen.

2 Verkauf bei Hochbetrieb

Auch wenn's heiß hergeht – immer schön cool bleiben!

Situation

Frau Nägele ist genervt! Seit vier Stunden steht sie ohne Pause an einem Sondertisch mit Aktionsware. Schon längst hätte eigentlich die Ablösung kommen sollen, doch ihre Kollegin musste kurzfristig für eine erkrankte Mitarbeiterin einspringen. So wird Frau Nägele wohl noch etwas warten müssen, bis sie zur verdienten Kaffeepause in die Kantine kann.

Information

Wann ist mit Hochbetrieb zu rechnen?

Kunden kaufen nicht gleichmäßig verteilt über den Tag, über die Woche oder über das Jahr ein. Kunden kaufen dann besonders viel und häufig ein, wenn sie viele Waren benötigen *(vor den Wochenenden und Feiertagen)*, wenn sie Zeit zum Einkaufen haben *(nach Büro- oder Werkstattschluss)*, wenn sie über Geld für den Einkauf verfügen *(am Monatsanfang)* und wenn besondere Anlässe vorliegen *(Weihnachten)*. Deshalb herrscht in den meisten Einzelhandelsbetrieben zu ganz bestimmten Zeiten Hochbetrieb.

Hochbetriebszeiten:

- täglich — 17:00 bis 19:00 Uhr
- wöchentlich — Freitagnachmittag und an Samstagen
- saisonal — je nach Branche, z. B. Frühjahrs- und Herbstmode, Winterreifen beim ersten Schnee, Gartenbedarf im Frühjahr
- jährlich — zu den Schlussverkäufen und vor Festen (besonders vor Weihnachten)

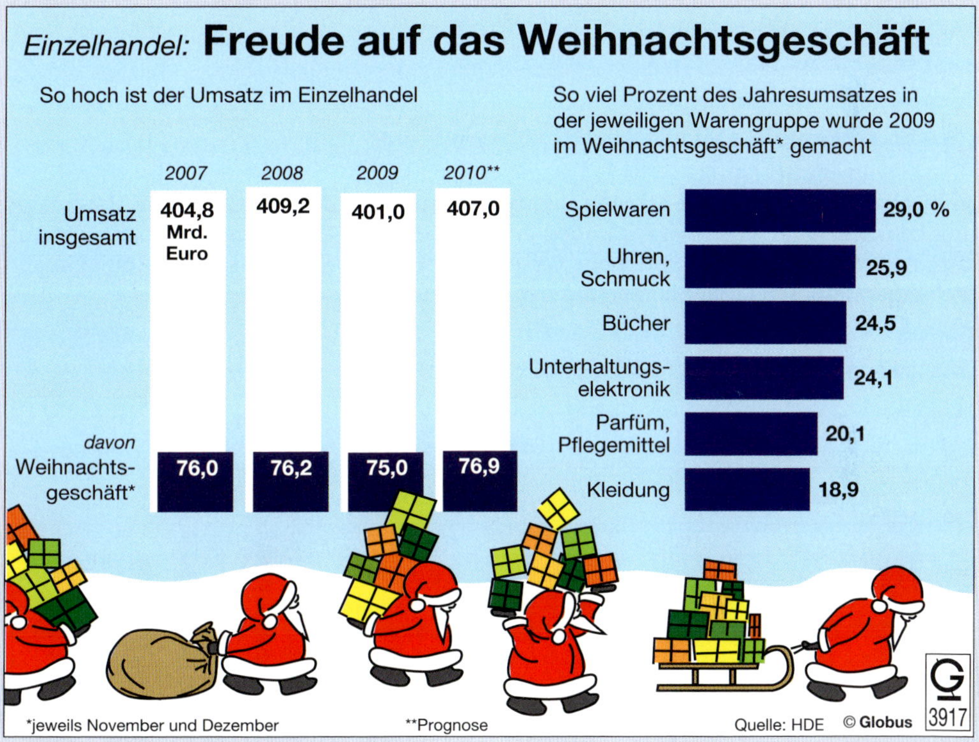

Der Hochbetrieb in diesen Zeiten bedeutet eine besondere Anstrengung für das Personal in der Kundenberatung und im Verkauf. Immer wieder kommt es vor, dass mehrere Kunden gleichzeitig von Ihnen bedient werden möchten. Das bedeutet Stress für Sie. Dennoch sollten Sie nicht ärgerlich sein, denn die Kunden kommen zu Ihnen, weil sie eine Lösung ihres Einkaufsproblems von Ihnen erwarten. Außerdem sichert ein hoher Umsatz die Arbeitsplätze in diesem Betrieb.

Wie wirkt sich Hochbetrieb auf wartende Kunden aus?

Bei Hochbetrieb werden Personal und Kunden gefordert. Auch für viele Kunden bedeutet Einkauf bei Hochbetrieb Stress. Sie müssen warten. Je länger Kunden warten müssen, umso weniger Zeit haben sie für andere Einkäufe zur Verfügung.

Häufig herrscht Gedränge und es ist heiß. Viele werden nervös, unruhig oder ungehalten. In dieser Situation können sich die meisten Menschen nur schwer beherrschen. Sie beobachten das Verhalten der Verkäuferinnen und Verkäufer besonders kritisch und reagieren leicht gereizt. Gereizte Kunden fällen oft kein gerechtes Urteil, sie schimpfen laut oder verlassen ohne Einkauf das Geschäft. Wenn Sie wissen, was Kunden reizt, können Sie sich darauf einstellen und ärgerliche Reaktionen vermeiden.

Der Kunde wird ärgerlich:

- wenn er sich unbeachtet fühlt, z. B. wenn ihn das Personal nicht wahrnimmt und nicht begrüßt.
- wenn er sich ungerecht behandelt fühlt, z. B. wenn Kunden bedient werden, die sich vorgedrängelt haben.
- wenn er meint, unnötig warten zu müssen, z. B. wenn das Personal Privatgespräche führt, auf den Verkauf nicht vorbereitet ist und Verkaufsgespräche verzögert.

Wie stellen Sie sich auf den Hochbetrieb ein?

Die regelmäßigen Hochbetriebszeiten sind bekannt und werden bereits bei der Personalplanung berücksichtigt. Wenn viele Kunden in das Geschäft drängen, müssen mehr Verkaufskräfte zur Verfügung stehen und mehr Kassen geöffnet sein. So kann sich die Betriebsleitung durch organisatorische Maßnahmen auf den Kundenandrang einstellen.

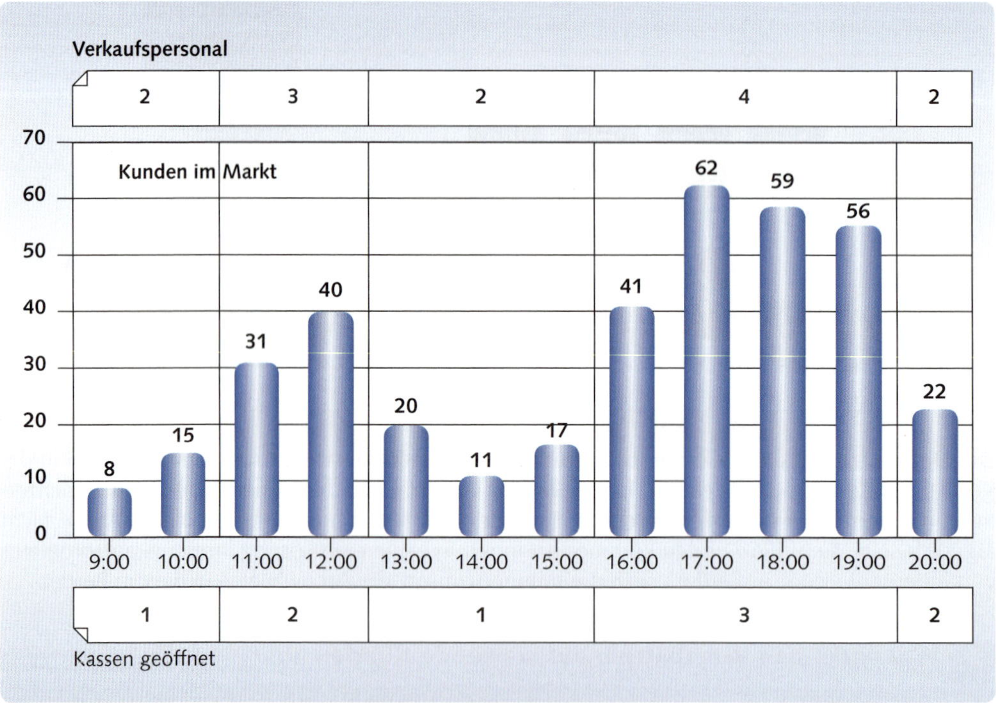

Abb. Kundenfrequenz und Personalbedarf in einem Drogeriemarkt

Als Hilfsmittel können Kunden/Zeit-Diagramme dienen, auf deren Grundlage Personaleinsatzpläne erstellt werden.

Bei Kundenandrang können aber auch Sie selbst Ihre Fähigkeiten im Verkauf unter Beweis stellen. Sie sind gezwungen, zügig zu arbeiten. Bei Vorwahl müssen Sie sogar manchmal mehrere Kunden gleichzeitig bedienen. Ihre Kunden verstehen es, wenn Sie weniger Zeit für jeden Einzelnen haben. Sie werden sehen, mit ein paar Kniffen ist das kein großes Problem.

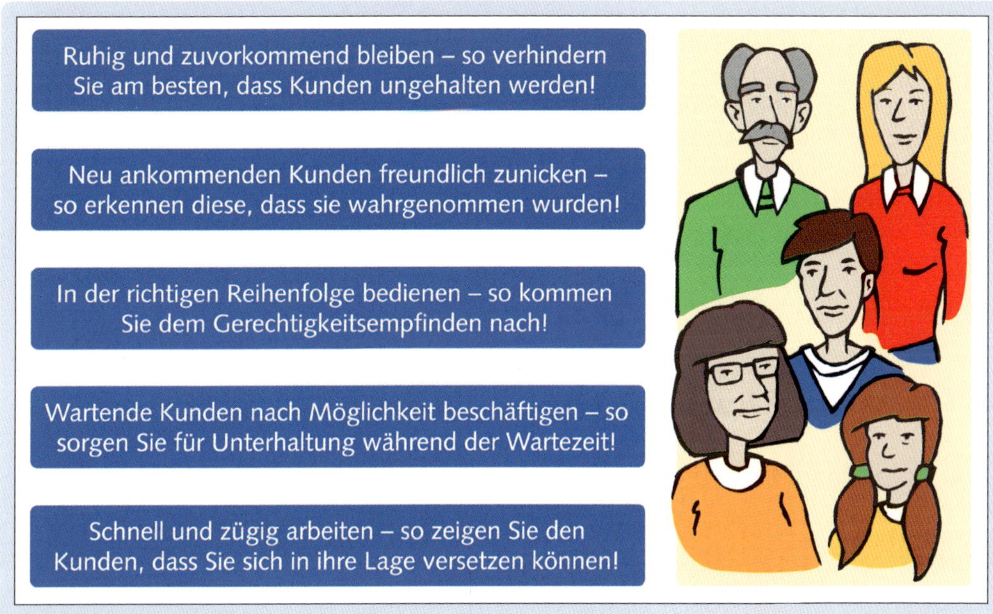

Abb. Regeln bei Hochbetrieb

Bei großem Kundenandrang sollten Sie ein Problem nie aus den Augen verlieren: Bei Hochbetrieb haben auch Ladendiebe Hochbetrieb. Sie nutzen das Gedränge besonders gern, weil dann das Personal unter Stress steht und weniger Zeit hat, um auf der Hut zu sein. Beachten Sie deshalb die Hinweise im **Kapitel 9** Ladendiebstahl.

Aktion

1. Untersuchen Sie Hochbetriebszeiten in Ihrem Ausbildungsbetrieb.
   a) Wann treten Hochbetriebszeiten auf? Nennen Sie die Ursachen.
   b) Erstellen Sie ein Diagramm für einen Tag oder eine Woche.

2. Wie können Sie Kunden, die noch nicht an der Reihe sind, das Warten erleichtern? Notieren Sie drei sinnvolle Beispiele für Ihre Branche.

3. Ermitteln Sie, welche Fehler in den folgenden Fällen gemacht werden. Finden Sie in Partnerarbeit positive Alternativen:
   a) In einem Sanitätsfachgeschäft berät der Verkäufer eine Kundin. Ein Kunde fragt dazwischen, ob das neue Blutdruckmessgerät schon da sei. Der Verkäufer erwidert: „Sie sehen doch, dass ich gerade bediene!"
   b) In der überfüllten Fotoabteilung eines Warenhauses bezahlt ein Kunde seine Fotoarbeiten und möchte anschließend über eine neue Kamera informiert werden. Der Verkäufer holt den Schlüssel für die Vitrine.

4. Bereiten Sie sich mit einem Partner anhand einer selbst gewählten Ware auf ein Verkaufsgespräch vor. Versuchen Sie dabei, Zusatzangebote zu unterbreiten. Üben Sie dann das Verkäuferverhalten
   a) unter normalen Bedingungen und b) unter Hochbetrieb.
   Nehmen Sie beide Szenen mit der Kamera auf und werten Sie vor der Klasse aus.

5. Rollenspiel: Sie sind gerade alleine in der Abteilung für Röcke und Hosen in einem Kaufhaus. Seit einiger Zeit beraten Sie eine Kundin, die einen Wollrock kaufen möchte. Eine zweite Kundin betritt die Abteilung.
   a) Nehmen Sie mit der neuen Kundin situationsgerecht Kontakt auf.
   b) Die erste Kundin hat sich drei Modelle ausgesucht und möchte sie in der Kabine anprobieren. Nutzen Sie diese Situation, um die zweite Kundin zu bedienen.
   c) Die erste Kundin verlässt wieder die Kabine. Sie nehmen mit ihr das Gespräch wieder auf.
   d) Ihr Gespräch wird durch einen Herrn unterbrochen, der den Weg zur Kasse sucht. Reagieren Sie angemessen.

3 Verkauf kurz vor Ladenschluss

Der Countdown läuft!

Situation

Auch das noch – kurz vor acht Uhr noch eine Kundin und mein Freund wartet doch!

In fünf Minuten ist Feierabend! Ich werde diese Kundin genau so nett und freundlich wie alle anderen bedienen!

Gäste kommen niemals unpassend!

Arbeitsauftrag

Listen Sie mögliche Gründe auf, warum Kunden kurz vor Ladenschluss zu Ihnen zum Einkaufen kommen. Wie können Sie darauf reagieren?

Information

In Deutschland können Einzelhändler ihr Geschäft nicht beliebig lang öffnen. Sie sind an die gesetzlichen **Öffnungszeiten** des **Ladenschlussgesetzes** gebunden.

Die Festlegung der Öffnungszeiten ist Ländersache. Daher gelten in den 16 Bundesländern unterschiedliche Regelungen.

Infobox

Bundesland	Mögliche Öffnungszeiten
Baden-Württemberg	Montag bis Samstag 24 Stunden, Sonn- und Feiertage nicht, Ausnahme: 3 verkaufsoffene Tage
Bayern	Montag bis Samstag von 6 bis 20 Uhr, Sonn- und Feiertage nicht, Ausnahme: 4 verkaufsoffene Tage
Berlin	Montag bis Samstag 24 Stunden, Sonn- und Feiertage nicht, aber Ausnahmen: Adventssonntage 13 bis 20 Uhr, 4 zusätzliche verkaufsoffene Tage
Brandenburg	Montag bis Samstag 24 Stunden, Sonn- und Feiertage nicht, Ausnahme: 6 verkaufsoffene Tage mit Öffnungszeiten von 13 bis 20 Uhr
Bremen	Montag bis Samstag 24 Stunden, Sonn- und Feiertage nicht, Ausnahme: 4 verkaufsoffene Tage mit max. 5 Stunden Öffnungszeit
Hamburg	Montag bis Samstag 24 Stunden, Sonn- und Feiertage nicht, Ausnahme: 4 verkaufsoffene Tage
Hessen	Montag bis Samstag 24 Stunden, Sonn- und Feiertage nicht, Ausnahme: 4 verkaufsoffene Tage mit max. 6 Stunden Öffnungszeit
Mecklenburg-Vorpommern	Montag bis Samstag 24 Stunden, Samstag 0 bis 22 Uhr, Sonn- und Feiertage nicht, Ausnahme: 4 verkaufsoffene Tage
Niedersachsen	Montag bis Samstag 24 Stunden, Sonn- und Feiertage nicht, Ausnahme: 4 verkaufsoffene Tage
Nordrhein-Westfalen	Montag bis Samstag 24 Stunden, Sonn- und Feiertage nicht, Ausnahme: 4 verkaufsoffene Tage
Rheinland-Pfalz	Montag bis Samstag von 6 bis 22 Uhr, Ausnahme: bis zu 8 „Einkaufsnächte“, Sonn- und Feiertage nicht, Ausnahme: 4 verkaufsoffene Tage, aber Öffnungszeit nicht zwischen 6 und 11 Uhr
Saarland	Montag bis Samstag von 6 bis 20 Uhr, Ausnahme: 1 Tag bis 24 Uhr, Sonn- und Feiertage nicht, Ausnahme: 4 verkaufsoffene Tage
Sachsen	Montag bis Samstag von 6 bis 20 Uhr, Ausnahme: 5 Tage 24 Stunden, Sonn- und Feiertage nicht, Ausnahme: 4 verkaufsoffene Tage mit Öffnungszeiten von 12 bis 18 Uhr
Sachsen-Anhalt	Montag bis Freitag 24 Stunden, Samstag 0 bis 20 Uhr, Sonn- und Feiertage nicht, Ausnahme: 4 verkaufsoffene Tage
Schleswig-Holstein	Montag bis Samstag 24 Stunden, Sonn- und Feiertage nicht, Ausnahme: 4 verkaufsoffene Tage
Thüringen	Montag bis Freitag 24 Stunden, Samstag 0 bis 20 Uhr, Sonn- und Feiertage nicht, Ausnahme: 4 verkaufsoffene Tage

Infobox

Bei den verkaufsoffenen Sonn- oder Feiertagen sind (je nach Bundesland) bestimmte Sonntage/Feiertage ausgeschlossen. Das Recht zur Festlegung der verkaufsoffenen Sonntage ist z. T. auf die Gemeinden/Städte übertragen worden. Für die verkaufsoffenen Sonn- und Feiertage gelten in einigen Fällen spezielle Regelungen, z.B. Öffnung während der Hauptgottesdienstzeiten nicht erlaubt.

Weiterhin gibt es **abweichende Regelungen** für

- bestimmte Betriebe → Apotheken, Tankstellen, Bäckereien, Kioske
- bestimmte Warengruppen → Reisebedarf, Frischblumen
- bestimmte Standorte → Verkaufsstellen auf Bahnhöfen, Airports und Fährhäfen sowie in Krankenhäusern, Kurorten und touristischen Zentren.

Durch die **Liberalisierung** der Ladenschlusszeiten (Ladenöffnungsgesetze der Bundesländer) hat sich der Hochbetrieb bei Ladenschluss entspannt. Dennoch kommt es vor, dass kurz vor **Ladenschluss** häufig noch mehrere Kunden das Geschäft betreten. Auch in diesen Fällen sollten Sie ruhig und freundlich bleiben.

Weisen Sie die Kunden auf das Ende der Geschäftszeit hin, aber bleiben Sie dabei höflich und denken Sie an die **Kundenpflege**.

Beispiel „Bitte stellen Sie sich darauf ein, dass wir in wenigen Minuten schließen. Vielen Dank für Ihr Verständnis!"

Wenn Sie Zeit und die Möglichkeit haben, um die Kunden auch noch nach dem Ablauf der Ladenschlusszeit zu bedienen, so sollten Sie diese Möglichkeit nicht ungenutzt lassen.

Kunden, die hochwertige Stücke *(Möbel, Fahrzeuge, Schmuck, Teppiche)* auswählen, benötigen Zeit und danken es Ihnen, wenn Sie nicht drängeln. Zeigen Sie auch hier Ihre Bereitschaft zur Kundenpflege.

Beispiel „Wir haben jetzt geschlossen, aber ich möchte Ihnen noch gern Zeit lassen, sich Ihre Entscheidung in Ruhe zu überlegen!"

Sie können sicher sein, dass ein solches Entgegenkommen positiv wahrgenommen wird, zur Kundenbindung beiträgt und die Kaufentscheidungen beflügelt.

Tipp: Sprechen Sie sich mit Kolleginnen und Kollegen ab, wer u. U. Kunden nach Schließung des Geschäfts zu Ende bedient. Organisieren Sie diesen „Spätdienst" im Wechsel. Die meisten Kunden werden dafür Verständnis haben.

Beispiel „Meine Kollegin, Frau Caspari, wird Sie weiter bedienen. Bitte haben Sie Verständnis, denn ich muss meinen Bus erreichen!"

Schwierig wird es, wenn ersichtlich ist, dass Kunden nur zum reinen Zeitvertreib sich im Geschäft aufhalten. Hier ist eine deutliche Sprache, natürlich auf freundliche Art und Weise, angebracht.

Beispiel „Wir schließen jetzt. Morgen sind wir für Sie wieder ab 9.30 Uhr da!“

In seltenen Fällen kann es vorkommen, dass Kunden trotz Ihrer „Ermahnung“ das Geschäft nicht verlassen. Hier bleibt nichts anderes übrig, als nachdrücklich auf die Gesetzeslage hinzuweisen. Für solche Situationen sollten Sie als Auszubildende möglichst immer Ihre Vorgesetzten um Unterstützung bitten, bzw. ihnen den Umgang mit solchen schwierigen Spätkunden überlassen.

Tipp: Nach Ladenschluss ist unbedingt zu kontrollieren, ob sich noch Kunden im Geschäft aufhalten *(Verkaufsräume, Toiletten)*. Dies ist wichtig, damit Kunden nicht unbeabsichtigt eingeschlossen werden. Außerdem könnte es sich auch um Ladendiebe handeln, die auf eine ungestörte „Einkaufstour“ warten und z. B. über Notausgänge das Geschäft später verlassen. Damit es dazu nicht kommt, gibt es besonders in größeren Läden Alarmanlagen.

Aktion

1. Ein Verkäufer in einem Elektronik-Fachmarkt sagt zu seinem Kunden: „In zehn Minuten wird der Markt geschlossen, da kann ich Ihnen natürlich nicht mehr unser großes Angebot an Digital-Kameras zeigen!“

   Bewerten Sie diese Aussage. Formulieren Sie einen eigenen Vorschlag in wörtlicher Rede.

2. Wie verhalten Sie sich bei einem Kunden, bei dem sie den Eindruck haben, dass er beim Einkauf kein Zeitgefühl hat.

3. Warum sind Spätkunden meist einfach zu bedienen und zu beraten?

4. Rollenspiel: Es ist fünf Minuten vor Ladenschluss im Lebensmittelsupermarkt Prima.
   a) Kundin: Sie sind bei Prima Stammkundin. Soeben erhalten Sie einen Anruf, dass Ihr Partner mit drei Geschäftsfreunden in einer Stunde zum Abendessen kommen wird. Leider ist der Kühlschrank ziemlich leer.
   b) Kunde: Sie kaufen nur sehr selten bei Prima ein. Im Büro haben sie erfahren, dass Ihr Vorgesetzter übermorgen 50 Jahre alt wird. Sie möchten ihm einen Geschenkkorb schenken und wollen sich nun bei Prima über entsprechende Angebote informieren.

   Verkäufer: Reagieren Sie in beiden Fällen situationsgerecht und kundenorientiert.

4 Kunden in Begleitung

Zwei kommen – nur einer kauft!

Situation

Selina und ihre Freundin Tina beim CD-Kauf:

Verk.: „Dies ist die neue Maxi-Single von Moschido, nach der Sie letzte Woche schon gefragt hatten!"

Selina: „Super, darauf freue ich mich schon lange!"

Tina: „Spinnst du? Wer hört denn so was noch?"

Selina: „Wenn du meinst. Tja, ich weiß jetzt wirklich nicht, was ich machen soll!"

Arbeitsaufträge

1. *Wie sollte sich ein Verkäufer in einer solchen Situation verhalten?*
2. *Warum darf der Verkäufer Begleitpersonen nicht als störend für ein Verkaufsgespräch empfinden?*

Information

Interesse der Begleitperson

Begleitperson zeigt Interesse am Verkaufsvorgang

Wenn die Begleitperson sich **aktiv** am Verkaufsgespräch beteiligen möchte, signalisiert sie dies dadurch, dass sie sich in das Gespräch mit einschaltet oder sich mit der vorgelegten Ware beschäftigt. Nicht selten gibt sie Ratschläge. Es ist nun Aufgabe des Verkäufers sich diese **Begleitperson** zum **„Verbündeten"** zu machen. Sie wird aktiv mit in das Verkaufsgespräch einbezogen. Das Verkaufsgespräch wird nun zu dritt geführt, allerdings sollte sich der Verkäufer nicht die Gesprächsführung aus der Hand nehmen lassen.

Begleitperson zeigt kein Interesse am Verkaufsvorgang

Desinteressierte Begleitpersonen sind daran zu erkennen, dass sie sich z. B. vom Verkaufsgeschehen **abwenden**. So äußern sie sich auch nicht zu den vorgelegten Artikeln. Häufig handelt es sich um den Lebenspartner, der sich für den Kaufwunsch des anderen nicht besonders interessiert. Wenn ersichtlich ist, dass es der **Begleitperson langweilig** ist oder sie **unruhig** wird, bietet man eine Sitzgelegenheit, Zeitschriften, Kaffee oder Ähnliches an, um den Aufenthalt auch für diesen „Gast" angenehm zu gestalten.

Sachverstand der Begleitperson

Begleitperson mit Sachverstand

Hierbei handelt es sich um **interessierte** Begleitpersonen, die sich **aktiv** ins Verkaufsgeschehen einschalten. Ihren Sachverstand erkennt man an der Wortwahl *(Fachausdrücke)* sowie fundierten **Fragen** zum Einkaufsproblem des Kunden.

Für den Verkäufer sind solche Begleiter meist eine echte Hilfe. Er kann sie als **„Experte"** aktiv beteiligen und ihnen die Rolle eines **„Mitverkäufers"** zuweisen. Dies erhöht beträchtlich die Chancen für einen erfolgreichen Verkaufsabschluss.

Begleitperson mit vermeintlichem oder ohne Sachverstand

Den besserwisserischen **„Möchtegern-Experten"** erkennt ein geschulter Verkäufer sehr schnell an seinen **unzutreffenden** Behauptungen und Kommentaren. Es wäre aber falsch ihn als Dummschwätzer vor dem eigentlichen Kunden bloßzustellen, denn dieser hat ihn wahrscheinlich mitgenommen, damit er ihm bei der Kaufentscheidung fachlich zur Seite steht.

Wer überhaupt keine Kenntnisse hat, zeigt dies durch leicht erkennbare falsche Fragen, Behauptungen oder unbegründete Einwände. Ein kluger Verkäufer lässt sich nicht anmerken, dass er das fehlende Fachwissen der Begleitperson erkannt hat. Eine gute Möglichkeit zu reagieren ist die Anwendung der „Ja-Aber-Methode".

Beispiel

Kundenbegleiter: „Das ist doch gar keine bekannte Marke, dieses Gerät taugt bestimmt nichts!"
Verkäufer: „Früher war es in der Tat so, dass nur Markenprodukte in dieser Preisklasse angeboten wurden. Dieses Gerät ist unsere Hausmarke, die von einem namhaften Hersteller exklusiv für unseren Einkaufsverband produziert wird."

Einfluss der Begleitperson auf die Kaufentscheidung

Kunde orientiert sich an der Begleitperson

Häufig bringen Kunden einen Begleiter mit, wenn sie sich beim Kauf einer Ware nicht sicher sind. Sie erwarten **Rat** und **Hilfe** bei ihrer Kaufentscheidung. Hier sollte sich der Verkäufer zurückhalten, wenn es sich um einen fachkundigen Begleiter handelt, der im Sinne des Verkäufers argumentiert. Anders der Fall, wenn die Gefahr besteht, dass ein fachunkundiger Begleiter zu starken Einfluss nimmt. Hier muss versucht werden ihn aus dem Verkaufsgespräch auszugrenzen. Der Verkäufer muss dabei eindeutig sich auf das Gespräch mit dem Kunden beziehen.

Kunde orientiert sich nicht an der Begleitperson

Stellt man während des Verkaufsgesprächs fest, dass der **Kunde** die Äußerungen seines Begleiters **ignoriert** oder ihnen gar **widerspricht**, kann man davon ausgehen, dass der **Einfluss** des Begleiters auf die Kaufentscheidung sehr **gering** sein wird. Daher sollte sich der Verkäufer voll auf den Kunden und dessen Vorstellungen und Kaufabsichten konzentrieren.

Tipp: Kommt es zwischen Kunden und Begleitperson(en) zu **Unstimmigkeiten** oder gar **Streit** *(Ehepaar kann sich nicht für den Kauf einer bestimmten Sitzgruppe entscheiden)*, sollte sich das Verkaufspersonal **zurückhalten** und die Kunden für kurze Zeit allein lassen.

Aktion

1. Listen Sie drei Verhaltensweisen von Begleitpersonen auf, bei denen Sie erkennen können, dass die Begleitperson Interesse am Verkaufsgeschehen zeigt.

2. Sie haben erkannt, dass eine Begleitperson an der Verkaufshandlung kein Interesse zeigt. Wie verhalten Sie sich?

3. Beschreiben Sie Ihre Vorgehensweise im Verkaufsgespräch, wenn Ihrem Kunden die vorgelegte Ware zusagt, die Begleitung aber davon abrät.

4. Warum sollte man einen fachunkundigen Begleiter, der aber von seinem Fachwissen überzeugt ist, vor dem Kunden nicht bloßstellen?

5. Wann empfiehlt es sich Begleitpersonen über deren Fachwissen anzusprechen und die eigenen Argumente durch sie bestätigen zu lassen?

6. Rollenspiel: Ein junges Paar kauft bei Ihnen Waren für den gemeinsamen Haushalt *(Möbel, Tapeten, Gläser, Porzellan)* ein.

   Entwickeln Sie drei Rollenspiele:

   a) Kundin dominiert das Gespräch, der Begleiter hält sich zurück,
   b) beide nehmen aktiv an der Verkaufshandlung teil, der Mann mahnt zu finanzieller Zurückhaltung,
   c) es kommt zu Meinungsverschiedenheiten zwischen dem Mann und der Frau.

5 Geschenk- und Besorgungskauf

Vor dem Schenken heißt es denken!

Situation

Arbeitsauftrag

Auf welches grundsätzliche Problem für das Verkaufspersonal wird in dieser Abbildung hingewiesen, wenn Kunden Geschenke einkaufen möchten?

Information

Der **Geschenk-** oder **Besorgungskauf** ist eine besondere **Herausforderung** an das Verkaufspersonal: Ein Kunde kauft Ware, die er selbst gar nicht benötigt oder konsumieren will. Dabei besteht das **Problem**, dass die Ansprüche oder Wünsche desjenigen, der die Ware erhalten soll, nicht angemessen berücksichtigt werden. Deshalb ist beim Geschenk- und Besorgungskauf besonderer Einsatz gefordert.

▶ Bedarfsermittlung

Von der Eröffnung des Verkaufsgesprächs her sind Ihnen „W-Fragen" bekannt. Diese W-Fragen müssen sich auf die Person beziehen, die beschenkt werden soll oder für die etwas besorgt wird. Auf diese Weise kann man sich eine bessere Übersicht darüber verschaffen, welche Ware für den jeweiligen Fall geeignet ist.

Beispiele

- Einkauf von Spielzeug als Geschenk für das Patenkind:
  „Wie alt ist Ihr Patenkind? Welche Hobbys hat es? Womit spielt es gern?"
- Besorgung einer Taschenlampe für die gehbehinderte Nachbarin:
  „Welche Wünsche hat Ihre Nachbarin geäußert? Wozu möchte die Dame die Taschenlampe einsetzen? Wie sieht es mit ihrem technischen Verständnis aus?"

Verkaufsargumentation „doppelt" führen

Bei der Verkaufsargumentation muss das Verkaufspersonal **doppelten** Ansprüchen gerecht werden:

- Zum einen soll der Beschenkte oder derjenige, für den etwas besorgt wird, zufrieden gestellt werden.
- Zum anderen muss aber auch der Käufer überzeugt sein, das Richtige gewählt zu haben.

Der **„Sie-Stil"** erweist sich als gutes Mittel, um dem Kunden die Ware näher zu bringen. Im Falle des Geschenk- oder Besorgungskaufs muss man in diese Formulierungen die dritte Person einbeziehen:

Beispiel „Bitte nehmen Sie die Taschenlampe einmal in die Hand. Sie merken, wie leicht und handlich sie ist. Ihre Nachbarin kann damit sicher gut umgehen. Und schauen Sie einmal, wie hell der Lichtkegel strahlt. Das wird der Dame Sicherheit im Dunkeln vermitteln."

Den Kunden Sicherheit vermitteln

Kunden, die etwas für andere einkaufen, sind auch bei guter Beratung oftmals unsicher, ob sie das Richtige gewählt haben. Bauen Sie diese Unsicherheit gezielt ab, um Ihren Kunden ein gutes Gefühl zu vermitteln. Folgende Hinweise können Ihnen dabei helfen:

1. Bestätigen Sie den Einkauf durch eine Bekräftigung!

Beispiel „Die Taschenlampe ist genau richtig. Sie ist leicht, strahlt hell, und die Batterien sind leicht zu wechseln. Ihre Nachbarin wird bestimmt zufrieden sein!"

2. Geben Sie Unterstützung und Hilfestellung!

Beispiel „Ich lege Ihnen noch einen Zettel bei, auf dem ich den passenden Batterietyp notiert habe. Dann kann sich Ihre Nachbarin immer die richtigen Ersatzbatterien besorgen lassen!"

3. Bieten Sie den Kunden Umtauschmöglichkeiten an!

Beispiel „Wenn die Nachbarin mit Ihrer Entscheidung wirklich nicht zufrieden sein sollte, dann tausche ich Ihnen die Lampe problemlos um."

Für Geschenkverpackung sorgen

Waren werden zu Geschenken, indem man sie dazu herrichtet. Dies geschieht durch das Einpacken oder das Anbringen von Zierschleifen. Wenn bei Ihnen öfter Geschenke gekauft werden, ist Ihr Ausbildungsbetrieb sicher auf das Einpacken eingerichtet. Geschenkpapier, Kräuselband und Schmuckaufkleber mit der Firmenbezeichnung liegen bereit. Sorgen Sie für eine attraktive Gestaltung des Geschenks!

Werden Waren zur **Selbstbedienung** oder per **Vorwahl** angeboten, bleibt dem Personal keine Zeit und Möglichkeit, Geschenke einzupacken. Einige Märkte behelfen sich damit, Material zum Einpacken *(Geschenkpapier, Band)* umsonst oder gegen ein paar Cent an die Kunden abzugeben.

Infobox

Der **Besorgungskauf** ähnelt dem Geschenkkauf. Auch hier wird für eine dritte Person eingekauft. Der Hauptunterschied besteht darin, dass der „Auftraggeber" mehr oder weniger genaue Anweisungen zum Kauf gibt. Dies kann sehr konkret sein *(„Bring bitte das neue Deo von Xantara in der Duftrichtung „Adventure" mit!")* oder eher allgemein *(„Bring mir doch ein neues Deo mit!")*. Bei ungenauen Kaufaufträgen verhält sich der Verkäufer wie beim Geschenkkauf und vergisst keinesfalls auf eine Umtauschmöglichkeit hinzuweisen.

Aktion

1. Nennen Sie Fälle, bei denen Geschenk- oder Besorgungskäufer bei Ihnen eingekauft haben. Welche Waren wurden verlangt? Beschreiben Sie, wie Sie die Kunden zufrieden gestellt haben.

2. Frau Ulmer soll besorgen:
   a) einen Füllfederhalter für ihren Mann,
   b) drei Flaschen Wein für ihren Schwiegervater,
   c) ein Kopfkissen für ihre Tante,
   d) einen Verbandkasten für das Auto des Neffen.

   Wählen Sie einen Fall aus und klären Sie in Partnerarbeit, wie Frau Ulmer am besten geholfen werden kann. Notieren Sie das Ergebnis und stellen Sie es vor.

3. In welchen Fällen können Sie selbst entscheiden, ob eine Ware umgetauscht werden kann? Nennen Sie Beispiele.

4. Packen Sie eine Leerschachtel als Geschenk ein und bringen Sie dieses mit. Vergleichen Sie die verschiedenen Geschenkpackungen:
   a) Welche sehen am ansprechendsten aus?
   b) Welche sind besonders originell?
   c) Welche sind für bestimme Waren oder bestimmte Empfänger besonders geeignet?

5. Formulieren Sie je drei W-Fragen zur Bedarfsermittlung bei Geschenkkäufen für:
   a) Enkelkind,
   b) Tochter/Sohn,
   c) Ehemann/Ehefrau,
   d) Mutter/Vater,
   e) Freundin/Freund,
   f) Vorgesetzter.

6. Hinweis: Besorgen Sie sich für das folgende Rollenspiel Duftproben in einschlägigen Geschäften bzw. bitten Sie Klassenkameraden die benötigten Produkte mitzubringen.

   Rollenspiel: In der Parfümerieabteilung eines Warenhauses verlangt eine junge Frau ein Eau de Cologne für einen Bekannten, den sie erst seit kurzer Zeit kennt. Sie hat keine klare Vorstellung darüber, was sie schenken soll. Sie führen den Verkauf mithilfe der indirekten Bedarfsermittlung durch.

6 Verkauf mit Finanzierung

Heute kaufen – morgen zahlen

Situation

Kaum ein Kunde wird so auf Sie zukommen wie der fröhliche Herr auf dem linken Bild. Er hat offensichtlich genug Geld, um sich seine Einkäufe leisten zu können. In den meisten Fällen ist das nicht so. Häufig haben Kunden Wünsche, für die sie keine flüssigen Mittel zur Verfügung haben. – Was also tun, wenn die Taschen leer sind?

Information

Einräumung eines Zahlungsziels

Im alten Tante-Emma-Laden war das kein Problem. Dort konnte man anschreiben lassen, und nach der nächsten Lohnzahlung wurde die Rechnung beglichen. Auch heute gibt es Einzelhändler, die ihren Kunden ein Zahlungsziel einräumen, so dass die Ware z. B. erst nach vier Wochen bezahlt werden muss.

In der Regel wird sich ein Händler darauf nur einlassen, wenn ihm die Kunden als zuverlässig bekannt sind. In den meisten Fällen wird auch ein schriftlicher **Eigentumsvorbehalt** vereinbart:

> „Wir behalten uns das Eigentum an der gelieferten Sache bis zur vollständigen Zahlung sämtlicher Forderungen aus dem Kaufvertrag vor. Wir sind berechtigt, die Kaufsache zurückzunehmen, wenn der Käufer sich vertragswidrig verhält."

Bei geringen Beträgen lässt sich heute kaum ein Händler auf dieses aufwändige Verfahren ein. Es gibt zu viele säumige Zahler und die Mahnverfahren sind kostspielig und nicht immer erfolgreich.

Kleinere Kaufsummen werden bar, per Lastschriftverfahren, durch Electronic Cash oder mit Kreditkarte bezahlt. Häufig sind auch solche Einkäufe „versteckte" Kreditaufnahmen, denn der Kunde kann dabei sein Giro- oder Kreditkartenkonto überziehen (Dispo-Kredit).

Bei dem Verkauf von Fahrzeugen, Wohnungseinrichtungen, DV-Anlagen, Schmuck, Kunstgegenständen und anderen größeren Anschaffungen geht es um die Finanzierung hoher Summen. Dabei werden häufig Beträge erreicht, die den normalen Kreditrahmen übersteigen, so dass es **erforderlich** ist, eine **Finanzierung** vorzunehmen.

Große Einzelhandelsunternehmen, Autohäuser und ähnliche Betriebe haben oft eine **„Hausbank“**. Sie können den Kunden die Finanzierung im Hause anbieten und haben damit ein gutes Service-Argument. Manchmal werden dabei besonders günstige Finanzierungsmöglichkeiten angeboten.

Beispiel Zahlungsmöglichkeiten bei einem Versandunternehmen:

Das Versandhaus bietet bei größeren Anschaffungen, Bonität vorausgesetzt, drei Zahlungsmöglichkeiten:

1. Zahlpause → jetzt bestellen, erst später bezahlen.
2. Ratenkauf → in kleinen Monatsraten bezahlen.
3. Ratenkauf und Zahlpause → nach der Zahlpause in kleinen Monatsraten bezahlen.

Der Kunde kann anhand einer Tabelle genau ausrechnen, was ihn die verschiedenen Zahlungsmöglichkeiten gegenüber dem Barpreis der Ware mehr kosten.

	ZAHLPAUSE	RATENKAUF Ratenkaufpreise in € bei Zahlung in Monatsraten						
Monatsraten		**4**	**8**	**12**	**18**	**24**	**36**	**48**
Kaufpreis	Aufschlag für Zahlpause							
€ 1,00	0,02	1,03	1,05	1,07	1,10	1,13	1,20	1,27
€ 5,00	0,10	5,13	5,23	5,34	5,50	5,67	6,01	6,37
€ 10,00	0,20	10,26	10,46	10,68	11,01	11,34	12,02	12,74
€ 50,00	1,00	51,28	52,32	53,42	55,04	56,72	60,08	63,68
€ 100,00	2,00	102,56	104,64	106,84	110,08	113,44	120,16	127,36
€ 200,00	4,00	205,12	209,28	213,68	220,16	226,88	240,32	254,72
€ 300,00	6,00	307,68	313,92	320,52	330,24	340,32	360,48	382,08
€ 400,00	8,00	410,24	418,56	427,36	440,32	453,76	480,64	509,44
€ 500,00	10,00	512,80	523,20	534,20	550,40	567,20	600,80	636,80
€ 600,00	12,00	615,36	627,84	641,04	660,48	680,64	720,96	764,16
€ 800,00	16,00	820,48	837,12	854,72	880,64	907,52	961,28	1.018,88
€ 1.000,00	20,00	1.025,60	1.046,40	1.068,40	1.100,80	1.134,40	1.201,60	1.273,60
€ 2.000,00	40,00	2.051,20	2.092,80	2.136,80	2.201,60	2.268,80	2.403,20	2.547,20
€ 3.000,00	60,00	3.076,80	3.139,20	3.205,20	3.302,40	3.403,20	3.604,80	3.820,80
€ 5.000,00	100,00	5.128,00	5.232,00	5.342,00	5.504,00	5.672,00	6.008,00	6.368,00
Aufschlag auf Kaufpreis	einmalig **2,00%**	**0,64%**	**0,58%**	pro Monat x Laufzeit **0,57%**	**0,56%**	**0,56%**	**0,56%**	**0,57%**
Effektiver Jahreszins Ratenkauf		12,91%	12,82%	13,07%	13,10%	13,12%	13,05%	13,12%
Effektiver Jahreszins	Zahlpause 7,91%	12,28%	12,33%	Ratenkauf + Zahlpause 12,57%	12,65%	12,70%	12,69%	12,78%

Ablauf einer Finanzierung

Für die **Gewährung** eines **Kredites** muss der Kunde seine **Bonität** (= Kreditwürdigkeit) nachweisen. Der **Kreditgeber** vergewissert sich dabei, dass die Chancen der Kredittilgung groß sind. Der **Kreditnehmer** kann seine Bonität z. B. durch den Nachweis eines regelmäßigen Einkommens, durch Vermögenswerte oder durch die Bereitstellung eines Bürgen belegen.

Außerdem wird der Kreditgeber eine **„Schufa-Anfrage"** durchführen. Dabei erfährt er, ob es in der Vergangenheit größere Unregelmäßigkeiten bei den Zahlungsverpflichtungen des Kreditnehmers gegeben hat.

Wenn die Bonität als ausreichend angesehen wird und die Schufa-Anfrage positiv ausfällt, kann der Kreditvertrag ausgestellt und unterzeichnet werden.

Infobox

Was ist eigentlich die „Schufa"?

Die Dienste der **Schutzgemeinschaft für allgemeine Kreditsicherung** (Schufa) soll Kreditgeber und andere Unternehmen vor Verlusten sowie den Kreditnehmer bzw. Verbraucher vor übermäßiger Verschuldung bewahren Dazu können sich Banken, Händler, Vermieter usw. bei der Schufa über die Zahlungsfähig- und -willigkeit der Verbraucher informieren. Die Schufa erteilt jedes Jahr rund 70 Millionen Auskünfte, übrigens mehr als 90 % davon positiv. Ist die Auskunft allerdings negativ, empfiehlt es sich selbst einmal zu erkunden, was eigentlich gespeichert wurde. Unter der Internetadresse „www.schufa.de/forms/formular-eigenauskunft.html" ist es möglich gegen Gebühr eine Selbstauskunft der gespeicherten Daten einzuholen.

Der **Kreditgeber** verpflichtet sich, eine Summe zu einem angegebenen **Zinssatz** für den vereinbarten **Zeitraum** zur Verfügung zu stellen. Der **Kreditnehmer** verpflichtet sich, den **Kredit** und die **Zinsen** in der vereinbarten Weise **zurückzuzahlen**.

Faire Beratung bei Finanzierung

LEBEN AUF PUMP – Borgen bringt Sorgen

Immer mehr Deutsche können ihre Kredite nicht mehr zurückzahlen. Drei Millionen Haushalte gelten als überschuldet. Zudem stehen zwölf Prozent aller Jugendlichen mit durchschnittlich 1.800 € in der Kreide.
(Quelle: Focus online)

Aus der Pressemeldung ist zu sehen, dass viele Menschen mehr einkaufen, als sie bezahlen können. Das ist eine bedauerliche Tatsache, die vom Einzelhandel berücksichtigt werden sollte. Zu einer fairen Verkaufsberatung gehört es deshalb auch, Kunden zu bremsen, wenn diese sich offensichtlich finanziell übernehmen wollen.

Beispiel Ein Auszubildender, der mit seiner Ausbildungsvergütung allein einen neuen Pkw finanzieren will, kann dies kaum schaffen. Faire Beratung heißt in solch einem Fall, einen Gebrauchtwagen zu deutlich niedrigerem Preis vorzuschlagen.

Rechtliche Seite eines Finanzierungskaufs (Teilzahlungskauf)

Nach dem BGB (§ 499, Absatz 2) ist ein **Teilzahlungsgeschäft** ein Kaufvertrag, bei dem der Verkäufer (Unternehmer) eine Sache liefert und der Käufer (Verbraucher) den **Kaufpreis** in **Teilleistungen** (Raten) entrichtet.

Für **Teilzahlungsgeschäfte** enthält das BGB **besondere** Regelungen, die den Verbraucher **schützen**. So wird ihm ein gesetzliches **Widerrufsrecht** von zwei Wochen eingeräumt, über das er vom Verkäufer ausdrücklich darauf hinzuweisen ist.

Außerdem regelt das Gesetz **Mindestangaben** für die vom Verbraucher zu unterzeichnende Vertragserklärung.

Die vom Verbraucher zu unterzeichnende **Vertragserklärung** muss nach § 502 Abs. 1 BGB mindestens **enthalten**:

- den Barzahlungspreis,
- den Teilzahlungspreis,
- Betrag, Zahl und Fälligkeit der einzelnen Teilzahlungen,
- den effektiven Jahreszins,
- die Kosten einer Versicherung, die im Zusammenhang mit dem Teilzahlungsgeschäft abgeschlossen wird,
- die Vereinbarung eines Eigentumsvorbehalts oder einer anderen zu bestellenden Sicherheit.

Bei einem **Zahlungsverzug** (Verzug mit zwei Teilzahlungen und Rückstand in Höhe von 10 % des Barzahlungspreises) kann der Verkäufer nach erfolgloser Fristsetzung mit Kündigungsandrohung den Vertrag kündigen und die gesamte Restschuld vom Käufer verlangen. Eine vorzeitige **Rückzahlung** der Raten ist möglich. In diesem Fall vermindert sich der Teilzahlungspreis um die Zinsen und sonstigen laufenden Kosten.

Aktion

1. Fragen Sie in Ihrem Ausbildungsbetrieb nach, ob
   a) ein Zahlungsziel eingeräumt werden kann,
   b) Ratenzahlung vereinbart werden kann,
   c) eine Hausbank die Finanzierung übernehmen kann,
   d) keine Finanzierungsmöglichkeiten vorgesehen sind.
   Tragen Sie die Ergebnisse in der Klasse zusammen, werten Sie diese aus und stellen Sie die Auswertung als Grafik (z. B. mit PC) dar.

2. Informieren Sie sich in einer Internetrecherche über die Möglichkeiten und Kosten einer Teilzahlung bei mindestens drei Anbietern einer Branche.

3. Klären Sie, welche Auskunft bei einer Schufa-Anfrage erteilt werden kann. Bereiten Sie ein kurzes Referat darüber vor.

4. Sammeln Sie Gründe für die zunehmende Überschuldung von Haushalten. Vergleichen und diskutieren Sie die Ergebnisse.

5. Ein Kunde kauft am 12. Mai dieses Jahres für 2.900,00 € eine Heimsauna, die er gleich nach Hause transportiert, und vereinbart eine Teilzahlung in 12 Monatsraten.

   Beurteilen Sie, auch mithilfe eines Gesetzestextes, die folgenden Situationen:
   a) Der Preis erscheint dem Kunden in der Zwischenzeit zu hoch. Kann er heute (22. Mai) das Geschäft rückgängig machen? (Information: Im Vertrag steht: „Widerruf ist innerhalb einer Woche vom Tag der Vertragsausstellung möglich.")
   b) Es wurde unterlassen, den Kunden auf seine Möglichkeit eines Widerrufs hinzuweisen. Bis zu welchem Termin kann er jetzt den Vertrag widerrufen?
   c) Wie wäre der Fall zu beurteilen, wenn die Heimsauna am 12. Mai gekauft wurde, jedoch erst drei Wochen später geliefert werden konnte?

6. Welche Möglichkeiten hat ein Verkäufer, wenn sein Kunde mit den Ratenzahlungen in Verzug kommt?

7 Beratung und Verkauf am Telefon

„Rufen Sie doch mal an! Wir sind immer für Sie da!"

Situation

In den Filialen der Textil-Markt GmbH werden alle direkten Anrufe vom Personal an der Zentralkasse entgegengenommen. Mindestens zehnmal hat das Telefon in der Neuburger Filiale bereits geklingelt, aber Frau Mertens kann nicht ans Telefon, weil sie noch bei mehreren Kunden kassieren muss. Nun hat der Anrufer wohl aufgelegt.

Wenig später klingelt es erneut. Frau Mertens nimmt das Gespräch an, obwohl schon wieder drei Kunden an der Kasse zum Bezahlen anstehen.

Frau Mertens (hektisch): „Ja!?"

Herr Braun (etwas irritiert): „Guten Tag, mein Name ist Braun, ist dort der Textil-Markt?"

Frau Mertens: „Klar, wer denn sonst! Was wollen Sie denn?"

Herr Braun (ziemlich verärgert): „Dreimal versuchte ich schon bei Ihnen anzurufen und jedes Mal höre ich nur „Bitte haben Sie einen Moment Geduld, Ihr Anruf wird in wenigen Augenblicken angenommen!". Von wegen ‚wenige Augenblicke'! Ich möchte mich beschweren. Gestern habe ich ein Sakko gekauft und nach einmal Tragen sind schon zwei Knöpfe abgegangen und eine Naht ist geplatzt!"

Frau Mertens: „Da kann ich Ihnen auch nicht weiter helfen, rufen Sie doch später noch mal an, dann ist der Abteilungsleiter von der Herrenabteilung aus der Mittagspause zurück!"

Herr Braun (nun sehr verärgert): „Also junge Frau, so geht es nicht, geben Sie mir mal sofort Ihren Chef!"

Arbeitsaufträge

1. *Beurteilen Sie das Verhalten von Frau Mertens.*
2. *Führen Sie die Gesprächssituation so weiter, dass Herr Braun nicht mehr verärgert ist.*
3. *Listen Sie Ursachen auf, warum es zu diesem unerfreulichen Telefongespräch kommen konnte.*

Information

Gespräche mit Kunden am Telefon gehören in nahezu jedem Einzelhandelsbetrieb zum Tagesgeschäft. Kundinnen und Kunden

- fragen nach aktuellen Angeboten,
- wollen wissen, ob Prospektware noch lieferbar ist,
- wünschen Informationen, z. B. zu den Öffnungszeiten,
- beschweren sich z. B. über Warenmängel oder zu lange Lieferzeiten.

Zehn Tipps zum richtigen Telefonieren!

1. Beachten Sie den Grundsatz: Ein Anrufer muss sofort wissen, mit wem er es zu tun hat!

Melden Sie sich so, dass keine Nachfragen notwendig sind. Wenn Sie einen direkten Anruf erhalten, dann melden Sie sich auf die für Ihren Ausbildungsbetrieb gültige Art und Weise.

Beispiel „Textil-Markt Neuburg, guten Tag, mein Name ist Julia Horn, was kann ich für Sie tun?"

2. Sprechen Sie deutlich, in angemessenem Tempo und in mittlerer Lautstärke!

Ihr Gesprächspartner am Telefon soll alles, was Sie sagen, verstehen und die übermittelten Information verarbeiten können. Deshalb sollten Sie sauber artikulieren („Zähne auseinander") und Ihr Sprechtempo dem Sprechtempo des Gesprächspartners angleichen. Sprechen Sie lieber etwas zu langsam als zu schnell! Vermeiden Sie zu lautes Sprechen, denn dies wirkt nervös und aufgeregt. Sprechen Sie aber auch nicht zu leise, dies kann von Ihrem Partner als Unsicherheit aufgefasst werden.

3. Machen Sie beim Telefonieren ein freundliches Gesicht! Ihr Partner „hört" es!

Ihre Einstellung gegenüber dem Gesprächspartner (Interesse, Desinteresse) sowie Ihre Gefühlslage (Ungeduld, Ärger, gute Laune) übertragen sich unbewusst auf Ihre Stimme. Man kann sagen: Die Stimme erzeugt Stimmung.

4. Sprechen Sie niemals mit vollem Mund!

Ihr Gesprächspartner merkt, wenn Sie beim Telefonieren essen (Gleiches gilt auch für Trinken und Rauchen). Dies beeinträchtigt nicht nur die Deutlichkeit Ihrer Aussprache, sondern wirkt auch besonders unhöflich.

5. Sprechen Sie anschaulich!

Da die Informationen ausschließlich über den Hörsinn aufgenommen werden, ist es wichtig, anschaulich zu sprechen. Dazu gehören z. B. bildhafte Formulierungen oder Vergleiche.

Beispiele „Das Display dieser Kamera hat die Größe einer EC-Karte."
„Dieses Modell ist der ‚Porsche' unter den Bohrmaschinen."

6. Fragen Sie nach, wenn Sie etwas nicht verstanden haben!

Scheuen Sie sich nicht, beim Anrufer nachzufragen, wenn dieser etwas unklar oder undeutlich formuliert hat.

Beispiel „Entschuldigen Sie bitte, ich habe Ihre Telefonnummer nicht richtig verstanden. Würden Sie sie bitte nochmals nennen?"

7. Rufen Sie bei Bedarf zurück!

Beachten Sie den Grundsatz: Wenn nötig, dann rufen Sie zurück und nicht der Kunde! Notieren Sie Rückruftermine und halten Sie den vereinbarten Termin unbedingt ein. Die Frage „Wann wäre Ihnen mein Rückruf recht?" überfordert viele Kunden. Schlagen Sie deshalb einen Termin vor.

8. Vermeiden Sie passives Zuhören!

Ihr Gesprächspartner kann Sie nicht sehen und weiß somit auch nicht, wie Sie auf das Gesagte reagieren. Zeigen Sie durch aktives Zuhören, dass Sie mit Interesse den Ausführungen des Anrufers folgen.

Beispiel „Ich verstehe Ihre Besorgnis gut", „interessant", „gut", „ah ja", „so sehe ich das auch".

9. Bleiben Sie stets ruhig und gelassen!

Im Umgang mit verärgerten Kunden sollten Sie immer ausgeglichen und neutral reagieren. Überhören Sie unfreundliche Bemerkungen. Sie müssen auch nicht auf jede Äußerung der Anrufer eingehen. Hier kann Schweigen besser sein.

10. Beenden Sie das Gespräch so, dass für den Anrufer eine positive Nachwirkung entsteht.

Danken Sie z. B. bei einem Auftrag für das Gespräch. Wiederholen Sie mit eigenen Worten den Gesprächsinhalt. Dies ist besonders bei Bestellungen hinsichtlich der Artikelbezeichung oder des Preises wichtig. Verabschieden Sie sich mit der Namensnennung Ihres Telefonpartners.

Aktion

1. Üben Sie die folgenden Gesprächssituationen im Rollenspiel. Setzen Sie sich dazu in der Klasse Rücken an Rücken.
   a) Sie sind zurzeit in der Telefonzentrale des Warenhauses Merkur tätig:
      - Ein Kunde möchte mit der Sportabteilung verbunden werden.
      - Eine Kundin fragt nach den Öffnungszeiten.
      - Ein Kunde ruft erbost an und möchte sofort den Geschäftsführer sprechen. Es ist Ihnen untersagt, in solchen Fällen mit dem Geschäftsführer zu verbinden.
      - Der Bereichsleiter aus der Zentrale ruft an und möchte mit Ihrem Personalleiter verbunden werden.

   b) Sie arbeiten seit wenigen Tagen in der Einkaufsabteilung der Wohnwelt GmbH. Ein Lieferant ruft an und möchte wissen, ob er mit einem Auftrag aufgrund seines Angebotes rechnen kann. Für diese Angelegenheit ist Ihre Vorgesetzte Frau Melchior zuständig. Sie ist gerade in der Mittagspause.

   c) Sie erhalten den Auftrag, einen Stammkunden anzurufen und ihn für ein neues Produkt zu interessieren. Der Kunde wiegelt ab und sagt, dass er gerade keine Zeit habe.

   d) Sie arbeiten in der Telefonzentrale der Wohnwelt GmbH.
   Ein Kunde ruft an: „Schaffen bei Euch eigentlich nur Deppen? Jetzt habe ich schon zum zweiten Mal den falschen Lattenrost geliefert bekommen!"

   e) Ein Kunde möchte bei Ihnen einen Artikel telefonisch bestellen. Nehmen Sie diese Bestellung auf.

2. Machen Sie den Praxistest: Bitten Sie Mitschüler, bei deren Ausbildungsbetrieb anzurufen, und fragen Sie, ob im Geschäft mit einer Kreditkarte bezahlt werden kann.
   a) Wie oft klingelte das Telefon, bis der Anruf entgegengenommen wurde?
   b) Konnte Ihnen sofort die gewünschte Auskunft erteilt werden?

8 Reklamation und Umtausch

8.1 Reklamationen kundenorientiert bearbeiten

Wenn die Ware wiederkommt!

Situation

Kundin: „Schon ärgerlich! Die neue Kanne tropft, weil der Verschluss undicht ist. Meine schöne alte Stickdecke, die sieht vielleicht aus! Bitte tauschen Sie die Kanne um!"

Verk.: „Umtausch geht auf keinen Fall! Ich kann mir so einen Fehler bei dieser Marke auch gar nicht vorstellen. Sie haben sicher den Deckel nicht richtig zugedreht!"

Arbeitsauftrag

Beurteilen Sie das Verhalten der Verkäuferin.

Information

Die Reaktion der Verkäuferin verärgert die Kundin. Sie fühlt sich unverstanden und zu Unrecht behandelt. Zuerst war sie über die Thermoskanne enttäuscht, weil der undichte Verschluss Kaffee auslaufen ließ. Jetzt wird die Kundin durch das falsche Verkäuferverhalten erneut verärgert. Werden Beschwerden von Kunden nicht zu deren Zufriedenheit erledigt, kann Folgendes passieren:

- Der Kunde überträgt seine Unzufriedenheit auf das ganze Unternehmen.
- Er meidet das Geschäft und geht zur Konkurrenz.
- Er betreibt negative Mundpropaganda bei seinen Freunden und Bekannten.

Verstehen Sie es, Reklamationen zur **Zufriedenheit** Ihrer **Kunden** zu meistern, so kann das ausgesprochen **geschäftsfördernd** sein. Zufriedene Kunden bringen Ihnen Vertrauen entgegen und bleiben Ihnen als Stammkunden erhalten. Außerdem helfen sie Ihnen, vorhandene Missstände abzubauen und späteren Reklamationen vorzubeugen. Deshalb fordern einige Geschäftsleute Ihre Kunden zur direkten Kritik mit dem Hinweis auf:

Wenn Sie mit uns zufrieden sind,

so sagen Sie es bitte weiter!

Wenn wir Sie nicht zufrieden stellen,

so sagen Sie es bitte uns!

Warum reklamieren Kunden?

Reklamationen sind Beschwerden. Wollen Sie Reklamationen zur Zufriedenheit Ihrer Kunden lösen, dann müssen Sie die möglichen Beschwerdeursachen kennen. **Ursachen** für Reklamationen können in der **Ware** selbst und in der **Beratung** durch das Verkaufspersonal liegen.

Beispiele **„mangelhafte Ware“**

- An einem neuen Schuh löst sich nach wenigen Tagen Gebrauch der Absatz.
- Bei einer Spielesammlung fehlt ein Satz Spielfiguren.
- Einem Bausatz sind Verbindungsschrauben falscher Größe beigefügt.

Beispiele **„unzureichende oder fehlerhafte Beratung“**

- Bei einer empfindlichen Pflanze vergisst die Verkäuferin, dem Kunden Hinweise zur Pflege und Platzierung zu geben.
- Beim Kauf einer Lederjacke empfiehlt der Verkäufer ein ungeeignetes Pflegemittel.
- Die neue Kücheneinrichtung wird erst im März geliefert, obwohl der Berater den Einbau für Januar zugesagt hatte.

Wie verhalten sich Kunden bei Reklamationen?

Wenn ein Kunde **reklamieren** will, geht er von der **Berechtigung** seiner Beschwerde aus. Das **Vertrauensverhältnis** zwischen Kunde und Verkäufer ist in den meisten Fällen **gestört**. Der Kunde ist enttäuscht, da das, was er gekauft hat, nicht seinen Erwartungen entspricht. Er ist verärgert, weil er zusätzlich Zeit investieren muss, um die unangenehme Reklamation zu erledigen. Kunden mit Reklamationen sind häufig ungehalten und versuchen, ihren Ärger loszuwerden. Manchmal reklamieren sie laut, drohen, werden unsachlich, übertreiben und fordern „ihr Recht“. Die meisten Kunden bringen ihre Reklamationen jedoch ruhig und sachlich vor.

Wie reagieren Sie auf Reklamationen?

An Ihrem Verhalten liegt es, ob der Kunde auch weiterhin zu Ihnen und Ihrer Ware Vertrauen hat. Kundenbeschwerden stellen hohe Anforderungen an Ihr Verhalten. Verärgerte Kunden sind oft unsachlich und handeln gefühlsorientiert. Wenn Sie versuchen, Ihren Kunden zu Beginn eines Reklamationsgespräches deutlich zu machen, dass ihre Beschwerde unberechtigt ist, so werden Sie deren Ärger noch vergrößern.

Bitten Sie Kunden bei Reklamationsgesprächen in einen abgelegenen Teil des Verkaufsraumes oder in das Büro. Laut reklamierende Kunden können andere vom Kauf abschrecken. Bieten Sie reklamierenden Kunden nach Möglichkeit einen Platz an. Im Sitzen lässt es sich schlechter schimpfen! Berücksichtigen Sie die Tipps zur Reklamationsbehandlung.

Abb. Tipps zur Reklamationsbehandlung

Die Rechte des Kunden nach dem Bürgerlichen Gesetzbuch (BGB)

Wenn Kunden Waren **berechtigt** reklamieren und **Ansprüche** geltend machen, müssen die Verkäufer über die **rechtlichen** Bestimmungen informiert sein, um eine für Kunden und Unternehmen angemessene Entscheidung treffen zu können.

Gründe für Reklamationen

Reklamationsgrund			
Ware weist Fehler auf	Ware ist unvollständig	Ware fehlt eine zugesicherte Eigenschaft	Ware ist nicht nutzbar
↓	↓	↓	↓
Tischplatte hat einen Kratzer.	Bei einer Glasserie fehlen zwei Gläser.	Eine Jacke ist nicht wie zugesichert Wasser abweisend.	Wegen fehlerhafter Montageanleitung ist ein Regal nicht mehr zu nutzen.

! Die mangelhafte Lieferung und die damit verbundenen Rechte und Pflichten für Käufer und Verkäufer werden ausführlich im **Lernfeld 7** behandelt.

Rechte des Käufers

Der **Käufer** hat ein **Recht** auf **mangelfreie** Ware. Hat sie bereits bei der **Übergabe** einen **Mangel**, kann der Kunde diesen innerhalb **24 Monaten** (gesetzliche Gewährleistungsfrist) beim Verkäufer anzeigen und Rechte geltend machen. Diese Rechte beschränken sich zunächst auf **Nacherfüllung**, d.h., entweder wird der Warenmangel z.B. durch Reparatur behoben **(Nachbesserung)** oder der Kunde tauscht die fehlerhafte Ware gegen eine einwandfreie um **(Neulieferung)**. Erst nach einem Scheitern der Nacherfüllung stehen ihm weitere Rechte zur Verfügung *(Minderung des Kaufpreises, Rücktritt vom Vertrag)*.

Besonderheiten beim Verbrauchsgüterkauf

Kauft ein **Verbraucher** von einem **Unternehmer** eine bewegliche Sache, so handelt es sich um einen **Verbrauchsgüterkauf** (§ 474 BGB).

Infobox

Verbraucher ist nach § 13 BGB jede natürliche Person, die ein Rechtsgeschäft zu einem Zweck abschließt, das nicht der gewerblichen oder selbstständigen Tätigkeit des Käufers zugerechnet werden kann. Für einen Verkäufer ist es oft problematisch zu erkennen, ob der Käufer ein Verbraucher ist. Wer ein Profibaugerät kauft, kann es sehr wohl privat nutzen. Ausdrücklich einbezogen sind Personen, die eine Kaufsache auch zu beruflichen Zwecken nutzen *(Lehrer, der seinen PC auch für die Unterrichtsvorbereitung nutzt)*.

Dieser **Sonderfall** im **Kaufrecht** dient in erster Linie dem **Schutz** der Verbraucher. Dabei sind folgende **Besonderheiten** zu beachten:

Eingeschränkte Vertragsfreiheit

Die **AGB** und alle zwischen Verkäufer und Käufer vertraglich festgelegten Vereinbarungen **(Individualvereinbarungen)** dürfen **nicht** zum Nachteil des Verbrauchers von den Bestimmungen zum allgemeinen Kaufvertragsrecht abweichen.

Beispiel Unzulässig sind z.B. Formulierungen wie „Verkauf erfolgt unter Ausschluss jeglicher Gewährleistung" oder „Gewährleistung 6 Monate".

Eine **Ausnahme** bildet die Gewährleistungsfrist bei **gebrauchten** Sachen, die auf ein Jahr verkürzt werden kann.

Beweislastumkehr

Für **Mängel**, die vom Verbraucher innerhalb von **sechs Monaten** gerügt werden, wird unterstellt, dass sie bereits **bei** der Übergabe an ihn bestanden. Erst nach sechs Monaten liegt die Beweislast beim Käufer.

Vereinfachte Rückabwicklung

Muss der **Letztverkäufer** (Einzelhändler) einer **mangelhaften Sache** diese vom Verbraucher wieder **zurücknehmen**, im Preis **mindern** oder **Schadenersatz** leisten, dann kann er die **gleichen** Rechte auch gegenüber seinen **Lieferanten** geltend machen.

Dabei ist es allerdings **Voraussetzung**, dass die Ware bereits bei der Übergabe vom Hersteller an den Letztverkäufer mangelhaft war. Zur Durchsetzung dieser Rechte ist keine Nachfristsetzung notwendig.

Falls ein Verbraucher seine Ansprüche erst kurz vor Ablauf der zweijährigen Rügefrist geltend macht, könnte der Fall eintreten, dass z. B. ein Einzelhändler gegenüber seinem Lieferanten keine Rechte mehr geltend machen könnte, weil seine Rückgriffsansprüche verjährt sind. Deshalb hat der Händler zur Geltendmachung seiner Ansprüche mindestens zwei Monate Zeit, nachdem er die Ansprüche seines Kunden (Verbraucher) erfüllt hat. Die Möglichkeit der Rückabwicklung endet spätestens 5 Jahre nach Ablieferung der Sache.

Kulanz und ihre Grenzen

Häufig reklamieren Kunden, ohne dass sie die Berechtigung ihrer Ansprüche nachweisen können. Manchmal ist nicht eindeutig, wo oder wann die Ware gekauft wurde, ein anderes Mal ist nicht klar, durch wen der Mangel an der Ware entstanden ist. In diesen Fällen kann der Verkäufer auf die rechtliche Lage verweisen und die Ansprüche des Kunden abwehren. Eine zurückgewiesene Reklamation führt jedoch häufig zum Verlust des Kunden. In vielen Fällen ist es deshalb besser, großzügig zu sein und Entgegenkommen zu zeigen. Dieses Eingehen auf den Kunden durch freiwillige Leistung des Einzelhändlers bezeichnet man als **Kulanz**.

Kulanz ist eine **kundenfreundliche** Maßnahme, die sich mehrfach positiv auswirken kann: Erstens bindet Kulanz die Kunden gefühlsmäßig, denn Großzügigkeit bleibt in guter Erinnerung und verpflichtet. Zweitens wird durch Kulanz eine **positive** Mundpropaganda ausgelöst, das Erscheinungsbild des Unternehmens in der Öffentlichkeit (Image) wird aufgewertet. Drittens ist Kulanz meistens **kostengünstig**, denn die Hersteller oder Lieferanten von Markenware erstatten beanstandete Ware dem Einzelhändler fast immer problemlos.

Unsere Unterstützung für Sie!

Wir garantieren Ihnen rasche und zufrieden stellende Hilfe bei Reklamationen.
Wenn Reparaturen länger dauern, stellen wir Ihnen kostenlos ein Leihgerät zur Verfügung oder tauschen das beanstandete Teil gegen ein neues aus.

Wir sind immer auf der Seite der Kunden!

Die **Grenzen** der **Kulanz** werden erreicht, wenn Kunden offensichtlich unberechtigte Ansprüche von hohem Wert stellen oder als „Schnorrer" durch häufige Reklamationen aufgefallen sind. In diesen Fällen sollten Sie nach dem Beispiel der Einwandbehandlung die Ansprüche höflich, aber bestimmt zurückweisen.

In einigen Branchen bereitet die Feststellung von Mängeln Schwierigkeiten, weil dazu besondere Fachkenntnisse und Untersuchungen notwendig sind. Zur Klärung der Frage, ob der Kunde Anspruch auf Ersatz hat, gibt es spezielle Schieds- oder Schlichtungsstellen, an die sich die Betroffenen wenden können.

Beispiel Frau Misslich ersteht ein Paar Wanderschuhe mit Porotex-Membran für ihren Urlaub in den Bergen. Schon bei ihrer ersten Wanderung bekommt sie nasse Füße, obwohl die Schuhe als „wasserdicht" bezeichnet wurden. Als sie die Schuhe nach Beendigung des Urlaubs reklamiert, meint der Schuhhändler, die Schuhe seien vermutlich falsch behandelt worden. Er schlägt Frau Misslich aber vor, die Schuhe an die Schlichtungsstelle für Schuhreklamationen zur Begutachtung einzusenden.

Aktion

1. Reklamationen können für den Verkäufer eine erhebliche Mehrbelastung bedeuten. Wie sollte er sich deshalb verhalten?

2. Berichten Sie vor der Klasse über eigene Erfahrungen bei der Behandlung von Reklamationen. Dazu folgende Leitfragen:
   - Welche Waren haben Sie reklamiert?
   - Worin bestand der Mangel bzw. die Mängel?
   - Wie wurde auf ihre Reklamation vom Verkaufspersonal reagiert?

3. Die Ursachen für Reklamationen liegen nicht immer nur in der Ware begründet. Äußern Sie sich zu dieser Aussage.

4. Stellen Sie den Ablauf einer Reklamationsbehandlung in Ihrem Ausbildungsbetrieb von der Entgegennahme bis zur Lösung als einen Geschäftsprozess grafisch dar.

5. Beurteilen Sie die folgende Aussage eines Managers aus einem großen Handelsunternehmen: „Kundenreklamationen sind für uns kein Ärgernis, sondern helfen uns zu einer noch besseren Kundenorientierung und Kundenbindung."

6. Maren Lorenz kauft bei Media-Discount einen DVD-Player, bei dem bereits nach 14 Tagen Störungen in der Bildwiedergabe auftreten. Zwischenzeitlich hat Maren einen qualitativ besseren und sogar preiswerteren DVD-Player bei der Konkurrenz entdeckt. Kann Maren sofort vom Vertrag zurücktreten und das Konkurrenzprodukt kaufen?

7. Bei der Trans-Mobil kauft ein Kunde ein Handy mit eingebauter Videokamera. Bewerten Sie folgende Sachverhalte:
   a) Die Allgemeinen Geschäftsbedingungen der Trans-Mobil enthalten u. a. eine Bestimmung, die eine Sachmängelhaftung auf 12 Monate begrenzt.
   b) Ein anderer Kunde kauft bei Trans-Mobil ein stationäres Telefongerät mit Anrufbeantworter. Nach vier Monaten reklamiert der Kunde in einem Schreiben an die Firma eine Funktionsstörung des Anrufbeantworters. Der Händler vertritt die Auffassung, dass er das Telefon mit Anrufbeantworter mangelfrei übergeben habe und der Kunde erst beweisen müsse, dass der Mangel zum Zeitpunkt des Kaufes bereits bestanden habe.

8. Kulantes Verhalten kann einen Einzelhändler Geld kosten. Warum lohnt es sich in vielen Fällen jedoch trotzdem?

9. Berichten Sie über kulantes Verhalten in Ihrem Ausbildungsbetrieb.

8.2 Produkthaftung und Produktsicherheit

Fernseher defekt, Wohnung ausgebrannt! Wer haftet?

Situation

Der Fachmarkt für Unterhaltungselektronik Multi-Vision verkauft einen besonders günstigen Fernseher von einem Hersteller aus Taiwan. Bezogen wird der Gerätetyp allerdings von einem deutschen Importeur. Wegen eines technischen Fehlers beginnt ein Fernseher zu brennen und verwüstet die Wohnzimmereinrichtung eines Kunden, der zudem eine Rauchvergiftung erleidet und im Krankenhaus behandelt werden muss.

Beantworten Sie die folgenden Fragen anhand des Produkthaftungsgesetzes.

Arbeitsaufträge

1. *Wer haftet für die Folgeschäden durch den Defekt des Fernsehgerätes, der auf ein mangelhaft montiertes Bauteil zurückzuführen ist?*
2. *Schadenersatzansprüche können seit jeher auf der Grundlage des § 823 Abs. 1 BGB eingeklagt werden. Welchen wesentlichen Vorteil bietet das Produkthaftungsgesetz dem Verbraucher im Vergleich zur Regelung im BGB?*
3. *Den Fachmarkt Multi-Vision trifft offensichtlich kein Verschulden. Unter welchen Umständen muss der Einzelhändler dennoch für den Schaden aufkommen?*

Information

Produkthaftungsgesetz (ProdHaftG)

Das **Gesetz über die Haftung für fehlerhafte Produkte** (Produkthaftungsgesetz) stellt eine Ergänzung der Gewährleistungsrechte für Sachmängel, wie sie sich aus dem Kaufvertragsrecht ergeben, dar. Es regelt den **Ersatz** für **Folgeschäden**, die durch den Ge- und/oder Verbrauch einer fehlerhaften Ware an Personen oder Sachen entstehen.

Wesentliche Inhalte des Produkthaftungsgesetzes	
Ziel →	verschuldenunabhängige Haftung des Herstellers
Haftpflichtige (§ 1 u. 4 ProdHaftG) →	Hersteller und Importeur sowie jeder Lieferant und Händler, sofern der Hersteller bzw. Importeur nicht festgestellt werden kann.
Haftungsumfang (§ 10 ProdHaftG) →	Höchstbetrag: 85 Mio. € je Fehler. Eigenbeteiligung des Geschädigten: 500 € bei Sachschäden.

Wesentliche Inhalte des Produkthaftungsgesetzes	
Ausschluss der Haftung (§ 1 Abs. 2 ProdHaftG) →	Ausschluss oder Beschränkung der Haftung ist im Voraus **nicht** möglich. Ersatzpflicht tritt u.a. nicht ein: Wenn der Fehler nach dem Stand der Wissenschaft und Technik zum Zeitpunkt, in dem der Hersteller das Produkt in Verkehr brachte, nicht erkannt werden konnte, sowie für unverarbeitete landwirtschaftliche Naturprodukte.
Beweislast (§ 1 Abs. 4 ProdHaftG) →	Der Geschädigte muss nachweisen, dass der Produktfehler die Ursache für den Schaden war.

Produktsicherheit

Mit dem Gesetz zur Neuordnung der Sicherheit von technischen Arbeitsmitteln und Verbraucherprodukten **(GPSG)** wurde das Produktsicherheitsrecht modernisiert. Dieses Gesetz gilt nicht nur für die **Hersteller**, sondern hat auch große Bedeutung für den **Handel** als **„Inverkehrbringer"** von Produkten.

Ein Produkt darf nur in den Verkehr gebracht werden, wenn die Sicherheit und Gesundheit von Anwendern nicht gefährdet ist. Das gilt nicht mehr nur für die bestimmungsmäßige Verwendung, sondern auch für vorhersehbare Fehlanwendungen.

Jedes Produkt ist so zu kennzeichnen, dass der Hersteller erkennbar ist. Dies gilt auch für Handels- und Eigenmarken. Damit soll eine mögliche Rückverfolgung zum Hersteller ermöglicht werden.

Die Käufer müssen über alle sicherheitsrelevanten Aspekte eines Produktes in Kenntnis gesetzt werden. Das schließt neben Bedienung und Gebrauch auch Transport, Wartung, Pflege und Gebrauchsdauer ein.

Hersteller und Händler müssen Produkte, die sie in den Verkehr bringen, im Auge behalten und sicherstellen, dass sie auf Gefahren angemessen reagieren können. Dazu gehört, dass sie Verbraucher frühzeitig informieren und gegebenenfalls Produkte schnell zurückrufen.

Aktion

1. Malermeister Sebastian Schnell kauft bei der All-Bau GmbH & Co eine auf 8 Meter ausziehbare Aluminiumleiter des Herstellers Holler AG zum Preis von 490,00 €. Bereits nach wenigen Wochen bricht bei der im Gerüstbau eingesetzten Leiter eine Sprosse und Herr Schnell stürzt aus 4 Metern Höhe in die Tiefe. Bei dem Sturz zieht sich der Malermeister schwere Verletzungen zu und muss 4 Wochen im Krankenhaus behandelt werden. Für den eingetretenen Einkommensausfall, die Behandlungskosten und Schmerzensgeld verlangt Herr Schnell 20.000 €. Zusätzlich fordert er eine Rückzahlung des Kaufpreises für die defekte Leiter. Der Baumarkt verweist den Geschädigten auf die Herstellerfirma, die für die fehlerhafte Produktion der Leiter verantwortlich sei.
   a) Kann die All-Bau GmbH die Schadensersatzansprüche von Herrn Schnell abweisen?
   b) Wer haftet, wenn die Holler AG zwischenzeitlich zahlungsunfähig geworden ist?
   c) Welcher Betrag wird Herrn Schnell nach dem Produkthaftungsgesetz erstattet, wenn die geforderten Ansprüche von den beklagten Unternehmen nicht bestritten werden?

2. Das Produkthaftungsgesetz stellt eine wesentliche Verbesserung der Rechtsposition des Verbrauchers dar. Welche Mängel können Sie dennoch nach eingehendem Studium dieses Gesetzes aus der Sicht des Konsumenten formulieren?

3. In Ihrem Sortiment werden u. a. die folgenden Produkte geführt.
   - Lichterkette für Weihnachtsbaum,
   - Laserpointer,
   - Mini-Steckfiguren auf Kunststoff.

   Überlegen Sie, welche möglichen Risiken bei deren Nutzung auftreten könnten.

4. Stellen Sie eine Liste in letzter Zeit bekannt gewordener Rückrufaktionen von Produkten, die im Einzelhandel angeboten wurden, zusammen. Welche Besonderheiten fallen Ihnen dabei auf?

8.3 Garantie – mehr als Gewährleistung

Dafür garantiere ich mit meinem Namen!

Situation

Die Bäder-Welt Garantie

Als Ihr zuverlässiger Partner bei der Gestaltung von Bad und Dusche möchten wir das Vertrauen, das Sie in unsere Produkte setzen, durch unsere Garantiezeiten bestätigen.

Auf die von uns hergestellten Produkte wird seitens unserer Vertriebshändler eine Händlergarantie von 5 Jahren gewährt. Garantiebeginn ist das Kaufdatum. Sollten an unseren Produkten während der Garantiezeit Material- oder Herstellungsmängel auftreten, so erhalten Sie vom Händler, bei dem Sie das Produkt erworben haben, kostenlosen Ersatz.
Voraussetzung hierfür ist allerdings, dass unsere Produkte fachgerecht installiert und dem üblichen Gebrauch und Pflegehinweisen entsprechend behandelt wurden.

Bäder-Welt GmbH, Am Hornbach 15, 77889 Ulmenbronn

Arbeitsauftrag

Wie unterscheidet sich diese Garantieerklärung der Bäder-Welt GmbH von der gesetzlichen Regelung zur Gewährleistung?

Information

Beschaffenheits- und Haltbarkeitsgarantie

Gewährleistung und Garantie werden in der Praxis häufig gleichgesetzt. Dies ist falsch, denn die **Garantie** ist eine **freiwillige** vertragliche Zusicherung eines **Herstellers** oder **Händlers** einem Kunden gegenüber. Es wird garantiert, dass die Sache eine bestimmte Beschaffenheit hat **(Beschaffenheitsgarantie)** oder dass diese Beschaffenheit über einen bestimmten Zeitraum besteht, also nicht durch Verschleiß oder Abnutzung beeinträchtigt wird **(Haltbarkeitsgarantie)**.

Beispiele
- Ein Hersteller von Fließen für den Außenbereich bezeichnet seine Produkte als garantiert frostbeständig bis minus 30° (Beschaffenheitsgarantie).
- Ein Hersteller von Akkus für Handys und Laptops garantiert für seine Produkte keinen Verlust an Speicherkapazität in einem Zeitraum von 3 Jahren (Haltbarkeitsgarantie).

Diese im § 443 des BGB getroffene Regelung **erweitert** stets die **gesetzlichen** Rechte des Käufers, aber **ersetzt** sie **nicht**! Dies ist für Kunden dann wichtig, wenn ein Mangel an der erworbenen Ware innerhalb der gesetzlichen Gewährleistungsfrist auftritt.

Beispiel Ein Kunde erwirbt in einem Fotofachmarkt eine Videokamera mit einer dreijährigen Herstellergarantie. Diese räumt dem Kunden bei einem auftretenden Sachmangel Nachbesserung oder Minderung ein. Nach acht Monaten tritt ein Mangel auf, der trotz zweimaliger Nachbesserung nicht beseitigt werden kann. Der Kunde möchte daher vom Kauf zurücktreten. Der Händler lehnt ab mit Hinweis auf die Herstellergarantie und besteht auf weiterer Nachbesserung beim Hersteller. Seine Aussage ist falsch, denn in diesem Fall gilt noch die zweijährige gesetzliche Gewährleistung, die der Verkäufer mit allen Rechten für den Kunden akzeptieren muss. Der Kunde hat in diesem Fall ein Wahlrecht und kann sich für die für ihn günstigere Lösung entscheiden.

Der **Umfang** für vertragliche **Garantieerklärungen** ist vom Gesetz nicht geregelt. Eine **Ausnahme** bildet jedoch die **Haltbarkeitsgarantie**. In diesem Fall besteht eine gesetzliche Vermutung für den Garantiefall, wenn ein Fehler oder Mangel innerhalb der Geltungsdauer auftritt, dass dieser bereits bei der Übergabe vorhanden war (Beweislastumkehr).

Besonderheiten für Garantieerklärungen beim Verbrauchsgüterkauf

Zum **Schutze** der **Verbraucher** sind bei der Abfassung von Garantieerklärungen (§ 477 BGB) zusätzliche **Vorschriften** zu beachten:

- Der Verbraucher hat das Recht auf eine schriftliche oder eine auf Datenträger gespeicherte Ausfertigung der Garantiebestimmungen (Textform),
- ausdrücklicher Hinweis auf die gesetzlichen Rechte des Verbrauchers und deren uneingeschränkte Geltung,
- einfache und verständliche Abfassung der Garantieerklärung,
- als Mindestinhalte der Garantieerklärung sind die Dauer und der räumliche Geltungsbereich des Garantieschutzes sowie Name und Anschrift des Garantiegebers anzugeben,
- Beibehaltung der Garantieverpflichtung des Garantiegebers, auch wenn er die im § 477 BGB genannten Vorschriften missachtet hat.

Aktion

1. Erläutern Sie an einem Beispiel aus Ihrem Ausbildungssortiment den Unterschied zwischen Gewährleistung und Garantie.
2. Beurteilen Sie folgenden Auszug aus einer Herstellergarantie: „… Wir gewähren auf unsere Produkte eine Garantie von 12 Monaten. Sollte in dieser Zeit ein Mangel an der Ware auftreten, erhält der Kunde die Möglichkeit auf Preisminderung oder Nachbesserung."
3. Besorgen Sie sich Garantieerklärungen von zu Hause, aus Ihren Ausbildungsbetrieben und aus Angeboten im Internet. Vergleichen Sie.

8.4 Umtausch oder Rücktritt – Service zur Kundenbindung

Des Händlers Leid – des Kunden Freud!

Situation

Kundin: „Also so geht es ja auch nicht, mein lieber Herr Müller!

Sie verkaufen das Waschpulver als Sonderangebot zum Aktionspreis von 3,99 € und bei der ADAKA kostet es regulär nur 3,29 €.

Das nehmen Sie alles mal wieder schön zurück! Ich hole mir dann an der Kasse das Geld!"

Arbeitsauftrag

Wie sollte Ihrer Meinung nach der Marktleiter in dieser Situation reagieren?

Information

Im Alltag kommt es oft zu einer Gleichsetzung von Umtausch und Ersatzlieferung als einem möglichen Rechtsanspruch eines Kunden auf Grund einer Schlechtleistung.

Umtausch, wie er in diesem Kapitel behandelt wird, ist eine **freiwillig** gewährte **Leistung** des Einzelhändlers **ohne** Rechtsanspruch der Kunden.

Umtausch oder Rücktritt vom Kaufvertrag ohne Rechtsanspruch

Häufig wollen Kunden Ware umtauschen, ohne dass ein Grund zur Reklamation vorliegt. Ursachen für einen Umtausch liegen darin, dass die gekaufte Ware nicht passt, dass sie den Erwartungen der Kunden nicht entspricht oder eine zu große finanzielle Belastung darstellt:

- Eine junge Frau hat nach dem Kauf eines Dampfkochtopfes festgestellt, dass dieser für ihre Familie zu groß ist. Sie möchte das nächst kleinere Modell nutzen.

- Ein Kunde stellt zu Hause fest, dass er mit der gekauften Videoanlage nicht umgehen kann. Er möchte auf ein einfacheres Modell umsteigen.
- Ein Auszubildender hat sich mit der unüberlegten Bestellung eines Motorrades finanziell übernommen. Er würde gern den Kaufvertrag rückgängig machen.

In diesen Fällen treten die Kunden meistens anders auf als bei Reklamationen. Sie sind enttäuscht, weil die Waren nicht ihren Erwartungen entsprechen oder weil sie sich selbst Fehleinschätzungen eingestehen müssen. Außerdem sind sie häufig unsicher, weil sie nicht wissen, ob sich die Ware noch umtauschen lässt. Sie hoffen auf ein Entgegenkommen durch das Verkaufspersonal.

Sehen Sie im Umtausch Ihre Chance! Die Kunden wurden möglichweise falsch beraten. Sie haben die Möglichkeit, den begangenen Fehler wieder gut zu machen. Helfen Sie sich mit den Reklamationsregeln.

Manche Unternehmen betrachten den Warenumtausch als besonderen Kundendienst. Großzügig tauschen sie jede Ware innerhalb einer gewissen Frist (z. B. innerhalb von 14 Tagen nach Kauf) ohne Begründung um, wenn die Ware unbeschädigt ist und der Kassenzettel bzw. die Rechnung vorliegt. Sie rechnen damit, dass ihre Kunden schneller und unbeschwerter einkaufen, wenn sie die Möglichkeiten des Umtausches garantiert bekommen.

Abb. Umtausch aus Kulanz als Werbeargument

Betrachten Sie daher den Umtausch als Weiterführung des Verkaufsgespräches. Möchte ein Kunde **keine** Ersatzware, dann **zahlen** Sie, wenn es die betrieblichen Umtauschregeln erlauben, den **Kaufpreis** zurück. Wünscht der Kunde einen Umtausch, dann starten Sie ein neues Verkaufgespräch. Helfen Sie Ihren Kunden auch bei Reklamationen und Umtausch, Einkaufsprobleme zu lösen!

Vom Umtausch ausgeschlossene Waren

Grundsätzlich kann jeder Einzelhändler festlegen, ob und was er umtauscht. In keinem Gesetz gibt es dazu Regelungen, es sei denn, es käme zu einer Gefährdung von Personen. Auch dann kann der Händler natürlich die Ware umtauschen bzw. den Kaufpreis erstatten; nur die Ware darf dann nicht mehr zum Kauf angeboten werden.

In der **Praxis** ist es üblich in den folgenden Fällen **keinen** Umtausch vorzunehmen:

- offene Lebensmittel *(Wurst, Käse, Obst, Gemüse)*,
- Hygieneartikel *(Unterwäsche, Badebekleidung, Kosmetika)*,
- Schnittware *(Blumen, Stoffe)*,
- nicht mehr original verpackte Artikel, bei denen nun nicht ersichtlich ist, ob sie benutzt wurden *(Batterien, Bücher, DVDs, CDs)*,

- im Preis reduzierte einwandfreie Waren (Aktionsware),
- im Preis reduzierte mangelhafte Ware, auf deren Mangel der Kunde extra hingewiesen wird *(Zweite Wahl, Farb-, Webfehler)*.

Aktion

1. Große Handelsunternehmen zeigen sich beim Umtausch sehr großzügig. Da wird schon mal auf die Vorlage eines Kassenzettels verzichtet oder es wird umgetauscht, obwohl ersichtlich ist, dass die Ware in einem anderen Geschäft gekauft wurde.

   Dazu zwei Meinungen von Einzelhändlern:

   Herr Wollenweber, Geschäftsführer eines großen Verbrauchermarktes: „Großzügiger Umtausch rechnet sich für uns immer! Die positive Mundpropaganda ist unbezahlbar. Der Missbrauch hält sich in Grenzen. Untersuchungen haben gezeigt, dass etwa nur ein Prozent der Kunden ein missbräuchliches Umtauschverhalten zeigt!"

   Herr Lakowitz, Inhaber eines kleinen Sportfachgeschäfts: „Die Kunden werden immer unverschämter! Aber da die Großen alles problemlos umtauschen, muss ich mitmachen, sonst verliere ich noch mehr Kunden an die Fachmärkte und die großen Sporthausfilialisten!"

   Diskutieren Sie in der Klasse diese Meinungen. Begründen Sie, welcher Meinung Sie sich anschließen.

2. Kunden möchten bei Ihnen Ware umtauschen. Wie verhalten Sie sich?
   a) Ein Kunde möchte zwei Tage nach dem Kauf einen Sessel umtauschen, weil seiner Frau das Stoffmuster nicht gefällt.
   b) Ein Kunde möchte zwei Tonerkassetten umtauschen. Der Verkäufer hatte ihm fälschlicherweise versichert, dass diese zu seinem Drucker passen.
   c) Eine Kundin hat im Rahmen der Aktion „Sommer ade, scheiden tut weh" einen im Preis um 20 % herabgesetzten Bademantel gekauft. Drei Tage nach dem Kauf möchte sie den Mantel zurückgeben, weil mehrere Nähte aufgegangen sind.
   d) Ein Vogelliebhaber möchte nach acht Wochen einen Wellensittich umtauschen, weil das Tier Federn verliert und nicht singt.

3. Beschreiben Sie eigene Erfahrungen, die Sie als Kunde in Einzelhandelsgeschäften bei Umtauschwünschen gemacht haben.

4. Stellen Sie die Umtauschregeln in Ihrem Ausbildungsbetrieb dar und nennen Sie Begründungen für diese Regeln.

5. Ermitteln Sie vier Artikel, bei denen der Umtausch von Seiten des Handels öfter ausgeschlossen wird. Nennen Sie mögliche Gründe.

6. Rollenspiel: Erarbeiten Sie in der Lerngruppe eine Verkaufsszene mit einer Ware Ihrer Wahl zu folgenden Ausgangssituationen:
   a) Eine unberechtigte Reklamation einer Kundin wird aus Kulanzgründen akzeptiert,
   b) ein Umtauschwunsch eines Stammkunden, der aber keinen Kassenbon vorweisen kann, wird anerkannt,
   c) ein Umtauschwunsch eines Kunden wird abgelehnt.

9 Ladendiebstahl

1000-mal geklaut, aber nur 100-mal entdeckt!

Situation

vom Beratungsverkauf zur „Selbstbedienung"

Information

Für die Bekämpfung von Ladendiebstählen gibt es viel zu tun. Trotzdem sprechen manche Verkäuferinnen und Verkäufer ungern über dieses Thema. Sie wissen nicht, wie sie reagieren sollen, wenn sie einen Ladendiebstahl beobachten. Besonders unangenehm wird es für das Verkaufspersonal, wenn Kolleginnen oder Kollegen beim Diebstahl ertappt werden. Doch gerade weil das Thema Unsicherheit oder Peinlichkeit auslösen kann, sollte man darüber sprechen. Sie werden deshalb in diesem Kapitel Informationen darüber erhalten, wem Ladendiebstahl schadet, wie Ladendiebe vorgehen und was Sie dagegen tun können.

9.1 Warendiebstähle – teuer für Geschäft und Kunden

Im deutschen Einzelhandel werden pro Jahr Waren im Wert von mehreren Milliarden Euro gestohlen. Der durchschnittliche Warenwert pro Diebstahl beträgt ca. 80 €. Obwohl immer mehr Ladendiebe gefasst werden, bleibt die Dunkelziffer (90 %) sehr hoch. Ein großer Teil der Diebstähle wird nicht erkannt und macht sich erst im Nachhinein durch Inventurdifferenzen bemerkbar. Ladendiebe kommen aus allen sozialen Schichten der Bevölkerung.

Wem schadet Ladendiebstahl?

Warendiebstähle steigern die Kosten und schmälern den Gewinn des Einzelhandelsunternehmens. Auf die Dauer wird das kein Unternehmer hinnehmen. Zunächst wird er versuchen, Maßnahmen gegen Warendiebstähle zu treffen: Anbringen von Spiegeln, Einbau von Überwachungssystemen oder das Anketten wertvoller Waren. Aber auch diese Maßnahmen verursachen zusätzliche Kosten. Die Verluste durch die Fehlbestände und die Kosten für vorbeugende Maßnahmen gegen Diebstähle werden bei der Festlegung der Verkaufspreise einkalkuliert. Damit werden ehrliche Kunden mit den hohen Kosten der Diebstähle belastet. Ladendiebe schaden nicht nur dem Handel, sie leben auch auf Kosten der ehrlichen Kunden und bereichern sich zu Lasten der Allgemeinheit.

© J. Beck

Wer wird aus welchen Gründen zum Ladendieb?

Für die starke Zunahme der Ladendiebstähle gibt es mehrere Gründe. Durch zwei Entwicklungen werden Ladendiebstähle besonders begünstigt:

Das Rechtsbewusstsein hat sich im Laufe der letzten Jahre verändert. Viele Menschen halten Ladendiebstahl für ein „Kavaliersdelikt“, das nicht kriminell ist. Tatsache ist, dass das Strafgesetzbuch den einfachen Diebstahl mit bis zu 5 Jahren Freiheitsentzug unter Strafe stellt (§ 242 StGB). Das gilt selbstverständlich auch für den Ladendiebstahl.

Selbstbedienung, eine verlockende Warenpräsentation und manche Verpackung fordern Kunden zum schnellen Zugreifen heraus. Der beabsichtigte Kaufanreiz wirkt dann als Anreiz zum Diebstahl, wenn der Kunde nicht bezahlen kann oder will. Häufig wird dieser Anreiz durch unübersichtliche Verkaufsräume gefördert. Der Kunde fühlt sich unbeobachtet und greift zu.

Nur wenige Diebstähle werden aus Armut, Not oder Hunger begangen. Neben der Absicht der Bereicherung spielen Leichtsinn oder Nervenkitzel eine wichtige Rolle. Deshalb kommen Ladendiebe aus allen Schichten der Bevölkerung. Ein beträchtlicher Anteil der Ladendiebstähle geht auf das Konto des Personals. Schätzungen gehen von einem Anteil bis zu 50 Prozent aus.

Besondere Probleme bereiten professionelle Diebe und Menschen mit triebhafter Veranlagung zum Diebstahl (Kleptomanen). In diesen Fällen sind vorbeugende Maßnahmen besonders schwierig.

9.2 Methoden des Ladendiebstahls

Damit Sie wissen, wie Sie Ladendiebstähle verhindern können, müssen Sie wissen, wie Ladendiebe vorgehen. Zwischen geplanten und impulsiven Diebstählen gibt es entscheidende Unterschiede.

Geplanter Diebstahl	Impulsiver Diebstahl
Der Ladendieb hat einen gezielten Plan: Er weiß, welche Ware er mit welcher Methode beschaffen will. Geplanter Diebstahl wird häufig von mehreren Kriminellen gemeinsam durchgeführt: Während einer das Personal beschäftigt und ablenkt, greift der andere zu.	Der Kunde wird erst im Laden zum Dieb. Durch einen Impuls (Auslöser) wird er angeregt, die Ware zu stehlen, statt zu kaufen. Impulsiver Diebstahl wird meistens von einzelnen Personen begangen.
Beispiel Ein Dieb betritt mit einem Kumpanen ein Fachgeschäft. Der Verkäufer wird durch ein vorgeschobenes Verkaufsgespräch mit dem einen so abgelenkt, dass der andere die Gelegenheit zum ungestörten Diebstahl wahrnehmen kann.	**Beispiel** Eine Hausfrau begutachtet in einer Verkaufsnische Lippenstifte. Die zuständige Verkäuferin ist mit dem Einräumen von Ware beschäftigt. Die Frau nutzt die günstige Gelegenheit und steckt einen Lippenstift in ihre Manteltasche.
Bevorzugtes Diebesgut: Waren von hohem Wert, die sich gut weiterverkaufen lassen oder nach Auftrag gestohlen werden.	**Bevorzugtes Diebesgut:** Waren von geringen Ausmaßen und mit hohem „Impulswert". Der tatsächliche Wert der Ware spielt nur eine untergeordnete Rolle.
Täterkreis: – Professionelle Diebe – Kriminelle Banden – Kriminelles Personal – Ladendiebe, die bei impulsiven Diebstählen erfolgreich waren	**Täterkreis:** – Angehörige aller sozialen Schichten – Kleptomanen
Methoden: Die Ladendiebe wenden ausgefeilte Methoden und Tricks an. (Einige Beispiele sind angefügt.)	**Methoden:** Die Methoden sind einfach und fast immer gleich: Der Dieb steckt die Ware in die Tasche seiner Bekleidung oder in eine mitgeführte Tasche.

Beispiele

Methoden des Ladendiebstahls

1. Die Versteckmethoden

Diebe sind sehr erfinderisch, um die gestohlene Ware zu verbergen. Kleine Artikel lassen sie in Taschen fallen, in offene Schirme gleiten oder in Zeitungen verschwinden. Es wurden aber auch schon Diebe gefasst, die sich Spezial-Taschen in die Kleidung eingenäht hatten, mit einem leeren Gipsarm ausgerüstet waren oder einen Koffer ohne Boden zur „Warenfalle" umgebaut hatten. Viele Verpackungen von Waren bieten auch Versteckmöglichkeiten für andere Artikel.

Das „Unterziehen" von Bekleidungsstücken und das Austauschen von Schuhen (alt gegen „neu") sind alte und bekannte Tricks, werden trotzdem aber immer wieder versucht.

2. Die Ablenkmethoden

Diese Methoden sind besonders wirkungsvoll, wenn mehrere Kriminelle zusammenarbeiten. Wenn ein Warenstapel lärmend zusammenbricht, wird die Aufmerksamkeit des Verkaufspersonals abgelenkt. Am anderen Ende des Verkaufsraumes kann der Komplize zugreifen und den Laden ungestört verlassen.

Es gibt eine Menge von Anlässen, die bewusst zur Ablenkung herbeigeführt werden können: Lautstarke Reklamationen, Steinwurf ins Schaufenster, erregter Streit zwischen zwei „Kunden" oder ausgefallene Extrawünsche, die die Aufmerksamkeit des Personals auf sich ziehen. Im Textileinzelhandel sind besonders „Mutter-Tochter-Teams" bekannt, die nach dieser Masche arbeiten.

3. Die Überrumpelungsmethoden

Hierbei gehen die Täter besonders dreist vor. Sie rechnen damit, dass sich das Verkaufspersonal überrumpeln lässt. Häufig wird die Ware dabei offen, aber unbezahlt aus dem Verkaufsraum geschafft. Misstrauische Verkäufer werden manchmal sogar um Hilfe gebeten. Dreiste Gauner nehmen unbezahlte Ware und reklamieren erfundene Mängel. Selbst wenn die Reklamation zurückgewiesen wird, haben sie Erfolg. Sie verlassen den Laden mit erschwindelter Ware.

Auch alle Wechselgeld-Manöver gehören zu den Überrumpelungsmethoden. Hierbei wird das Personal an der Kasse beim Kassiervorgang unterbrochen und um das Wechseln großer Scheine gebeten. Die fingerfertigen Betrüger ergattern dabei meistens größere Beträge.

9.3 Verhinderung von Ladendiebstahl

Diebstähle lassen sich wirkungsvoll vereiteln, wenn die Gelegenheit zum Diebstahl beseitigt oder eingegrenzt wird. Auf diese Weise werden besonders impulsive Diebstähle im Ansatz bekämpft. Das geschieht durch die drei Schritte:

Abschreckung – Überwachung – Verschluss

Ladendiebe
werden nicht geschont: Gebühr von 50,– €, Hausverbot und Anzeige!

Achtung!
Wir schützen uns vor Ladendieben durch Hausdetektive und modernste Elektronik!

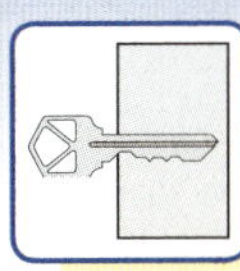

Gerne
legen wir Ihnen die vor Dieben gesicherte Ware vor! Wenden Sie sich bitte an unser Personal!

1. Die **Abschreckung** erfolgt durch Hinweisschilder oder Informationsplakate. Dem Kunden wird mitgeteilt, dass eine Überwachung erfolgt. Außerdem werden die Konsequenzen eines entdeckten Diebstahls aufgezeigt.

2. Die **Überwachung** erfolgt durch das Verkaufspersonal und durch spezielle Überwachungssysteme (Videokameras, Spiegel, Hausdetektiv, elektronische Warensicherungssysteme).

3. Der **Verschluss** wird bei Waren durchgeführt, die durch ihren hohen Wert zum Diebstahl verführen können:

   Anketten hochwertiger Kleidungsstücke, Einschließen von Schmuck und anderen wertvollen Artikeln in Vitrinen.

Bei Ihrer Tätigkeit im Verkauf können Sie die Überwachung wirkungsvoll unterstützen:
- Behalten Sie bei Verkaufsgesprächen Ihre Umgebung im Auge!
- Werfen Sie auch bei anderen Arbeiten einen Blick auf die Kunden, insbesondere, wenn diese sich verdächtig verhalten!
- Sprechen Sie Kunden, die sich verdächtig machen, freundlich an und lassen Sie diese Personen merken, dass sie beobachtet werden!
- Legen Sie Ihren Kunden nur eine begrenzte und überschaubare Anzahl von Waren vor!
- Händigen Sie Ihren Kunden nur wenige Artikel zum Probieren oder Anschauen aus. Kontrollieren Sie die Rückgabe!
- Achten Sie darauf, dass Ihre Kunden die vorgesehenen Einkaufskörbe oder Wagen benutzen!
- Informieren Sie sich über Tricks und Methoden betrügerischer Kunden in Fachbüchern oder bei den Fachverbänden.

Wie verhalten Sie sich, wenn Sie einen Ladendiebstahl beobachten?

Allgemeine Grundsätze für den Umgang mit Ladendiebstählen gibt es nicht. Nur etwas ist auf jeden Fall falsch: Nichts zu tun!

Informieren Sie sich deshalb über das Überwachungssystem Ihres Betriebes. Fragen Sie Ihre Vorgesetzten, wie Sie sich im Falle eines beobachteten Diebstahls verhalten sollen. In vielen Unternehmen ist es üblich, den Dieb nach dem Passieren der Kasse zu stellen, den Diebstahl zu protokollieren, die Polizei zu verständigen und ein Hausverbot zu erteilen. Bei Kindern wird häufig von der Benachrichtigung der Polizei abgesehen. In diesem Fall werden die Eltern verständigt, um ihre Kinder abzuholen. Die Entscheidung darüber, wie ein Ladendieb behandelt wird, trifft auf jeden Fall die Geschäftsleitung. Für Ihr Verhalten gilt:

- Benachrichtigen Sie möglichst schnell einen Vorgesetzten oder Mitarbeiter, sobald Sie einen Ladendiebstahl beobachten!
- Beobachten Sie den Vorgang genau! Konkrete Hinweise (gestohlene Artikel, Aussehen der Verdächtigen, Kfz-Kennzeichen) können auch zur nachträglichen Aufklärung einer Straftat dienen.
- Handeln Sie schnell und zielstrebig nach den Anweisungen der Geschäftsleitung, aber spielen Sie nicht Polizei oder Richter!

Wie arbeiten Warensicherungssysteme?

Wie in vielen anderen Bereichen auch, kann die Elektronik die Überwachung der Warenbestände im Einzelhandel wirkungsvoll unterstützen. Im Handel hat sich dafür die Bezeichnung **EAS (Elektronische Artikel-Sicherung)** durchgesetzt. Die meisten EAS-Systeme arbeiten heute nach folgendem Prinzip:

Der gesicherte Artikel trägt ein Etikett, das einen Alarm auslöst, wenn der Kunde damit eine elektronische Schleuse, z. B. am Ausgang des Ladens, durchquert. Für kleine Artikel gibt es Etiketten, die fast wie die normalen Aufkleber zur Preisauszeichnung aussehen. Die Etiketten enthalten ein kleines Stück Metallfolie, das elektromagnetisch oder elektroakustisch aktiviert ist (RFID-Technik, siehe Lernfeld 4). Wenn der Artikel bezahlt wird, erfolgt die Deaktivierung des Etiketts an der Kasse und in der Schleuse passiert nichts. Für große Artikel, wie z. B. Kleidungsstücke, gibt es Etiketten, die mit einem Spezialverschluss an der Ware befestigt sind. Das Etikett wird an der Kasse entfernt und kann wieder verwendet werden.

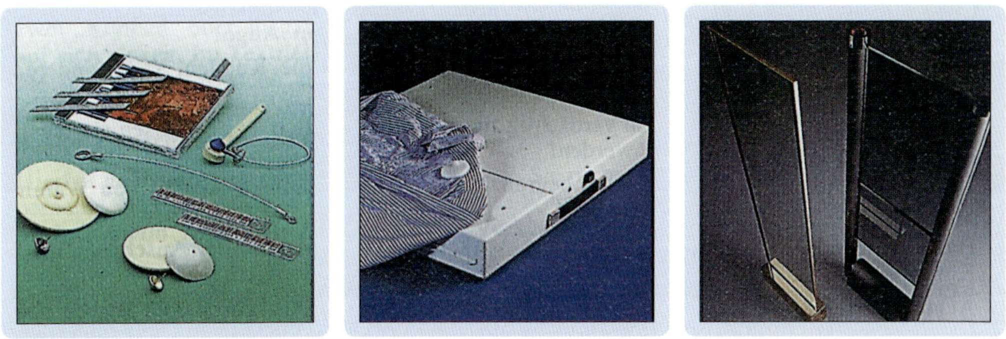

Abb. Sicherungsetiketten, Deaktivierungsstation, Schleuse

„Bitte gehen Sie zur Kasse und lassen Sie das Sicherungsetikett entfernen!"

Die EAS-Systeme wirken doppelt: Der erste Effekt ist die Abschreckung. Durch Hinweise auf die Warensicherung sollen potenzielle Diebe gewarnt und abgeschreckt werden. Der zweite Effekt ist die Anzeige von bereits vorgenommenen Diebstählen. Gestohlene Ware wird angezeigt, selbst wenn sie bereits unbemerkt in der Tasche verstaut worden ist.

Wenn Betrüger mit technischen Tricks arbeiten, helfen manchmal einfache Warenkenntnisse. Der Cottbuser Betrüger ist mit seinen gefälschten Strichcodes nur aufgeflogen, weil eine Kassiererin aufmerksam war. Sie kannte die tatsächliche Preislage des Hochdruckreinigers, und der niedrige Preis kam ihr verdächtig vor.

Strichcode gebastelt

Cottbus: Mit einem selbst gebastelten Strichcode hat ein 60 jähriger professioneller Betrüger in einem Cottbuser Baumarkt versucht, einen Hochdruckreiniger deutlich billiger einzukaufen als ausgepreist. „Bei der Durchsuchung seines Autos wurde eine Mappe gefunden, in welcher sich, geordnet nach verschiedenen Baumärkten, Artikelnummern mit den dazugehörigen gefälschten Strichcodes befanden", heißt es im Bericht der Cottbuser Polizei. In mindestens 116 Fällen soll er Waren per Internet weiterverkauft haben. Der Mann wurde festgenommen.

Diebstahl und Unterschlagung durch das Personal

Die Inventurdifferenzen im Einzelhandel betragen jährlich ca. vier Milliarden Euro, fast zwei Milliarden Euro gehen davon nach Schätzungen von Experten auf das Konto diebischer Angestellter.

Angestellte von Einzelhandelsbetrieben haben mehr Möglichkeiten als die Kunden, Ware zu stehlen und Geld zu unterschlagen: Sie können Ware schon bei der Anlieferung an der Rampe an sich bringen. Sie können Ware an sich nehmen, bevor sich diese im Laden befindet. Sie können Verbrauchsgegenstände im Laden verwenden oder verzehren, sie können Waren durch Lieferantenzugänge und Personalausgänge herausschleusen, sie können Warensicherungssysteme manipulieren oder umgehen, sie können Kassendifferenzen zu ihren Gunsten produzieren und sie können Kunden Ware umsonst oder zu einem geringeren Preis zuschieben.

Diese Möglichkeiten sind bekannt. Deshalb lassen sich nicht alle Inventurdifferenzen auf klauwütige Kunden abschieben. Immer mehr Geschäftsleitungen gehen dazu über, auch das eigene Personal in die Überwachung einzubeziehen. Häufig werden in Läden oder Filialen mit hohen Inventurdifferenzen „Tatort-Methoden" angewendet. Es gibt bereits Detekteien, die sich auf den Einsatz im Einzelhandel spezialisiert haben. Sie schleusen Spitzel ein, die als neue Mitarbeiter die Belegschaft überwachen, und sie installieren versteckte Videokameras, die nicht größer als eine Kreditkarte sind.

Aktion

1. Zeichnen Sie den Grundriss Ihres Ausbildungsbetriebes oder eines Ladens Ihrer Wahl. Machen Sie Ecken, Nischen und Winkel ausfindig, in denen leicht gestohlen werden kann. Unterbreiten Sie Vorschläge zur übersichtlichen Warenpräsentation.
2. Listen Sie Waren Ihrer Ausbildungsbranche auf, die Kunden zu impulsiven Diebstählen verlocken.
3. Schauen Sie sich alle Sicherungsmaßnahmen Ihres Ausbildungsbetriebes an. Stellen Sie gute Lösungen Ihrer Klasse/Gruppe vor.
4. Notieren Sie die Verhaltensvorschriften für den Fall, dass Sie einen Kunden beim Diebstahl beobachten!
5. Wann und wie lange dürfen Sie einen diebstahlverdächtigen Kunden festnehmen und festhalten? Klären Sie dieses Problem anhand der rechtlichen Grundlagen:
   BGB: § 229 (Selbsthilfe), § 859 (Eigenmacht)
   StPO: § 127 (vorläufige Festnahme)
   StGB: § 239 (Freiheitsberaubung)
6. Rollenspiel: Üben Sie den Umgang mit Verdächtigen oder Ladendieben in Partnerarbeit. Überlegen Sie sich für folgende Situationen Verhaltensmuster:
   a) Sie bemerken einen Kunden, der einen Reisewecker in seine Manteltasche steckt.
   b) Sie ertappen achtjährige Kinder, die Süßigkeiten stehlen.
   c) Sie sehen eine ältere Dame, die einen Schirm für 25 € unter den Arm geklemmt hat und – ohne zu bezahlen – das Geschäft verlassen will.
   d) Sie beobachten einen Kunden mit weitem Mantel, der sich schon längere Zeit am Regal mit Spirituosen aufhält.
   e) Ein Kunde steckt vor Ihren Augen Ware in seine Jackentasche. Als Sie ihn ansprechen wollen, stürmt er in Richtung Ausgang los.
      - Notieren Sie, auf welche Weise Sie die Situationen meistern können.
      - Üben Sie eine der Situationen im Rollenspiel ein!
      - Zeichnen Sie gelungene Lösungen auf. Spielen Sie Ihrer Klasse/Gruppe das Ergebnis vor.

Sachwortverzeichnis